메이커를 위한
실전 모터 가이드

메이커를 위한 실전 모터 가이드

다양한 모터 개념과 설정 방법

매튜 스카피노 지음 ﹒ 남기혁 옮김 ﹒ 하승훈 감수

i!i
에이콘

지은이 소개

매튜 스카피노 Matthew Scarpino

하드웨어와 소프트웨어 설계 분야에서 12년간 경력을 쌓은 엔지니어다. 전기공학 석사 학위를 취득했으며 CID+Advanced Certified Interconnect Designer 자격을 보유했다. 현재는 임베디드 시스템을 위한 소프트웨어를 개발하고 있다. 저서로는 『Designing Circuit Boards with EAGLE』(Prentice Hall, 2014)과 『Programming the Cell Processor』(Prentice Hall, 2008) 가 있다.

옮긴이 소개

남기혁(kihyuk.nam@gmail.com)

고려대학교 컴퓨터학과에서 학부와 석사 과정을 마친 후 한국전자통신연구원에서 선임 연구원으로 재직하고 있으며, 현재 ㈜프리스티에서 네트워크 제어 및 검증 소프트웨어 개발 업무를 맡고 있다. 에이콘출판사에서 출간한 『GWT 구글 웹 툴킷』(2008), 『해킹 초보를 위한 USB 공격과 방어』(2011), 『자바 7의 새로운 기능』(2013), 『iOS 해킹과 보안 가이드』(2014), 『Neutron 오픈스택 네트워킹』(2015), 『실전 IoT 네트워크 프로그래밍』(2015), 『애플 워치 WatchKit 프로그래밍』(2015), 『현대 네트워크 기초 이론』(2016), 『도커 컨테이너』(2017), 『스마트 IoT 프로젝트』(2017), 『파이썬으로 배우는 인공지능』(2017) 등을 번역했다.

옮긴이의 말

서점이나 인터넷을 둘러보면 아두이노와 라즈베리 파이 같은 메이커 보드의 기초를 설명하는 자료는 넘쳐나지만, 정작 만드는 대상을 움직이는 데 빼놓을 수 없는 부품인 모터에 대한 설명은 찾아보기 힘듭니다. 처음에는 보드의 기본 사용법만으로도 충분하지만, 실제로 뭔가를 만들어보려면 생각보다 모르는 것이 많다는 것을 깨닫게 됩니다. 특히 드론이나 로봇처럼 모터를 잘 다뤄야 하는 프로젝트를 진행하려면, 부품을 구매하고 메이커용 보드에 연결하는 단계부터 막히는 부분이 많습니다. 모터에 관련된 수학과 물리 이론을 다루는 서적은 많지만 파고들기에 난해할 뿐만 아니라 양도 방대하고, 무엇보다 부품을 선정하고 설정하는 데 그다지 도움이 되지 않습니다.

이 책은 메이커용 보드에서 사용하는 대표적인 액추에이터인 모터에 대해 기초부터 활용 방법까지, 저자의 풍부한 경험과 노하우를 반영해 쉽게 설명하고 있습니다. 개인적으로도 궁금했지만 찾기 어려웠던 부분을 명쾌하게 설명해주는 덕분에 번역 작업의 고단함을 거의 잊게 해줄 만큼 이 책의 내용은 유익했습니다. 기초 이론과 실제 보드에서 사용하는 방법을 동시에 제공할 뿐만 아니라, 드론이나 ESC에 대해 부품 구성부터 설계, 제작까지 전과정을 간략하게나마 소개한 것은 이 책의 가장 큰 장점이라 생각합니다. 이 책이 기본 보드 사용법만으로는 만족하지 못하고 그다음 단계를 원하는 이들에게 조금이나마 갈증을 해소하는 계기가 되길 바랍니다.

내용의 빠른 이해와 정확한 전달에 초점을 맞추고 번역했으며, 내용과 의미를 최대한 보존하는 선에서 문체와 용어를 현실적으로 표현했습니다. 그래서 때로는 용어의 한글화보다는 원어의 음차 표기를 채택했습니다. 어색한 한자 표현이라도 이미 굳어진 용어는 아쉽지만 그대로 사용했습니다. 나름 완벽을 추구해 번역했지만 본의 아니게 놓친 부분이 있을 수 있습니다. 실행 및 개선 사항이 있다면 언제든지 연락 주시길 바랍니다.

마지막으로, 전반적인 기술 개념뿐만 아니라 현업에서 주로 사용하는 용어를 제시해준 하승훈 연구원님, 바쁜 시간을 쪼개서 원고를 검토해주신 남국진 님, 오정열 박사님께 감사드립니다. 그리고 아메리카노 한 잔만 시켜놓고 몇 시간 동안 자리를 차지하며 작업하는 나를 항상 반갑게 맞아주시는 도담동 파스쿠찌와 사무실 앞의 더코너 커피숍 관계자 분들께도 감사의 말을 전하고 싶습니다.

한국어판 기술 감수자 소개

하승훈(08has@naver.com)

성균관대학교 전자전기컴퓨터공학과 석사 과정을 마치고, 현재 (주)오토닉스 연구원으로 재직 중이다. 전자기장 응용 분야로 미세입자 분리기 관련 연구를 수행했고, 지금은 유한요소해석을 이용한 전자계 해석 등에 관심이 많다.

차례

1장   전기 모터의 개요　　21

2장   기초 이론　　33

들어가며

2002년 전기공학 석사 학위를 받을 무렵, 나는 자괴감에 빠진 적이 있었다. 아날로그 회로 이론에 대해서는 빠삭했지만, 현장에서 사용하는 회로 보드에 대해서는 아는 것이 거의 없었기 때문이다. 전기 모터에 적용되는 로렌츠 힘을 계산하는 방법은 알았지만, 실제로 모터 컨트롤러가 작동하는 원리는 전혀 몰랐다. 한마디로 수식을 계산하는 프로그램을 작성할 수는 있었지만, 실제로 작동하게 만들 줄은 몰랐던 것이다.

학위를 취득한 지 얼마 되지 않아 최초의 아두이노 보드가 시장에 출시됐다. 이 보드는 구성도 간결하고 가격도 저렴해서 전 세계적으로 전기공학에 대한 관심을 불러일으켰으며, 불과 몇 년 후에는 메이커 운동^{Maker Movement}이 탄생하게 됐다. 메이커들은 복잡한 수학과 물리 이론에는 관심이 없으며, 실제로 만들 수 있는 데 관심을 갖고 있다. 전기공학에서 그들의 관심사는 3D 프린터나 라즈베리 파이 등을 이용해 멋진 하드웨어를 만드는 것이다.

하지만 메이커들은 모터에 대해서는 두려움을 갖고 있다. 최근 완제품 형태의 쿼드콥터^{quadcopter}가 인기를 얻고 있는데, ESC를 직접 설계하거나 로봇 팔을 직접 프로그래밍하는 메이커는 별로 없다. 충분히 그럴 만하다. 모터는 다른 회로 부품보다 훨씬 복잡하다. 전압과 전류 같은 전기 값만 알아서는 모터를 제대로 다룰 수 없다. 토크나 각속도와 같은 물리적인 속성도 이해해야 한다.

전기 모터에 대해 설명하는 것은 쉽지 않다. 이 책은 엔지니어가 아닌 이들도 개념을 쉽게 이해할 수 있도록 저술됐다. 수학 및 물리에 대한 기본적인 배경지식이 필요하긴 하지만, 전반적으로 실제로 만드는 방법을 소개하는 데 주안점을 뒀다. 로렌츠 힘이나 전자기 플럭스와 같은 이론에 대해 설명하기보다는 실전에 유용한 지식을 전달하는 데 신경 썼다. 즉, 복잡한 수식을 쏟아내기보다는 시중에 나와 있는 다양한 종류의 모터와 이들을 제어하는 방법을 소개한다.

모터를 능숙하게 다루기까지 어느 정도 시간과 인내심이 필요하지만, 일단 큰 고비를 넘기고 나면 이전에는 하지 못했던 환상적인 프로젝트를 만들 수 있다. 로봇이나 원격 조종 자동차도 얼마든지 만들 수 있다. 비록 갈 길은 멀지만, 장담하건대 충분히 도전할 만한 가치가 있다.

이 책의 대상 독자

제목에서 명확히 드러나듯이, 이 책은 메이커를 위해 저술됐다. 페이저 다이어그램이나 맥스웰 방정식 등이 나온 교과서를 원한다면, 이 책은 적합하지 않다. 모터의 작동 원리와 제어 방법에 대한 실전 지식을 원한다면 이 책이 딱 맞다. 여러 가지 모터의 종류와 각각의 장단점 및 응용 분야에 대해 알고 싶은 독자들도 만족할 것이다.

엔지니어가 아닌 이들도 모터에 대해 이해할 수 있도록 최대한 쉽게 설명했지만, 완전 초보를 위한 책은 아니다. 이 책을 저술할 때는 볼트, 암페어, 옴에 대해 알고 있다고 가정했다. 또한 간단한 회로도는 어느 정도 읽을 줄 알고 시스템의 작동 원리에 대해서는 기본적으로 이해하고 있다고 가정했다.

이 책에서 다루는 내용

전기 모터에 대한 다양한 주제를 최대한 명확히 전달하기 위해 총 네 부분으로 나눠서 설명한다.

1부. 기본 개념 모터의 기본 개념과 작동 원리에 대해 소개한다. 1장, '전기 모터의 개요'에서는 전기 모터의 역사와 전기 모터의 두 가지 핵심 구성 요소를 설명한다. 2장, '기초 이론'에서는 좀 더 깊이 들어가서 모터에서 전압과 전류를 토크와 각속도로 변환하는 원리에 대해 소개한다.

2부. 전기 모터의 종류 메이커가 사용할 만한 다양한 종류의 모터를 소개한다. 그중에서도 특히 DC 모터와 스테퍼 모터, 서보모터를 중심으로 살펴본다. AC 모터, 리니어 모터, 기어모터도 별도의 장에서 다룬다. 각 모터마다 작동 원리와 제어 방법도 함께 소개한다.

3부. 전기 모터 활용법 전기 모터를 실제로 활용하는 방법을 소개한다. 9장부터 11장까지는 메이커 사이에서 인기 있는 회로 보드인 아두이노 메가, 라즈베리 파이, 비글본 블랙으로 모터를 제어하는 방법을 소개한다. 12장, '아두이노로 ESC 만들기'에서는 ESC를 제작하는 방법을 다룬다. 13장, '쿼드콥터 만들기'에서는 쿼드콥터를 제작하는 방법을 소개한다. 마지막 장에서는 전기 자동차와 관련된 주요 주제를 소개한다.

4부. 부록 내가 유용하다고 생각하는 참고 사항을 정리했다. 부록 A, '전기 발전기'에서는 전기 발전기 관련 주제와 다양한 종류의 운동 에너지를 전기 에너지로 변환하는 장치에 대해 설명한다. 이어지는 부록 B에서는 이 책에서 언급한 주요 용어들을 모아 설명했다.

이 책의 상당 부분은 설명하는 과정에서 소스 코드와 회로도도 함께 소개하고 있다. 소스 코드 파일과 설계도 파일은 http://motorsformakers.com에서 다운로드할 수 있으며 에이콘출판사 도서정보 페이지 http://www.acornpub.co.kr/book/motors-makers에서도 다운로드할 수 있다.

독자 의견

이 책의 독자인 여러분은 가장 중요한 비평가이자 조언자이므로 개선해야 할 점, 제안하고 싶은 점, 다뤄줬으면 하는 분야 등 어떠한 의견이라도 소중히 받아들일 것이다.

독자의 의견은 언제든지 환영한다. 이 책에서 마음에 들거나 마음에 들지 않은 부분, 혹은 개선할 부분이 있다면 이메일(feedback@quepublishing.com 또는 mattscar@gmail.com)로 알려주길 바란다. 단, 이 책에서 다루는 내용과 관련된 기술적인 세부 문제에 대해서는 답변할 수 없다. 의견을 보낼 때는 책의 제목과 저자 이름, 그리고 보내는 사람의 이름과 이메일 주소를 반드시 적어주길 바란다. 수신된 의견은 신중히 검토해 해당 책의 저자와 편집자에게 전달하겠다.

한국어판에 대해 문의할 점이 있다면 에이콘출판사 편집 팀(edit@acornpub.co.kr)으로 연락 주길 바란다. 한국어판의 정오표는 에이콘출판사 도서정보 페이지 http://www.acornpub.co.kr/book/motors-makers에서 볼 수 있다.

전기 모터의 개요

회로를 구성하는 수많은 부품 중에서 전기 모터만큼 흥미롭고 다양하게 활용할 수 있는 부품은 없다. 로봇 손으로 물건을 움켜쥐거나, 전기차가 달리게 하거나, 드론drone(쿼드콥터quadcopter)을 날게 할 수도 있다. 최근 많은 관심을 받고 있는 드론이나 3D 프린터는 시스템 설계자 입장에서 볼 때 특수한 형태의 모터 제어 회로에 불과하다.

모터를 활용하는 과정은 즐겁지만, 그 원리를 제대로 이해하기는 쉽지 않다. 저항을 고를 때는 허용 오차tolerance, 온도, 정격 전력power rating[1] 등과 같은 몇 가지 속성만 보면 된다. 하지만 모터를 고를 때는 다음과 같이 여러 가지 사항을 고려해야 한다.

- 직류(DCdirect current) 모터를 사용할 것인가? 아니면 교류(ACalternating current) 모터를 사용할 것인가?
- DC 모터를 사용한다면, 브러시 모터를 사용할 것인가? 아니면 브러시리스 모터를 사용할 것인가?
- 브러시 DC 모터를 사용한다면, 영구 자석permanent magnet 모터를 사용할 것인가? 아니면 직권형series-wound 모터를 사용할 것인가? 또는 분권형shunt-wound 모터를 사용할 것인가?
- 브러시리스 DC 모터를 사용한다면, 인러너inrunner를 사용할 것인가? 아니면 아웃러너outrunner를 사용할 것인가?

---

1   과열에 따른 손상 없이 소비할 수 있는 최대 전력량 – 옮긴이

- 모터의 Kv 값이 시스템이 요구하는 속도와 토크에 충분한가?
- 모터의 토크가 부족하다면, 어떤 기어를 장착할 것인가?

이러한 질문에 선뜻 대답하기란 쉽지 않다. 전기공학 및 로보틱스 서적을 찾아봐도 여기에 대해 자세히 나와 있지 않다. 특정한 모터에 특화된 회로를 구성하는 방법을 소개하는 서적은 많다. 그런 자료는 특정한 모터가 어떤 작업에 적합한지 파악하는 데는 도움이 될지 몰라도, 반대로 원하는 작업에 가장 적합한 모터를 고르는 방법을 터득하기에는 충분하지 않다.

따라서 이 책은 조금 다른 방식으로 접근한다. 주된 목적은 다양한 종류의 모터를 소개하고, 주어진 프로젝트에 가장 적합한 모터를 고르는 방법을 알려주는 것이다. 이를 위해 다양한 모터의 요구 전력량과 제어 방법을 소개한다.

이 책은 메이커를 대상으로 저술했다. 학자나 엔지니어를 위한 책이 아니므로, 전기 모터에 대해 설명할 때 전기장과 자기장에 관련된 복잡한 벡터 공식은 생략했다. 나는 이러한 이론적 배경을 대학원에서 배웠다. 장담하건대, 이러한 공식을 잘 이해한다고 해서 드론을 더 빨리 날릴 수 있는 것은 아니다.

1.1 간략한 역사

이 책에서는 모터에 관련된 물리학 이론을 자세히 다루지 않는다. 단 물리학 연구 결과 중에서도 덴마크의 움직이는 바늘과 헝가리의 회전하는 전선은 메이커로서 알아둘 필요가 있으므로 이에 대한 핵심 원리와 역사적 배경을 간략히 소개한다.

1.1.1 외르스테드의 나침반 바늘

전기와 자기의 관계에 대한 연구로 유명한 덴마크 물리학자인 한스 외르스테드^{Hans Oersted}는 1820년 전선에 흐르는 전류에 변화를 주면 근처에 있던 나침반 바늘이 움직이는 신기한 현상을 발견했다. 당시 그가 실험한 내용을 간략히 표현하면 그림 1.1과 같다.

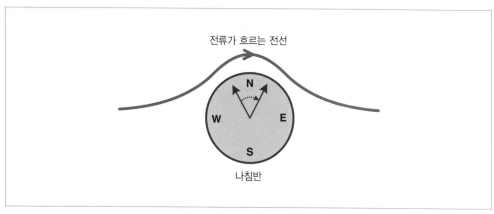

그림 1.1 외르스테드의 실험

실험은 매우 단순하지만 전기 모터의 두 가지 기본 요소인 전류와 자기장의 관계를 명확히 보여준다. 바로 전류와 자기장이 아주 가까이 붙어있으면 움직임이 발생한다는 것이다.

1.1.2 제드릭의 자율 회전자

외르스테드의 실험은 과학계에 엄청난 파장을 몰고 왔다. 프랑스에서는 앙드레-마리 앙페르Andre-Marie Ampere가 전선을 흐르는 전류와 전선 주위의 자기장에 대한 관계를 표현하는 등식을 만들었다. 영국에서는 마이클 패러데이Michael Faraday가 자기장 안에서 전류가 흐르는 전선(통전 도선current-carrying wire)이 움직이는 방식을 보여주는 여러 가지 실험을 고안했다.

이처럼 다양한 연구 중에서도 전기 모터의 실용화에 최초로 기여한 사람은 헝가리 물리학자인 앤요스 제드릭Anyos Jedlik이다. 그는 전선을 나침반 밖에 두는 대신, 코일 형태로 감아서 자기장 안에 뒀다. 그래서 코일에 흐르는 전류가 변하면 코일이 회전하게 만들었다.

1827년, 제드릭 박사는 자신이 만든 모터를 전자기 자율 회전자electromagnetic self-rotor라고 불렀다(그림 1.2).

그림 1.2 제드릭의 자율 회전자

제드릭 박사가 자율 회전자를 발명한 지 거의 200년이 지난 오늘날에도 이와 동일한 구조의 회전형(로터리rotary) 전기 모터를 사용하고 있다.

- 통전 도체current-carrying conductor에 전력을 공급한다.
- 통전 도체를 자기장 주변에 둔다.

이처럼 원리는 매우 간단하다. 이 책에서 소개하는 모터는 저마다 모양과 구성이 다르지만, 자기장 내부에 놓인 전선에 전류를 전달함으로써 움직임을 발생시킨다는 점은 모두 동일하다.

1.2 모터의 구성

엔지니어는 시스템을 최대한 정확하게 표현하려는 성향이 있는데, 특히 모터를 사용하는 시스템을 묘사할 때 두드러진다. 이 절에서는 모터를 구성하는 다양한 부품의 명칭을 살펴본다. 여기서 소개한 용어는 이 책의 전반에서 사용한다.

한 가지 명심할 점은 모터는 전기 부품으로 볼 수도 있고 기계 부품으로 볼 수도 있다는 것이다. 따라서 같은 부품이라도 모터를 보는 관점에 따라 명칭이 달라진다.

이 절에서는 전기 모터의 외부 구조부터 살펴본 후 내부 구조를 소개한다.

1.2.1 외부 구조

그림 1.3은 간단한 회전형 모터를 보여준다.

그림 1.3 간단한 전기 모터

전기 모터의 겉모습은 흔히 다음과 같은 용어로 표현한다.

- **케이스**case(셸shell): 모터를 감싸는 외부 하우징(덮개)
- **샤프트**shaft(회전축): 모터의 중심에서 회전하는 원통 모양 금속 막대
- **전선 또는 리드**lead(인출선, 인출 단자): 모터에 전류를 공급하는 도체

각 용어의 의미는 따로 설명하지 않아도 쉽게 이해할 수 있다. 모터는 리드를 통해 전기를 입력받는다. 모터가 작동하면 샤프트가 회전한다. 샤프트는 RC카의 바퀴처럼 회전시킬 대상에 연결한다.

 노트

샤프트는 고정돼 있고, 케이스가 회전하는 모터도 있다. 대표적인 예가 아웃러너 방식의 브러시리스(brushless) DC 모터다. 자세한 사항은 3장, 'DC 모터'에서 설명한다.

1.2.2 내부 구조

그림 1.4는 회전형 모터의 단면을 보여준다. 모터에 전류를 공급하면 케이스의 가운데 있는 부품이 회전한다.

모터의 구조는 두 가지 관점에서 분석할 수 있다. 하나는 전기적 관점이고, 다른 하나는 기계적 관점이다. 기계적 관점에서 볼 때 모터는 두 개의 부품으로 구성된다. 하나는 움직이는 회전자(로터rotor)고, 다른 하나는 제자리에 가만히 고정돼 있는 고정자(스테이터stator)다. 고정자와 회전자 사이에 띄워둔 공간을 공극(에어 갭air gap)이라 부른다.

전기적 관점에서 볼 때는 두 가지 요소를 추가로 구분한다. 하나는 전류를 받는 부품인 전기자armature다. 그림 1.4에서는 모터의 중심에 있는 회전자가 전기자에 해당한다. 입력된 전류를 받기 때문이다.

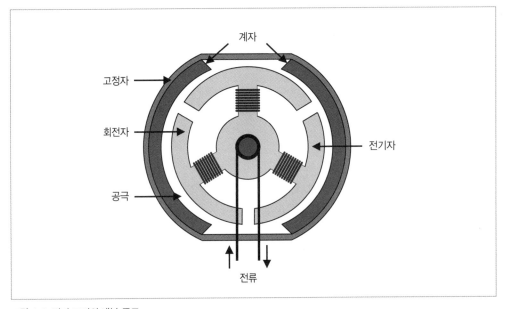

그림 1.4 전기 모터의 내부 구조

두 번째는 자기장을 생성하는 부품이다. 그림 1.4처럼 자기장을 영구 자석으로 생성할 때는 계자field magnet(장자석)라 부른다. 반면 자기장을 전자석electromagnet으로 생성할 때는 계자 권선field winding(계자 코일)이라 부른다. 전자석의 작동 원리는 2장, '기초 이론'에서 자세히 설명한다.

1.3 전기 모터의 종류

전기 모터는 그 종류가 매우 다양하고 세부적으로 분류할 수 있다. 그 각각에 대해서는 3 장부터 8장에 걸쳐 자세히 살펴본다. 그림 1.5는 원하는 작업에 가장 적합한 모터를 고르는 과정을 순서도 형태로 보여준다.

이 순서도를 통해 적합한 모터의 종류를 개략적으로 판단할 수 있지만, 전기 모터의 구체적인 종류는 표현하지 않았다. 자세한 사항은 다음 장부터 하나씩 살펴본다. 또한 순서도에 명확히 표현하기 힘든 모터도 있다. 예를 들어 6장, 'AC 모터'에서 소개하는 유니버설 universal 모터(일명 만능 모터)는 AC와 DC를 모두 사용할 수 있다. 심지어 어떤 모터는 인코더나 위치 센서를 장착해 회전하는 각도를 측정하고 제어하기도 한다.

그림 1.5에 나온 순서도에는 표현하지 않았지만, 움직임의 형태에 따라 모터를 분류할 수도 있다. 한 축을 중심으로 회전하는 모터를 회전형 모터(로터리 모터rotary motor)라 부른다. 반면 직선으로 움직이는 모터를 선형 모터(리니어 모터linear motor)라 부른다. 전기 모터는 대부분 회전형이므로 그림 1.5에서는 회전형 모터만 표현했다. 그러나 리니어 모터도 다양한 분야, 특히 로보틱스에서 중요한 역할을 담당하고 있다. 자세한 사항은 8장, '리니어 모터'에서 소개한다.

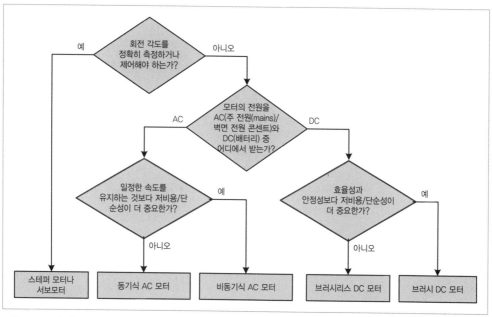

그림 1.5 모터 선택 순서도

크게 보면 전기 모터는 입력 전원의 종류에 따라 분류할 수 있다. DC 모터는 배터리나 어댑터(전력 조정기power regulator) 등에서 나오는 DC(직류) 전원을 사용하고, AC 모터는 벽면 콘센트 등에서 나오는 AC(교류) 전원을 사용한다.

1.3.1 DC 모터

DC 모터는 직류(DC) 전원을 받는다. 직류 전원을 공급하는 장치의 대표적인 예로 배터리가 있다. 특히 메이커 프로젝트에서 DC 전원을 많이 사용한다. 예를 들어 쿼드콥터(드론)나 RC카는 DC 전기 모터를 사용한다.

DC 모터는 브러시brushed 모터와 브러시리스brushless 모터로 나눌 수 있다. 3장에서 자세히 설명하겠지만, 두 모터를 구분하는 핵심 기준은 정류자commutator의 존재 여부다. 간단히 설명하면, 정류자는 모터가 회전할 때마다 전류의 방향을 바꿔서 모터가 계속 회전하게 만든다. 기계식 정류자를 사용하는 모터를 브러시 모터 또는 정류 모터commutated motor라 부른다. 브러시 모터는 구조가 단순하고 저렴하다. 하지만 오랫동안 제대로 작동하게 만들려면 꾸준히 관리해야 한다.

브러시리스 DC 모터(일명 BLDC)는 브러시 모터처럼 주기적으로 관리해줄 필요가 없지만 구조가 훨씬 복잡하다. 따라서 가격도 높고 제어 방법도 어렵다.

1.3.2 AC 모터

AC 모터는 산업용으로 쓰일 뿐 아니라 가정에서도 많이 사용한다. 믹서기나 전자레인지, 식기세척기 등에서 사용하는 모터가 바로 AC 모터다. AC 모터는 크게 두 종류(동기식과 비동기식)가 있는데, 모터의 속도 제어 방식에 따라 구분한다. 동기식 AC 모터의 속도는 입력 AC 전원의 주파수와 동기화한다.

하지만 실제로 사용하는 AC 모터는 대부분 비동기식이다. 다시 말해 모터의 속도가 입력 전원의 주파수에 동기화하지 않는다. 비동기식 AC 모터는 흔히 유도 모터induction motor라 부르며, 구조가 간단하고 안정적이므로 인기가 많다. 동기식 모터와 비동기식 모터에 대해서는 6장에서 자세히 소개한다.

1.4 이 책의 목적과 구성

이 책은 다음과 같은 네 가지 목적으로 저술됐다.

- 다양한 종류의 전기 모터의 개념과 사용법 소개
- 여러 가지 모터를 제어하는 데 필요한 회로 소개
- 대표적인 회로 보드를 이용해 모터를 제어하는 방법 소개
- 실전용 모터 제어 회로 설계 방법 소개

다양한 종류의 전기 모터에 대해서는 3장부터 8장에 걸쳐 하나씩 소개한다. 먼저 DC 모터부터 살펴보고, 이어지는 4장은 스테퍼 모터, 5장은 서보모터, 나머지 6장부터 8장까지는 (동기식과 비동기식) AC 모터와 리니어 모터에 대해 자세히 설명한다.

두 번째 목적에서 명시한 바와 같이 모터의 종류에 따라 제어 회로가 달라진다. 다시 말해 스테퍼 모터를 제어하는 회로는 서보모터를 제어하기에는 적합하지 않고, DC 모터를 AC 모터용 회로로 제어할 수 없다. 따라서 각 장에서 소개하는 모터의 종류에 따라 기본적인 모터 제어 방법도 함께 소개한다. 예를 들어 4장에서 스테퍼 모터를 소개할 때 이를 제어하기 위한 회로도 함께 소개한다.

세 번째 목적은 이 책에서 소개한 모터 구성 및 제어에 관련된 이론을 제대로 이해하기 위한 것이다. 메이커 커뮤니티에서 인기 있는 개발 보드 중에서 세 가지를 고르면 아두이노 메가Arduino Mega, 라즈베리 파이Raspberry Pi, 비글본 블랙BeagleBone Black을 꼽을 수 있다. 9장부터 11장까지는 각 보드에 대해 자세히 소개한다. 이 과정에서 앞서 소개한 여러 종류의 모터를 제어하는 프로그램을 작성하는 방법도 함께 살펴본다.

마지막 네 번째 목적에 특히 관심이 많을 것이다. 12장부터 14장까지는 실전에서 사용하는 모터 제어 방법을 자세히 소개한다. 12장, '아두이노로 ESC 만들기'에서는 완전한 기능을 갖춘 ESC 회로를 설계하는 방법을 소개한다. 13장, '쿼드콥터 만들기'에서는 쿼드콥터를 설계하는 전 과정을 자세히 살펴본다. 14장, '전기 자동차'에서는 최신 전기 자동차에서 전기 모터를 활용하는 방법을 소개한다.

1.5 요약

전기 모터에 대한 이해의 수준은 다음과 같이 네 단계로 구분할 수 있다.

- **하비스트**hobbyist: "모터에 전압과 전류를 공급하면 샤프트가 회전한다."
- **메이커**maker: "모터의 샤프트는 고정자의 전자석에서 순차적으로 공급되는 전기 에너지를 통해 회전한다. 회전자의 속도는 전압에 비례하고, 토크는 전류에 비례한다."
- **엔지니어**: "모터의 임피던스는 페이저phasor $R_a + j\omega L_a$로 표현한다. 이때 입력 전압은 $V_m \sin(\omega t + 90°)$고, 토크와 속도에 대한 계산 공식은 ⋯"
- **과학자**: "도체 주위를 흐르는 전자기 텐서는 강자성체ferromagnetic의 도메인에 따라 정렬된다. 이때 생성되는 자기 벡터장은 물체의 투자율permeability에 비례한다."

공학자는 모터를 수학적으로 분석하고 과학자는 전자기 현상을 관찰하는 반면, 메이커는 수학과 물리학에 대한 구체적인 이론에는 관심이 없다. 메이커는 모터의 작동 원리와 제어 방법만 이해하면 충분하다. 이러한 지식은 새로운 모터를 만들어내는 데는 부족하지만, 기존에 나온 모터를 활용해 원하는 시스템을 구축하기에는 충분하다.

이 책의 목적을 앞에 나온 네 단계의 이해도로 표현하면, 독자들이 1단계(하비스트) 수준에서 2단계(메이커) 수준으로 올라설 수 있도록 도와주는 것이다. 다양한 종류의 전기 모터의 개념과 이를 제어하기 위한 여러 가지 방법에 대해 여러 장에 걸쳐 설명한다. 이 책을 읽고 나면 주어진 작업에 어떤 모터가 적합한지 확실히 판별할 수 있다. 또한 누군가 친절하게 설명해둔 문서의 도움을 받지 않고도 모터를 제어하는 회로를 직접 설계할 수 있을 것이다.

이 장에서는 현대의 전기 모터를 탄생시킨 두 가지 과학적인 발견을 소개했다. 한스 외르스테드는 전류의 변화로 나침반의 바늘이 흔들리는 현상을 발견했다. 앤요스 제드릭은 여기서 한 단계 더 나아가 전류가 흐르는 전선을 코일 형태로 만들고 이를 자기장 안에 두는 방식으로 모터를 만들 수 있다는 사실을 증명했다. 현재 우리가 사용하는 전기 모터는 제드릭이 표현한 것과 비교해 형태와 구성 면에서 많이 달라졌지만, 전기자와 계자라는 두 가지 핵심 요소로 구성된다는 사실만큼은 변함없다.

이 장에서는 먼저 모터의 역사에 대해 소개한 후, 모터의 구조에 대해 살펴봤다. 겉에서 보면, 모터는 전류와 전압을 모터에 공급하는 리드와 물체에 토크와 속도를 전달하는 샤프트로 구성된다. 기계적인 관점에서 바라보면, 모터는 움직이는 회전자와 움직이지 않는 고정자로 구분할 수 있다. 전기적인 관점에서 보면, 전류를 변경하는 전기자와 자기장을 생성하는 계자로 구분할 수 있다.

사람들이 모터를 어려워하는 이유 중 하나는 모터의 종류가 너무 많기 때문이다. 어떤 것은 AC 전원을 사용하고, 또 어떤 것은 DC 전원을 사용하고, 유니버설 모터는 둘 다 사용한다. 어떤 모터는 움직임을 제어하기 위해 만든 것이고, 또 어떤 것은 토크와 속도를 조절하는 데 특화돼 있다. 이 장에서는 다양한 모터의 종류에 대해 간략히 소개했다. 좀 더 구체적인 사항은 이어지는 장에서 자세히 살펴본다. 다음 장에서는 모든 모터가 공통적으로 가지고 있는 기본 원리에 대해 자세히 알아보자.

2

기초 이론

이 책에서는 회전형 전기 모터에 대해 종류별로 하나씩 살펴본다. 각 종류마다 용도와 구조는 서로 다르지만, 크게 보면 전압과 전류를 토크와 각속도로 변환하는 핵심 동작은 모두 같다. 이 장에서는 방금 이 문장에 나온 용어가 생소한 독자를 위해 토크와 각속도의 개념 및 이들 사이의 관계에 대해 자세히 살펴보고, 이어서 다음과 같은 전기 모터의 핵심 개념도 소개한다.

- 자석
- 모터 관련 등가 회로 요소
- 전력과 효율

설명할 때 수학 이론은 최대한 자제했다. 그럼에도 불구하고 어떤 용어나 개념은 이해하기 쉽지 않을 수도 있다. 이 장의 내용을 한 번 읽고서 완벽히 이해하지 못하더라도 걱정할 필요는 없다. 일단 한 번 훑어보고 이런 용어와 개념이 있다는 정도만 알아두길 바란다. 나중에 뒷 장을 읽다가 여기 나온 개념이 다시 나올 때 이 장으로 돌아와서 제대로 이해하면 된다.

2.1 토크와 각속도

힘^{force}은 물리학과 공학에서 가장 기본적으로 다루는 물리량이다. 대부분의 사람들은 힘이 무엇인지는 잘 알고 있다. 모멘텀이나 관성은 몰라도 힘, 그중에서도 특히 중력의 힘이 뭔지는 누구나 알고 있다.

반면 토크^{torque}는 힘에 비해 잘 알려져 있지 않다. 회전하는 힘의 한 종류며 힘과는 측정 단위가 다르다는 정도만 알고 있는 사람들도 있을 것이다. 모터를 설계하는 사람이라면 토크에 대해서도 반드시 이해해야 한다. 이 절에서는 토크의 개념을 명확히 이해하고, 토크와 각속도의 관계에 대해 알아본다.

2.1.1 힘

물체의 속도가 증가하거나 감소하는 이유는 힘이 변하기 때문이다. 힘의 양은 수학적으로 물체의 질량에 가속도나 감속도를 곱해서 구한다.

예를 들어 어떤 물체를 들고 있다가 떨어뜨리면, 중력이라는 힘이 물체에 작용해서 움직임에 변화가 일어난다. 이때 작용하는 힘의 양은 물체의 질량에 중력 가속도인 $9.8m/s^2$을 곱한 값과 같다. 이렇게 물체에 작용하는 중력의 힘을 흔히 무게^{weight}라 부른다.

미국에서는 무게를 파운드^{pounds}(lbs) 단위로 측정한다. 1파운드는 16온스^{ounce}(oz)며, 킬로그램 단위로는 0.453592kg이다. 과학자나 공학자는 무게를 비롯한 여러 가지 힘을 뉴턴^{Newton}(N) 단위로 측정한다. 1N의 힘은 질량이 1kg인 물체가 $1m/S^2$의 가속도로 이동하는 데 필요한 힘과 같다. 1파운드는 대략 4.45N이므로, 내 몸무게인 182lbs를 뉴턴으로 표현하면 대략 810N이다.

힘은 방향을 가진다. 힘의 방향은 시간의 흐름에 따라 계속 변하지만, 어느 특정한 시점에서 볼 때 힘은 항상 직선을 향한다. 물체를 떨어뜨리면 중력에 의해 땅을 향해 직선 방향으로 이동한다.

2.1.2 토크

토크는 힘과 마찬가지로 물체의 질량과 가속도에 비례한다. 하지만 힘과 달리 토크는 직선이 아닌 원호^{arc}(아크) 형태로 작용한다. 가령 드라이버로 나사를 풀거나 병 뚜껑을 열 때 토크가 작용한다.

토크에 대한 좋은 예로 팔씨름을 들 수 있다(그림 2.1).

팔씨름은 두 선수 중 누가 더 많은 토크를 내는지 겨루는 경기다. 두 사람의 토크 차이만큼의 힘이 패자의 팔에 작용해 테이블에 닿게 되는 것이다. 토크의 차이가 클수록 패자의 팔이 테이블에 닿는 속도도 빨라진다.

회전형 모터도 이와 비슷하다. 모터는 회전할 물체에 연결된 샤프트에 토크를 가한다. 모터가 내는 토크가 충분히 높으면 샤프트는 그 물체를 회전시킨다. 반대로 토크가 충분하지 않다면, 샤프트는 회전하지 않는다.

앞에서 토크는 원호를 따라 작용한다고 했다. 토크와 힘의 가장 큰 차이는 토크는 이러한 원호의 반지름에 영향을 받는다는 점에 있다. 좀 더 정확히 표현하면, 힘이 원호의 반지름에 대해 수직 방향으로 작용할 때, 토크는 그 힘에 반지름을 곱한 값과 같다. 토크는 τ(타우), 힘은 F, 반지름은 r일 때, 다음과 같은 등식으로 표현할 수 있다.

$$\tau = rF$$

수식만 봐서 이해하기 어렵다면, 다시 팔씨름의 예를 통해 살펴보자. 그림 2.2는 팔씨름 경기에서 작용하는 힘과 반지름을 표현한 것이다.

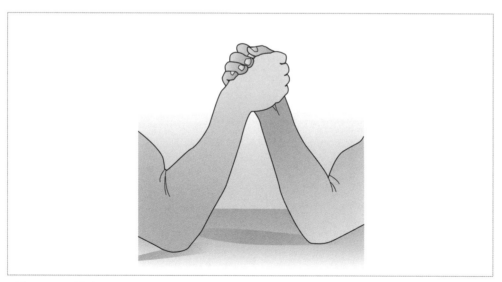

그림 2.1 토크 겨루기

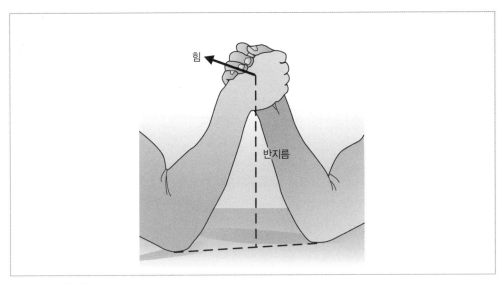

그림 2.2 힘, 반지름, 토크

왼쪽에 있는 선수는 상대방의 팔을 반원을 그리며 쓰러뜨리기 위해 힘을 가하고 있다. 이때 호의 반지름은 맞잡은 손과 테이블 사이의 직선이다. 힘의 방향은 수시로 변하지만, 반지름에 수직이라는 점은 변함없다. 따라서 팔씨름 선수로부터 나오는 토크는 힘에 반지름을 곱한 것과 같다.

과학자나 공학자들은 토크를 뉴턴-미터(N-m)나 밀리뉴턴-미터(mN-m) 단위로 측정한다. 때로는 뉴턴-센티미터(N-cm) 단위를 쓰기도 한다.

미국에서 판매하는 모터의 데이터시트를 보면, lb-ft(파운드-피트)나 lb-in(파운드-인치), oz-in(온스-인치)와 같은 영국식 단위로 표현돼 있다. 이러한 영국식 단위와 미터 단위의 관계를 정리하면 표 2.1과 같다. 표에서 영국식 단위의 값(A)을 미터법 단위의 값(B)으로 환산하려면 A에 C를 곱한다.

표 2.1 토크 단위 변환표

A (영국식 단위)	B (미터 단위)	C (계수)
oz–in	N–m	0.007062
oz–in	lb–ft	0.005208
oz–in	lb–in	0.0625
lb–ft	oz–in	192.0
lb–ft	N–m	1.356
lb–ft	lb–in	12.00
N–m	oz–in	141.6
N–m	lb–ft	0.7376
N–m	lb–in	8.851
lb–in	oz–in	16
lb–in	N–m	0.1130
lb–in	lb–ft	0.08333

모터에서 발생하는 토크는 부하^{load}(회전할 물체)의 속성에 영향을 많이 받는다. 좀 더 이해하기 쉽도록, 다시 팔씨름 예를 들어보자. 상대방이 나보다 훨씬 약하면 큰 힘을 들이지 않고도 금방 이길 수 있다. 이를 무부하 상태$^{no-load \, condition}$라 부른다. 모터가 무부하 상태에 있다는 것은 말 그대로 부하가 없다는 의미다. 따라서 최소의 토크로 샤프트를 빠르게 회전시킨다.

반대로 상대방의 힘이 훨씬 세면, 아무리 힘을 짜내더라도 상대방의 팔은 꿈쩍도 하지 않을 것이다. 이를 스톨 상태$^{stall \, condition}$라 부른다. 모터가 스톨 상태에 있다는 것은 토크를 최대로 내도 부하가 너무 크기 때문에 회전 속도가 0인 상태라는 의미다.

2.1.3 각속도

속도^{speed}란 물체가 얼마나 빨리 이동하는지 측정한 것이다. 다시 말해 속도를 보고 일정한 시간 동안 물체가 얼마나 멀리 갈 수 있는지 알 수 있다. 각속도$^{angular \, speed}$도 비슷하다. 일정한 시간 동안 물체가 이동하는 거리가 아니라 각도라는 점만 다를 뿐이다.

대학에서 가르치는 공학 교재에서는 각도를 나타내기 위해 항상 라디안^{radian} 단위를 사용하며 각속도를 초당 라디안으로 표현했다. 전기 모터를 다룰 때는 각도를 도(°) 단위로, 각속도는 분당 회전수(RPM^{revolution per minute})로 표현한다. 모터의 회전 속도는 ω(오메가)로 표기한다. 물체가 초당 12°(12°/sec)의 속도로 회전할 때, 이를 RPM 단위로 변환하는 공식은 다음과 같다.

$$\omega = \left(\frac{12\,\text{deg}}{\text{sec}}\right) \cdot \left(\frac{60\,\text{sec}}{1\,\text{min}}\right) \cdot \left(\frac{1\,\text{rev}}{360\,\text{deg}}\right) = \frac{2\,\text{revs}}{\text{min}} = 2\,\text{RPM}$$

토크와 각속도의 차이를 정확하게 이해해야 한다. 각속도는 1분 동안 물체가 회전하는 횟수를 의미하고, 토크는 물체가 회전할 때 발생하는 힘의 양을 의미한다. 물체는 낮은 토크로 빠르게 회전할 수도 있고, 반대로 높은 토크로 느리게 회전할 수도 있다.

2.1.4 토크−속도 곡선

모터의 샤프트에 부하가 걸려 있지 않을 때의 속도를 무부하 속도^{no-load speed}라 부르고 ω_n으로 표기한다. 대부분의 모터는 이 값이 최고 속도다.

모터에 걸린 부하가 너무 커서 샤프트가 회전하지 못한 상태의 토크를 스톨 토크^{stall torque}라 부르고 τ_s로 표기한다. 이 값은 모터가 낼 수 있는 최대 토크다.

자신이 수행하는 프로젝트에 가장 적합한 모터를 고르기 위해서는 이러한 값을 잘 알아야 한다. 예를 들어 포롤루 닷컴(pololu.com)에서 판매하는 한 브러시 DC 모터는 다음과 같은 속성을 갖고 있다.

- 입력 전압이 3V일 때 ω_n은 17,000RPM이다.
- 스톨 전류가 3.85A일 때 τ_s는 0.75oz-in다.

제조사가 ω_n과 τ_s 같은 극단적인 상태뿐만 아니라 그 범위를 벗어나지 않은 정상적인 상태에 있을 때, 다시 말해 모터에 걸린 부하가 0보다는 크고 최대 허용 값보다는 작은 상태에서 모터에 나타나는 토크와 각속도 정보를 제공한다면 훨씬 도움이 될 것이다.

모터의 토크와 속도의 관계는 토크−속도 곡선^{torque-speed curve}이라 부르는 그래프로 표현한다. 대다수의 모터 제조사는 이러한 토크−속도 곡선을 따로 제공하지 않지만, 다이나모미터^{dynamometer}와 같은 적절한 측정 장치로 실험해보면 쉽게 알아낼 수 있다. 그림 2.3은 매우 단순한 형태의 토크−속도 곡선을 보여준다.

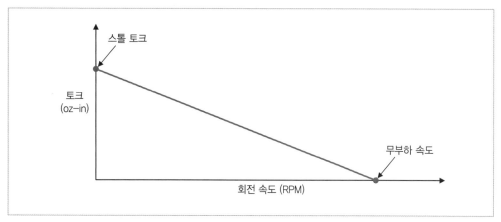

그림 2.3 토크-속도 곡선의 예

이러한 토크-속도 곡선의 형태는 모터의 종류에 따라 다르다. 또한 모터에 입력된 전압과 전류에 따라 곡선이 결정된다. 다시 말해 ω_n과 τ_s 값은 입력 전력이 증가하거나 감소함에 따라 달라진다.

2.2 자석

모터의 작동 원리를 이해하고 있으면, 프로젝트에 사용할 모터를 고르거나 제어 회로를 설계할 때 도움이 된다. 복잡한 물리 이론은 모르더라도 전기가 회전 운동으로 변하는 기본 원리만 알면 충분하다. 이러한 변환은 자석^{magnet}과 상호 작용하면서 발생한다. 자석은 다음과 같은 세 가지 법칙이 적용된다.

- 모든 자석은 N(북)극과 S(남)극이라는 극성을 가진다.
- 다른 극성끼리는 끌어당기고, 같은 극성끼리는 밀어낸다. 다시 말해 두 자석이 서로 다른 극을 마주하고 있으면 상대방을 향해 다가가고, 같은 극성을 마주하고 있으면 멀리 떨어진다.
- 자석마다 세기가 다르다. 자석의 세기가 클수록 다른 극을 당기거나 같은 극을 밀어내는 힘도 크다.

이러한 사실을 처음 듣는 독자라면, 막대 자석 두 개로 직접 확인해보길 바란다.

자석은 크게 두 종류로 나눌 수 있다. 둘 다 전기 모터에서 흔히 사용한다.

- **영구 자석**permanent magnet: 특정한 물질을 번개처럼 높은 전류가 흐르는 곳에 두면 영구 자석의 속성을 갖게 된다.
- **전자석**electromagnet: 전류가 흐르는 전선(통전 도선current-carrying wire) 주위로 자기장이 형성 되는데, 이 전선을 다시 나선형으로 감아서 코일coil을 만들면 그 중심부(코어core)에 자 기력이 발생한다. 이 현상은 전류가 흐를 때만 나타나고 전류를 끊으면 자성이 사라진 다.[1] 이때 쇠로 된 막대(철심)에 코일을 감는 방식으로 코어를 만들면 자성이 더 강해 진다.[2]

영구 자석은 전력을 공급하지 않아도 작동하며, 자석의 힘도 대체로 세다. 하지만 극성이 한 자리에 고정돼 있고 가격도 비싼 편이다.

전자석의 가장 큰 장점은 자석의 속성을 전류의 변화로 제어할 수 있다는 것이다. 다시 말 해 전기의 세기와 방향의 변화로 전자석의 세기와 극성의 위치를 바꿀 수 있다. 가장 큰 단점은 항상 전력을 소모한다는 점이다. 전자석을 영구 자석만큼 세게 만들려면 상당한 양의 전류를 공급해야 한다.

전기 모터 제어의 핵심은 바로 이러한 전자석의 속성을 제어하는 원리에 있다. 그래서 전 자석에 흐르는 전류를 통해 N극과 S극의 위치가 바뀌는 원리를 알고 있으면 모터를 제어 하는 데 도움이 된다.

전류가 들어오는 부분을 전자석의 상단top이라 부르고, 반대로 나가는 부분을 하단bottom이 라 부른다. 전자석의 상단을 내려다봤을 때 전류는 시계 방향 또는 반시계 방향으로 흐른 다. 이때 전류가 흐르는 방향에 따라 전자석의 극의 위치(극성polarity)가 달라지며, 다음과 같이 두 가지 규칙이 적용된다.

- 전류가 반시계 방향으로 흐르면 상단이 N극, 하단이 S극이 된다.
- 전류가 시계 방향으로 흐르면 하단이 N극, 상단이 S극이 된다.

---

1 이러한 코일 형태의 전자 회로 부품으로 인덕터가 있다. 참고로 자기장의 변화로 전류가 생성되는 현상을 전자기 유도 현상이 라 부르며, 이와 관련된 부품으로 솔레노이드가 있다. – 옮긴이

2 쇠막대의 자기 저항(reluctance)이 공기의 자기 저항보다 낮기 때문이며, 이러한 막대를 강자성체(ferromagnetic material)라 부 른다. – 옮긴이

그림 2.4는 두 개의 전자석을 보여주는데 서로 다른 방향으로 전류가 흐르고 있다. 따라서 N극과 S극의 위치가 서로 반대다. 이를 다르게 표현하면, 전류의 방향을 바꾸면 전자석의 극성이 바뀐다고 할 수 있다.

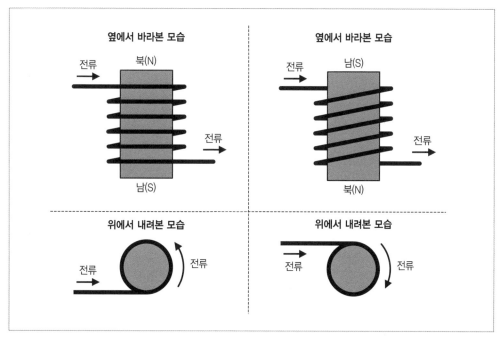

그림 2.4 전류의 방향과 극성의 관계

이번에는 네 개의 전자석, A, A', B, B'를 이용해 실험해보자. A와 A', B와 B'는 서로 같은 전선으로 연결한다. 네 개의 전자석의 중심에는 막대 자석bar magnet 형태의 영구 자석 하나가 자유롭게 회전할 수 있는 상태로 고정돼 있다. 이러한 전자석과 막대 자석의 구조를 그림으로 표현하면 다음과 같다(그림 2.5).[3]

---

3   그림 2.5에서 A와 B는 그림 2.4의 왼쪽 그림처럼 반시계 방향으로 감겨서 상단이 N극이 되고, A'와 B'는 그림 2.4의 오른쪽 그림처럼 시계 방향으로 감겨서 상단이 S극이 된다. – 옮긴이

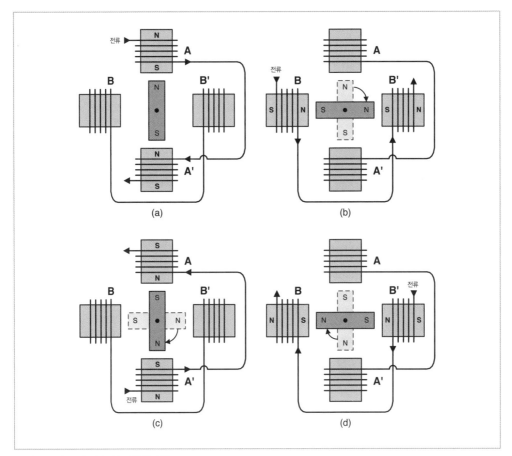

그림 2.5 네 개의 전자석을 이용한 실험

두 쌍의 전자석 중에서 한 쌍에 전류를 공급하면, 막대 자석이 전자석의 극성에 따라 방향을 바꾼다. 그림에서 보는 바와 같이 네 가지 경우로 나눌 수 있다.

- 그림 2.5a에서 전류는 A에서 A'로 흐른다. 그러면 A의 S극과 A'의 N극이 막대 자석을 향한다. 따라서 막대 자석은 N극이 A를 향해, S극이 A'를 향해 정렬된다.
- 그림 2.5b에서 전류는 B에서 B'로 흐른다. 그러면 B의 N극과 B'의 S극이 막대 자석을 향한다. 따라서 막대 자석은 N극이 B'를 향해, S극이 B를 향해 정렬하도록 회전한다.
- 그림 2.5c에서 전류는 A'에서 A로 흐른다. 그러면 A의 N극과 A'의 S극이 막대 자석을 향한다. 따라서 막대 자석은 N극이 A'를 향해, S극이 A를 향해 정렬하도록 회전한다.

- 그림 2.5d에서 전류는 B'에서 B로 흐른다. 그러면 B의 S극과 B'의 N극이 막대 자석을 향한다. 따라서 막대 자석은 N극이 B를 향해, S극이 B'를 향해 정렬하도록 회전한다.

이 순서에 따라 전자석에 전류를 흘리면, 막대 자석은 시계 방향으로 360° 회전한다. 이와 반대로 전류를 흘리면 막대 자석은 반시계 방향으로 360° 회전한다.

내용을 완전히 이해할 때까지 그림 2.5를 충분히 살펴보길 바란다. 이 책에서 소개하는 모터는 대부분 이 원리에 따라 전기적인 힘(전자석에 흐르는 전류)을 기계적인 힘(막대 자석의 회전)으로 변환한다.

2.3 등가 회로

모터 회로를 설계하려면 모터의 전기적 특성을 잘 이해해야 한다. 회로에서 모터가 저항처럼 작동하는지, 커패시터capacitor처럼 작동하는지, 인덕터처럼 작동하는지, 다이오드처럼 작동하는지, 아니면 이들 중 여러 개를 조합한 형태로 작동하는지 판단할 수 있어야 한다.

전기 모터는 그 종류가 매우 다양하기 때문에 하나의 모델만으로 모든 모터를 표현할 수 없지만, 다양한 모터에 공통적으로 적용되는 전기적인 특성에 대해서는 설명할 수 있다. 이 절에서는 여러 가지 전기적 특성 중에서도 모터에서 흔히 볼 수 있는 전기적 손실과 역기전력에 대해 살펴본다.

2.3.1 전기적 손실

모터는 부하가 없는 상태에서 회전할 때도 전류를 소모한다. 이를 무부하 전류no-load current라 부르며, I_0으로 표기한다. 이 전류는 전자석의 철심(철 코어iron core)을 자화magnetize시키는데 필요하다. 그래서 철손iron loss이라 부르며, 회로를 분석할 때 현재 모터에 공급되는 전류에서 I_0을 빼는 형태로 표현한다.

또 다른 전기적 손실로 동손copper loss이 있다. 이 손실은 전기를 공급받는 모터에 있는 부품인 전기자armature의 저항에 의해 발생한다. 전기자의 저항을 R_a, 모터에 공급되는 전류를 I라고 할 때, 옴의 법칙Ohm's law[4]에 따라 전기자의 저항으로 인해 발생하는 전압 손실은

---

4   V=IR – 옮긴이

$(I-I_0)R_a$다. 따라서 모터의 입력 전압이 V일 때, 모터를 작동하는 데 사용된 전압은 $V-(I-I_0)R_a$다.

모터의 전기자는 저항뿐만 아니라 인덕턴스^{inductance}(유도 계수, 유도 용량)[5]도 발생시킨다. 인덕턴스는 L_a로 표기하며, 대체로 값이 작아서 무시하는 경우가 많다. 그런데 전기자의 인덕턴스는 전기자에 흐르는 전류의 주파수에 비례한다. 따라서 고주파 회로에서 모터를 사용할 때는 L_a가 큰 영향을 미칠 수 있다.

그림 2.6은 이러한 세 가지 손실을 반영해 그린 모터의 등가 회로$^{equivalent\ circuit}$[6]를 보여 준다.

전자석은 대부분 철로 된 코어를 사용하지만, 간혹 코어리스^{coreless} 모터나 에어코어$^{air-core}$ 모터처럼 철심이 없는 것도 있다. 코어리스 모터는 철심을 사용하는 모터보다 약하지만, 가볍고 전력 손실도 적다는 장점이 있다.

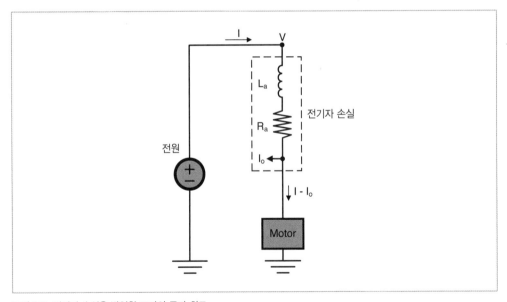

그림 2.6 전기자 손실을 반영한 모터의 등가 회로

---

5   코일과 같은 유도기에 일어나는 전류의 변화로 기전력(전위차가 발생해 전류를 흐르게 하는 원동력)이 발생하는 현상 – 옮긴이
6   실제 세부적인 구조는 다르지만, 전기적인 특성 면에서는 동등한 회로 – 옮긴이

2.3.2 역기전력

전기 모터는 메이커라면 누구나 흥미를 느낄 만한 속성을 가지고 있다. 바로 모터의 샤프트를 회전시키면 전도체와 자석이 상호 작용하면서 회전 속도에 비례해 전압이 발생한다는 점이다. 이때 폭포와 같은 외력에 의해 회전하면서 발생한 전압은 전력으로 사용된다. 이렇게 되면 모터는 발전기처럼 작동한다. 발전기의 원리에 대해서는 부록 A, '전기 발전기'에서 자세히 다룬다.

반면 모터를 전기의 힘으로 회전시키면, 앞에서 설명한 원리로 인해 생성된 전압이 마치 저항처럼 입력 전류에 반대로 작용한다. 이렇게 발생하는 전압을 역기전력back-EMF, counter-EMF, cemf이라 부른다.[7] 여기서 기전력을 의미하는 EMF는 electromotive force를 줄인 말로서 전압과 같은 뜻이다. 모터의 전압이 높아지면 역기전력도 높아지지만, 모터의 입력 전압보다는 항상 낮다.

역기전력의 형태는 모터와 공급 전력의 종류에 따라 다르지만, 어떤 경우라도 입력 전류의 반대 방향으로 작용하는 전압원voltage source 형태로 표현할 수 있다. 그림 2.7은 좀 더 현실적으로 표현하기 위해 그림 2.6에 역기전력을 추가로 반영한 등가 회로를 보여준다.

역기전력은 특히 브러시리스 DC 모터 회로를 설계할 때 중요하다. 브러시리스 DC 모터를 제어하려면 모터의 샤프트 각도를 알아야 하는데, 모터의 역기전력을 이용하면 이 각도를 알아낼 수 있다. 브러시리스 DC 모터와 역기전력을 활용하는 다양한 방법에 대해서는 3장, 'DC 모터'에서 자세히 다룬다.

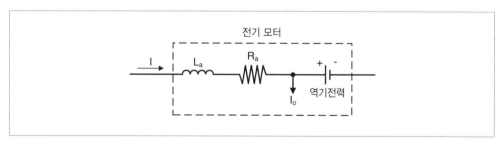

그림 2.7 전기 모터의 등가 회로

---

7 이 원리를 이용해 전기 모터로 구동하는 자동차에서 가속페달을 뗀 상태로 달릴 때 발생하는 역기전력을 배터리로 보내 충전하거나 엔진 브레이크처럼 활용하기도 한다. – 옮긴이

2.4 출력과 효율

전기 모터는 다양한 속도와 토크로 작동할 수 있지만, 모터마다 가장 효율이 높은 시점이 있다. 이를 최대 효율점^{peak efficiency point}이라 부른다. 모터가 최대 효율점에 있을 때 전기적인 힘을 회전하는 힘으로 전환하는 데 드는 전력이 가장 적다.

프로젝트에 사용할 모터를 고를 때 고려해야 할 핵심 기준 중 하나는 효율이다. 모터의 효율을 계산하는 방법을 설명하기에 앞서, 과학자나 공학자가 말하는 출력(일률)이란 개념을 이해할 필요가 있다. 또한 출력에 대해 설명하기 위해서는 먼저 일이란 개념부터 살펴봐야 한다.

2.4.1 일

일^{work}이란 물체에 힘을 가해서 일정한 거리만큼 이동한 것이다. 이때 힘과 이동 거리가 나란하면 일은 힘과 거리에 비례한다. 다시 말해 힘 F가 물체를 거리 d만큼 이동했다면 Fd만큼 일한 것이다.

예를 들어, 무게가 20N인 물체가 2m의 높이에서 떨어질 때는 중력에 의해 40N-m의 일을 한다. 물체가 이동하지 않거나 힘과 수직인 방향으로 이동하면, 그 힘으로 한 일은 0이다.

회전하는 일도 원리는 비슷하다. 단 힘과 거리 대신 토크와 각도를 사용한다. 토크 τ가 물체를 θ만큼 회전시킬 때 한 일은 τθ다. 예를 들어, 병 뚜껑을 열기 위해 일정한 토크 τ만큼 가해서 뚜껑이 θ만큼 돌아갔을 때 한 일의 양이 τθ다.

2.4.2 회전 출력

출력^{power}은 물리에서 말하는 일률, 즉 일을 하는 속도다. 주어진 시간 t 동안 W만큼의 일을 했을 때 일률 P를 수식으로 표현하면 다음과 같다.

$$P = \frac{W}{t}$$

예를 들어 두 개의 전기 드릴이 같은 양의 일을 할 때, 첫 번째 드릴이 작업을 끝내는 데 걸린 시간이 두 번째 드릴의 절반이라면, 첫 번째 드릴의 출력은 두 번째 드릴의 두 배라고 말할 수 있다. 마찬가지로 어떤 자동차 엔진이 다른 엔진보다 특정한 속도에 더 빨리 도달할 때, 그 엔진은 다른 엔진보다 출력이 뛰어나다고 표현한다.

출력은 와트watt(W) 단위로 표현한다. 1W는 1N-m/s다. 또한 마력horsepower(hp)으로 표기하기도 한다. 1hp는 745.7W고, 1W는 0.00134hp다. DC 모터는 출력을 주로 와트 단위로 표현하고, AC 모터는 일반적으로 마력 단위로 표현한다.

앞서 설명한 바와 같이, 회전하는 일은 토크(τ)와 그 토크로 인해 회전한 각도(θ)를 곱한 것과 같다. 회전 출력rotational power은 토크와 각도를 곱한 값을 시간으로 나눈 것이다. 다시 말해 토크와 각속도(각도/시간)를 곱한 것과 같다. 따라서 토크가 N-m 단위로, 각속도가 RPM 단위로 주어졌을 때, 기계적인 출력(일률)을 와트 단위로 구하는 방법을 수식으로 표현하면 다음과 같다

$$P_{기계} = 0.1047\tau\omega$$

각속도가 RPM 단위로, 토크가 oz-in 단위로 주어졌을 때 회전 출력을 구하는 공식은 다음과 같다.

$$P_{기계} = 0.0007396\tau\omega$$

2.4.3 전력

전력electrical power은 전기적 출력(일률)으로서 회전 출력에 비해 계산하기 쉽다. 전압과 전류를 곱해주기만 하면 된다. 전압을 V로, 전류를 I로 표현할 때, 전력 $\mathrm{P}_{전기}$를 구하는 공식은 다음과 같다.

$$P_{전기} = VI$$

이때 전압은 볼트volt, 전류는 암페어ampere, 전력은 와트watt 단위를 사용한다. 예를 들어 2A의 전류가 5V에 흐를 때 전력은 10W다.

앞에서 설명한 바와 같이 전기자의 저항에 의한 전압 손실(IR_m)과 철손에 의한 전류 손실
(I_0)이 발생한다. 앞의 공식에 이러한 손실을 반영한 경우, 모터의 전력(출력)을 계산하면
다음과 같다.

$$P_{모터} = \left(V - IR_m\right)\left(I - I_o\right)$$

이 값은 손실을 제외한 순수하게 기계적인 에너지로 변환하는 데 적용된 전기적 일률이
다. 앞에서 기계적 일률인 회전 출력은 토크(τ)에 속도(ω)를 곱한다고 설명했다. 따라서 방
금 구한 모터의 출력(전기적 일률)과 기계적(회전) 일률이 같다는 사실을 토대로 다음과 같
이 중요한 공식을 유도할 수 있다.

$$\left(V - IR_m\right)\left(I - I_o\right) = \tau\omega = P_{기계}$$

2.4.4 효율

입력된 전력을 완벽하게 기계적 출력으로 변환하기란 현실적으로 불가능하다. 이때 모터
의 입력 전력($P_{입력}$)과 출력 전력($P_{출력}$)의 비율을 효율^{efficiency}이라 부르고, η(에타)로 표기한
다. 이를 수식으로 표현하면 다음과 같다.

$$\eta = \frac{P_{출력}}{P_{입력}}$$

모터의 효율이 1이면 가장 좋겠지만, 현실적으로 0.5에서 0.9 사이의 효율을 가진다. 예를
들어 2.0와트의 입력 전력으로 1.5와트의 기계적 일률을 처리하는 모터의 효율은 1.5/2.0
= 0.75다.

전기 모터의 효율은 다음 공식에 따라 구할 수 있다.

$$\eta = \frac{P_{출력}}{P_{입력}} = \frac{P_{기계}}{P_{전기}} = \frac{\tau\omega}{VI}$$

분자의 $P_{기계}$를 앞에서 유도한 공식을 적용해 전압, 전류, 손실로 표현하면 다음과 같다.

$$\eta = \frac{P_{기계}}{P_{전기}} = \frac{\left(V - IR_m\right)\left(I - I_o\right)}{VI} = \frac{V - IR_m}{V} \quad \frac{I - I_o}{I}$$

효율은 V가 증가하거나 R_m이 감소하면 높아진다. 따라서 모터의 한계를 벗어나지 않는 범위에서 전압을 높이면 효율도 높아진다. 그래서 고출력 모터와 저출력 모터가 각각 정격 속도rated speed[8]로 회전할 때, 고출력 모터의 효율이 훨씬 높다.

효율과 전류의 관계는 좀 더 복잡하다. 전류를 높이면 동손(IR_m)도 덩달아 높아져서 효율이 떨어진다고 볼 수 있다. 또 다른 관점에서 볼 때, 전류를 높이면 철손(I_0)의 효과를 감소시킬 수 있으므로 효율이 높아진다고도 볼 수 있다.

각 제조사마다 모터의 최대 효율을 명시하고 있다. 이 값을 파악해 원하는 작업 범위에서 최대의 효율을 내는 모터를 골라야 한다. 다시 말해, 모터에서 최대 효율을 내는 토크와 속도가 자신이 처리하려는 작업에 필요한 토크와 속도에 가장 가까운 것을 고른다.

모터의 효율이 낮으면 전력만 낭비하는 것이 아니다. 전기자의 동손으로 인해 I^2R_m만큼의 열이 발생한다. 이 열이 상당히 커지면, 모터나 회로가 손상될 수 있다.

2.5 요약

모터를 고를 때는 항상 제조사에서 제시하는 규격을 잘 살펴본다. 이러한 규격은 주로 전류, 전압, 속도, 토크라는 네 가지 물리량으로 표현하며 대부분 그 의미가 명확하다. 다른 물리량에 비해 좀 생소한 토크와 각속도에 대해서는 이 장의 앞부분에서 자세히 살펴봤다.

모터의 동작을 분석할 때는 무부하 상태와 스톨 상태라는 두 가지 극한 조건을 고려해야한다. 무부하 상태는 모터에 아무런 부하가 걸리지 않고 빠르게 회전하는 상태다. 스톨 상태는 모터의 최대 토크로도 움직일 수 없는 상태다. 두 조건은 토크-속도 곡선의 형태에 중요한 역할을 한다.

---

8 과열 및 손상 없이 최대로 회전할 수 있는 속도 – 옮긴이

모터가 전기적인 힘을 기계적인 힘으로 변환하는 과정을 살펴보려면, 자석과 전자석에 대해 이해해야 한다. 전자석이란 전선을 둥글게 감은 코일로 만든 자석이며 주로 철심(철 코어) 위에 감아서 만든다. 자성이 고정된 영구 자석과 달리, 전자석은 전선에 흐르는 전류의 방향에 따라 극성이 달라진다. 또한 전류를 많이 소모한다는 단점이 있다.

모터의 전기 회로적인 특성을 잘 이해하고 있으면 모터를 전기 회로에 연결할 때 도움이 된다. 두 가지 중요한 속성으로는 철손과 동손이 있다. 철손은 모터의 전자석에 에너지를 공급하는 데 필요한 전류다. 동손은 전기자의 저항으로 인해 발생하는 열(I^2R)이다.

원하는 모터의 종류를 결정했다면, 자신의 작업에 가장 적합한 특성을 가진 모터를 골라야 한다. 전력 낭비를 최소화하려면 자신의 작업을 정상적으로 수행할 때 최대 효율을 발휘하는 모터를 선택한다. 효율은 기계적 일률과 전기적 일률의 비율로 표현한다. 효율이 높을수록 입력 전력을 낭비하지 않고 생산적으로 활용한다.

3

DC 모터

배터리나 태양열 전지, USB 인터페이스를 비롯한 직류(DC$^{\text{Direct Current}}$) 전원
으로 작동하는 장치라면 DC 모터를 사용해야 한다. DC 모터는 사용하기 쉽
고 구조도 간단하다. 2장, '기초 이론'에서 설명한 내용을 제대로 이해했다면,
DC 모터를 다루는 데 별다른 어려움이 없을 것이다.

자신의 용도에 적합한 DC 모터를 고를 때 가장 먼저 결정할 사항은 브러시
^{brushed} 모터를 사용할지, 아니면 브러시리스^{brushless} 모터를 사용할지 결정하
는 것이다. DC 모터는 크게 브러시 모터와 브러시리스 모터로 구분하는데,
이 장에서는 각각에 대해 자세히 소개한다. 브러시리스 모터는 브러시 모터
에 비해 매우 복잡하기 때문에 좀 더 많은 페이지를 할애해 살펴본다.

이 장에서는 먼저 모든 종류의 DC 모터에 공통적으로 적용되는 개념인 토
크와 전류의 관계, 그리고 속도와 전압의 관계에 대해 설명한다. 이 과정에서
DC 모터를 제어하는 데 적용되는 원칙도 소개한다.

마지막으로 배터리에 대해 간략히 소개하면서 이 장을 마무리한다. 모터 제
어 회로의 전압과 전류에 적합한 배터리를 사용해야 한다. 모터 회로는 주로
충전식 배터리로 구성하며, 이 장의 마지막 절에서는 여러 가지 배터리의 장
단점을 비교한다.

3.1 DC 모터의 기본 원리

브러시 DC 모터와 브러시리스 DC 모터의 내부 구조와 제어 방법은 서로 다르지만, 다음과 같은 DC 모터의 네 가지 속성은 동일하다.

- 토크는 대체로 전류에 비례한다.
- 속도는 대체로 전압에 비례한다.
- 모터에 전원을 공급하기 위한 전기 스위치를 제어 회로에 장착한다.
- 모터 컨트롤러는 PWM^{pulse width modulation}(펄스 폭 변조) 신호로 모터의 동작을 제어한다.

이 절에서는 먼저 이러한 속성과 개념에 대해 설명한다. 이어지는 절에서는 브러시 모터와 브러시리스 모터에 대해 차례대로 살펴본다.

3.1.1 토크, 전류, K_T

전류가 흐르는 전선(통전 도선^{current-carrying wire})에서 자기장이 발생시키는 힘의 세기는 앙페르의 힘의 법칙^{Ampere's Force Law}을 통해 알 수 있다. 정확한 공식은 벡터와 미적분을 사용해 복잡하게 구성돼 있지만, 한마디로 요약하면 '모터의 전기자^{armature}에 들어오는 전류가 증가할수록 모터의 토크도 증가한다.'고 표현할 수 있다.

디지털 토크 미터(측정기)를 이용하면, 브러시 모터에 주어진 부하가 증가함에 따라 모터에 흐르는 전류의 변화를 측정할 수 있다. 그림 3.1은 모터의 부하와 입력 전류의 관계를 보여준다.

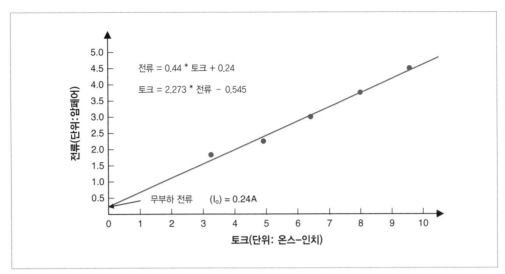

그림 3.1 DC 모터의 토크와 전류의 관계

DC 모터에서 토크와 전류의 관계는 대략 직선으로 표현된다. 다시 말해 토크와 전류의 비율은 대체로 일정해 상수로 표현할 수 있다. 이 상수를 K_T라고 표현하며, 모터의 데이터시트를 보면 이 값이 온스-인치/암페어(oz-in/amp)나 파운드-인치/암페어(lb-in/amp), 뉴턴-미터/암페어(N-m/A), 뉴턴-센티미터/암페어(N-cm/A) 단위로 표시돼 있다. 그림 3.1의 K_T는 2.273oz-in/amp다.

2장에서 설명한 바와 같이, 모터의 샤프트는 회전하지만 토크가 없는 상태를 무부하 상태라 부른다. 이러한 무부하 상태에서 흐르는 전류를 무부하 전류[no-load current]라 부르며, I_0로 표기한다. 그림 3.1에서 I_0는 0.24A다.

I_0는 모터를 작동시키는 데 필요한 전류의 최소량이다. 따라서 모터의 전기자가 전류 I를 받을 때 발생하는 모터의 토크는 $K_T(I-I_0)$이다. 이때 토크가 N-m 단위로, K_T가 oz-in 단위로 주어졌을 때 토크와 전류의 관계는 다음과 같다.

$$\tau = K_T\left(I - I_o\right) \cdot \left(\frac{0.278\,\text{N}}{1\,\text{oz}}\right) \cdot \left(\frac{0.0254\,\text{m}}{1\,\text{in}}\right)$$
$$= 0.0070612\,K_T\left(I - I_o\right)$$

3.1.2 회전 속도, 전압, K_V

모터의 토크가 전류에 비례했다면, 모터의 회전 속도(각속도)는 전압에 비례한다. 이때 각
속도를 ω로 표기하며 단위는 분당 회전수(RPM)다. 그림 3.2는 브러시 모터의 전압에 따른
회전 속도를 타코미터tachometer로 측정한 것이다.

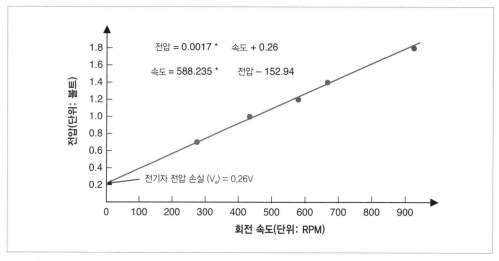

그림 3.2 회전 속도와 전압의 관계

토크-전류 그래프와 마찬가지로, 전압-속도 그래프도 직선에 가깝다. 모터의 속도/전압
비율을 나타내는 이러한 상수를 K_V라 부르며, 주로 RPM/V(볼트당 분당 회전수) 단위로 표
기한다. 그림 3.2에서 K_V의 값은 588.235RPM/V다.

2장에서 설명한 바와 같이, 모터는 전기자마다 R_a라는 저항을 갖는다. 모터에 들어오는 전
압 중에서 R_a에 의해 떨어지는 전압 손실을 V_a로 표기한다. 그림 3.2에서 V_a는 0.26V다. 전
체 공급 전압이 V라면 모터의 회전 속도는 $K_V(V-V_a)$다. 모터의 전류가 $I-I_0$일 때, $V_a = (I-I_0)$
R_a다.

3.1.3 K_T-K_V 상충 관계

2장에서 모터는 입력 전압($V - V_a$)과 입력 전류($I - I_0$)를 토크(τ)와 각속도(ω)로 변환한다고
설명한 바 있다. 이러한 관계를 전기적 일률인 입력 전력과 기계적 일률인 출력 전력의 등
식으로 표현하면 다음과 같다.

$$(V - V_a)(I - I_o) = \tau\omega$$

앞에서 설명한 바와 같이 K_T는 모터의 토크를, K_V는 모터의 속도를 나타낸다. K_T(단위: oz-in/A)와 K_V(단위: RPM)가 주어졌을 때 위 등식을 K_T와 K_V로 표현하면 다음과 같다.

$$(V - V_a)(I - I_o) = \left\{ 0.0070612\, K_T\,(I - I_o) \right\} \cdot$$
$$\left\{ K_V\,(V - V_a) \cdot \left(\frac{1분}{60초} \right) \cdot \left(\frac{2\pi}{회전수} \right) \right\}$$

여기에 상숫값을 적용하고 양변을 $(V - V_a)(I - I_0)$로 나누면 다음과 같다.

$$1 = 0.000739447 K_T K_V$$

이를 다시 간소화하면 다음과 같은 등식을 유도할 수 있다.

$$K_T K_V = 1352.36$$

이를 통해 전기 모터와 관련해서 다음과 같은 세 가지 결론을 도출할 수 있다.

- 두 상수 중 하나만 알면 다른 상수는 쉽게 계산할 수 있다. 그래서 데이터시트에는 K_V 값만 명시하는 경우가 많다.
- 전류를 토크로 변환하는 능력(K_T)과 전압을 회전 속도로 변환하는 능력(K_V)이 모두 뛰어난(K_T와 K_V 값이 모두 높은) 모터는 없다. 둘 중 하나가 높으면 다른 값은 상대적으로 낮을 수밖에 없다.
- 속도가 빠른 모터를 원하면 K_V가 높고 K_T가 낮은 모터를 고른다. 반면 토크가 높은 모터를 원한다면 K_T가 높고 K_V가 낮은 모터를 고른다.

대부분의 경우, 평균 수준의 모터를 사용하면 속도가 너무 느리거나 토크가 너무 낮다. 다시 말해 드론의 프로펠러를 돌리거나 로봇 팔을 움직일 때 평균 수준의 브러시 모터를 사용하면, 샤프트를 회전시키기에는 토크가 부족하다.

 노트

AC 모터의 토크/전류와 속도/전압 관계는 DC 모터와 동일하다. DC 모터의 속도는 주로 전압으로 제어하는 데 반해, AC 모터의 속도는 주로 입력 전력의 주파수로 제어한다. 그래서 DC 모터의 데이터시트에는 K_V가 명시돼 있는 반면, AC 모터의 데이터시트에는 이 값이 나와 있지 않다.

따라서 모터와 모터로 움직일 부품 사이에 기어를 장착한다. 기어를 이용하면 토크를 높이고 속도를 낮출 수 있다. 기어에 대한 자세한 사항은 7장, '기어와 기어모터'에서 설명한다.

3.1.4 스위칭 회로

이전 장에서 전자석의 가장 큰 단점은 전력 소비라고 설명했다. 그래서 아무리 작은 모터라도 수십 암페어의 전류를 공급해야 제대로 작동한다.

모터는 컨트롤러controller(제어기)라고 부르는 회로로 작동한다. 최신 모터의 컨트롤러는 집적 회로integrated circuit로 만든다. 메이커용 장치의 컨트롤러는 대부분 마이크로컨트롤러나 저전력 프로세서로 구현한다. 이러한 장치에서 사용하는 전기는 밀리암페어 수준에 불과하기 때문에 모터를 구동하는 전력으로 사용하기에는 부족하다. 따라서 모터에 별도로 공급되는 전력을 제어하기 위한 전기 스위치가 필요하다.

전기 스위치

전기 회로에 있는 기계 스위치mechanical switch의 버튼을 누르면 전기가 흐르는 경로(전도 경로conductive path)가 형성된다. 전기 스위치electrical switch도 기본 원리는 같다. 컨트롤러를 통해 전기 스위치의 한쪽 단자terminal에 약간의 전압을 가하면, 반대편 단자로 전류가 흐르는 경로가 형성된다.

그림 3.3의 왼쪽 그림은 두 단자로 구성된 기계 스위치에 대한 표준 기호다. 오른쪽 그림은 이상적인 전기 스위치를 표현하기 위해 내가 고안한 세 단자 기호다. 입력 전압이 0V보다 크면, 스위치가 닫히면서 양쪽 단자를 연결하는 전도 경로가 형성된다. 반대로 입력 전압이 0V보다 작거나 같으면, 스위치가 열리면서 양쪽 단자 사이에 전류가 흐를 수 없게 된다.

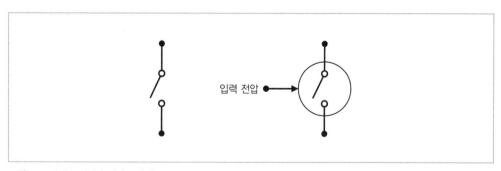

그림 3.3 기계 스위치와 전기 스위치

전기 스위치의 활용 방법에 대한 구체적인 예를 살펴보기 위해 3.3V 마이크로컨트롤러로 브러시 DC 모터를 제어하는 경우를 생각해보자. 마이크로컨트롤러에서 사용하는 전기를 모터에 직접 공급할 수는 없지만, 마이크로컨트롤러의 전원이 전기 스위치에 연결돼 있다면 마이크로컨트롤러에서 이 스위치를 켜거나 끄는 방식으로 모터에 공급되는 전류를 제어할 수 있다. 이를 그림으로 표현하면 그림 3.4와 같다.

$V_{컨트롤러}$가 0이면, 스위치가 열린다. 이때 전류가 흐르지 않으며 모터도 작동하지 않는다. $V_{컨트롤러}$가 0보다 크면, 스위치가 닫히면서 $V_{전원}$으로부터 들어오는 전류가 모터로 흐르면서 회전한다.

트랜지스터로 구현한 전기 스위치

앞에서 소개한 이상적인 형태의 전기 스위치는 실제로 존재하지 않는다. 대신 트랜지스터transistor란 장치를 통해 이상적인 스위치에 가깝게 만들 수 있다. 좀 더 구체적으로 설명하면, 최신 모터 회로의 스위치는 대부분 모스펫(MOSFETmetal-oxide-semiconductor filed-effect transistor, 금속 산화막 반도체 전계효과 트랜지스터)이나 아이지비티(IGBTinsulated-gate bipolar transistor, 절연 게이트 양극성 트랜지스터)로 구현한다.

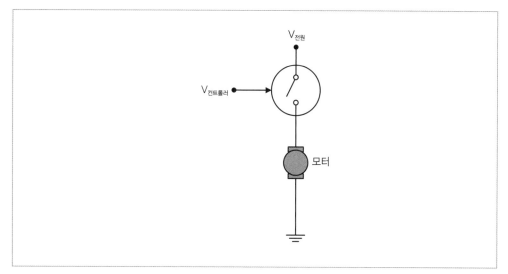

그림 3.4 전기 스위치를 이용한 모터 제어

복잡한 명칭에 겁먹지 말자. 두 장치 모두 그림 3.4에 나온 전기 스위치와 같은 기능을 수행한다. 모스펫과 IGBT는 세 개의 단자로 구성된다. 하나는 컨트롤러로부터 전압을 받고, 나머지 두 개는 컨트롤러 전압이 하이^High 상태인 동안 전류를 통과시킨다. 이를 회로 기호로 표현하면 그림 3.5와 같다.

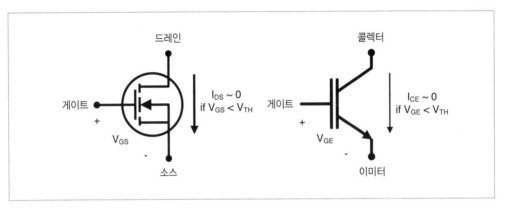

그림 3.5 실제로 사용하는 전기 스위치: MOSFET과 IGBT

그림에서 보는 바와 같이, 모스펫이나 IGBT의 입력 단자를 게이트^gate라 부른다. 모스펫에서 전류가 흐르는 단자는 드레인과 소스라 부르고, IGBT에서는 컬렉터와 이미터라 부른다.

앞에서 살펴본 이상적인 전기 스위치에서 입력 전압이 0 이하면 두 단자 사이의 저항은 무한대고, 입력 전압이 0보다 크면 두 단자 사이의 저항은 0이다.

모스펫과 IGBT는 이러한 이상적인 전기 스위치에 가깝게 작동하지만, 다음과 같이 세 가지 측면에서 이상적인 스위치와 다르다.

■ 게이트와 낮은 단자(소스 또는 이미터) 사이의 전압이 문턱 전압^threshold voltage(V_{TH})보다 커야 스위치를 닫을 수 있다. 모스펫의 V_{TH} 값은 대체로 0.5V와 1V 사이며, IGBT의 V_{TH}는 대부분 3V와 8V 사이다.

■ 게이트 전압이 V_{TH}보다 낮으면, 다른 두 단자 사이에 흐르는 전류는 0으로 취급해도 될 정도로 매우 작다.

■ 게이트 전압이 V_{TH}보다 같거나 크면, 두 단자 사이의 저항이 낮아지는데 그렇다고 0은 아니다. 모스펫의 경우, 드레인과 소스 사이의 저항($R_{DS(on)}$)은 0.03Ω 정도로 매우

작다. IGBT에서 전압과 전류가 정비례하지 않지만, 두 단자 사이의 전압 강하^voltage drop 값은 비슷한 급의 모스펫보다 작다.

모스펫과 IGBT는 용도와 단자의 구성 및 작동 원리가 서로 비슷하다. 차이가 있다면, 모스펫은 전류를 쉽고 빠르게 켜거나 끌 수 있고 가격도 비싸지 않다는 점이다. 이에 반해 IGBT는 모스펫보다 더 많은 전류를 켜거나 끌 수 있으며, 컬렉터와 이미터 사이에 발생하는 전압 강하도 비슷한 급의 모스펫에서 드레인과 소스 사이에 발생하는 전압 강하보다 작은 편이다.

일반적으로 알려진 바에 의하면, 모스펫은 작거나 중간 규모의 모터 회로에 적합하고, IGBT는 대형 모터용 회로에 적합하다. 두 가지 트랜지스터를 다룰 때는 반드시 데이터시트를 보고 현재 사용하는 회로에 적합한 제품인지 확인해야 한다.

메이커용 회로에서는 주로 소형 또는 중형 모터를 사용한다. 따라서 이 책에서 사용하는 전기 스위치는 대부분 모스펫으로 구현한다.

3.1.5 펄스 폭 변조

모터 제어 회로에 전기 스위치를 달면 컨트롤러로 모터를 완전히 켜거나 끌 수 있다. 그렇다면 모터를 최대 속도의 75% 정도로 회전시키거나 모터의 속도를 점진적으로 높이려면 어떻게 해야 할까? 컨트롤러의 전압을 높이는 방식으로는 해결할 수 없다. 게이트의 전압이 트랜지스터의 문턱 전압을 넘어선 후에는 게이트 전압을 더 높인다고 해서 전류가 크게 증가하지 않기 때문이다.

그래서 컨트롤러는 스위치를 열고 닫는 펄스의 시간을 조절하는 방식으로 모터의 동작을 제어한다. 이렇게 펄스를 보내는 방식을 펄스 폭 변조(PWM^pulse width modulation)라고 부른다.

PWM의 원리는 간단하다. 컨트롤러는 스위치의 게이트로 일련의 펄스를 보내는데, 각 펄스의 상태에 따라 스위치가 열리거나 닫히면서 모터에 전달되는 전류의 펄스를 제어한다. 컨트롤러는 펄스를 일정한 폭(간격)으로 생성하는데, 펄스의 폭이 넓을수록 모터에 전달되는 전류의 양도 늘어나서 더 빠르게 회전한다.

그림 3.6은 PWM 펄스열^pulse train의 형태를 보여준다. 여기서 컨트롤러는 스위치의 게이트로 네 개의 펄스를 보낸다.

그림에서 T는 연속된 두 펄스의 상승 에지rising edge 사이의 시간을 의미한다. 이 간격을 프레임frame 또는 주기period라고 부른다. 컨트롤러는 PWM 주파수(1/T)를 지정하는 방식으로 T 값을 조절한다.

그리고 t는 컨트롤러의 신호가 하이high(문턱 전압보다 높은) 상태인 동안의 시간이다. 이 시간을 펄스 폭pulse width이라 부른다. 그리고 이러한 펄스 폭과 프레임의 비율(t/T)이 듀티 사이클duty cycle이다. 그림 3.6에서 듀티 사이클은 0.3이다.

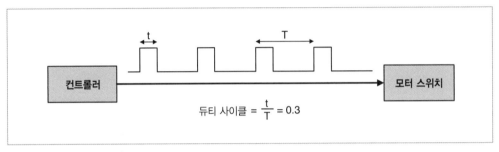

그림 3.6 펄스 폭 변조(PWM)

예를 들어 컨트롤러에서 PWM 주파수를 500Hz로 지정하면, T = 1/500초 = 2ms다. 듀티 사이클이 0.4라면, 각 펄스는 프레임의 40%를 차지하므로 t = (2ms)(0.4) = 0.8ms다. 듀티 사이클이 1이면 스위치가 완전히 닫힌 상태를 유지하므로 모터에 최대 전력량이 전달된다.

PWM 주파수는 정확하게 지정해야 한다. 이때 다음과 같은 두 가지 요인을 고려한다.

- 주파수가 너무 낮으면 모터에 전달되는 전력의 상승/하강 주기가 늘어져 모터가 덜컹거리면서 거칠게 회전한다.
- 주파수가 너무 높으면 펄스 폭이 너무 좁아서 스위치를 제대로 열고 닫을 수 없다. 또한 전자석에 열이 발생해 모터의 효율이 떨어진다.

PWM 주파수를 지정하기 위한 명확한 법칙은 없지만, 취미용 서보모터 회로는 대부분 50Hz에 맞춰서 제작한다. 이 값을 프레임으로 표현하면 20ms다. 정확한 정보는 데이터시트를 참고하고, 데이터시트에 주파수가 나와 있지 않다면 50Hz로 간주하는 것이 무난하다.

주파수가 30Hz에서 20kHz 사이면 소음이 발생하는데, 이 값은 사람의 가청 주파수에 해당하기 때문이다. 이 소리가 거슬린다면 PWM 주파수를 20kHz보다 높인다.

3.2 브러시 모터

모터의 기초 이론에 대한 설명은 그만하고, 실제 모터에 대해 알아보자. 먼저 브러시 모터부터 살펴보자. 이 책에서 소개하는 실용 모터 중에서 브러시 모터가 가장 단순한 내부 구조를 가지며 제어하기도 쉽다. 그림 3.7은 12볼트 브러시 DC 모터의 예를 보여준다.

브러시 DC 모터는 구조가 단순하지만 몇몇 응용 분야에는 적합하지 않은 특성을 갖고 있다. 그 이유를 이해하기 위해서는 먼저 기계적 정류mechanical commutation라는 개념부터 이해해야 한다.

3.2.1 기계적 정류

1장, '전기 모터의 개요'에서 전기 모터는 크게 두 부분, 즉 전도체에 흐르는 전류와 자기장으로 구성된다고 설명했다. 이때 전류는 계속 변해야 한다. 전도체에 흐르는 전류가 일정하면, 모터가 제대로 회전할 수 없다.

그림 3.7 12볼트 브러시 모터

이 말이 이상하게 들릴 수도 있다. 이 장의 주제인 DC 모터에서 DC는 전류가 일정하다는 뜻인데, 전류가 일정하면 안 된다고 하니 어리둥절할 것이다. 이해를 돕기 위해 그림 3.8을 살펴보자. 그림에서는 두 자석 사이에 전류가 흐르는 전선이 루프 형태로 놓여 있다. 각 그림마다 전선의 방향은 바뀌지만 전류(I)는 일정하다.

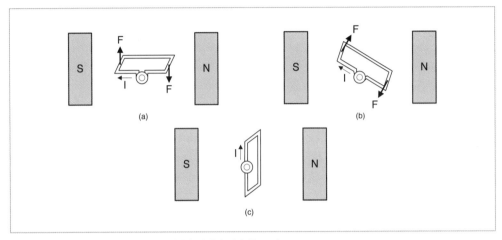

그림 3.8 일정한 전류가 흐르는 전선이 자기장 안에서 회전하는 모습

그림에서 F는 전선에 작용하는 힘이다. 이 힘은 전선의 방향(수평이나 수직 또는 특정한 각도), 전류의 방향, 자기장의 방향(N에서 S)이라는 세 가지 요인에 따라 달라진다. 그림 3.8에서 이러한 세 가지 요인이 작용하는 과정을 자세히 설명하면 다음과 같다.

- 그림 3.8의 (a)에서 전선은 수평으로 놓여 있다. 전류는 왼쪽에서 들어온 후 오른쪽으로 나간다. 이 상태에서 전선의 위치와 전류가 흐르는 방향으로 인해 두 가지 힘이 작용한다. 하나는 전선의 왼쪽 부분을 위로 올리는 힘이고, 다른 하나는 전선의 오른쪽 부분을 아래로 내리는 힘이다.[1] 따라서 전선은 시계 방향으로 회전한다.

- 그림 3.8의 (b)에서 전선은 일정한 각도만큼 회전한 상태다. 이때도 (a)와 마찬가지로 두 가지 힘이 작용하지만 방향은 다르다. 전선의 왼쪽 상단 부분은 위쪽 방향에서 약간 오른쪽으로 기울어진 방향으로 힘이 작용하고, 전선의 오른쪽 하단 부분은 아래 방향에서 왼쪽으로 치우친 방향으로 힘이 작용한다. 따라서 전선은 계속해서 시계 방향으로 회전한다.

---

1   플레밍의 왼손 법칙이 적용된다. - 옮긴이

- 그림 3.8의 (c)에서 전선은 수직으로 놓여 있다. 이 상태에서 전선의 위치와 전류가 흐르는 방향으로 인해 순수하게 전선에 작용하는 힘은 0이 되면서 전선은 회전을 멈춘다.

전기 모터를 구동할 때 그림 3.8의 (c)와 같은 상황이 발생하면 안 된다. 이 현상은 1832년 이폴리트 픽시Hippolyte Pixii가 처음 발견했으며, 이를 기계적으로 해결하는 기발한 장치를 고안했다. 전기자의 끝부분에 금속 재질의 접촉면을 부착해서 전기자가 반 바퀴 회전할 때마다 전류의 방향을 바꾸게 만들었다. 이렇게 하면 전기자에 작용하는 힘이 항상 0보다 커서 전기자를 계속 회전시킬 수 있다.

이렇게 전류의 방향을 바꾸는 것을 정류commutation라고 부른다. 그리고 기계적인 정류자commutator 역

노트

브러시(brush)란 로터(회전자)와 외부 회로 사이에 있는 금속 재질의 접촉면이다. 브러시가 정류에 사용되기는 하지만, 엄밀히 말하면 브러시와 정류자는 다르다. 그럼에도 불구하고 대다수의 문헌에서는 '브러시'와 '정류자'를 동의어처럼 쓰고 있다. 참고로 브러시가 장착된 DC 모터는 모두 전류의 방향을 바꾸는 정류자가 달려 있다고 볼 수 있다.

할을 하는 금속 접촉면을 브러시brush라 부른다. 최초의 실용 모터인 제드릭Jedlik의 자율 회전자self-rotor도 일종의 브러시 모터였으며, 1960년대까지 DC 모터는 모두 브러시 모터였다.

3.2.2 브러시 모터의 종류

브러시 모터는 크게 세 가지가 있는데, 자기장을 생성하는 방식에 차이가 있다. 그중에서 영구 자석을 이용해 자기장을 생성하는 모터를 영구 자석 DC 모터라 부른다.

나머지 두 모터는 전자석을 이용해 자기장을 생성한다. 2장에서 설명한 바와 같이, 전자석은 철심(코어)에 전선을 코일 형태로 감아서 만든다. 이렇게 코일 형태로 감은 전선을 계자 권선field winding 또는 계자 코일field coil이라 부른다. 계자 권선을 통해 생성된 자기장은 권선에 흐르는 전류에 비례한다.

영구 자석 DC 모터

브러시 모터 중에서 가장 많이 사용하는 것은 영구 자석 DCPMDC, Permanent Magnet DC 모터다. 이 모터는 영구 자석을 사용하기 때문에 자기장이 일정하다. 다시 말해 속도와 전압의 비율인 K_v 값이 일정하다. 그림 3.9는 브러시 DC 모터의 구조를 보여준다.

PMDC 모터의 단점 중 하나는 시간이 지남에 따라 영구 자석의 자성이 약해진다는 것이다. 따라서 시간이 갈수록 모터의 토크와 속도가 점차 낮아진다. 특히 전기자의 초기 구동 전류가 클수록 자성이 더 빨리 약해진다.

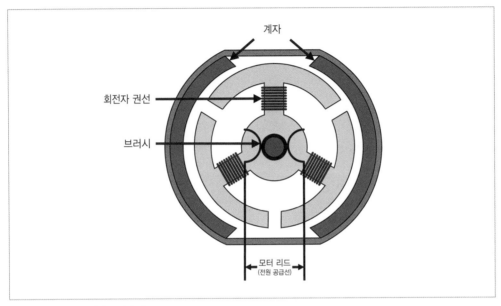

그림 3.9 PMDC 브러시 모터의 구조

직권 DC 모터

직권 DC(SWDC^{Series-Wound DC}) 모터는 계자 권선과 회전자 권선을 직렬로 연결한다. 따라서 계자 권선에 들어오는 전류와 전기자에 들어오는 전류가 같다. 그림 3.10은 SWDC 모터의 회로를 보여준다(전기적 손실은 무시했다).

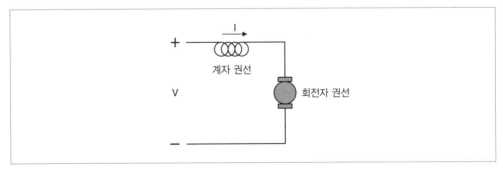

그림 3.10 직권 DC 모터

전류가 증가할 때 일어나는 현상을 살펴보면 SWDC 모터의 장점을 이해할 수 있다. 이 장의 앞부분에서 설명한 바와 같이, 전류가 증가하면 토크도 증가한다. 그런데 SWDC 모터는 전류가 증가하면 자기장의 세기도 커지기 때문에 토크가 더 큰 폭으로 증가한다. SWDC 모터의 토크가 PMDC 모터보다 훨씬 큰 이유가 바로 여기에 있다.

반면 SWDC 모터는 속도를 제어하기 어렵다는 단점이 있다. 전류에 따라 자기장의 세기가 달라지기 때문에 K_V 값도 전류에 따라 변한다. 그래서 모터의 속도를 일정하게 유지하기가 어렵다.

분권 DC 모터

분권 DC(SHWDC^{SHunt-Wound DC}) 모터는 계자 권선과 전기자를 병렬로 연결한다. 따라서 계자 권선의 전압과 전기자의 전압이 같다. 그림 3.11은 SHWDC 모터에 대한 등가 회로를 보여준다(손실은 무시했다).

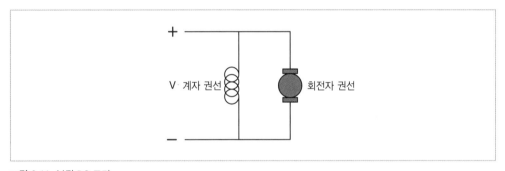

그림 3.11 분권 DC 모터

분권 모터는 직권 모터만큼 토크가 크지 않지만, 토크-속도 곡선이 대체로 일정하다. 따라서 부하의 크기가 달라져도 모터의 속도를 일정하게 유지할 수 있다. 그러므로 모터의 속도를 안정적으로 제어해야 하는 시스템에서 분권 모터를 많이 쓴다.

3.2.3 장점과 단점

브러시 모터는 19세기에 처음 등장한 이래로 성능과 안정성이 크게 향상됐지만, 고속으로 회전하는 회전자에 브러시가 항상 닿아있다는 치명적인 단점은 그대로 남아있다. 따라서 시간이 갈수록 마찰로 인해 브러시가 닳게 된다. 몇 달 또는 몇 년 동안 사용할 수는 있지만, 브러시 모터를 계속 사용하려면 언젠가는 교체해야 한다.

또한 브러시 모터는 정류자가 회전자와 함께 회전한다는 것도 단점으로 작용한다. 두 개가 함께 회전하면 모터에 부하가 늘어나서 효율이 떨어진다.

이러한 단점에도 불구하고 브러시 모터는 여전히 많이 팔리고 있다. 단순하고 싸기 때문이다. 브러시 모터는 브러시리스 모터에 비해 구조가 덜 복잡하기 때문에 제조 비용이 적게 든다. 또한 브러시리스 모터에 비해 제어 방법도 단순하기 때문에 컨트롤러 회로의 제작 비용이 저렴하다. 프로젝트의 제작 비용을 줄이길 원하고 장기적인 안정성이 그다지 중요하지 않다면, 브러시 모터를 사용하는 것이 좋다.

3.2.4 제어 회로

브러시 모터를 제어하는 방법은 단순하다. 모터의 작동 원리 자체가 직관적이기 때문이다. 이 절에서는 두 가지 모터 제어 회로를 소개한다.

- **단방향 제어**single-direction control: 모터가 한 방향으로만 회전해도 된다면 트랜지스터 하나만으로 제어 회로를 쉽게 구성할 수 있다.
- **양방향 제어**dual-direction control: 모터의 회전 방향을 바꾸는 기능도 갖추려면, 회로에 H 브릿지를 추가해야 한다.

이 절에서는 두 가지 제어 방식에 대한 제어 회로의 구조와 구성 요소를 소개한다.

단방향 제어

브러시 모터가 한 방향으로만 회전해도 된다면, 회로를 구성하는 것은 간단하다. 컨트롤러를 통해 모터의 전류를 켜거나 끄는 기능만 제어 회로에 구현하면 된다. 이 장의 앞부분에서 설명한 바와 같이 이러한 스위치 기능은 모스펫(MOSFET)으로 구현할 수 있고, 회전 속도는 펄스 폭 변조(PWM)로 조절할 수 있다.

그림 3.12는 모스펫으로 스위치를 구현하는 기본 회로를 보여준다. 여기서 $V_{전원}$은 모터의 주 전원을, $V_{컨트롤러}$는 컨트롤러에서 보내는 전압 신호를 의미한다.

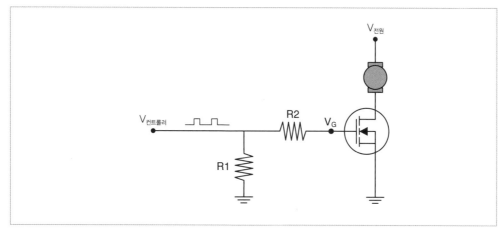

그림 3.12 단방향 모터 제어를 위한 기본 회로

이 회로에서는 심각한 문제가 발생한다. 2장에서 설명한 바와 같이, 모터가 회전하면 역기전력back-EMF이라는 전압이 발생한다. 모터를 한참 구동하다가 갑자기 모스펫에서 전류를 차단하면 모터에서 발생한 역기전력으로 인해 트랜지스터가 손상될 수도 있다. 따라서 제어 회로에 다이오드를 모터와 병렬로 연결해 역기전력으로 인한 전류가 흐를 수 있는 통로를 만들어야 한다. 이렇게 장착하는 다이오드를 플라이백 다이오드flyback diode라 부른다. 그림 3.13은 이렇게 개선한 회로를 보여준다.

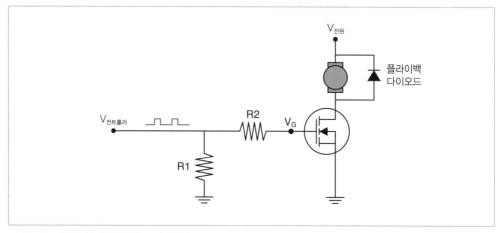

그림 3.13 단점을 보완한 단방향 모터 제어 회로

어떤 제어 회로는 포텐셔미터^{potentiometer}[2]를 장착하기도 한다. 포텐셔미터가 있으면 모터에 공급되는 전류를 사용자가 직접 조절할 수 있기 때문에 모터의 토크와 속도를 직접 제어할 수 있다.

양방향 제어

앞에서 본 회로는 모터를 켜거나 끌 수만 있고, 모터의 회전 방향은 바꿀 수 없다. 모터의 회전 방향도 조절하려면 모터에 흐르는 전류의 방향을 바꿀 수 있도록 회로를 구성해야 한다. 다시 말해 전류의 두 방향에 대한 경로를 각각 따로 만들어야 한다. 여기에 모터에 흐르는 전류를 켜거나 끄는 장치도 추가해야 한다.

H 브릿지^{H bridge}를 사용하면 이러한 요구 사항을 모두 만족할 수 있다. H 브릿지는 네 개의 전기 스위치(S0-S3)로 구성돼 있으며, 각각을 독립적으로 제어할 수 있다. 그림 3.14의 (a)는 H 브릿지를 보여준다. H 브릿지에 있는 스위치에 대한 상태 조합은 다양하지만, 그중에서도 특히 중요한 상태 조합을 세 가지만 꼽으면 다음과 같다.

- **S_0과 S_3은 닫혔고, S_2와 S_1은 열린 상태**: 그림 3.14의 (b)와 같이 모터의 전류는 왼쪽에서 오른쪽으로 흐른다.
- **S_0과 S_3은 열렸고, S_2와 S_1은 닫힌 상태**: 그림 3.14의 (c)와 같이 모터의 전류는 오른쪽에서 왼쪽으로 흐른다.
- **S_0과 S_2가 닫힌 상태**: 모터는 회전하지 않고 가만히 있다.

H 브릿지는 그림 3.15와 같이 주로 모스펫으로 구현한다.

H 브릿지를 개별 트랜지스터로 직접 만드는 것보다는 이미 만들어진 집적 회로를 이용하는 것이 간편하다. 참고로 9장, '아두이노 메가로 모터 제어하기'에서 소개하는 아두이노 모터 실드^{Arduino Motor Shield}는 ST마이크로일렉트로닉스^{STMicroelectronics}의 L298 IC를 사용한다. 10장, '라즈베리 파이로 모터 제어하기'에서 소개하는 라즈파이로봇^{RaspiRobot} 보드는 같은 회사 제품인 L293DD 집적 회로를 사용한다. 9장과 10장을 보면, H 브릿지가 실제로 모터에서 어떻게 사용되는지 알 수 있다.

---

2   쉽게 말해 일종의 가변 저항이며, 사용자가 저항값을 조절할 수 있도록 다이얼과 같은 장치가 달려 있다. – 옮긴이

제어 회로를 직접 설계하고 구현하지 않는다면, ESC^{electronic speed control}(전자 속도 조절기)를 사서 쓰면 된다. ESC는 배터리로부터 전원을 받아서 브러시 모터를 구동하는 데 필요한 펄스를 생성한다. 단, 자신이 사용하는 모터에 적합한 ESC를 선택해야 한다. 또한 전류의 방향을 전환하는 기능이 없는 ESC도 있다는 점에 주의한다.

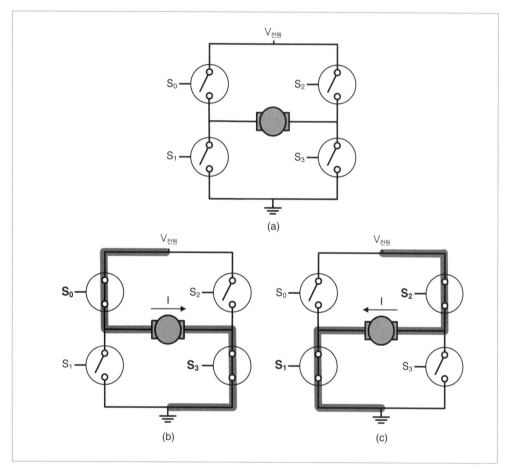

그림 3.14 H 브릿지를 이용한 모터 방향 제어

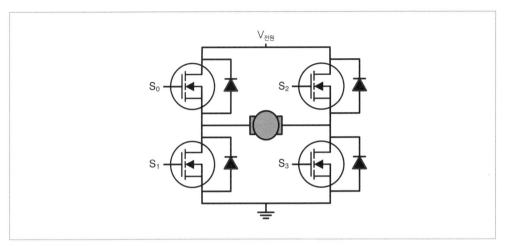

그림 3.15 모스펫으로 구현한 H 브릿지

ESC는 브러시 모터를 제어하는 데 편리할 뿐만 아니라, 브러시리스 모터를 사용하는 시스템에서는 빼놓을 수 없는 핵심 부품이다. 그 이유에 대해서는 다음 절에서 설명한다.

3.3 브러시리스 모터

20세기에 들어서 고체 물리학의 발전으로 트랜지스터를 비롯한 여러 가지 회로 부품이 소형화됨에 따라 전자공학에 혁명이 일어났다. 이와 같이 새롭게 등장한 집적 회로를 통해 이전에는 꿈꿀 수 없던 복잡한 시스템을 설계할 수 있게 됐다.

회로의 복잡도가 증가함에 따라 전기 모터의 설계도 복잡해졌다. 1962년 윌슨[T. G. Wilson]과 트리키[P. H. Trickey]는 기계적 정류 대신에 전기적 정류 장치를 사용하는 새로운 방식의 모터를 고안했다. 이 모터는 일정한 DC 전기가 아닌 DC 전류에 대한 시한 펄스[timed pulse]로 작동한다. 윌슨과 트리키는 이렇게 새로 만든 모터를 브러시리스 DC(BLDC) 모터라 불렀다.

이 절에서는 BLDC에 대해 자세히 소개한다. 먼저 BLDC의 작동 원리에 대해 알아본 후, 인러너[inrunner]와 아웃러너[outrunner]라는 두 가지 종류의 BLDC를 소개한다. 본격적으로 설명을 시작하기 전에 먼저 BLDC 모터에 적용된 기본 원리를 간략히 살펴보고 넘어가자.

3.3.1 BLDC 구조

BLDC는 브러시 모터에 비해 구조가 훨씬 복잡하고 가격도 비싸지만, 회전자와 고정자 사이에 기계적으로 접촉하는 면이 없기 때문에 브러시 모터보다 안정적이고 효율성도 뛰어나다. 그림 3.16은 BLDC 모터의 단면도를 보여준다.

 노트

그림 3.16에 나온 모터는 BLDC의 한 종류인 인러너 모터다. 인러너 모터와 아웃러너 모터의 차이점에 대해서는 마지막 절에서 자세히 설명한다.

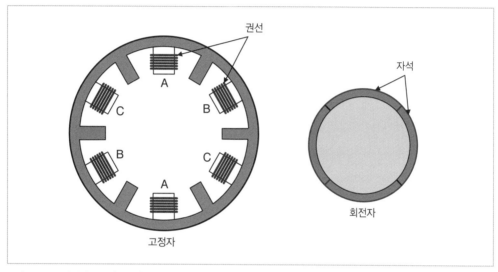

그림 3.16 브러시리스 DC(BLDC) 모터

그림에서 보는 바와 같이 BLDC의 구조는 브러시 모터와 상당히 다르다. 통전 도선current-carrying wire이 여러 개며 회전자가 아닌 고정자에 달려 있다. 이러한 전선은 철심에 감겨 있어서 전자석처럼 작동한다. 이 장을 비롯한 책 전체에서 이러한 BLDC의 전자석을 권선winding이라 부른다.

BLDC의 전반적인 작동 원리는 어렵지 않다. 컨트롤러로부터 각 권선에 양극과 음극 전류가 교차해 전달되면서 발생하는 전류의 변화에 따라 회전자가 회전한다. 마치 코 앞에 매달린 당근을 쫓아서 끊임없이 달리는 당나귀와 같다.

이 절에서는 계속해서 BLDC 모터의 구조 중에서 권선과 자석, 슬롯slot/극pole 설정에 대해 좀 더 자세히 살펴본다.

권선

그림 3.16을 보면 여섯 개의 권선이 슬롯slot이라 부르는 지점에 고정돼 있다. 컨트롤러는 이러한 권선에 전달하는 전류를 조절하는 방식으로 모터의 동작을 제어한다. 이때 권선에 전류를 전달하는 과정을 에너지를 공급한다energize고 표현하고, 이렇게 전달된 전류로 인해 자속이 발생하는 것을 여자exitation, 勵磁라고 표현한다.

여기에 나온 권선의 이름이 중요한데, 이름이 같은 것끼리 연결하기 때문이다. 다시 말해 이름이 A인 권선들은 모두 동시에 전류를 받는다. 이름이 B나 C인 권선들도 마찬가지다. 따라서 컨트롤러에서 모터로 전달하는 입력은 세 개만 있으면 된다. 입력이 세 개인 BLDC 모터를 3상 모터three-phase motor라 부른다. 세 개보다 더 많은 수로 구성할 수도 있지만, 대부분 3상 BLDC 모터를 사용한다.

BLDC의 권선은 시계 방향 또는 반시계 방향의 순서로 전력을 전달한다. 권선 사이의 전류 방향이 바뀌면 회전자가 일정한 속도로 돌아간다. 모터의 속도는 전류의 변화에 동기화되기 때문에 BLDC를 동기식 모터synchronous motor라 부른다.

AC 모터에서 주로 사용하는 동기식synchronous이란 표현을 DC 모터에 사용해서 의아하게 생각할 수도 있다. 실제로 BLDC의 구조는 여러 면에서 동기식 AC 모터와 비슷한 점이 많다. 자세한 사항은 6장, 'AC 모터'에서 설명한다.

BLDC와 AC 모터의 가장 큰 차이점은 BLDC의 권선에 전달되는 전류는 펄스를 공급하는 동안 일정하게 유지된다는 점이다. 반면 AC 모터에서 권선에 전달되는 전류는 사인 곡선 형태로 변한다.

속도가 낮을 때 BLDC의 회전자는 고정자의 슬롯에 정렬되기도 한다. 그래서 계속 회전하기보다는 제자리에 머물려는 듯한 현상이 나타난다. 이러한 현상을 코깅cogging이라 부르며, 이로 인해 회전자가 덜컥거리며 회전하게 된다. 이러한 문제를 해결하기 위한 한 가지 방법은 슬롯이 없는 고정자를 사용하는 것이다. 슬롯이 없는 BLDC(슬롯리스slotless BLDC)는 회전자와 고정자 사이의 공극(에어 갭)이 훨씬 크기 때문에 권선을 더 많이 달아야 하며, 이로 인해 일반 브러시리스 모터보다 비싸다.

자석

브러시 모터에서는 자석이 고정자에 붙어있고, 브러시리스 모터에서는 자석이 회전자 위에 놓여 있다. 그림 3.16을 보면 회전자에 네 개의 자석이 붙어있는데, BLDC 모터에서는 이보다 더 많은 수의 자석이 달려 있는 경우가 많다.

회전자에 달린 각 자석의 극(자기극magnetic pole)을 극pole이라 부른다. 일반적으로 극의 수가 많을수록 토크가 높아진다. 대부분 BLDC 모터의 데이터시트에 극의 수가 명시돼 있다.

슬롯/극 설정

극과 슬롯의 수가 모터의 동작에 미치는 영향에 대해 수많은 연구가 진행됐다. 정수형 슬롯 모터integral slot motor에서 슬롯의 개수는 극의 개수의 배수다. 분수형 슬롯 모터fractional slot motor에서 슬롯의 개수는 극의 개수의 정수 배가 아니다. 코깅 현상을 줄이려면 대체로 분수형 슬롯 모터를 사용하는 것이 좋다. 그림 3.16에 나온 모터는 슬롯의 수가 여섯 개며, 극의 수인 4의 배수가 아니기 때문에 분수형 슬롯 모터에 해당한다.

때로는 브러시리스 모터의 슬롯을 고정자극stator pole으로, 자석을 자극magnet pole이라 부른다. BLDC 모터에서 극을 XN과 YP로 표기하기도 하는데, 여기서 X는 고정자극(슬롯)의 수를, Y는 자극(자석)의 수를 의미한다.

3.3.2 인러너 모터와 아웃러너 모터

BLDC는 회전자와 고정자의 상대적인 위치에 따라 크게 두 가지 종류로 구분할 수 있다. 그림 3.16과 같이 회전자가 고정자 안에서 도는 모터를 인러너inrunner라 부른다. 반대로 회전자가 고정자 밖에서 도는 모터를 아웃러너outrunner라 부른다. 이 절에서는 두 가지 모터에 대해 자세히 살펴본다.

인러너

회전자가 고정자 안에서 돌기 때문에 인러너 BLDC 모터는 기존 브러시 모터와 구조가 비슷하다. 겉모습만 보면 BLDC 모터는 입력이 세 개인 반면, 브러시 모터는 입력이 두 개다. 그림 3.17은 레오파드 하비Leopard Hobby의 인러너 BLDC 모터(LBA2435)를 보여준다.

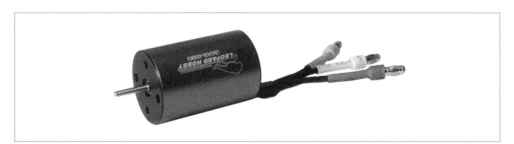

그림 3.17 인러너 브러시리스 모터

인러너 모터는 대부분 철심이 없다. 그래서 철심 손실이 발생하지 않아 효율이 높지만, 모터에서 발생하는 토크도 크게 줄어든다. 또한 인러너 모터는 대체로 극의 수도 적다(대부분 두 개만 있다). 이러한 이유로 인러너 모터로 프로펠러를 돌릴 때는 대부분 기어를 장착한다. 기어에 대해서는 7장에서 자세히 살펴본다.

대다수의 인라인 모터는 매우 빠른 속도로 회전하는 방식으로 낮은 토크를 보완한다. K_v 값으로 표현하면 7,500에서 10,000RPM/V 정도로 높다.

아웃러너

아웃러너 모터는 회전자가 고정자의 바깥쪽에 있다. 다시 말해 영구 자석이 권선 주위를 돈다. 그림 3.18은 아웃러너 BLDC의 구조를 보여준다.

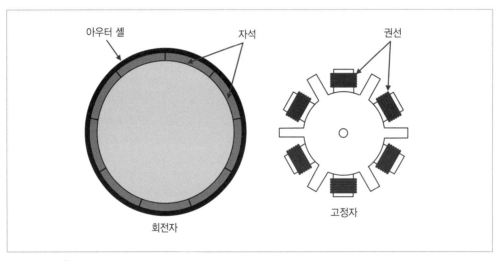

그림 3.18 아웃러너 BLDC 구조

아웃러너 모터는 자석이 바깥쪽 케이스(아우터 셸outer shell)에 달려 있기 때문에 인러너 모터보다 자석의 수가 대체로 많다. 그림 3.18에 나온 모터는 자극이 아홉 개인데, 자극이 16개 이상인 아웃러너 모터도 꽤 있다.

아웃러너 모터는 인러너 모터만큼 빠르게 회전하지 못하며 K_v 값은 대체로 1,000에서 2,000RPM/V 정도다. 하지만 토크는 인러너보다 훨씬 높다. 그래서 CD/DVD 플레이어에서 디스크를 돌리는 용도로 아웃러너 모터를 많이 사용한다. 또한 토크가 높아서 원격 조종 비행기 모형에서도 많이 사용한다.

그림 3.19는 메이테크^{Maytech} MTO2830-1300-S 아웃러너 모터를 보여준다. 그림에 나온 모터의 앞면을 보면 내부에 권선이 많이 있는 것을 볼 수 있다. 인러너 모터와 아웃러너 모터를 구분하는 대표적인 특징이기도 하다.

그림 3.19 아웃러너 브러시리스 모터

인러너 모터와 아웃러너 모터를 구분하는 또 다른 차이점은 모터의 샤프트(축)에 있다. 인러너 모터의 샤프트는 내부 회전자에 연결돼 있는 반면, 아웃러너 모터의 샤프트는 셸^{shell}에 연결된다.

3.3.3 BLDC 제어 방법

브러시리스 DC 모터(BLDC)는 펄스^{timed pulse}로 전력을 공급받는다. 입력의 수는 모터의 위상^{phase} 수에 따라 결정된다. 대다수의 BLDC는 세 개의 입력을 받는다.

BLDC를 정확하게 제어하려면 펄스의 타이밍이 정확해야 한다. 그래야 회전자가 정확한 위치에 있을 때 전류가 전달될 수 있기 때문이다. BLDC 회로는 대부분 회전자의 위치를 알아내기 위해 두 가지 방식 중 하나를 사용한다. 하나는 모터가 회전하면서 발생하는 역기전력을 측정하는 것이고, 다른 하나는 모터에 내장된 센서로 회전자의 위치를 알아내는 것이다.

신호 및 인버터를 이용한 제어 방법

3상^{three-phase} BLDC는 권선에 전류를 전달하는 입력이 세 개다. 항상 하나의 입력이 하이^{High}(V+)면, 다른 하나는 로우^{Low}(V-)고, 나머지 하나는 플로팅^{floating} 상태가 된다. 그림 3.20은 세 가지 입력 신호(A, B, C)가 시간의 흐름에 따라 어떻게 바뀌는지 보여준다.

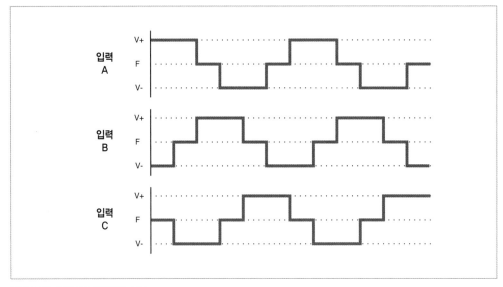

그림 3.20 3상 BLDC의 입력 신호

3상 BLDC에서는 총 여섯 개의 위상으로 구성된다. 컨트롤러가 각 상태에 대해 순서대로 권선에 전류를 전달하면, 회전자는 한 바퀴(360°) 회전한다. 따라서 각각의 위상은 1/6바퀴(60°)에 해당한다.

컨트롤러에서 공급하는 전류의 양이 늘어날수록 모터가 회전할 때 발생하는 토크도 커진다. 펄스의 순서와 타이밍을 반대로 하면, 모터의 회전 방향도 반대로 바뀐다. 그래서 BLDC 제어 회로에는 브러시 모터에서 방향을 바꿀 때 사용한 H 브릿지와 같은 장치가 필요 없다.

> **노트**
>
> 그림을 보면 플로팅 입력(F)이 0V인 것처럼 생각하기 쉬운데, 실제로 0은 아니다. 입력이 플로팅이란 말은 컨트롤러에서 전압을 설정하지 않았다는 것을 의미한다. 다시 말해 권선이 플로팅 상태일 때의 전압은 컨트롤러가 아닌 모터에 따라 결정된다.

BLDC는 전압 소스 인버터^{voltage source inverter}, 또는 그냥 인버터^{inverter}라고 부르는 특수한 스위칭 회로를 통해 전력을 공급받는다.

그림 3.21은 모스펫 기반 인버터의 구조를 보여준다. 언제든지 전류를 방출할 수 있도록 트랜지스터마다 플라이백 다이오드가 달려 있다.

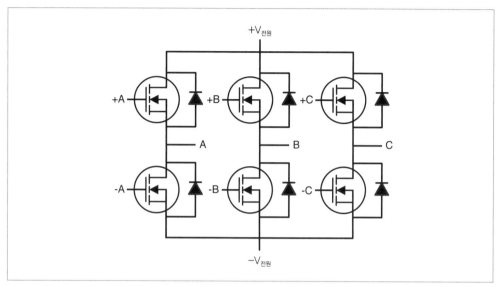

그림 3.21 3상 펄스 생성을 위한 스위칭 회로

이 회로는 여섯 개의 입력(+A, -A, +B, -B, +C, -C)을 통해 컨트롤러와 연결돼 있다. 각 입력은 모스펫 게이트에 연결돼 있으며, 한 쌍의 입력을 통해 하나의 출력 신호(A, B, C)를 생성해서 BLDC 권선에 전류를 전달한다.

양의 입력이 하이 상태면, 위쪽 모스펫이 해당 출력에 양의 전압을 전도한다. 음의 입력이 하이 상태면, 아래쪽 모스펫이 해당 출력에 음의 전압을 전도한다. 예를 들어 -C가 하이면, 그 입력에 대한 모스펫은 -V_전원을 출력 C로 전도해서 모터의 권선으로 전달된다.

센서를 이용한 제어

앞에서 고정자의 권선을 따라 회전하는 BLDC 회전자를 코 앞에 달린 당근을 쫓아서 끊임없이 달리는 당나귀에 비유했다. 당나귀가 아무리 달려도 당근은 항상 한발 앞서 있다.

컨트롤러에서 권선에 전류를 공급하기 전에 먼저 회전자의 방향을 알아야 한다. 어떤 모터는 센서를 이용해 회전자의 방향과 속도를 알아낸다. 이렇게 센서가 달린 제어 회로는 센서 기반 제어sensored control 방식으로 제어한다. 반대로 센서가 달려 있지 않은 제어 회로는 센서리스 제어sensorless control 방식으로 제어한다.

이러한 센서는 회전자의 위치를 알아내기 위해 광학 인코딩, 자기 인코딩, 가변 릴럭턴스(자기 저항) 등을 이용할 수 있는데, BLDC 모터에서는 홀 효과$^{\text{Hall effect}}$ 센서를 가장 많이 사용한다. 대형 RC 비행기에서 사용하는 고성능 BLDC는 홀 효과 센서가 달려 있다.

자기장이 발생할 때 전도체를 통해 전류가 흘러오면, 전류의 방향과 반대되는 전압이 발생한다. 이를 홀 효과라 부른다. 이때 발생하는 전압을 홀 전압(V_H)이라 부르며, 전류와 자기장의 곱에 비례한다.

홀 효과 센서가 장착된 BLDC는 컨트롤러에서 각 권선의 V_H 값을 읽을 수 있도록 전기선이 별도로 연결돼 있다. 컨트롤러는 이렇게 읽은 정보를 통해 알아낸 자기장의 방향을 이용해서 회전자의 방향을 알아낸다. 이 과정에서 신호를 필터링하거나 수식을 계산할 필요는 없다.

센서 기반 모터 제어 방식은 센서를 사용하지 않는 (센서리스) 제어 방식에 비해 구현하기 쉽고 안정적이지만, 회로에 들어가는 부품이 많기 때문에 모터의 크기가 크고 가격도 비싸다.

센서리스 제어

2장에서 설명한 바와 같이, 모터가 회전하면 역기전력$^{\text{back-EMF}}$이라 부르는 전압이 발생한다. 예를 들어 3상 BLDC에서는 각각의 권선마다 역기전력이 발생하는데, 컨트롤러는 여기서 측정한 세 개의 전압을 통해 회전자의 방향을 알아낼 수 있다.

그렇다면 컨트롤러에 센서가 없는데 어떻게 역기전력을 측정하는지 궁금할 것이다. 방법은 간단하다. 어느 시점에서든지 BLDC의 두 위상이 설정돼 있고(하나는 양극, 다른 하나는 음극), 나머지 세 번째는 플로팅 상태다. 컨트롤러는 이렇게 플로팅 상태에 있는 권선의 전압을 측정해 역기전력을 알아낸다.

예를 들어 A가 V+고 B는 V-고 C는 플로팅 상태라면, 컨트롤러는 C의 역기전력을 측정한다. C가 V+고 A가 V-라면, 컨트롤러는 B의 역기전력을 측정한다. 이런 식으로 컨트롤러는 각 권선의 역기전력을 차례대로 측정한다.

BLDC의 각 권선에서 발생하는 역기전력에 대한 파형의 형태는 모두 같다. 예를 들어, 그림 3.22는 입력 전류(점선)에 대해 권선 B에 나타나는 역기전력 전압(굵은 선)을 보여준다.

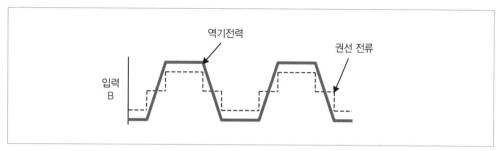

그림 3.22 BLDC의 한 권선에 대한 역기전력

역기전력은 모터의 속도에 비례하므로, 컨트롤러에서 역기전력을 측정하려면 먼저 모터가 회전하고 있어야 한다. 따라서 컨트롤러는 회전자의 방향을 파악하는 데 충분한 양의 역기전력이 권선에서 발생할 때까지 모터를 구동해야 한다.

개념을 혼동하지 않도록 센서리스 제어의 세 단계를 요약하면 다음과 같다.

 노트

실제로 모터에서 발생하는 역기전력 그래프는 그림 3.22와 좀 다르다. 특히 플로팅 권선에서 발생하는 역기전력의 하이와 로우 전압 사이의 변화는 선형적이지 않다.

1. 컨트롤러는 모터의 권선에 전류를 전달해 회전시킨다.
2. 컨트롤러는 역기전력을 보고 회전자의 방향을 알아낸다.
3. 컨트롤러가 회전자의 방향을 알아내면 그 정보를 이용해 모터의 권선에 공급되는 펄스를 동기화한다.

회전자의 방향을 계산할 때 흔히 사용하는 방법은 역기전력이 0이 되는 시점에 적분하는 것이다. 이를 ZCD^{zero-crossing detection}(영점 교차 검출, 영전류 감지)라 부른다. 플로팅 권선에서 발생하는 역기전력이 0이 되면, 회전자의 방향을 즉시 구할 수 있다. ZCD 기법의 장점은 계산이 간단하다는 것이다. 하지만 역기전력 신호에서 반드시 노이즈를 걸러내야 하고, 고속으로 회전할 때는 적용할 수 없다는 단점이 있다. 따라서 ZCD 방식을 이용하는 컨트롤러는 모터의 속도를 적절히 제한해야 한다.

회전자의 방향을 알아내는 기법 중에서 최근에 나온 것으로 확장 칼만 필터(EKF^{extended Kalman filter})가 있다. 칼만 필터는 수식이 상당히 복잡하지만, ZCD와 달리 노이즈에 영향을 받지 않는다는 장점이 있다. 따라서 빠르게 계산할 수만 있다면, ZCD 컨트롤러보다 빠른 속도로 구동할 수 있다.

센서리스 제어 시스템은 별도의 하드웨어를 사용하지 않기 때문에 제조하기 쉽고 가격도 저렴하다. 하지만 컨트롤러가 역기전력을 측정하기 위해 초기 구동 시간이 필요하다. 또한 회전자의 방향을 계산하는 과정으로 인해 모터의 최고 속도가 제한된다.

마지막으로 한 가지만 더 설명하면, 그림 3.22에서 BLDC 권선에서 발생하는 역기전력 그래프는 대체로 사다리꼴 형태를 띤다. 그래서 BLDC를 흔히 구형파 모터trapezoidal motor라 부르기도 한다[3]. 반대로 동기식 AC 모터는 권선에서 발생하는 역기전력 그래프가 사인 곡선으로 나타나기 때문에 정현파(사인 곡선형) 모터sinusoidal motor라 부른다.

3.4 ESC

모터를 사용하는 시스템을 만드는 메이커들은 대부분 컨트롤러를 직접 만들지 않고 ESCelectronic speed control(전자 속도 조절기)라 부르는 완제품 형태의 회로를 사용한다. 브러시 모터용으로 나온 ESC도 있긴 하나, 대다수의 ESC는 브러시 모터보다 구성이 복잡한 BLDC 모터를 제어하기 위한 용도로 제작된 것이다.

브러시리스 모터를 제어하는 ESC는 크게 센서 방식과 센서리스 방식으로 나눌 수 있다. 대다수의 ESC는 센서리스 제어를 위한 것이기 때문에 ESC 사양서에서 센서에 대한 설명이 나와 있지 않다면 센서리스 모터용으로 나온 것이라 봐도 무방하다.

그림 3.23은 센서리스 브러시리스 모터용 ESC의 예를 보여준다.

다른 ESC와 마찬가지로 이 그림에 나온 ESC도 세 종류의 전선으로 구성된다.

- 세 개의 전선은 브러시리스 모터에 전력을 공급한다.
- 그중 두 선은 ESC에 전원을 공급하는데 빨간색 선은 양극 단자에, 검은색 선은 그라운드에 연결한다.
- 세 전선은 컨트롤러에 연결하는데, 중간에 무선 수신기를 거치기도 한다. 흔히 각각의 선을 POS(양극), NEG(음극), SIG(신호)라고 부른다. 그중 SIG는 모터를 제어하는 PWM 신호를 받는다.

---

3   역기전력 파형이 정현파 형태면 BLAC 모터라 부르며, 같은 구조의 모터라도 역기전력의 파형은 모터 내부에 있는 자석의 방향에 따라 달라질 수 있다. – 옮긴이

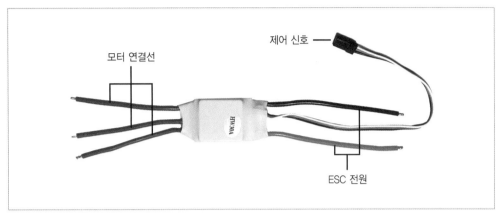

모터 연결선

제어 신호

ESC 전원

그림 3.23 센서리스 BLDC용 ESC

자신의 용도에 적합한 ESC를 고를 때는 각 제품의 사양서를 주의 깊게 읽는다. 예를 들어 다음과 같은 사양을 가진 센서리스 BLDC용 ESC를 살펴보자.

> **노트**
>
> 센서 기반 제어용 ESC는 모터의 센서에서 나오는 데이터를 받기 위한 연결선이 더 달려 있다.

- **입력 커넥터**: 나선^{bare wire}
- **최대 허용 전류**: 25A
- **입력 전압**: 7.2-14.14V Ni-Cd/Ni-MH, 7.4-11.1V Li-Po
- **자동 컷오프**: 프로그래머블
- **브레이크**: 프로그래머블
- **BEC 전압**: 듀얼 BEC 회로

입력 전압 항목을 보면 해당 ESC에 적합한 배터리 종류가 명시돼 있다. 배터리도 매우 중요한 주제이므로 마지막 절에서 잠시 살펴볼 것이다. 이 절에서는 ESC의 두 가지 특성인 BEC^{Battery Eliminator Circuit}와 프로그래머빌리티에 대해 소개한다.

3.4.1 BEC

원격 조종 자동차(RC카)는 대부분 모터용 배터리 팩과 무선 수신기용 배터리 팩이 따로 있다. 그런데 제어 회로에 BEC(배터리 제거 회로)가 있으면 모터와 수신기의 전원을 하나의 배터리 팩에서 가져올 수 있다. 대다수의 ESC는 BEC를 갖추고 있어서 GND와 POS 전선을 통해 수신기에 전원을 공급할 수 있다.

BEC가 있으면 보조 배터리가 필요 없기 때문에 RC카의 무게를 크게 줄일 수 있고, 두 배터리 팩의 충전 상태를 확인하는 수고도 덜 수 있다. 단 모터 회로에서 나오는 노이즈가 수신기 회로를 간섭할 수 있다는 단점이 있다. 또한 배터리의 충전량이 낮아지면 모터와 수신기에 공급되는 전원이 동시에 낮아진다.

3.4.2 프로그래머빌리티

어떤 ESC는 작동 방식을 사용자가 직접 설정할 수 있도록 매개변수를 제공한다. 대부분 이러한 설정은 PC에 USB 선으로 연결하는 방식으로 처리한다. 앞에서 예로 든 ESC는 컷오프 기능과 브레이크 기능에 대한 설정을 변경할 수 있다. 표 3.1의 첫 번째 열은 ESC에서 프로그래밍 가능한 속성을 나열하고 있다. 두 번째 열은 각 속성에 대한 설명을 적었다.

표 3.1 ESC의 설정 가능한 매개변수

설정 가능한 매개변수	설명
자동 컷오프	ESC가 저전압 상태라고 판단할 기준이 되는 전압을 설정한다.
브레이크	스로틀이 최소 위치에 있을 때 프로펠러를 브레이킹 위치로 설정한다.
배터리 종류	ESC에 전원을 공급할 배터리의 종류를 설정한다.
타이밍	BLDC에 전달되는 펄스의 속도를 지정한다.
역방향	모터가 역방향으로 회전하도록 설정한다.
역방향 지연 시간	방향을 전환할 때까지 소요되는 지연 시간의 양을 설정한다.
초기 가속도	모터를 구동할 때 얼마나 빠르게 가속할지 설정한다.
전류 제한	모터에 전달할 수 있는 최대 전류량을 설정한다.
스위칭 주파수	모터 제어 신호의 PWM 주파수를 설정한다.

스위칭 주파수는 컨트롤러의 PWM 신호의 펄스 주기에 영향을 미친다. 주파수가 높을수록 펄스 사이의 시간은 짧아져서 모터가 스로틀에 좀 더 민감하게 반응한다. 스로틀이 증가하면 PWM의 듀티 사이클^{duty cycle}이 증가하고, 이로 인해 공급되는 전류가 더 많아져서 모터가 회전할 때 발생하는 토크도 더 커진다.

3.5 배터리

앞 절에서 예로 든 ESC의 사양을 보면 입력 전압에 다음과 같이 배터리 요구 사항이 나와 있다.

- **입력 전압**: 7.2-14.14V Ni-Cd/Ni-MH, 7.4-11.1V Li-Po

모터의 사양도 자세히 살펴보면, '2-4 Li-Po/5-12 NiMH'나 'Max Li-Po Cell: 3s'라고 명시된 경우도 있다. 언뜻 보면 어려운 표현 같지만, 하나씩 뜯어보면 배터리의 종류와 개수, 설정 사항을 나열한 것이다. 배터리 전원으로 작동하는 모터의 회로는 주로 네 가지 충전식 배터리 중 하나를 사용한다. 표 3.2는 이러한 네 가지 배터리를 보여준다. 두 번째 열은 배터리마다 저장할 수 있는 에너지의 양을 킬로그램당 와트 단위로 표현한 것이다.

표 3.2 흔히 사용하는 충전식 배터리의 종류

배터리 종류	에너지/질량	설명
니켈-카드뮴(Nickel-Cadmium) (NiCad 또는 Ni-Cd)	40-60W-h/kg	전압 강하가 심하고 환경에 유해함
니켈-메탈-수소(Nickel-Metal-Hydride) (NiMH)	60-120W-h/kg	전압 강하가 좀 있음
리튬-폴리머(Lithium-Polymer) (Li-Po)	100-265W-h/kg	전압 강하는 없지만 과충전하면 폭발할 수 있음
리튬-인산철(Lithium-Iron-Phosphate) (LiFePO4, LFP)	90-120W-h/kg	화학적으로 안정적이고 방전 전압이 일정함

니켈-카드뮴(Ni-Cd) 배터리는 일상에서 흔히 사용하며, 아직도 많은 회로의 사양서에 이 배터리의 사용법을 명시한 경우가 많다. 그러나 크게 두 가지 이유로 이 배터리의 활용도가 크게 줄었다. 하나는 카드뮴 때문이다. 카드뮴은 독성이 있어서 함부로 버리면 안 된다. 그래서 유럽 연합에서는 특정한 목적을 제외하고는 Ni-Cd 배터리의 판매를

 노트

이 표에는 스마트폰이나 전동 공구에서 흔히 사용하는 리튬-이온(Li-ion) 배터리는 빠져 있다. 이 배터리는 Li-Po 배터리와 화학적 구성이 같고 패키지 방식만 다르기 때문에 생략했다.

금지했다. 또 다른 이유는 Ni-Cd 배터리에 전압 강하 현상이 심하게 나타난다는 점이다. Ni-Cd 배터리를 반복해서 과충전하면 시간이 지날수록 전압이 크게 떨어진다. 완전 방전한 후 충전하면 이러한 현상을 줄일 수 있다.

니켈-메탈-수소(NiMH, 간단히 니켈-수소) 배터리는 Ni-Cd 배터리를 크게 보완한 것이다. 동일한 질량을 기준으로 Ni-Cd 배터리보다 더 많은 양의 에너지를 저장할 수 있으며, 더 많은 전력을 방전할 수 있다. 또한 Ni-Cd 배터리에 비해 전압 강하도 덜하다. 하지만 일부 NiMH 배터리는 충전하지 않고 놔두면 (하루 4% 정도로) 충전량이 크게 감소한다.

리튬-폴리머(Li-Po) 배터리는 NiMH 배터리에 비해 킬로그램당 에너지양이 훨씬 크다. 다시 말해 NiMH 배터리와 Li-Po 배터리의 무게가 같을 때, Li-Po 배터리로 작동하는 회로가 더 오래 동작한다. 하지만 Li-Po 배터리는 과충전하거나 과열되면 폭발한다는 치명적인 단점이 있다. 또한 총 에너지양의 80% 이하로 방전되면 손상될 수도 있다. 그래서 RC 마니아들은 Li-Po의 컷오프 전압을 대략 3V로 설정한다.

표 3.2에 나온 배터리 중에서 가장 최근에 나온 것은 리튬 인산철(LiFePO4, LFP) 배터리다. 킬로그램당 에너지 양은 Li-Po 배터리보다 작지만, 훨씬 안정적이고(안전하고), 충전/방전 가능 횟수도 더 많다.

나는 Li-Po 배터리의 폭발을 목격한 후로 가급적 LFP 배터리를 사용한다. 하지만 두 가지 문제를 감안해야 한다. 하나는 정상적인 경로로 구하기 힘들 수 있다는 점이다. 다른 하나는 대다수의 모터 회로와 ESC는 NiMH나 Li-Po 배터리용으로 나와 있다는 점이다.

마지막으로 한 가지 더 언급하면, 모터나 ESC 사양서에 나온 '4s'나 '2p'라는 표현은 배터리를 서로 연결하는 방식을 가리킨다. 여기서 's'는 직렬series을 의미한다. 따라서 '4s'는 네 개의 배터리를 직렬로 연결한다는 의미다. 또한 'p'는 병렬parallel을 의미한다. 따라서 '2p'는 두 개의 배터리를 병렬로 연결함을 의미한다.

3.6 요약

DC 모터는 메이커들이 주로 사용하는 모터다. 로봇이나 전기 자동차, 3D 프린터 등에서 흔히 사용하기 때문이다. DC 모터는 전기자를 회전시키기 위해 입력 전류의 방향을 바꿔 줘야 한다. 이렇게 전류의 방향을 바꾸는 작업이 정류다. 브러시 모터는 기계적 정류 방식을 사용하고, 브러시리스 모터는 전기식 정류 방식을 사용한다.

브러시 모터는 사용하기 쉽다. 전기자는 고정자 안에서 회전하는 하나의 권선으로 구성된다. 회전 속도는 입력 전압에 따라 결정되고, 토크는 입력 전류에 따라 결정된다. 이처럼 간편하기는 하지만, 꾸준히 관리해야 하고 브러시리스 모터에 비해 효율성이 떨어지기 때문에 나는 브러시 모터를 잘 사용하지 않는다.

브러시리스 DC 모터(BLDC)는 브러시 모터에 비해 사용하기 어렵다. 권선도 여러 개인 데다가, 대다수의 BLDC는 권선을 서로 묶어서 세 개의 입력으로 구성한다. 이렇게 구성한 BLDC를 3상 모터라 부르며, 속도는 권선에 동력이 공급되는 속도와 입력 전압에 따라 결정된다. 권선이 외부에 있는 BLDC를 인러너라 부르고, 권선이 내부에 있는 BLDC를 아웃 러너라 부른다.

브러시 모터를 제어하는 방법은 간단하다. 이에 반해 BLDC는 컨트롤러에서 회전자의 방향을 알아내야 하기 때문에 제어 방법이 좀 복잡하다. 센서리스 제어 회로는 모터의 플로팅 권선에 발생하는 역기전력을 측정하는 방식으로 회전자의 방향을 알아낸다. 센서 기반 제어 회로는 모터에 내장된 센서를 통해 회전자의 위치를 알아낸다. 광학 센서를 사용하기도 하고 홀 효과 센서를 사용하기도 한다.

모터를 다룰 때는 배터리의 종류도 잘 선택해야 한다. 모터 회로는 상당히 많은 양의 전류를 사용한다. 얼마 전까지만 해도 Ni-Cd 배터리를 주로 사용했지만, 요즘은 킬로그램당 에너지양이 훨씬 큰 Ni-MH나 Li-Po 배터리를 주로 사용한다. 최근에 나온 LiFePO4(LFP) 배터리를 사용하는 것도 좋다. 에너지 저장량도 큰 편이고 화학적으로 안정적이다.

4

스테퍼 모터

이 장과 다음 장에서 소개하는 모터는 모션 컨트롤motion control과 관련이 깊다. 모션 컨트롤에서는 모터를 정확히 원하는 각도와 속도만큼 회전시키는 것이 중요하다. 이 책에서는 모션 컨트롤과 관련된 모터 중에서도 스테퍼 모터 stepper motor와 서보모터servomotor를 소개한다. 설명하는 과정에서 두 모터를 간단히 스테퍼stepper와 서보servo라 부를 것이다. 이 장에서는 스테퍼에 대해 소개한다.

스테퍼의 목적은 일정한 각도만 정확히 회전한 후 멈추게 하는 것이다. 회전 속도는 주된 관심사가 아니다. 원하는 각도만 회전하고 멈출 수 있다면 스테퍼의 목적은 달성한 것이다. 이때 회전하는 기본 단위를 스텝step이라 부르며, 흔히 사용하는 스텝 각도는 $30°$, $15°$, $7.5°$, $5°$, $2.5°$, $1.8°$ 등이 있다.

스테퍼는 단순하면서도 정확하기 때문에 전기 장치에서 많이 사용한다. 아날로그 시계, 산업용/공장 로봇, (2D 및 3D) 프린터 등에 모션 컨트롤을 할 때 스테퍼를 활용한다. 스테퍼의 가장 큰 장점은 스테퍼의 회전 방향을 결정하기 위해 현재 위치를 매번 읽지 않아도 된다는 점이다. 스테퍼의 회전 단위가 $2.5°$라면, 제어 신호를 보낼 때마다 회전자가 $2.5°$씩 회전한다.

스텝 모터를 사용할 때는 스텝 각도가 작을수록 좋은 경우가 많다. 스텝 각도가 작을수록 각 해상도angular resolution가 높아진다. 스텝 모터와 관련된 또 다른 중요한 수치로 홀딩 토크holding torque가 있다. 스테퍼는 한 번 회전하고 멈춘 후에 그 상태를 유지해야 하는데, 이때 필요한 최대 토크가 바로 홀딩 토크다.

요즘 나온 스테퍼는 다음과 같이 크게 세 가지 범주로 나눌 수 있다.

- **PM 스테퍼**: 토크가 높고 각 해상도가 매우 낮음
- **VR 스테퍼**: 각 해상도는 매우 높지만 토크가 낮음
- **HY 스테퍼**: PM과 VR 스테퍼의 구조를 혼합한 것으로, 토크와 각 해상도가 모두 좋음

이 장에서는 먼저 이러한 세 가지 종류의 스테퍼에 대해 자세히 살펴본다. 각 모터마다 작동 방식과 장단점을 소개하고, 마지막으로 전기 회로를 통해 스테퍼를 제어하는 방법에 대해 살펴본다.

4.1 PM 스테퍼

PM$^{Permernant\ Motor}$(영구 자석) 스테퍼는 작고 안정적이어서 디스크 드라이브나 프린터와 같은 임베디드 장치에서 널리 사용되고 있다. 그림 4.1은 머큐리 모터$^{Mercury\ Motor}$의 ST-PM35 스테퍼를 보여준다.

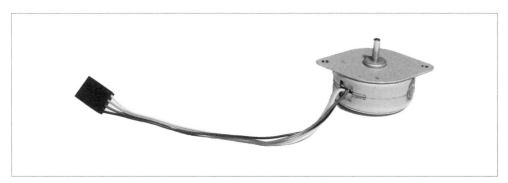

그림 4.1 PM 스테퍼 모터

PM 스테퍼는 앞 장에서 소개한 브러시리스 DC(BLDC) 모터와 비슷한 점이 많다. 그래서 PM 스테퍼를 연속으로 회전하지 않고 일정한 회전 단위만큼 끊어서^{discrete} 회전하도록 권선에 전류를 전달하는 BLDC로 볼 수 있다.

4.1.1 구조

앞 장에서 브러시리스 DC 모터를 소개할 때 인러너와 아웃러너라는 두 가지 종류가 있다고 설명한 바 있다. PM 스테퍼는 여러 가지 측면에서 인러너와 비슷하다. 따라서 인러너 BLDC와 비슷한 점 및 다른 점을 비교하는 방식으로 PM 스테퍼를 살펴보면 좀 더 이해하기 쉽다. 그림 4.2는 간단한 PM 스테퍼의 내부 구조를 보여준다.

PM 스테퍼와 인러너 BLDC의 공통점은 다음과 같다.

- 둘 다 브러시나 기계적인 정류자가 없다(이 책에서 소개하는 스테퍼는 모두 브러시리스 타입이다).
- 회전자가 안쪽에 있고 그 주위에는 영구 자석이 달려 있다.
- 고정자가 바깥에 있고 슬롯 안에는 (권선이라 부르는) 전자석이 달려 있다.
- 컨트롤러는 DC 전류의 펄스로 권선에 전력을 공급한다.
- 상당수의 권선은 서로 연결돼 있다. 하나의 그룹으로 묶인 권선은 하나의 위상phase을 형성한다.

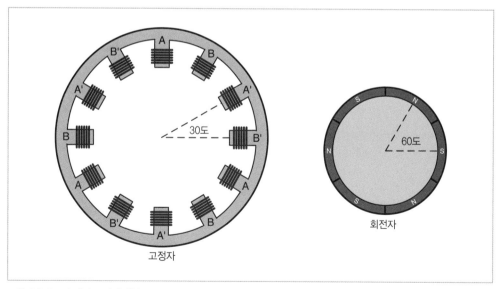

그림 4.2 PM 스테퍼 모터의 내부 구조

PM 스테퍼는 브러시가 없고 컨트롤러로부터 DC 펄스를 받는다. 그래서 PM 스테퍼를 BLDC로 분류할 수도 있었지만, 다른 문헌과 마찬가지로 모션 컨트롤 용도의 모터를 지칭할 때는 BLDC라는 표현을 사용하지 않을 것이다.

이번에는 두 모터의 차이점에 대해 살펴보자. 표 4.1은 PM 스테퍼와 인러너 BLDC가 서로 다른 점을 정리한 것이다.

표 4.1 PM 스테퍼와 인러너 BLDC의 차이점

PM 스테퍼	인러너 BLDC
불연속적인 회전을 위한 모터	연속적인 회전을 위한 모터
거의 대부분 두 가지 위상을 가진다.	거의 대부분 세 가지 위상을 가진다.
컨트롤러는 한 번에 한 개 또는 두 개의 위상에 전력을 공급한다.	컨트롤러는 한 번에 두 개의 위상에 전력을 공급하고, 세 번째 위상은 플로팅 상태로 내버려둔다.
권선과 회전자 자석의 수가 많다.	권선과 회전자 자석의 수가 적다.

구조적인 측면을 볼 때 가장 큰 차이점은 PM 스테퍼는 각 해상도를 높이기 위해 권선과 회전자 자석의 수가 인러너 BLDC에 비해 많다는 것이다. 자세한 이유는 이어지는 절에서 설명한다.

4.1.2 작동 원리

PM 스테퍼의 작동 원리를 이해하려면 권선과 회전자 자석의 수에 따라 스텝 각도가 어떻게 결정되는지 아는 것이 중요하다. 그림 4.2에 나온 모터를 기준으로 이러한 원리에 대해 살펴보자. 이 모터는 고정자에 12개의 권선이 달려 있고, 회전자에 여섯 개의 자석이 달려 있다.

PM 스테퍼는 대부분 2상two-phase 모터다. 그림에서는 각각의 위상을 A와 B로 표시했다. A'와 B'로 표시된 권선이 받는 전류는 A와 B와 같지만, 방향이 반대다. 따라서 A가 N극을 띠면, A'는 S극을 띤다.

각 권선은 양의 전류, 음의 전류, 영(0) 전류 중 하나의 상태를 가진다. 여기서 양의 전류는 N극을, 음의 전류는 S극을 의미한다.

이제 모터가 작동하는 과정을 살펴보자. 그림 4.3은 PM 스테퍼가 한 스텝 회전하는 과정을 보여준다. 권선에 조그맣게 'N'이라고 표시한 것은 양의 전류로 인해 N극을 띤다는 것을 의미한다. 반면 'S'라고 적힌 부분은 음의 전류로 인해 S극을 띤다. N이나 S극을 띠지 않는 권선은 전류를 받지 않는다는 것을 의미한다.

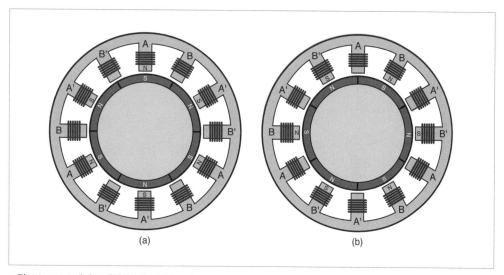

그림 4.3 PM 스테퍼 모터에서 30° 회전한 모습

그림 4.3의 (a)에서 A는 양극(N극)이고, A'는 음극(S극)이고, B는 전력을 받지 않는다. 회전자의 S극은 A 권선을 향하고 N극은 A' 권선을 향하도록 정렬된다.

그림 4.3의 (b)에서 B는 양극(N극)이고, B'는 음극(S극)이고, A는 전력을 받지 않는다. 회전자의 S극과 N극은 각각 B와 B' 권선을 향하도록 정렬된다. 회전 각도는 A와 B 권선 사이의 각도와 같다. 다시 말해 회전자는 정확히 시계 방향으로 30°만큼 회전한다. PM 스테퍼 모터 중에는 이렇게 열두 개의 권선과 여섯 개의 극으로 구성된 것이 많다. 물론 15°나 7.5° 단위로 회전하는 모터도 있다.

작동 과정을 좀 더 이해하기 쉽도록 다른 예를 살펴보자. 그림 4.4는 그림 4.3과 다른 상태에서 한 번 더 30°만큼 회전하는 과정을 보여준다.

그림 4.4의 (a)에서 B는 음극(S극)이고, B'는 양극(N극)이고, A는 전력을 받지 않는다. 회전자는 B 권선의 극에 맞게 정렬된다.

그림 4.4의 (b)에서 A는 양극(N극)이고, A'는 음극(S극)이고, B는 전력을 받지 않는다. 회전자는 A 권선의 극에 맞게 정렬하기 위해 정확히 시계 방향으로 30° 회전한다.

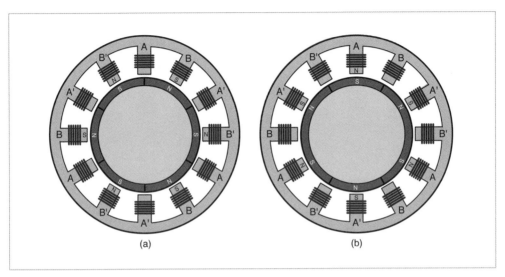

(a)   (b)

그림 4.4 PM 스테퍼 모터가 한 번 더 회전한 모습

컨트롤러는 회전자가 30° 단위로 회전하도록 권선에 전류를 전달한다. 스테퍼와 BLDC의 가장 큰 차이점은 이러한 제어 신호에 있다. 스테퍼의 동작을 제어하는 회로에 대해서는 이 장의 마지막 절에서 소개한다.

4.2 VR 스테퍼

전기 저항(레지스턴스resistance)이 전류의 흐름을 결정하듯, 자기 저항(릴럭턴스reluctance)은 자속magnetic flux의 흐름을 결정한다. VRvariable reluctance(가변 릴럭턴스) 스테퍼에서 회전자는 반대 극을 띠는 고정자의 각 권선과 릴럭턴스를 최소화할 수 있는 각도만큼 회전한다.

VR 스테퍼는 각 해상도가 매우 뛰어나다. 반면 토크는 매우 낮다.

이 절에서는 VR 스테퍼에 대해 자세히 알아보자. 먼저 내부 구조에 대해 살펴본 다음, 회전시키기 위해 권선에 전력을 공급하는 방식을 소개한다.

4.2.1 구조

VR 스테퍼의 구조는 PM 스테퍼와 비슷한 점이 많다. 둘 다 고정자에 권선이 달려 있고, 반대 극의 권선과 같은 전류를 받는다.

하지만 VR 스테퍼와 PM 스테퍼는 다음과 같은 두 가지 점에서 다르다.

- **회전자**: PM 스테퍼와 달리 VR 스테퍼의 회전자에는 자석이 없다. VR 스테퍼의 회전자는 철 디스크에 조그만 돌기 모양의 이^{teeth}가 달린 형태로 구성된다.

- **위상**^{phase}: PM 스테퍼의 컨트롤러는 권선에 전력을 공급할 때 두 가지 위상에 대한 신호만 전달한다. 반면 VR 스테퍼에서는 각 권선의 쌍(예: A와 A')마다 별도로 전류를 전달한다. 따라서 고정자에 달린 권선의 수가 N개라면, 컨트롤러로부터 받는 신호의 개수는 N/2개다.

그림 4.5는 VR 스테퍼의 회전자와 고정자를 보여준다. 이 모터는 고정자에 여덟 개의 권선이 달려 있고, 회전자에는 여섯 개의 이가 달려 있다.

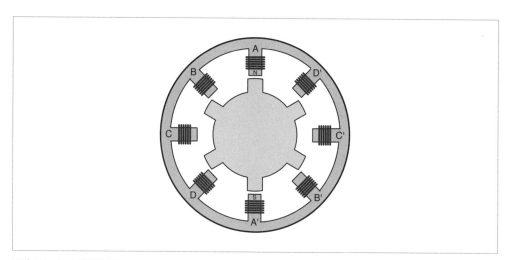

그림 4.5 VR 스테퍼의 구조

회전자에는 자석이 달려 있지 않지만, 철로 만들어졌기 때문에 회전자에 달린 이는 전력을 공급받은 권선에 끌린다. 그림에서 A와 A' 권선은 각각 N과 S라고 표기돼 있는데, 이를 통해 컨트롤러로부터 어떻게 전력을 공급받았는지 알 수 있다. 회전자에 달린 이는 이러한 권선의 상태 변화에 따라 A와 A' 사이의 자속에 대한 경로를 형성하도록 정렬된다.

4.2.2 작동 원리

그림 4.5를 보면 어느 시점에서든지 단 한 쌍의 이만 권선(A, A')에 정렬된다. 컨트롤러가 두 번째 쌍의 권선(B, B')에 전력을 공급하면, 다음 쌍의 이에 정렬되도록 회전자가 회전한다. 이때 이는 자화되지 않기 때문에 권선이 N극인지 혹은 S극인지는 상관없다.

잘 이해되지 않을 수 있으니 그림 4.6에 나온 VR 스테퍼가 시계 방향으로 15° 회전하는 과정을 살펴보자.

그림 4.6의 (a)를 보면 컨트롤러로부터 B와 B' 권선에 전류가 전달되고, 회전자는 이에 맞게 정렬된다. 그림 4.6의 (b)는 C와 C' 권선에 전류가 전달된 상태다. C와 C' 권선은 가장 가까이 있는 이를 끌어당기면서 회전자가 15°만큼 시계 방향으로 회전한다.

고정자에 있는 권선의 수(N_w)와 회전자에 있는 이의 수(N_t)를 알면 다음 공식에 따라 VR 스테퍼의 스텝 각도를 계산할 수 있다.

$$스텝\ 각도 = 360° \times \frac{N_w - N_t}{N_w N_t}$$

그림 4.6에서 N_w는 8이고 N_t는 6이므로, 스텝 각도는 360(2/48) = 15°다. 권선과 이의 수가 늘어날수록 각 해상도가 높아진다. 구조만 잘 구성하면, PM 스테퍼보다 스텝 각도를 더 작게 만들 수 있다.

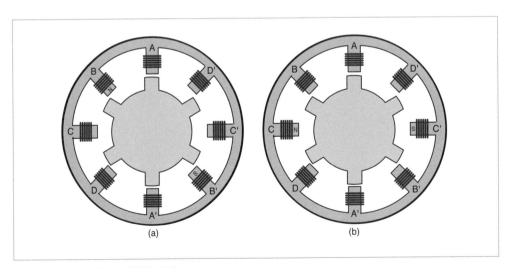

그림 4.6 VR 스테퍼가 15° 회전하는 모습

그런데 치명적인 단점이 하나 있다. VR 스테퍼는 토크가 너무 낮아서 부하가 크면 회전할 수 없다. 그래서 실제 시스템에서 VR 스테퍼를 사용하는 사례를 찾기 힘들다. 내가 지금껏 VR 모터를 판매하는 것을 본 횟수도 손으로 꼽을 정도다.

VR 스테퍼의 단점을 보완하기 위해 공학자들은 VR 모터의 높은 해상도와 PM 모터의 높은 토크를 결합한 하이브리드(HY) 스테퍼라는 것을 고안했다.

4.3 HY 스테퍼

HY^{Hybrid}(하이브리드) 스테퍼는 PM 스테퍼와 VR 스테퍼의 장점만 취해 만든 것이다. PM 스테퍼처럼 회전자에 달린 자석을 통해 토크가 발생한다. 또한 VR 스테퍼처럼 회전자에 이가 달려 있어서 각 해상도가 높다. 그림 4.7은 하이브리드 스테퍼의 예로 리오랜드^{RioRand}의 JK42HW34 제품을 보여준다.

그림 4.7 HY 스테퍼

하이브리드 스테퍼는 크게 두 가지 단점이 있다. 하나는 HY 스테퍼의 가격이 PM 스테퍼에 비해 훨씬 비싸다는 것이다. 다른 하나는 HY 스테퍼가 PM 스테퍼보다 훨씬 크고 무겁다는 것이다. HY 스테퍼의 구조를 살펴보면 왜 그런지 이해할 수 있을 것이다.

4.3.1 구조

PM 스테퍼와 VR 스테퍼를 제대로 이해했다면, HY 스테퍼도 쉽게 이해할 수 있을 것이다. HY 스테퍼의 고정자와 회전자는 다른 스테퍼 모터와 생김새가 다르지만, 기본 작동 원리는 비슷하다.

회전자

그림 4.7에 나온 HY 스테퍼와 그림 4.1의 PM 스테퍼를 비교해보면, HY 스테퍼가 더 길쭉한 것을 볼 수 있다. 그 이유는 HY 스테퍼의 회전자에 (최소한) 두 개의 회전 장치가 서로 연결돼 있기 때문이다. 이를 회전자극rotor pple이라 부르며, 대략적인 구조는 그림 4.8과 같다.

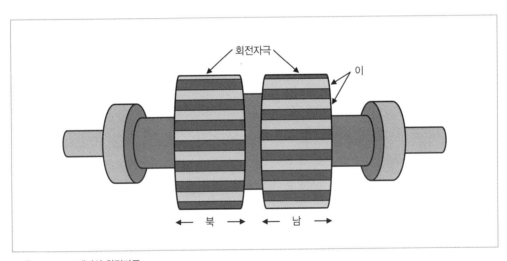

그림 4.8 HY 스테퍼의 회전자극

회전자극 중 하나는 N극을, 다른 하나는 S극을 띠도록 자화된다. 각 막대마다 이가 달려 있는데, 한 회전자극에 있는 이는 다른 회전자극의 이 사이를 향한다. 두 회전자극의 이가 서로 어긋나는 각도 차이에 따라 모터의 스텝 각도가 결정된다. 스테퍼에 달린 이가 많을수록 각 해상도 높아진다.

그림 4.8에서는 회전자극이 한 쌍만 있지만, 어떤 HY 스테퍼는 두 쌍, 세 쌍, 또는 그 이상의 쌍을 가지고 있다. 회전자극의 수가 증가할수록 스테퍼의 회전 토크와 홀딩 토크가 높아질 뿐만 아니라 크기와 무게 또한 증가한다.

고정자

PM 스테퍼나 VR 스테퍼는 고정자 권선의 크기가 너무 커서 다른 쪽 회전자극에 있는 이를 밀어내거나 끌어당기지 않고서는 한쪽 회전자극의 이를 끌어당기거나 밀어낼 수 없다. 그래서 그림 4.9와 같이 HY 스테퍼의 고정자에 달린 이의 크기는 회전자에 달린 이의 크기와 거의 같다.

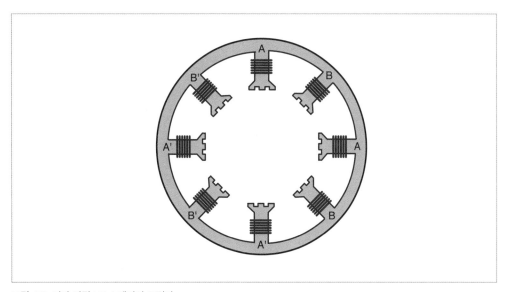

그림 4.9 이가 달린 HY 스테퍼의 고정자

그림을 보면, 권선마다 세 개의 이가 달려 있다. 실제로 사용하는 스테퍼에는 이보다 더 많은 권선이 달려 있을 것이다. 권선이 N극을 띠도록 전류가 전달되면, 그 권선의 이는 S극을 띠는 회전자의 이를 끌어당긴다. 권선이 S극을 띠면, 그 권선의 이는 N극을 띠는 회전자의 이를 끌어당긴다.

4.3.2 작동 원리

HY 스테퍼는 VR 스테퍼와 마찬가지로 각 권선의 쌍마다 별도의 위상을 가진다. 하지만 내가 본 HY 스테퍼는 대부분 PM 모터처럼 생겼다. 다시 말해 그림 4.9와 같이 권선이 두 개의 위상, A/A'와 B/B'로만 나눠져 있었다.

각 위상은 양의 전류, 음의 전류, 영 전류를 받는다. 한 위상이 전력을 공급받으면, 해당 권선은 한쪽 회전자극에 달린 이를 끌어당긴다. 다음 위상에 대한 전력을 공급받으면, 이에 해당하는 권선이 다른 쪽 회전자극에 달린 이를 끌어당긴다. 하이브리드 스테퍼의 회전자극에 달린 이의 수는 보통 50-60개로서 각 해상도가 높다. 대다수의 하이브리드 스테퍼는 스텝 각도가 $1.8°$나 $0.9°$ 수준으로 매우 작다.

4.4 스테퍼 제어

VR 스테퍼는 거의 볼 수 없으므로, 이 절에서는 PM 스테퍼와 HY 스테퍼에 대한 제어 방법을 중심으로 설명한다. PM 및 HY 스테퍼는 거의 대부분 2상 모터로 돼 있다. 일부는 바이폴라 방식이며 네 개의 선이 달려 있고, 나머지는 유니폴라 방식이며 다섯 개 또는 여섯 개의 선이 달려 있다.

여기서 바이폴라bipolar(쌍극성)와 유니폴라unipolar(단극성)란 용어는 모터의 권선에 전선이 연결되는 방식을 가리킨다. 스테퍼 모터를 제어하기 위한 회로를 설계하기 전에, 먼저 사용하려는 모터가 유니폴라(단극성)인지 아니면 바이폴라(쌍극성)인지뿐만 아니라, 두 가지 방식의 차이도 알고 있어야 한다. 따라서 이 절에서는 먼저 바이폴라 스테퍼와 유니폴라 스테퍼에 대해 소개한 후, 각각을 제어하는 방법에 대해 살펴본다.

이 절의 마지막에서는 스테퍼 권선에 전류를 전달하는 여러 가지 방법을 설명한다. 하프 스텝 모드half-stepping를 사용하면 각 해상도는 높지만 토크는 낮아지고, 마이크로스텝 모드 microstepping를 사용하면 각 해상도를 더욱 높일 수 있다.

4.4.1 바이폴라 스테퍼 제어

2상 바이폴라 스테퍼는 전선이 네 개 달려 있다. 그림 4.10은 스테퍼 안에 전선이 연결된 상태를 보여준다.

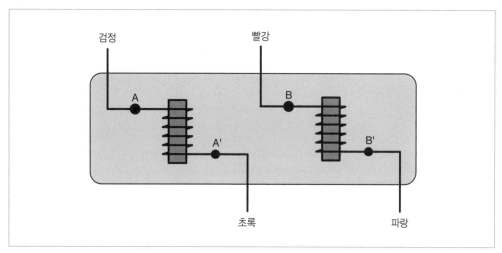

그림 4.10 바이폴라 스테퍼의 연결 구조

이 그림을 보면 전자석의 구성과 각 전자석에 해당하는 위상(A/A'와 B/B')을 알 수 있다. 3장, 'DC 모터'에서 설명한 바와 같이, 전자석의 극은 전류가 흐르는 방향에 따라 결정된다. 전류가 검정색 선에서 초록색 선으로 흐르면 A가 N극이 되고, A'는 S극이 된다. 반대로 전류가 초록색 선에서 검정색 선으로 흐르면 A가 S극이 되고, A'는 N극이 된다.

그림 4.10에서 스테퍼로 들어오는 전선을 색깔로 구분했지만, 표준으로 정해진 것은 아니고 내가 경험한 바이폴라 스테퍼는 대부분 이러한 관례를 따르고 있었다. 여러분이 사용하는 모터에서 전선의 색깔이 이 그림과 다르다면 가장 먼저 그 모터의 데이터시트부터 확인한다. 선의 색깔이 의미하는 바가 데이터시트에 나와 있지 않다면, 옴미터^{ohmmeter}(멀티미터)로 전선을 직접 테스트한다. 다시 말해 A와 A' 사이의 저항과 B와 B' 사이의 저항이 매우 작으면 서로 위상이 같다. 두 전선의 위상^{phase}이 서로 다르면 저항이 매우 크게 나온다.

바이폴라 스테퍼를 구동하기 위한 회로를 설계할 때는 전선에 흐르는 전류의 방향을 반대로 바꿀 수 있는 장치를 마련해야 한다. 흔히 3장에서 소개한 H 브릿지를 이용한다. H 브릿지는 네 개의 스위치로 구성돼 있는데, 각각을 열고 닫는 상태에 따라 전류의 방향을 앞뒤로 바꿀 수 있다.

그림 4.11은 바이폴라 모터의 한 위상(A/A')을 제어하기 위해 구성한 H 브릿지를 보여준다. 네 스위치는 모스펫으로 만들었다.

전류의 방향은 모스펫의 게이트에 전압을 설정하는 방식으로 제어한다. S_0과 S_3을 하이로 설정하고 S_1과 S_2를 로우로 설정하면, 전류가 A에서 A'로 흐르면서 A가 N극, A'가 S극이 된다. 반대로 S_0과 S_3을 로우로 설정하고 S_1과 S_2를 하이로 설정하면, 전류가 A'에서 A로 흐르면서 A'가 N극, A가 S극이 된다. S_0과 S_2를 로우 상태로 유지하면 권선에 전력이 공급되지 않는다.

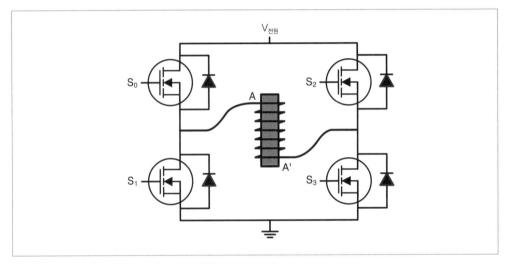

그림 4.11 H 브릿지로 바이폴라 스테퍼의 한 위상을 제어하는 모습

실제 회로에서 모터를 제어하는 방법에 대해서는 9장, '아두이노 메가로 모터 제어하기'와 10장, '라즈베리 파이로 모터 제어하기'에서 설명한다. 여기서 소개하는 제어 회로는 모두 바이폴라 스테퍼 모터의 두 위상을 제어하기 위해 두 개의 H 브릿지를 이용한다.

4.4.2 유니폴라 스테퍼 제어

유니폴라 스테퍼 모터는 바이폴라 모터보다 회로가 훨씬 복잡하지만 A, A', B, B'에 전력을 공급하는 방식으로 각 선의 극을 설정한다는 점은 같다. 구체적인 과정에 대해서는 그림 4.12에 나온 두 회로를 통해 살펴보자.

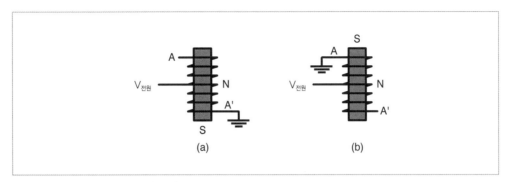

그림 4.12 센터 탭으로 구성한 전자석 회로

두 그림 모두, $V_{전원}$이 전자석의 권선 중심에 연결돼 있다. 이러한 형태로 연결한 것을 센터 탭center tap이라 부른다.

그림 4.12의 (a)를 보면 권선의 하단이 그라운드에 연결돼 있다. 전류가 권선의 중심에서 그라운드로 흐르면서 전자석에 공급되면, 권선(A')의 하단이 S극, 중심이 N극이 된다.

그런데 여기서 권선의 상단은 아무 데도 연결돼 있지 않아서 권선의 상단에서 중심 사이에는 전류가 흐르지 않는다는 점이 이상하게 생각될 수도 있다. 하지만 철심 전체가 아래쪽 전선에 흐르는 전류를 통해 자화되기 때문에 권선의 상단도 전자석의 N극처럼 작동한다. 따라서 그림 4.12의 (a)에서 A가 N극, A'가 S극이 된다.

그림 4.12의 (b)는 이와 반대다. 권선의 상단이 그라운드에 연결돼 있어서 전류가 권선의 중심에서 상단으로 흐른다. 그래서 권선의 상단(A)이 S극, 권선의 중심이 N극이 된다. 철심 전체가 자화돼 있기 때문에 권선의 하단(A')도 N극을 띤다.

회로 설계자의 관점에서 볼 때 2상 유니폴라 스테퍼의 제어 과정은 다음과 같이 세 단계로 구성된다.

1. $V_{전원}$을 A/A'와 B/B' 권선에 공급한다.
2. 각 권선마다 한 선을 그라운드에 연결해서 자기 극을 설정한다.
3. 다른 전선은 연결하지 않은 채 놔둔다.

그림 4.13은 여섯 개의 전선으로 구성된 유니폴라 스테퍼를 보여준다. 두 선($V_{전원A}$와 $V_{전원B}$)은 전력을 공급하고, 나머지 네 선은 A, A', B, B'에 연결돼 있으며 각각 모스펫이 달려 있다. 모스펫의 게이트 전압이 문턱값(임계값)을 넘으면 전선이 그라운드에 연결되고, 그렇지 않으면 전선이 연결되지 않은 상태를 유지한다.

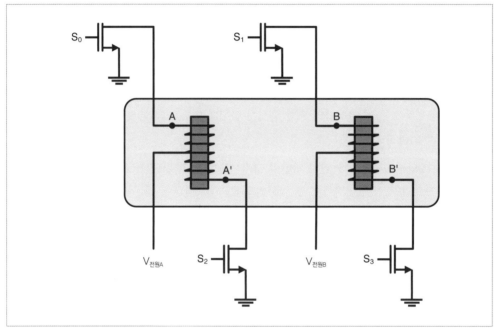

그림 4.13 유니폴라 스테퍼의 전선 구성

모스펫 스위치가 연결되면, 모스펫에 연결된 권선의 끝이 S극이 되고, 반대쪽은 N극이 된다. 예를 들어 S_1에 전압을 설정하면 이로 인해 발생하는 전류를 통해 B가 S극, B'가 N극이 된다.

상당수의 유니폴라 스테퍼는 여섯 개가 아닌 다섯 개의 전선이 달려 있다. 다섯 개 선이 달린 스테퍼에서는 두 개의 전원 공급선($V_{전원A}$와 $V_{전원B}$)이 서로 연결돼 있다. 나머지 네 선의 연결 상태는 여섯 개 전선이 달린 스테퍼와 같다.

> **노트**
>
> 이 그림에서는 전선에 색깔을 지정하지 않았다. 내 경험에 따르면 색깔 표기 관례가 제각각이었기 때문이다. 전선의 정확한 연결 상태는 데이터시트를 통해 확인한다.

유니폴라 스테퍼는 두 개의 H 브릿지에 달린 스위치들을 관리해야 하는 바이폴라 스테퍼에 비해 제어하기 쉽다. 하지만 유니폴라 스테퍼는 전력이 공급될 때 전자석의 절반만 사용한다. 따라서 같은 수의 권선을 사용하는 유니폴라 스테퍼와 바이폴라 스테퍼를 비교하면, 유니폴라 스테퍼의 효율이 바이폴라에 비해 절반 정도 낮다. 그래서 가능하면 바이폴라 스테퍼를 사용하는 것이 좋다.

유니폴라 스테퍼에서 $V_{전원}$ 선을 무시하고 A와 A', B와 B' 사이에 전류를 직접 공급할 수도 있다. 이렇게 하면 유니폴라 스테퍼가 바이폴라 스테퍼처럼 작동한다.

유니폴라 스테퍼와 바이폴라 스테퍼에 대해 마지막으로 한 가지만 더 설명하고 마무리한다. 실제로 스테퍼의 데이터시트를 보면, 전선 연결도^{wiring diagram}가 이 장에 나온 것과 다르게 표현된 경우가 많다. 실제 데이터시트에서는 책에 나온 그림보다 훨씬 단순하게 표현한다. 그림 4.14는 바이폴라 스테퍼와 유니폴라 스테퍼의 데이터시트에 나온 도면의 예를 보여준다.

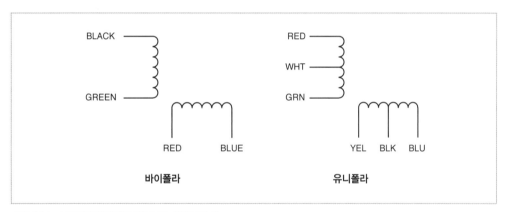

그림 4.14 스테퍼의 데이터시트에 나온 회로도의 예

대다수의 데이터시트에서는 이 그림처럼 A/A'와 B/B'에 해당하는 권선이 어느 것인지 분명하게 표시돼 있지 않다. 그렇다고 큰 문제가 되는 것은 아니다. A/A'와 B/B'가 바뀐다고 해서 모터의 회전에 심각한 영향을 미치는 것은 아니다.

4.4.3 구동 모드

지금까지 한 번에 한 쌍 또는 두 쌍의 권선에 전력을 공급하는 방식으로 스테퍼를 작동하는 방법을 살펴봤다. 이외에도 다른 방식으로 스테퍼를 구동할 수 있는데, 그중에서 네 가지 방식만 간략히 소개한다.

■ **풀스텝**full-step (원 페이스 온one phase on, 1상 여자) **모드**: 하나의 제어 신호로 하나의 권선에 전류를 전달한다.

■ **풀스텝** (투 페이스 온two phase on, 2상 여자) **모드**: 하나의 제어 신호로 두 개의 권선에 전류를 전달한다.

■ **하프스텝**half-step **모드**: 각 제어 신호마다 하나의 권선에 전류를 전달하는 동작과 두 개의 권선에 전달하는 동작을 번갈아가며 실행한다.

■ **마이크로스텝**microstep **모드**: 컨트롤러에서 스테퍼의 권선에 사인파 신호를 보낸다.

각 모드마다 토크, 각 해상도, 파워 측면에서 장단점이 존재한다.

풀스텝 (원 페이스 온) 모드

스테퍼를 제어하는 가장 간단한 방법은 이 장의 앞부분에서 소개한 것처럼, 한 번에 한 권선에 전력을 공급하는 것이다. 그림 4.15는 풀스텝 (원 페이스 온) 모드로 스테퍼를 제어할 때 나타나는 신호 파형의 예를 보여준다.

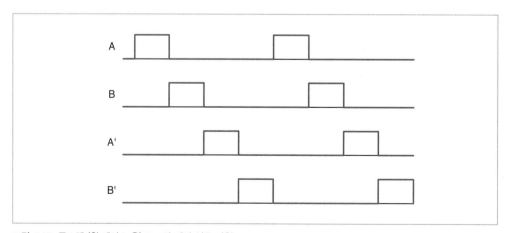

그림 4.15 풀스텝 (원 페이스 온) 모드의 제어 신호 파형

제어 신호가 들어올 때마다 회전자는 전력을 공급받은 권선에 정렬하도록 회전한다. 회전자는 항상 스테퍼의 정격 스텝 각도^{rated angle}에 맞춰서 회전한다. 다시 말해 정격 스텝 각도가 7.5°인 PM 모터는 제어 신호를 받을 때마다 7.5°씩 회전한다.

풀스텝 (투 페이스 온) 모드

풀스텝 (투 페이스 온) 모드에서 컨트롤러는 한 번에 두 개의 권선에 전력을 공급한다. 따라서 회전자는 스테퍼의 정격 스텝 각도 단위로 회전하고, 항상 전력을 받은 두 개의 권선에 정렬된다. 그림 4.16은 이 모드로 스테퍼 모터를 한 방향으로 구동하는 모습을 보여준다.

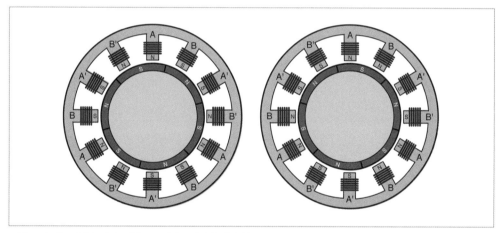

그림 4.16 풀스텝 (투 페이스 온) 모드에서 스테퍼가 회전하는 모습

그림 4.17은 이 모드로 구동할 때의 제어 신호 파형을 보여준다.

이 모드는 풀스텝 (원 페이스 온) 모드에 비해 토크가 높다는 것이 장점이다. 항상 두 개의 권선이 온^{on} 상태이기 때문에 토크가 대략 30-40%가량 높다. 대신 스테퍼를 회전하는 데 드는 전류가 원 페이스 온 모드에 비해 두 배가량 든다는 단점이 있다.

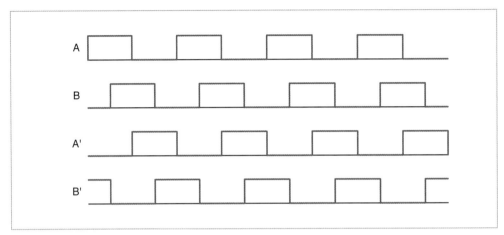

그림 4.17 풀스텝 (투 페이스 온) 모드의 제어 신호 파형

하프스텝 모드

하프스텝 모드는 앞에서 본 두 가지 풀스텝 모드를 합친 것과 비슷하다. 즉 컨트롤러는 한 권선에 전력을 공급했다가 두 권선에 전력을 공급하는 것을 번갈아가며 수행한다. 그림 4.18은 스테퍼가 하프스텝 모드에서 세 번 회전하는 과정을 보여준다.

그림 4.19는 하프스텝 모드로 스테퍼 모터를 구동하는 제어 신호의 파형을 보여준다.

이 모드에서 한 권선에만 전력이 공급될 때는 회전자가 권선에 정렬되고, 두 권선에 전력이 공급될 때는 권선 사이에 정렬된다. 따라서 모터의 스텝 각도가 절반으로 줄어드는 효과를 얻게 된다. 다시 말해 스테퍼의 스텝 각도가 $1.8°$라면, 하프스텝 모드에서는 $0.9°$씩 회전하게 된다.

이 모드의 단점은 한 개의 권선에만 전력이 공급될 때 회전자의 회전 토크가 20%가량 줄어든다는 것이다. 이는 전류를 증가시킴으로써 보완할 수 있다.

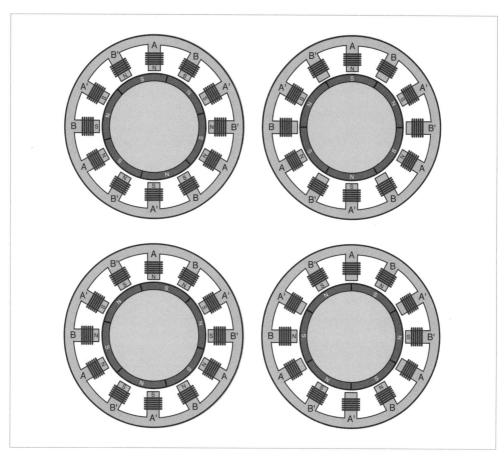

그림 4.18 하프스텝 모드에서 스테퍼가 회전하는 모습

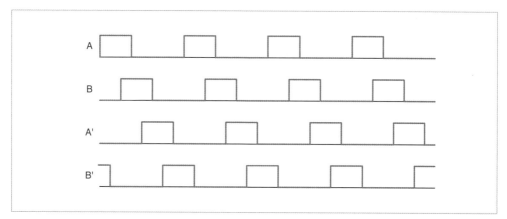

그림 4.19 하프스텝 모드의 제어 신호 파형

마이크로스텝 모드

마이크로스텝 모드의 목적은 스테퍼를 최대한 부드럽게 회전시키는 것이다. 이렇게 하려면 전력을 공급하는 펄스를 최대 수백 개의 제어 신호로 분할해야 한다. 흔히 8, 64, 256개로 분할한다. 이렇게 펄스를 256개의 신호로 분할하면, $1.8°$ 스테퍼가 하나의 제어 신호마다 $1.8°/256 = 0.007°$ 만큼 회전하게 된다.

이 모드에서 컨트롤러는 전류를 사인파(정현파) 형태sinusoidal pattern로 전달한다. 이 신호가 연속된 권선에 차례대로 들어가면 각각 일정한 시간만큼 지연된 형태의 사인파를 받게 된다. 그림 4.20은 이 모드로 작동할 때의 제어 신호 파형을 보여준다.

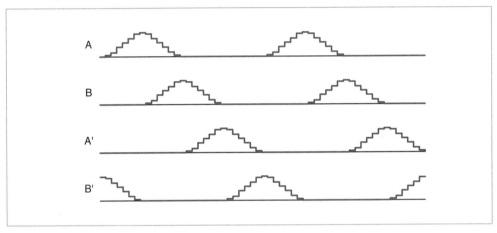

그림 4.20 마이크로스텝 모드의 제어 신호 파형

이 모드는 토크가 거의 30% 정도 줄어들 뿐만 아니라 속도도 감소한다는 단점이 있다. 제어 신호의 폭이 줄어들수록 모터의 응답 능력도 떨어지기 때문이다. 따라서 스테퍼가 마이크로스텝 모드로 작동하면 컨트롤러에서 빠른 펄스를 보내더라도 안정적으로 회전하지 못할 수 있다.

4.5 요약

이 장에서는 세 가지 주제를 다뤘다. 스테퍼 모터의 개념과 흔히 사용하는 스테퍼의 종류, 그리고 스테퍼의 제어 회로 구성 방법을 소개했다. 첫 번째 주제인 스테퍼 모터의 개념은 간단하다. 스테퍼는 특정한 각도(스텝 각도)만큼 정확히 회전한 후 멈추도록 만든 모터다. 스테퍼 모터는 대체로 속도보다 토크가 중요하다. 이때 회전자가 일정한 위치를 유지하는 데 드는 토크를 홀딩 토크라 부른다.

이 장에서 소개한 세 가지 종류의 스테퍼 모터 중에서 먼저 영구 자석(PM) 스테퍼를 살펴 봤다. 이 모터는 3장에서 소개한 인러너 브러시리스 DC 모터와 구조가 거의 같다. 가장 큰 차이점은 브러시리스 DC 모터에 비해 PM 스테퍼의 고정자에 달린 권선의 수와 회전자에 달린 자석의 수가 더 많다는 것이다. 이렇게 권선과 자석이 많이 달려 있기 때문에 $15°$나 $7.5°$ 단위만큼 회전할 수 있는 것이다.

두 번째로 가변 릴럭턴스(VR, 가변 자기 저항) 스테퍼에 대해 살펴봤다. PM 스테퍼와 마찬 가지로 권선이 고정자에 달려 있지만, VR 스테퍼에는 회전자에 자석 대신 이가 달려 있다. 회전자에 달린 이의 수가 많기 때문에 PM 스테퍼보다 작은 각도로 회전할 수 있다. 그러 나 회전자의 이는 자화돼 있지 않기 때문에 고정자의 권선에 끌리는 힘이 약해서 토크도 작다. 그래서 실제 시스템에 VR 스테퍼를 사용하는 사례는 거의 찾을 수 없다.

마지막으로 소개한 하이브리드(HY) 스테퍼는 PM 스테퍼와 VR 스테퍼의 장점을 합친 것 이다. HY 스테퍼의 회전자는 회전자극을 통해 두 개 이상의 영역으로 나뉜다. 각각의 회 전자극은 자화되면서 N극이나 S극을 띤다. 회전자가 자화되기 때문에 토크가 PM 스테퍼 와 비슷하다. 또한 회전자에 이가 달려 있어서 각 해상도는 VR 스테퍼 수준으로 높다. HY 스테퍼에서 흔히 사용하는 스텝 각도는 $1.8°$와 $0.9°$다.

스테퍼를 제어하는 회로를 설계할 때는 모터가 바이폴라(쌍극성)인지, 유니폴라(단극성)인 지 파악하는 것이 중요하다. 바이폴라 스테퍼는 네 개의 전선이 달려 있으며 각각 A, B, A', B' 권선에 연결된다. 따라서 전류를 앞뒤로 전달하기 위해 H 브릿지를 사용해야 한다. 유 니폴라 스테퍼는 권선에 전력을 전달하는 전선이 더 달려 있다. 유니폴라 스테퍼는 바이 폴라 스테퍼에 비해 제어하기는 쉽지만 효율이 떨어진다.

구동 모드에 따라 컨트롤러가 스테퍼의 권선에 전력을 공급하는 방식이 다르다. 가장 간단한 모드는 풀스텝 (원 페이스 온) 모드로서, 한 번에 하나의 권선만 전력을 공급한다. 토크를 좀 더 높이고 싶다면 풀스텝 (투 페이스 온) 모드를 통해 한 번에 두 개의 권선에 전력을 공급한다. 각 해상도를 두 배로 높이고 싶다면 하프스텝 모드를 적용해 하나의 권선에 전력을 공급하는 것과 두 개의 권선에 전력을 공급하는 동작을 번갈아가며 수행하게 할 수 있다.

네 번째로 소개한 구동 모드는 마이크로스텝 모드다. 이 모드에서 컨트롤러는 제어 신호를 여러 개의 사인파 형태 신호로 분할해서 보낸다. 이로 인해 회전자가 아주 작은 스텝 각도만큼 회전하기 때문에 최대한 부드럽게 회전하도록 만들 수 있다. 그동안 많은 엔지니어와 연구원들이 마이크로스텝 모드에 대해 분석했지만, 부드러운 모션 컨트롤 용도로 사용하기에는 아무래도 스테퍼 모터보다 서보모터를 사용하는 것이 좋다. 다음 장에서는 서보모터에 대해 살펴보자.

5

서보모터

이 장에서는 모션 컨트롤을 위한 또 다른 종류의 모터인 서보모터servomotor (또는 서보servo)에 대해 살펴본다. 스테퍼는 일정한 각도만큼 회전한 후 멈추는 방식으로 작동하는 데 반해, 서보는 연속적으로 회전한다. 서보모터를 잘 제어하면 스테퍼로 할 수 있는 것보다 훨씬 많은 것들을 할 수 있다. 서보모터는 컨트롤러를 통해 회전 각도뿐만 아니라 회전 속도와 가속도도 지정할 수 있다. 이처럼 스테퍼에 비해 제어 기능이 풍부하다는 점이 바로 서보모터의 가장 큰 장점이다.

서보의 대표적인 단점은 컨트롤러를 설계하기가 어렵다는 것이다. 4장, '스테퍼 모터'에서 설명한 바와 같이, 스테퍼는 간단한 불연속discrete 펄스 시퀀스로 제어한다. 이에 반해 서보모터의 제어 신호는 좀 더 복잡하다. 이 장에서는 이렇게 복잡할 수밖에 없는 이유와 서보를 제어하는 방법에 대해 설명한다.

여기서 한 가지 주의할 점은 서보모터란 명칭은 모터의 구조와 관련이 없다는 것이다. 서보모터는 브러시를 사용할 수도 있고 브러시리스 구조로 만들 수도 있으며, AC 방식일 수도 있고 DC 방식일 수도 있다. 서보모터를 다른 모터와 구분하는 가장 큰 차이점은 포지션 피드백position feedback 기능의 존재 여부다. 서보는 현재 회전 각도와 속도를 나타내는 신호를 컨트롤러로 보낸다. 이러한 피드백 신호를 받은 컨트롤러는 다음에 어떤 제어 신호를 보낼지 결정한다.

아쉽게도 하비스트 용도로 제작된 서보(하비스트 서보hobbyist servo)는 대부분 피드백 기능이 없다. 이 장에서는 먼저 하비스트 모터부터 자세히 살펴본 다음, 피드백을 제공하기 위해 모터에 연결하는 시스템인 인코더를 소개한다.

이 장의 나머지 부분은 컨트롤러에 피드백을 제공하는 기능을 갖춘 서보에 대해 설명한다. 이러한 서보를 위한 컨트롤러를 설계하려면 서보와 컨트롤러 신호에 대해 수학적으로 모델링할 줄 알아야 한다.

이렇게 수학적으로 모델을 만들면 모터를 매우 정밀하게 제어할 수 있다는 장점이 있다. 단점은 모델링에 필요한 수학 이론을 익히는 데 상당한 시간과 노력이 든다는 것이다.

5.1 하비스트 서보

하비스트용 제품을 판매하는 웹사이트를 검색해보면 주로 하이텍Hitec, 피텍Fitec/FeeTech, 후타바Futaba, 타워 프로Tower Pro 등의 제조사가 하비스트 서보를 제작한다는 것을 알 수 있다. 그중에는 포지션 피드백 기능을 제공하는 제품이 있을 수도 있지만, 나는 한 번도 본 적이 없다.

하비스트용 서보는 대부분 세 개의 전선이 달린 박스 형태로 돼 있다. 그림 5.1은 피텍 사의 FS5106B 서보를 보여준다.

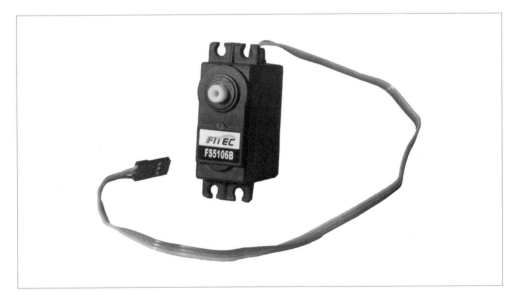

그림 5.1 피텍 사의 FS5106B 서보모터

이 모터에 달린 세 개의 전선은 각각 파워, 그라운드, 컨트롤러에 연결된다. 데이터시트를 보면 다음과 같이 모터에 대한 자세한 정보를 알 수 있다.

- **내부 구조**: 브러시 DC 모터
- **입력 전압**: 4.8-6V
- **스톨 토크**: 69.56oz-in. (4.8V) 또는 83.47oz-in. (6.0V)
- **무부하 속도**: 55.5RPM (4.8V) 또는 62.5RPM (6.0V)
- **회전 각도**: $180° \pm 5°$
- **펄스 폭 범위**: 0.7-2.3ms
- **중립 위치**: 1.5ms
- **데드 밴드**: 0.005ms

첫 번째부터 네 번째까지의 속성은 따로 설명하지 않아도 쉽게 이해할 수 있다. FS5106B 서보는 브러시 DC 모터를 기반으로 제작된 것이며 4.8V와 6.0V 사이의 입력을 받는다. 토크와 속도는 입력된 전압의 양에 따라 결정된다.

나머지 네 개는 설명이 좀 필요하다. 이러한 속성을 통해 서보의 동작 방식과 서보 제어에 필요한 신호의 종류를 지정할 수 있다. 각 속성에 대해 하나씩 자세히 살펴보자.

5.1.1 펄스 폭 변조 제어

3장, 'DC 모터'의 내용을 간략히 복습하면, DC 모터는 펄스 폭 변조(PWM) 신호를 보내는 방식으로 제어하며, 모터로 보내는 PWM 펄스의 폭을 조절하는 방식으로 동작을 제어한다고 설명했다. 그림 5.2에 나온 예를 살펴보자.

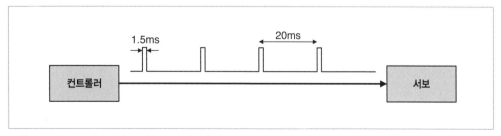

그림 5.2 하비스트 서보 제어를 위한 PWM 신호의 예

앞에 나온 FS5106B 모터의 '회전 각도^{running degree}' 속성의 값에 따르면 이 모터의 회전자는 180° 까지 회전할 수 있다. 회전할 각도는 컨트롤러에서 서보로 펄스를 보낼 때 각 펄스의 폭을 조절하는 방식으로 설정한다.

'펄스 폭 범위^{pulse width range}' 속성에 따라 이 서보는 폭이 0.7ms와 2.3ms 사이인 펄스에 반응한다. 그림 5.2의 앞에 나온 것처럼 펄스 폭이 1.5ms면 중립 위치^{neutral position}에 놓인다. 또한 펄스 폭이 0.7ms면 회전자는 왼쪽 끝까지 회전하고, 2.3ms면 오른쪽 끝까지 회전한다.

> **노트**
>
> 하비스트용 서보의 사양서를 보면 펄스 사이의 시간인 주기(period)를 명시하지 않은 경우가 많다. 통상적으로 주기는 20ms로 지정돼 있으므로 컨트롤러에서 초당 50개의 펄스를 보낸다.

이론적으로 펄스 폭이 변할 때마다 서보가 회전해야 하지만, 실제로는 노이즈로 인해 발생한 펄스 폭의 미세한 변화는 무시하는 것이 좋다. 이렇게 무시할 펄스 폭의 범위를 '데드 밴드^{dead bandwidth}(불감대역)'라 부른다. FS5106B는 데드 밴드가 0.005ms로 설정돼 있다. 따라서 펄스 폭의 변화가 0.005ms보다 작으면 서보는 움직이지 않는다.

전원이 꺼지면 서보의 회전자는 마지막 위치에 멈춘다. 이 상태에서 다시 전원을 켜면 컨트롤러에서 회전자가 놓인 각도를 정확히 알 수 없다. 그래서 대다수의 서보는 전원이 켜질 때 중립 위치로 이동한다.

PWM으로 서보의 동작을 제어하는 방법을 익히는 가장 좋은 방법은 예제를 살펴보는 것이다. 9장, '아두이노 메가로 모터 제어하기'에서는 아두이노 보드로 서보모터를 제어하기 위해 프로그래밍하는 방법을 소개한다. 10장, '라즈베리 파이로 모터 제어하기'에서는 싱글 보드 컴퓨터인 라즈베리 파이로 서보 제어를 위한 PWM 펄스를 생성하는 방법을 소개한다.

5.1.2 아날로그 서보와 디지털 서보

FS5106B 규격을 보면 디지털이 아닌 아날로그 서보라고 나와 있다. 둘 다 PWM 신호로 제어하므로 컨트롤러 입장에서 볼 때는 차이가 없으며, 제어 신호를 받고 모터에 전력을 공급하는 내부 회로의 구성이 다르다.

아날로그 서보는 컨트롤러로부터 받은 펄스를 증폭해서 모터에 전달하는 방식으로 전력을 공급한다. 회전자의 위치가 원하는 지점에 가까워지면 전력은 0으로 감소한다. 입력 펄스의 폭이 서보의 데드 밴드(FS5106B의 경우 0.005ms)보다 작으면 모터는 전력을 전혀 공급받지 않는다.

디지털 서보의 작동 과정도 이와 거의 비슷하다. 디지털 서보는 컨트롤러로부터 받은 펄스를 서보에 장착된 마이크로프로세서를 통해 처리한 후 그 결과를 모터에 전달한다는 점이 다르다. 이렇게 마이크로프로세서를 사용하면 다음과 같은 세 가지 장점이 있다.

- **낮은 데드 밴드**: 마이크로프로세서는 아날로그 서보가 식별하기 어려울 정도로 작은 펄스에도 반응할 수 있다.
- **높은 주파수**: 프로세서는 컨트롤러보다 높은 주파수로 펄스를 보낼 수 있다. 따라서 디지털 서보는 아날로그 서보보다 반응성이 뛰어나다.
- **프로그래밍 기능**: 프로세서의 작동 방식을 사용자가 설정할 수 있다.

그중에서도 마지막에 나온 프로그래밍 기능이 특히 흥미롭다. 디지털 서보의 속성을 설정할 수 있도록 제조사마다 프로그래밍 도구를 제공하는 경우가 많다. 예를 들어 하이텍 사에서는 자사의 디지털 서보를 프로그래밍할 수 있도록 하이텍 HFP-10 프로그래머란 도구를 제공하는데, 이를 통해 다음과 같은 속성 값을 설정할 수 있다.

- **방향**: 시계 방향 또는 반시계 방향
- **속도**: RPM 단위의 회전 속도
- **왼쪽 끝점/오른쪽 끝점**: 최대 회전 각도
- **데드 밴드**: 서보가 반응할 최소 펄스 폭(마이크로세컨드 단위)
- **안전장치**failsafe: 컨트롤러와 연결이 끊겼을 때의 서보 동작

디지털 서보에서 가장 두드러진 단점으로 두 가지를 꼽을 수 있다. 하나는 가격이다. 일반적으로 디지털 서보는 아날로그 서보보다 두 배가량 비싸다. 또 다른 단점은 전력 사용량이다. 디지털 서보는 마이크로프로세서가 장착돼 있기 때문에 아날로그 서보보다 전력 요구량이 훨씬 크다.

이러한 두 가지 단점에 비해 크지 않지만 데드 밴드가 낮다는 단점도 있다. 기본적으로 디지털 서보는 아날로그 서보에서는 무시할 정도로 작은 펄스 폭의 변화에도 반응한다. 그래서 노이즈가 많은 환경에서는 전력이 불필요하게 소모되는 문제가 발생할 수 있다. 하지만 디지털 서보에서는 데드 밴드의 값을 프로그래머가 변경할 수 있기 때문에 큰 문제가 되지는 않는다.

5.1.3 로터리 인코더

하비스트 서보나 일반 전기 모터를 서보모터처럼 작동하게 만들려면 샤프트의 각도를 알아내는 메커니즘을 추가해야 한다. 이렇게 피드백을 제공하는 부품을 로터리 인코더^{rotary encoder}라 부른다. 현재 매우 많은 종류의 인코더가 나와 있지만, 서보에 적용할 수 있는 제품은 다음과 같이 두 가지로 나눌 수 있다.

- **광학식 인코더**: 특수한 패턴이 새겨진 디스크를 통과하는 빛을 감지하는 센서를 사용
- **자기식 인코더**: 자석의 극의 변화를 감지하는 센서를 사용

그럼 각각에 대해 자세히 살펴보자.

광학식 인코더

서보에서 사용하는 인코더 중에서도 광학식 인코더^{optical encoder}가 가장 흔하고 구조도 단순하다. 광학식 인코더는 모터의 샤프트에 연결된 디스크를 통해 작동한다. 이 디스크의 일정한 영역만 빛을 통과하고, 나머지 부분은 빛을 통과시키지 않는다.

디스크의 한쪽 편에 있는 광원은 디스크의 일정한 영역에 빛을 비춘다. 그리고 반대편에 장착된 광학 센서는 디스크를 통과한 빛의 양을 측정해서 빛이 있다면 1을, 없다면 0을 프로세서에 전달한다.

디스크에서 투명한 영역과 불투명한 영역을 구성할 때는 그림 5.3에 나온 두 가지 패턴을 주로 사용한다.

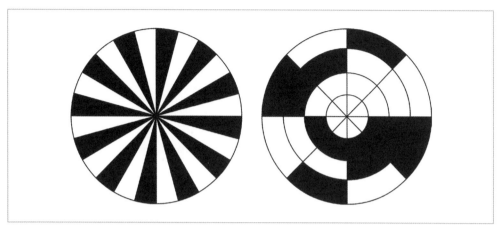

그림 5.3 광학식 인코더 디스크의 두 가지 패턴: 인크리멘탈과 앱솔루트

왼쪽에 있는 디스크 패턴은 투명한 영역과 불투명한 영역이 줄무늬 형태로 번갈아 나와 있다. 샤프트가 회전하면 광학 센서는 빛이 나오는 간격을 측정한다. 프로세서는 이 값을 이용해 모터의 샤프트가 얼마나 빠르게 회전하는지 알아낸다. 이 방식은 위치가 아닌 속도를 알려주기 때문에 인크리멘탈 인코더incremental encoder(증분형 인코더)라고 부른다.

반면 그림 5.3의 오른쪽 디스크는 샤프트의 속도뿐만 아니라 각도도 식별하기 때문에 앱솔루트 인코더absolute encoder(절대형 인코더)에서 사용한다. 빛은 회전축을 중심으로 그어진 선을 따라 비추는데, 각 영역마다 투명한 영역과 불투명한 영역이 일정한 간격으로 번갈아 나온다. 광학 센서는 이 패턴을 통과한 빛에 대한 측정 값을 프로세서로 전달하고, 프로세서는 이러한 명암 패턴을 숫자로 변환해서 샤프트의 추정 각도를 계산하는 데 활용한다.

자기식 인코더

대부분 광학식 인코더를 사용하지만, 안정성과 해상도는 자기식 인코더magnetic encoder가 좀 더 뛰어나다. 자기식 인코더는 샤프트에 원형 자석을 장착한다. 그리고 N극과 S극을 감지하는 자기 센서를 자석 근처에 장착한다. 샤프트가 회전하면 센서는 변경된 극의 위치를 감지해 샤프트의 각도와 속도를 계산한다.

오스트리아 마이크로시스템즈Austria Microsystems에서는 자석의 위치를 측정하고 그 값을 처리하는 집적 회로를 다양하게 제공하고 있다. 예를 들어 AS5145란 제품은 홀 효과Hall effect 자기 센서와 신호 처리 회로를 하나의 시스템 온 칩system on a chip 형태로 결합한 것이며, 데이터시트를 보면 인코더의 각 해상도가 0.0879° 라고 나와 있다. 이 장치는 측정한 정보를 시리얼 연결을 통해 PWM 신호 형태로 전달한다.

5.2 서보 제어 방법

4장에서는 스테퍼 모터에 대한 여러 가지 주제를 소개하면서 그 작동 방식이 매우 간단하다고 설명한 바 있다. 스테퍼의 샤프트는 일정한 각도만큼 회전한 후 멈추는 방식으로 작동한다. 하지만 샤프트가 초기 각도(θ_i)부터 시작해서 최종 각도(θ_f)까지 회전하는 동안 실제로 회전한 각도를 측정해서 그래프로 표현하면 그림 5.4처럼 나타난다.

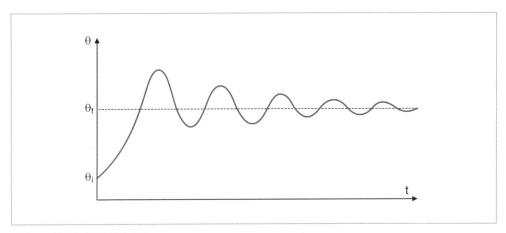

그림 5.4 실제 스테퍼의 작동 과정

그림에서 보는 바와 같이 샤프트의 회전 각도가 늘어나기까지 어느 정도 시간이 걸리며, 최종 각도에 도달할 때까지 각도의 변화도 위아래로 오르내리는 과정을 지속적으로 반복한다. 하비스트 서보가 이렇게 작동한다. 라디오 컨트롤^{RC} 비행기나 프린터용 모터는 이렇게 작동해도 상관없지만, 수술용 로봇처럼 모터를 매우 정밀하게 제어하기 위한 용도라면 스테퍼는 적합하지 않다. 컨트롤러로부터 신호를 받을 때 모터가 어떻게 작동할지 정확히 예측할 수 있어야 할 뿐만 아니라, 시간의 흐름에 따라 부하량이 변할 때 회전자의 움직임을 일정하게 유지할 수 있어야 한다.[1]

---

1   최근에는 스테퍼 모터에도 인코더를 장착해 각도 오차를 최소화하고 있다. – 옮긴이

제어 이론의 목표는 최대한 정교하게 제어
하는 것이다. 이를 위해 모터와 컨트롤러의
신호를 수학적으로 표현한다. 이 절에서는
서보 제어에 관련된 이론들을 간략히 소개
한다.

 노트

이 절에서 소개하는 내용을 제대로 이해하려면
미적분학과 고급 회로 이론을 비롯해 메이커들이
통상적으로 다루는 범위를 벗어난 지식이 필요하
다. 따라서 내용을 완벽히 이해하지 못하더라도
크게 신경 쓸 필요는 없다. 피드백을 이용한 서보
모터 제어에 이러한 기법들을 사용한다는 정도만
알아두는 것으로도 충분하다.

5.2.1 오픈 루프와 클로즈드 루프 시스템

컨트롤러는 서보의 샤프트 각도에 대한 피드백을 받아서 시간에 따른 각도 변화를 측정해
모터의 속도와 가속도를 결정한다. 모터의 동작이 정상적인 범위를 벗어나면 컨트롤러는
적절한 제어 신호를 보내 오차를 줄인다.

이렇게 서보와 컨트롤러가 서로 정보를 주고받는 과정, 다시 말해 서보가 위치 정보를 알
려주고 컨트롤러가 제어 신호를 보내는 과정은 하나의 루프 형태로 구성된다. 그래서 이
렇게 피드백이 제공되는 시스템을 클로즈드 루프 시스템closed-loop system(폐루프 시스템)이라
부른다. 반면 피드백이 없는 시스템을 오픈 루프 시스템open-loop system(개루프 시스템)이라
부른다. 그림 5.5는 두 시스템에 대한 블록 다이어그램을 보여주고 있는데, 이를 통해 두
시스템의 차이를 볼 수 있다.

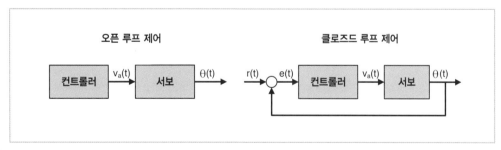

그림 5.5 오픈 루프 시스템과 클로즈드 루프 시스템

클로즈드 루프 시스템을 수학적으로 분석할 수 있도록 각각의 신호를 시간축에 따라 변하는 함수로 표현한다. 서보모터 제어에 흔히 사용하는 네 가지 함수는 다음과 같다.

- $\theta(t)$: 서보모터의 샤프트 각도
- $r(t)$: 서보모터가 회전할 각도(레퍼런스reference 또는 셋포인트setpoint라고도 부름)
- $e(t)$: 모터의 실제 각도와 원하는 회전 각도 사이의 오차
- $v_a(t)$: 컨트롤러에서 공급하는 제어 신호(전압)

이 장에서는 컨트롤러의 신호인 $v_a(t)$를 시간에 대한 아날로그 함수로 표현한다. 서보 제어의 핵심은 $e(t)$로부터 $v_a(t)$를 계산하는 방식에 있다.

실생활에서 볼 수 있는 예로 컴퓨터를 이용해 방향을 자동으로 조정하는 보트를 살펴보자. 보트를 제어하는 컴퓨터는 소나sonar(음파탐지기)와 비주얼 센서, 기상 데이터베이스 등을 참조해 보트의 운항 경로를 결정한다. 이렇게 계산한 경로에 대한 일련의 조향 각도들의 집합이 바로 시스템의 셋포인트인 $r(t)$다. 컨트롤러가 $r(t)$를 받으면 보트의 키에 연결된 서보에 $v_a(t)$ 신호를 보낸다. 그러면 서보가 회전하고 이에 따라 키의 각도가 변하면서 보트의 방향이 $\theta(t)$만큼 틀어진다.

바람의 영향으로 보트가 경로를 벗어나면 $r(t)$와 $\theta(t)$의 차이만큼 오차 $e(t)$가 발생한다. 이러한 오차에 대한 피드백을 받은 컨트롤러는 보트가 제 위치를 찾도록 $v_a(t)$를 조정한다. 이러한 $v_a(t)$를 계산하는 기법을 연구하는 분야가 바로 제어 이론control theory이다.

5.2.2 서보모터 모델링

서보모터를 제어하기 위해서는 가장 먼저 모터의 동작에 대한 수학 모델을 만들어야 한다. 좀 더 구체적으로 표현하면, 컨트롤러로부터 입력된 전압에 따라 샤프트 각도가 어떻게 변하는지 알아내는 수식을 만들어야 한다.

이러한 관계를 표현하는 수식은 2장, '기초 이론'에서 설명한 물리적인 법칙에 따라 도출한다. 이 장에서는 전기자의 전기적 저항인 R_a를 고려한 등가 회로를 소개한다. 그림 5.6은 모터의 등가 회로를 보여준다.

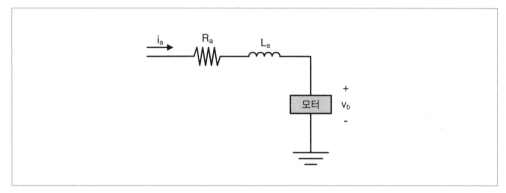

그림 5.6 제어 시스템 설계에 사용되는 등가 회로

여기서 i_a가 전기자 권선을 통과하는 전류라면, 전기자의 저항에 걸리는 전압은 $R_a i_a$가 된다. 마찬가지로 전기자의 인덕턴스에 걸리는 전압은 i_a를 시간에 대해 미분한 값에 L_a를 곱한 것과 같다. 모터의 역기전력을 v_b라 표현할 때, 전기자에 걸리는 전압은 다음 방정식으로 구할 수 있다.

$$v_a = L_a \frac{di_a}{dt} + R_a i_a + v_b$$

여기서 잠시 모터의 토크와 각도의 관계에 대해 살펴보자. 샤프트에 걸린 부하의 관성 모멘트가 J고 마찰 감쇠 계수가 B라면, 토크 τ와 샤프트 각도의 관계는 다음 방정식으로 표현할 수 있다.

$$\tau = J \frac{d^2\theta}{dt^2} + B \frac{d\theta}{dt}$$

이 토크와 전기자의 전류의 관계는 $\tau = K_t\, i_a$로 표현할 수 있다. 샤프트 각도와 역기전력의 관계는 $v_b = K_v (d\theta/dt)$로 표현할 수 있다. 이러한 관계는 2장에서 설명한 바 있다.

방금 설명한 여러 수식들을 하나로 합쳐서 v_a와 θ에 대한 미적분 방정식을 만들 수 있다. 하지만 이렇게 하면 방정식을 이해하기 힘들 뿐만 아니라 이 방정식으로부터 해를 직접 구하기가 거의 불가능하다. 그래서 제어 시스템 설계자들은 이 식의 해를 쉽게 구하기 위해 라플라스 변환을 이용한다.

5.2.3 라플라스 변환

라플라스 변환Laplace transform을 이용하면 방금 언급한 방정식처럼 매우 복잡한 식을 좀 더 처리하기 쉬운 형태로 만들 수 있다. 라플라스 변환은 미분, 적분, 지수 함수로 구성된 방정식을 풀기 쉬운 형태로 바꾼다. 변환 과정을 제대로 이해하려면 복소해석학에 대해 잘 알아야 하지만, 이 책에서는 굳이 그렇게까지 할 필요가 없으며 라플라스 변환을 적용하기 위해 다음과 같이 세 가지 단계를 거친다는 정도만 알아두면 충분하다.

1. 복잡한 방정식을 구성하는 각 항을 좀 더 단순한 형태의 변수 s에 대한 항으로(S-도메인으로) 변환한다. 이 작업은 정방향forward 라플라스 변환($L\{\}$)으로 처리한다.
2. 새로 만든 방정식의 해를 구한다.
3. 구한 해의 각 항을 다시 t-도메인(공간)으로 변환한다. 이 작업은 역방향backward 라플라스 변환($L^{-1}\{\}$)으로 처리한다.

여기서 잠시 어떻게 이런 마술 같은 과정이 일어나는지 알아보자. 예를 들어 다음과 같은 t와 $\theta(t)$에 대한 미분방정식을 살펴보자.

$$\frac{d\theta(t)}{dt} - 4\theta(t) = t$$

이 방정식을 정석대로 풀려면 엄청난 노력이 들지만, 라플라스 변환을 적용하면 매우 쉽게 풀 수 있다. 먼저 세 항을 변환한다(여기서 초기 조건인 $\theta(0)$은 상수 값이다).

$$L\left\{\frac{d\theta(t)}{dt}\right\} = sL\{\theta(t)\} - \theta(0)$$

$$L\{4\theta(t)\} = 4L\{\theta(t)\}$$

$$L\{t\} = \frac{1}{s^2}$$

이렇게 새로 만든 항을 원래 방정식 자리에 집어넣으면 다음과 같이 s에 대한 방정식으로 표현할 수 있다.

$$sL\{\theta(t)\} - \theta(0) - 4L\{\theta(t)\} = \frac{1}{s^2}$$

미분항이 사라졌기 때문에 방정식을 다루기가 한결 편해졌다. 이 식을 L{θ(t)}에 대해 정리하면 다음과 같은 방정식으로 표현할 수 있다.

$$L\{\theta(t)\} = \frac{\frac{1}{s^2} + \theta(0)}{s - 4}$$

이 식에 부분 분수 전개partial fraction expansion를 적용하면 다음과 같이 간소화할 수 있다.

$$L\{\theta(t)\} = -\frac{1}{4s^2} - \frac{1}{16s} + \frac{\theta(0) + \frac{1}{16}}{s - 4}$$

이로써 두 번째 단계까지 끝났다. 마지막 단계는 이 방정식의 각 항을 s가 아닌 t에 대한 식으로 변환하는 것이다. 변환한 결과는 다음과 같다.

$$L^{-1}\{L\{\theta(t)\}\} = \theta(t)$$

$$L^{-1}\left\{-\frac{1}{4s^2}\right\} = -\frac{t}{4}$$

$$L^{-1}\left\{-\frac{1}{16s}\right\} = -\frac{1}{16}$$

$$L^{-1}\left\{\frac{\theta(0) + \frac{1}{16}}{s - 4}\right\} = \left(\theta(0) + \frac{1}{16}\right)e^{4t}$$

이 결과를 하나로 합치면 다음과 같이 최종 결과를 구할 수 있다.

$$\theta(t) = \left(\theta(0) + \frac{1}{16}\right)e^{4t} - \frac{t}{4} - \frac{1}{16}$$

실제로 계산하는 과정은 보기보다 어렵지 않다. 여기서 가장 어려운 부분은 각 항을 t 도메인에서 s 도메인으로, s 도메인에서 t 도메인으로 변환하는 방법을 알아내는 것이다. 엔지니어들은 이러한 변환 방법을 일일이 외우지 않고 처리할 수 있도록 표 5.1과 같은 범용 라플라스 변환 표를 활용한다. 이 표는 가장 흔히 사용되는 일곱 가지 변환을 보여준다. 다른 표를 보면 이외에도 다양한 변환 공식을 볼 수 있다.

표 5.1 기본 라플라스 변환

t-도메인	s-도메인
1	$\dfrac{1}{s}$
t^n	$\dfrac{n!}{s^{n+1}}$
e^{at}	$\dfrac{1}{s-a}$
$\sin(at)$	$\dfrac{a}{s^2+a^2}$
$\cos(at)$	$\dfrac{s}{s^2+a^2}$
$\dfrac{df(t)}{dt}$	$sL\{f(t)\} - f(0)$
$\displaystyle\int_0^t f(\gamma)d\gamma$	$\dfrac{L\{f(t)\}}{s}$

이러한 변환 과정에 대한 이해를 돕기 위해 몇 가지 예를 좀 더 소개하면 다음과 같다.

- $f(t) = e^{5t} + 1$이면, $L\{f(t)\} = 1/(s-5) + 1/s$다.
- $f(t) = \sin(2t) + t^3$이면, $L\{f(t)\} = 2/(s^2+4) + 6/s^4$이다.
- $L\{f(t)\} = s/(s^2+9)$면, $f(t) = \cos(3t)$다.
- $L\{f(t)\} = sL\{g(t)\} - g(0)$면, $f(t) = dg(t)/dt$다.

이렇게 방정식을 다른 형태로 변환하는 방식으로 푼다는 개념이 좀 생소할 수도 있지만, 라플라스 변환을 빼놓고 제어 시스템을 설계한다는 것은 상상하기 힘들다. 제어 시스템에 대해 설명할 때도 t-도메인을 전혀 사용하지 않고, 대부분 s-도메인에 대한 함수만으로 표현한다.

5.2.4 블록 다이어그램과 전달 함수

그림 5.5는 제어 시스템의 요소를 표현하는 데 사용되는 대표적인 두 가지 다이어그램을 보여준다. 여기서 화살표는 전압이나 샤프트 각도처럼 신호나 물리량의 전달 과정을 표현한다. 각 블록은 입력된 신호를 처리해서 출력 신호를 생성한다.

이러한 블록마다 대응되는 함수가 존재하는데, 이를 전달 함수^{transfer function}라 부른다. 다른 설명이 없다면 이 전달 함수는 입력 신호와 곱해서 출력 신호를 생성한다. 예를 들어 블록에 대한 함수가 단순히 3이라면, 출력 신호는 입력 신호의 세 배가 된다.

달리 표현해서 블록의 입력이 X(s)고 출력이 Y(s)라면, 블록에 대한 전달 함수는 반드시 Y(s)/X(s)여야 한다. $V_a(s)$를 θ(s)로 변환하는 서보모터의 경우, 전달 함수는 θ(s)/$V_a(s)$가 된다.

클로즈드 루프 시스템의 전달 함수에 대해 좀 더 살펴보자. 그림 5.7은 두 개의 블록으로 구성된 시스템을 보여주고 있는데, 두 블록의 전달 함수는 각각 G(s)와 H(s)다.

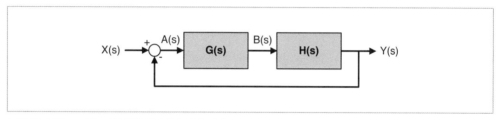

그림 5.7 클로즈드 루프 시스템의 전달 함수 계산 과정

이 그림에서 첫 번째 블록으로 들어가는 신호는 A(s)고, 나오는 신호는 B(s)다. 따라서 G(s) = B(s)/A(s)다. 그렇다면 시스템 전체에 대한 전달 함수는 어떻게 표현할까? G(s)와 H(s)에 대해 Y(s)/X(s) 값은 무엇일까? 다음과 같이 계산하면 답을 구할 수 있다.

$$Y(s) = H(s)B(s) = H(s)G(s)A(s)$$

$$A(s) = X(s) - Y(s)$$

앞에 나온 두 번째 방정식을 첫 번째 방정식에 대입하면 다음과 같은 결과를 구할 수 있다.

$$Y(s) = H(s)G(s)\ X(s) - Y(s)$$

$$Y(s)\ 1 + H(s)G(s)\ = H(s)G(s)X(s)$$

다음과 같이 좌변과 우변을 각각 X(s)와 1 + H(s)G(s)로 나누면 이 시스템의 전달 함수를 구할 수 있다.

$$\frac{Y(s)}{X(s)} = \frac{H(s)G(s)}{1 + H(s)G(s)}$$

클로즈드 루프 시스템 전체를 하나의 블록으로 만들 때, 이 함수가 시스템 전체에 대한 전달 함수가 된다.

5.2.5 서보모터의 전달 함수

이제 라플라스 변환과 전달 함수에 대해 알았으니, 다음 단계로 서보모터에 대한 전달 함수를 구하는 방법을 살펴보자. 서보모터의 전달 함수는 $\theta(s)/V_a(s)$와 같다. 여기서 $\theta(s)$는 서보의 각도고, $V_a(s)$는 제어 신호다.

전달 함수를 구하려면 가장 먼저 서보모터의 작동 과정을 표현하는 방정식들을 나열한다. 이 장의 앞부분에서 v_a에 대한 방정식 한 개와 τ에 대한 방정식 하나를 유도했다. 2장에서는 전류와 토크에 대한 방정식 하나와 전압과 속도에 대한 방정식 하나를 소개했었다. 모두 나열하면 다음과 같이 총 네 개의 방정식이 있다.

1. $v_a = L_a \dfrac{di_a}{dt} + R_a i_a + v_b$

2. $\tau = J \dfrac{d^2\theta}{dt^2} + D \dfrac{d\theta}{dt}$

3. $\tau = K_t i_a$

4. $\dfrac{d\theta}{dt} = K_v v_b$

각 방정식에 라플라스 변환을 적용하면, 좀 더 다루기 쉬운 형태로 바꿀 수 있다. 초기 상태는 모두 0이라고 가정한다.

1. $V_a(s) = sL_a I_a(s) + R_a I_a(s) + V_b(s)$

2. $\tau(s) = s^2 J\theta(s) + sB\theta(s)$

3. $\tau(s) = K_t I_a(s)$

4. $s\theta(s) = K_v V_b(s)$

치환과 대수적 조작 과정을 거치면 $\theta(s)$를 이용해 $V_a(s)$를 구할 수 있다. 이렇게 처리한 후에는 다음과 같은 전기자의 전압과 샤프트 각도의 관계를 쉽게 구할 수 있다.

$$\frac{\theta(s)}{V_a(s)} = \frac{K_t}{JL_a s^3 + (JR_a + BL_a)s^2 + \left(\dfrac{K_t}{K_v} + R_a B\right)s}$$

이 수식은 서보모터가 전기자의 전압에 어떻게 반응하는지를 정확히 표현하기 때문에 중요하다. 다시 말해 (s-도메인으로 변환한 후) 전압 함수를 이 표현식에 곱하면, 샤프트 각도에 미치는 영향을 계산할 수 있다. 다음 절에서는 이러한 전달 함수를 실전에서 활용하는 방법에 대해 자세히 살펴본다.

5.3 PID 제어

서보모터에 대한 전달 함수를 구했다면, 다음 단계로 컨트롤러 블록에 대한 전달 함수를 선택해야 한다. 이 블록은 입력된 오차 $E(s)$를 서보모터로 보낼 전압 신호 $V_a(s)$로 변환한다. 컨트롤러의 전달 함수를 $C(s)$로 표기하고 모터의 전달 함수를 $M(s)$로 표현할 때, 클로즈드 루프 시스템에 대한 블록 다이어그램은 그림 5.8과 같다.

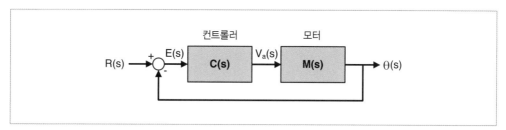

그림 5.8 클로즈드 루프 서보모터 시스템

앞에서 두 블록으로 구성된 클로즈드 루프 제어 시스템 전체에 대한 전달 함수를 $G(s)H(s)/(1+G(s)H(s))$로 유도한 바 있다. 마찬가지로 그림 5.8에 나온 시스템 전체에 대한 전달 함수는 다음과 같이 표현할 수 있다.

$$\frac{\theta(s)}{R(s)} = \frac{C(s)M(s)}{1+C(s)M(s)}$$

이 식에 앞에서 구한 서보모터의 전달 함수를 대입하면 다음과 같다.

$$\frac{\theta(s)}{R(s)} = \frac{C(s)\left(JL_a s^3 + \left(JR_a + BL_a \right)s^2 + \left(\dfrac{K_t}{K_v} + R_a B \right)s \right)}{C(s)\left(JL_a s^3 + \left(JR_a + BL_a \right)s^2 + \left(\dfrac{K_t}{K_v} + R_a B \right)s \right)+1}$$

여기서 C(s) 함수는 컨트롤러의 동작을 표현하는데, 그 경우의 수는 다양하다. 서보모터를 제어할 때는 주로 PID 제어 기법을 사용한다. 여기서 PID는 Proportional(비례)-Integral(적분)-Differential(미분)의 약자다. 컨트롤러의 신호를 시간 도메인으로 표현하면 다음과 같다.

$$c(t) = K_p e(t) + K_i \int_0^t f(\gamma) d\gamma + K_d \frac{d\,e(t)}{dt}$$

PID 컨트롤러의 장점을 이해하려면, 먼저 다음과 같은 세 가지 상수의 의미를 이해해야 한다.

- K_p, **비례 상수**: 현재 오차 값에 대해 컨트롤러가 어떻게 반응할지 나타낸다.
- K_i, **적분 상수**: 일정 시간 동안 누적된 오차의 합에 대해 컨트롤러가 어떻게 반응할지 나타낸다.
- K_d, **미분 상수**: 오차에 대한 현재 기울기에 대해 컨트롤러가 어떻게 반응할지 나타낸다.

다르게 표현하면, K_p는 현재 발생한 오차에 반응하고, K_i는 과거에 발생한 오차에 반응하고, K_d는 미래에 예상되는 오차에 반응한다. 이러한 세 항을 적절히 설정함으로써 PID 컨트롤러가 서보의 동작에 관련된 다양한 상황에 대처하게 만들 수 있다.

표 5.1을 이용해 c(t)에 대한 방정식을 s-도메인으로 변환하면 다음과 같다.

$$C(s) = K_p + \frac{K_i}{s} + sK_d$$

그림 5.9는 PID 컨트롤러에 대한 블록 다이어그램의 예를 보여준다.

이 표현식을 전달 함수 방정식에 대입하면, 다음과 같은 식을 얻을 수 있다.

$$\frac{\theta(s)}{R(s)} = \frac{\left(K_p + \dfrac{K_i}{s} + sK_d\right)\left(JL_a s^3 + (JR_a + BL_a)s^2 + \left(\dfrac{K_t}{K_v} + R_a B\right)s\right)}{\left(K_p + \dfrac{K_i}{s} + sK_d\right)\left(JL_a s^3 + (JR_a + BL_a)s^2 + \left(\dfrac{K_t}{K_v} + R_a B\right)s\right) + 1}$$

K_p, K_i, K_d에 적절한 값을 대입하면, 컨트롤러가 모터의 동작을 놀라울 정도로 정확하게 제어할 수 있다. PID 제어에서 최선의 결과를 도출하기 위한 방법에 대해 그동안 수많은 연구 논문이 발표됐는데, 이에 대한 자세한 설명은 이 책에서 다루지 않는다.

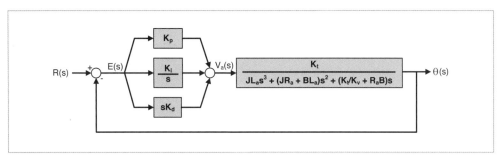

그림 5.9 클로즈드 루프 시스템의 전달 함수 계산 과정

5.4 요약

3D 프린터 제조사는 대부분 제품을 두 가지 버전으로 제공한다. 하나는 프린터의 모션 컨트롤을 스테퍼 모터로 처리하는 저가 버전으로, 가격이 저렴하고 나름 정확하지만 불연속적인 회전 동작으로 인해 속도가 느리다. 다른 하나는 고가의 프리미엄 버전으로, 높은 정밀도와 속도로 연속적으로 회전하는 서보모터를 이용해 모션 컨트롤을 처리한다. 서보는 피드백을 받기 때문에 스테퍼에 비해 여러 가지 장점이 있지만, 제어 과정이 상당히 복잡하다.

하비스트 서보는 피드백 기능이 중요하지 않다. 이러한 서보는 PWM 신호로 제어하는 DC 모터인 셈이며, 크게 디지털 서보와 아날로그 서보로 구분된다. 디지털 하비스트 서보는 컨트롤러로부터 받은 펄스를 마이크로프로세서로 계산한 후 내부 모터로 전달한다. 아날로그 서보에 비해 디지털 서보는 반응성이 뛰어나고, 토크가 높고, 프로그래밍을 통해 설정할 수 있다는 장점이 있다.

로터리 인코더를 장착하면 일반 전기 모터를 서보로 만들 수 있다. 로터리 인코더는 컨트롤러에게 샤프트 각도에 대한 피드백을 제공한다. 가장 흔히 사용하는 로터리 인코더는 광센서를 활용해 디스크를 통과하는 빛을 측정한다. 이러한 광학식 인코더에는 각 위치 및 속도를 제공하는 앱솔루트(절대형) 인코더와 특정한 각도는 식별하지 않고 속도만 제공하는 인크리멘탈(증분형) 인코더가 있다.

서보모터를 제어하는 과정은 간단하지 않다. 그중에서 가장 어려운 부분은 라플라스 변환을 이해하고 적용하는 것이다. 입문자에게는 어렵게 보일 수도 있지만, 이 변환 덕분에 복잡한 방정식을 간결하게 변환할 수 있다. 특히 DC 모터와 같은 복잡한 전자기계 시스템을 다룰 때 라플라스 변환은 꼭 필요하다.

서보모터 제어에 가장 흔히 사용하는 기법은 PID(비례-적분-미분) 제어다. PID 컨트롤러는 세 가지 항을 합한 신호를 전달하는 방식으로 오차에 반응한다. 비례항은 오차에 상수를 곱한 것이고, 적분항은 현재 오차에 과거 오차들을 합한 것이며, 미분항은 현재 오차에 대한 기울기다. PID 컨트롤러를 제대로 설정하기까지는 상당한 시간과 노력이 들지만, 일단 제대로 설정하면 서보모터를 빠르고 정확하게 제어할 수 있다.

6

AC 모터

원격 조종 자동차를 비롯한 장난감들은 대부분 DC 모터를 사용하지만, 가정용 및 산업용 전기 제품은 AC 모터를 주로 사용한다. 이유는 간단하다. 가정이나 건물에서 공급되는 전기가 교류^AC이기 때문이다. 그래서 선풍기나 믹서기처럼 AC 모터를 사용하는 기기를 벽에 있는 콘센트에 직접 꽂을 수 있는 것이다.

이 장에서는 다양한 종류의 AC 모터를 소개하고 각각의 장단점에 대해 살펴본다. AC 모터에 관련된 기술은 오래전부터 발전됐기 때문에(최초의 상용 AC 모터는 1880년대에 개발됐음), 현재 나와 있는 AC 모터의 종류도 방대하다. AC 모터를 분류하는 방식은 다양하지만, 이 장에서는 다음과 같이 두 가지 기준에 따라 분류한다.

- **단상**single-phase/**다상**polyphase: 모터 입력 전력의 전기적 상태에 따른 분류
- **동기식**synchronous/**비동기식**asynchronous: 모터의 속도와 입력 전력의 주파수 간 관계에 따른 분류

이 장에서는 다상 모터부터 소개한 후 단상 모터에 대해 살펴본다. 마지막으로 AC 모터 제어와 유니버설 모터에 관련된 흥미로운 주제에 대해 소개한다.

AC 모터의 구조를 설명하기 전에 먼저 AC 전기의 기본 개념부터 간단히 살펴보자. 교류의 개념을 잘 이해할수록 AC를 이용하는 모터의 원리를 쉽게 이해할 수 있다.

6.1 교류(AC)

AC 모터와 DC 모터의 근본적인 차이는 AC 모터의 전력이 사인파 형태로 공급된다는 점이다. AC^{Alternating Current}(교류) 전기는 DC 전기에 비해 장점이 많은데, 그중에서도 특히 변압기를 이용해 AC 전압을 높이거나 낮추기 쉽다는 점이 대표적이다. 따라서 전압을 높이고 전류를 낮춰서 먼 거리로 전송할 수 있다. 이렇게 낮은 전류로 보낼 수 있기 때문에 송전선의 I^2R 손실을 최대한 낮출 수 있다.

6.1.1 단상 전력

가정용 전기 콘센트에 공급되는 전력은 단상 전력^{single-phase power}이다. 이 말은 전력이 하나의 사인파 형태로 공급된다는 것을 의미한다. 그림 6.1은 단상 전력의 형태를 보여준다.

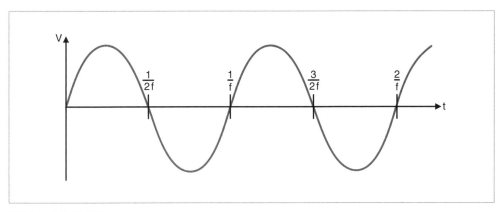

그림 6.1 단상 AC 전력

그림을 보면 사인파 곡선의 주파수를 f로 표시했다. 따라서 한 주기는 1/f초가 된다. 미국과 캐나다에서는 60Hz의 주파수를 사용하며 진폭(전압)은 168V를 사용하는데, 이는 120V RMS^{root-mean-square}(제곱평균제곱근)와 같다. 다른 나라들은 이보다 높은 전압(230-250V RMS)과 50Hz의 주파수를 사용한다.[1]

---

1 우리나라는 미국의 영향으로 60Hz를 사용하지만 전압은 220V로 승압해서 사용한다. – 옮긴이

6.1.2 3상 전력

단상 전력은 가정용으로는 충분하지만, 산업용 기기에서 쓰기에는 부족하다. 이러한 높은 전력 요구량을 만족하기 위해 전력을 세 개의 사인파로 공급하는 전력이 3상 전력three-phase power이다. 그림 6.2는 A(실선), B(파선), C(점선)의 세 가지 사인파로 구성된 3상 전력의 파형을 보여준다.

AC 모터를 고를 때는 어떤 종류의 전력을 사용하는지 확인해야 한다. 3상 전력용으로 제작된 모터는 단상 전력에서 제대로 작동하지 않고, 단상 모터에 3상 전력을 공급하면 망가지기 쉽다.

산업용 기기는 특성상 단상 모터보다는 3상 모터를 주로 사용한다. 가정용 전기로 작동하는 기기를 만든다면 단상 모터에 대해 잘 이해할 필요가 있다.

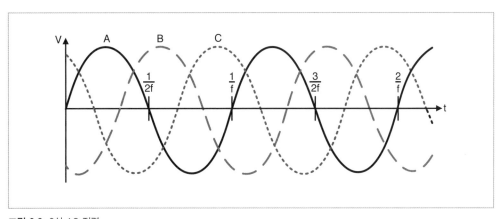

그림 6.2 3상 AC 전력

6.2 다상 모터

산업용으로 주로 사용하는 모터는 다상 모터polyphase다. 크레인, 드릴, 전동 기차 등은 모두 대용량 다상 모터를 사용한다. 이러한 모터는 용도에 따라 형태가 다르지만, 고정자의 구조는 모두 동일하다.

다상 모터의 고정자에는 회전 자기장rotating magnetic field을 발생하는 권선(전자석)이 달려 있다. 이러한 회전 자기장으로 인해 회전자가 회전한다. 다상 모터의 작동 방식을 이해하려면 이러한 회전 자기장과 회전자의 속도의 관계를 이해할 필요가 있다.

6.2.1 고정자

1장, '전기 모터의 개요'에서 설명한 바와 같이, 전기 모터는 크게 전력이 공급되면 회전하는 회전자(로터)와 항상 제자리에 고정돼 있는 고정자(스테이터)라는 두 부분으로 구성된다. AC 모터는 종류에 따라 회전자의 구조가 다르다. 예를 들어, 유도 모터induction motor의 회전자는 영구 자석 동기식 모터와 구조가 판이하게 다르다.

그러나 이 장에서 소개하는 다상 AC 모터의 고정자는 모두 구조가 같다. 이 모터의 고정자는 항상 회전자의 바깥에 놓여 있으며, 권선은 AC 전력을 공급받는다.

다상 전력을 공급받는 모터는 권선을 위상phase 단위로 묶는다. 다상 모터의 고정자는 입력 전력의 각 상마다 하나의 위상을 가지며, 동일한 상에 속한 권선은 모두 같은 위상의 전력을 공급받는다. 그림 6.3은 3상 AC 모터의 고정자 형태를 보여준다.

이 그림에는 권선의 연결 상태가 나와 있지 않지만 A와 A', B와 B', C와 C'가 서로 연결돼 있다. 각 상에 대한 권선의 수를 극pole의 수라고 표현하며, 항상 짝수로 구성된다. 그림에 나온 모터는 여섯 개의 권선으로 구성돼 있고, 세 개의 상에 대해 고르게 나눠져 있기 때문에 두 개의 극을 가진다(6/3 = 2).

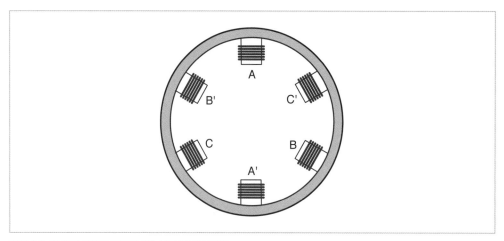

그림 6.3 두 개의 극으로 구성된 3상 AC 모터의 고정자

6.2.2 회전 자기장

입력 전력에 대한 각 상(A, B, C)은 이에 대응되는 고정자의 상(A/A', B/B', C/C')으로 전달된다. 그림 6.3에서는 세 개의 상이 공간을 기준으로 120° 간격으로 떨어져 있다. 그림 6.2에서는 세 개의 전압이 시간을 기준으로 120°에 해당하는 구간으로 분리돼 있다. 우연히 이렇게 구성된 것이 아니라, 권선의 위치와 전압의 상이 정렬되는 상태가 고정자의 회전 자기장에 영향을 미치기 때문이다.

노트

여기서 설명하는 고정자에 자기장이 생성되는 과정을 완벽하게 이해하지 못해도 걱정할 필요 없다. 다상 모터의 고정자에서 회전 자기장이 발생한다는 정도만 이해해도 충분하다.

고정자의 회전 자기장은 다상 모터의 동작에 매우 중요한 역할을 한다. 권선의 3상 전압의 효과를 살펴보면 회전 자기장이 어떻게 발생하는지 이해할 수 있다. 그림 6.4는 전력의 한 주기를 t_0, t_1, t_2, t_3 시간으로 구분해서 보여준다.

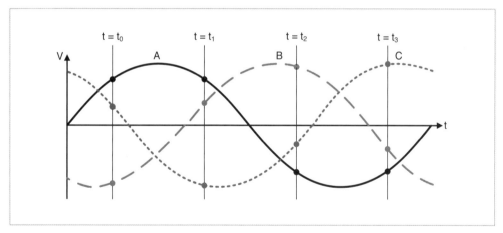

그림 6.4 3상 전력의 한 주기

권선에서 발생하는 자기장은 권선에 흐르는 전류와 공급 전압에 비례한다. 따라서 전압의 상대적인 크기 차이를 비교하는 방식으로 자기장의 상대적인 세기를 측정할 수 있다.

t_0, t_1, t_2, t_3에 발생하는 권선의 자기장을 측정하려면 세 개의 상에 대해 각 시점의 전압을 알아내야 한다. 최대 전압을 1이라 할 때 각각의 값을 표현하면 표 6.1과 같다.

표 6.1 3상 전력의 전압

	A	B	C
t_0	0.738	− 0.952	0.286
t_1	0.738	0.357	− 0.976
t_2	− 0.762	0.952	− 0.310
t_3	− 0.738	− 0.381	1.0

각 권선에서 생성되는 상대적인 자기장은 그림 6.5와 같이 시각적으로 표현할 수 있다. 여기서 화살표의 방향은 권선의 방향(A는 $0°$, B는 $120°$, C는 $240°$)에 따라 결정하고, 화살표의 길이는 권선의 전압에 따라 결정한다. 그림 6.5는 t_0, t_1, t_2, t_3 시점에 대해 그린 화살표를 보여준다.

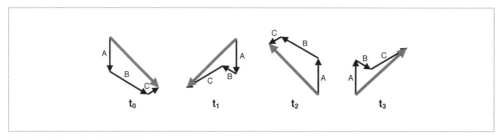

그림 6.5 t_0, t_1, t_2, t_3 시점의 자기장

검은색의 짧고 가느다란 화살표들은 각 권선의 자기장을 나타낸 것이고, 회색으로 된 굵은 화살표는 주어진 시점의 총 자기장을 표현한 것이다. 여기서 총 자기장은 짧은 화살표를 연속으로 나열한 결과로 구했다. 다시 말해 화살표 B는 화살표 A의 끝점에서 시작하고, 화살표 C는 화살표 B의 끝점에서 시작한다.

그림 6.6은 그림 6.3에 나온 3상 2극 고정자에서 생성되는 자기장이 t_0부터 t_3까지 어떻게 나타나는지 보여준다. 여기서 발생한 자기장의 방향은 시간에 따라 변하지만, (화살표의 길이로 표시된) 자기장의 크기는 일정하게 유지된다.

이 그림에 나온 것처럼 모터에 입력된 3상 전력의 각 주기마다 생성된 자기장으로 인해 고정자가 완전히 한 바퀴 회전한다.

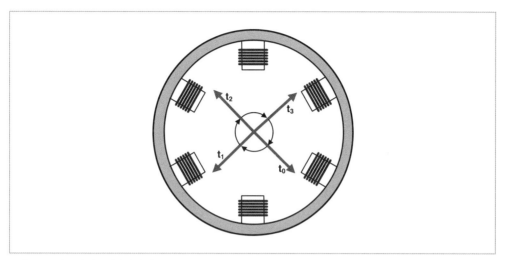

그림 6.6 3상 모터의 고정자에 발생하는 자기장

6.2.3 동기 속도

고정자의 회전 자기장 속도를 모터의 동기 속도synchronous speed라 부른다. 이 속도는 입력 전력의 주파수에 따라 달라진다. 동기 속도가 3,600RPM인 3상 모터에 60Hz의 전력이 공급되면, 자기장은 초당 60번 회전한다.

AC 모터는 대부분 극의 수가 두 개 이상이며 네 극으로 구성된 것이 많다. 극이 많을수록 자기장이 통과해야 할 권선이 많기 때문에 동기 속도가 떨어진다. 3상 AC 모터의 극의 수가 p일 때, 다음 공식에 따라 (RPM 단위의) 동기 속도를 구할 수 있다.

$$n_s = \frac{120f}{p}$$

예를 들어, 3상 2극 모터에 60Hz의 전력을 공급받는 모터의 동기 속도는 3,600RPM이 된다. 60Hz의 전력을 받는 4극 모터는 n_s = (120 * 60)/4 = 1,800RPM이다.

6.2.4 역률

DC 모터에서 입력 전력을 계산하는 과정은 간단하다. 입력 전압이 V고 입력 전류가 A일 때, 입력 전력은 VA다. 전압과 전류가 항상 서로 비례하기 때문에 계산하기 쉽다.

반면 AC 모터의 입력 전력을 계산하는 과정은 복잡하다. 동일한 주파수에서 입력 전류와 입력 전압이 변하는데, 두 사인파 곡선의 마루crest와 골trough이 대체로 서로 정렬되지 않기 때문이다. 이를 탈조(위상이 어긋남out of phase)라고 표현한다. 이를 그래프로 표현하면 그림 6.7과 같다.

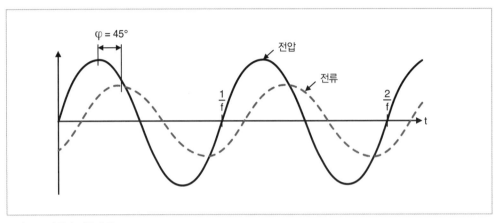

그림 6.7 전압과 전류의 탈조

그림을 보면 전압과 전류의 주파수는 서로 같지만, 두 파형의 마루와 골의 위치가 주기의 1/8만큼 차이가 난다. 한 주기에 대한 각은 360°에 해당하므로, 두 파형의 마루 사이의 간격을 각도로 표현하면 360°/8 = 45°다. 이 각도를 위상각phase angle이라 부르며, φ(파이) 기호로 표시한다. 전압 파형이 전류 파형보다 앞에 나오면 양극이고, 전류가 전압보다 먼저 나오면 음극이 된다. 이상적인 위상각은 0°다.

AC 모터를 분석할 때 고려해야 할 중요한 성능 관련 매개변수로 역률power factor이 있다. 이 값은 위상각 φ에 대한 코사인 값이며, 전체 입력 전력 중에서 실제로 작동하는 데 사용한 양의 비율을 표현한다. 이렇게 실제 사용한 전력을 유효 전력real power(실전력)이라 부른다. 이상적인 상태라면 위상각이 0°며 cos(0) = 1이므로 역률이 1이다. 하지만 현실에서 이 값은 모터의 정전 용량capacitance이나 유도 용량inductance으로 인해 1보다 작다.

역률(PF)을 다르게 표현하면 다음과 같다.

$$PF = \frac{\text{모터를 작동하는 전력(유효 전력)}}{\text{(모터에 공급된 전체 전력)}}$$

이 식에서 분모는 전류의 진폭에 전압의 진폭을 곱해서 구한다.

예제를 통해 좀 더 구체적으로 살펴보자. 모터의 역률이 0.8이라면, 실제로 작동하는 데 사용되는 전력은 입력 전력의 80%다. 전압이 50V고 전류가 4A인 전력을 공급할 때 이 모터의 유효 전력은 (4A)(50V)(0.8) = 160W다.

3상 모터의 역률을 계산하는 방법은 좀 다르다.

$$PF = \frac{\text{모터를 작동하는 전력(유효 전력)}}{\sqrt{3} * \text{모터에 공급된 전체 전력}}$$

예를 들어 역률이 0.75인 3상 모터에서 각 상마다 200V와 6A로 전력을 공급할 때, 유효 전력은 다음과 같다.

$$\text{유효 전력} = \sqrt{3}(0.75)(6A)(200V) = 1559W$$

6.3 비동기 다상 모터

모터가 비동기asynchronous라는 말은 샤프트의 회전 속도가 모터의 동기 속도와 일치하지 않는다는 뜻이다. 좀 더 구체적으로 표현하면 비동기 모터의 회전자는 동기 속도보다 낮은 속도로 회전한다. 그 이유에 대해 정확히 이해하기 위해서는 전자기 유도의 원리를 살펴볼 필요가 있다.

6.3.1 전자기 유도

자기장이 변하는 영역에 도체를 놓으면 표면에 전압의 차이가 발생한다. 이러한 현상을 전자기 유도electromagnetic induction 현상이라 부르며, 이러한 전압이 유도 전압induced voltage이다. 유도 전압의 크기는 자기장이 변하는 속도에 비례한다.

유도 전압으로 인해 도체에 전류가 생성된다. 통전 도체current-carrying conductor를 자기장 안에 두면 그 도체는 움직이는 힘을 받는다. 모든 비동기 모터는 바로 이 원리에 바탕을 두고 있으므로, 흔히 유도 모터induction motor 또는 AC 유도 모터(ACIMAC induction motor)라 부른다.

이해를 돕기 위해 유도 모터의 기본 작동 과정을 세 단계로 표현하면 다음과 같다.

1. 앞 절에서 설명한 바와 같이 AC 모터에 입력된 다상 전력으로 인해 모터의 고정자에서 자기장의 변화가 발생한다.
2. 유도 모터의 회전자에는 자석 대신 도체가 달려 있다. 이러한 도체가 고정자에 들어가면 각각의 도체에 유도 전압이 발생한다.
3. 각 도체가 받은 유도 전압으로 인해 전류가 생성된다. 따라서 각 도체마다 힘이 발생하는데, 이 힘으로 회전자를 회전시킨다.

유도 전압으로 인해 발생된 힘은 회전자의 도체가 고정자의 자기장과 교차할 때만 나타난다. 회전자의 도체가 자기장과 같은 속도로 회전하면 서로 교차하지 않기 때문에 아무런 힘이 발생하지 않는다. 그래서 유도 모터의 회전자는 항상 고정자의 자기장의 회전 속도보다 느리게 회전한다.

비동기 모터의 회전 속도(n)와 동기 속도(n_s)의 관계를 슬립slip이라 부른다. 모터의 속도를 n이라 표현할 때, 슬립(s)은 다음과 같은 공식을 통해 구할 수 있다.

$$s = \frac{n_s - n}{n_s}$$

비동기 모터에 전력을 공급하면, 회전자가 회전하기 시작할 때까지 일정한 지연 시간이 발생한다. 따라서 모터에 전력을 공급한 순간에는 이러한 지연 시간으로 인해 아직 회전자가 돌지 않기 때문에 n = 0이고 s = 1이다. 샤프트에 아무런 부하를 가하지 않을 때 슬립의 값은 최소가 된다. 부하가 증가하면 n은 감소하고 슬립은 증가한다.

슬립은 흔히 동기 속도에 대한 퍼센트로 표현한다. 따라서 동기 속도가 3,600RPM이고 회전자가 3,200RPM에서 회전한다면 슬립은 (3600 − 3200)/3600 = 0.111 = 11.1%다.

6.3.2 전류와 토크

다른 모터와 마찬가지로 비동기 모터도 처음 작동할 때 많은 양의 전류가 필요하다. 심한 경우에는 기동 전류startup current의 양이 정상 작동에 사용되는 전류의 네 배에서 여덟 배 정도에 이르기도 한다. 이렇게 높은 전류가 필요하다는 말은 토크도 높아야 된다는 것을 의미하는데, 어떤 비동기 모터는 기동 토크starting torque(회전자 구속 토크locked rotor torque)가 전부하 조건full-loading condition에서 발생하는 토크의 두 배 내지 세 배에 이르기도 한다.

샤프트에 부하가 걸리면 회전자의 속도가 감소하면서 회전자에 달린 도체가 고정자의 회전 자기장과 교차하는 데 걸리는 시간도 길어진다. 이로 인해 도체에 유도되는 전류가 커져서 회전자에 발생하는 토크도 더욱 커진다. 따라서 부하가 주어질 때 모터의 토크도 증가한다. 이 관계를 그래프로 표현하면 그림 6.8과 같다.

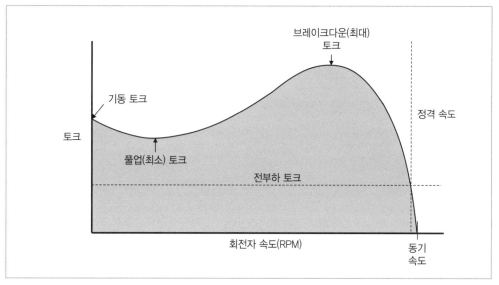

그림 6.8 비동기 모터에서 전형적으로 나타나는 속도-토크 그래프

부하가 증가할수록 브레이크다운 토크(최대 토크)breakdown torque에 도달하는 데 필요한 토크도 커진다. 풀업 토크(최소 토크)pull-up torque는 기동 토크와 브레이크다운 토크 사이에 나타나는 최소 토크다.

모터의 데이터시트에 명시된 속도는 정격 속도rated speed라 부른다. 모터가 정격 속도로 회전할 때 발생하는 토크는 정격 부하(전부하, 완전 부하) 토크full-load torque라 부른다. 그림 6.8에서 이러한 두 속성을 점선으로 표시했다. 모터의 슬립은 정격 속도와 동기 속도로 계산할 수 있다.

모터의 속도가 동기 속도와 같아지면 토크가 발생하지 않는다. 회전자의 도체가 회전 자기장과 교차하지 않기 때문이다.

6.3.3 농형 회전자

가장 오래됐으면서 인기 있는 비동기 모터는 원통형 회전자를 가지고 있으며 그 표면에 줄무늬 패턴으로 도체가 박혀 있다. 이렇게 회전자 모양이 마치 다람쥐나 햄스터가 달리는 쳇바퀴와 같다고 해서 농형(다람쥐장형) 회전자squirrel-cage rotor라 부른다. 그림 6.9는 농형 회전자의 형태를 보여준다.

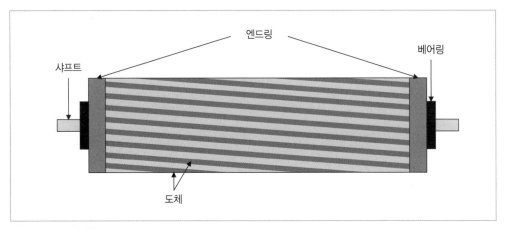

그림 6.9 농형 회전자

회전자의 표면에 달린 도체는 보통 구리나 알루미늄으로 만들고, 심(코어)은 흔히 철로 만든다. 도체는 철로 된 엔드링을 통해 서로 연결된다. 코깅을 줄이기 위해 도체를 일정한 각도로 비스듬히 틀어둔다. 3장, 'DC 모터'에서 설명한 바와 같이, 회전자가 돌다가 일시적으로 한 곳에 잠길 때 코깅이 발생한다. 그러면 모터는 불규칙적으로 삐걱거리면서 회전한다.

농형 회전자의 가장 큰 장점은 간결함과 안정성이다. 회전자에 정류자나 전자석을 비롯한 움직이는 부분이 달려 있지 않기 때문에 고정하거나 교체하기 쉽다. 영구 자석은 꽤 비싸기 때문에 영구 자석이 달린 회전자를 사용하는 모터보다 농형 회전자를 사용하는 모터가 훨씬 싸다.

농형 회전자를 사용하는 AC 모터는 간결하고 안정적이고 저렴하기 때문에 크게 만들 수 있다. DC 모터가 손바닥 안에 쏙 들어오는 데 반해, 농형 회전자를 사용하는 모터는 방 전체를 채울 만큼 큰 것도 있다. 펌프나 선풍기, 히터, 에어컨에서 사용하는 AC 모터는 대부분 농형 회전자 방식이다.

6.3.4 권선형 회전자

농형 회전자를 사용하는 모터의 가장 큰 단점은 속도-토크 속성을 바꿀 수 없다는 것이다. 모터 밖에서 회전자의 도체에 접근할 수 없으므로 모터의 속도를 높이거나 낮추기 위해서는 입력 전력의 주파수를 변경할 수밖에 없다.

이러한 단점을 개선하기 위해 공학자들은 회전자에 막대 형태의 도체 대신 코일 형태의 도체선이 장착된 모터를 고안했다. 이러한 형태의 모터를 권선형 회전자 모터wound-rotor motor 또는 슬립링 모터slip-ring motor라 부른다. 간결한 표현을 위해 이러한 모터를 WRIMwound-rotor induction motor이라 부를 것이다.

WRIM의 회전자에 권선이 달려 있다는 점에서 브러시 DC 모터와 비슷한데, 다음과 같은 두 가지 차이점이 있다.

- WRIM에는 브러시 대신 회전자의 한쪽 끝에 달린 슬립링을 통해 코일과 외부 회로를 연결한다. 각 위상마다 슬립링이 하나씩 달려 있다.
- 브러시 DC 모터의 코일과 달리, WRIM에 있는 코일은 모터의 외부에서 전력을 받지 않는다.

두 번째 차이점을 이해하는 것이 중요하다. 다른 유도 모터와 마찬가지로 WRIM의 회전자는 외부 전원이 아닌 전자기 유도를 통해 전류를 받는다. 회전자에 있는 코일은 외부 전력에 연결되지 않고 샤프트에 달린 슬립링을 통해 가변 저항에 연결된다. 그림 6.10은 WRIM의 등가 회로 예를 보여준다.

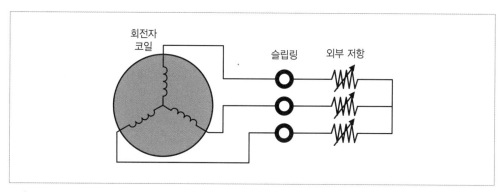

그림 6.10 WRIM의 회전자 회로

WRIM 코일의 저항을 높이면 고정자의 자기장 세기가 줄어든다. 이를 통해 모터에 필요한 기동 전류starting current의 양을 크게 줄일 수 있다.

대형 머신은 이러한 특성을 이용해 엄청난 양의 전력을 절약할 수 있을 뿐만 아니라 기동 실패율을 낮출 수 있다. 그림 6.11에 나온 그래프는 다양한 수준의 저항에 대해 유도 모터의 전류와 속도의 관계를 보여준다.

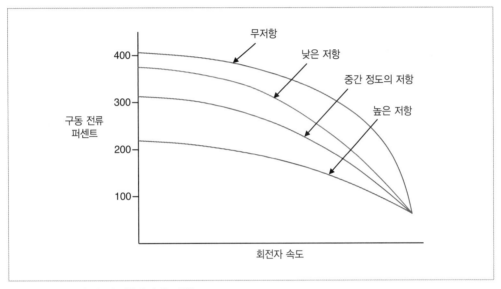

그림 6.11 WRIM의 전류에 저항이 미치는 영향

WRIM은 기동 전류가 낮기 때문에 농형 회전자를 사용하는 비슷한 급의 모터에 비해 초기 속도가 낮다. 속도가 낮다는 것은 도체가 고정자의 자기장과 교차하는 빈도가 높다는 것을 의미한다. 이로 인해 회전자의 토크가 증가해서 기동 토크는 농형 모터에 비해 높은 편이다. 그림 6.12는 전형적인 WRIM의 저항에 따른 토크 변화 곡선을 보여준다.

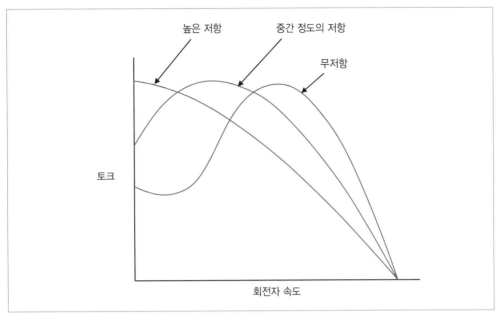

그림 6.12 WRIM의 토크에 저항이 미치는 영향

그림에서 보는 바와 같이 회전자의 저항이 증가할수록 모터의 브레이크다운 토크가 왼쪽으로 이동한다. 브레이크다운 토크가 왼쪽 끝에 다다르면, 모터의 기동 토크는 저항이 없을 때에 비해 엄청나게 커진다.

WRIM의 저항의 단점은 부하가 증가할수록 토크가 감소한다는 것이다. 그래서 부하가 증가하면 WRIM의 저항을 줄이거나 아예 제거하도록 모터 회로를 구성하는 것이 일반적이다.

6.4 동기 다상 모터

동기 모터의 회전 속도는 동기 속도와 같다. 고정자의 구조는 비동기 모터와 동일하지만 회전자의 구조는 상당히 다르다. 동기 모터는 회전자의 구조에 따라 다음과 같이 세 가지로 구분한다.

- **이중 여자 동기 모터**: 전력을 받는 권선이 회전자에 달려 있다.
- **영구 자석 동기 모터**: 회전자의 가장자리에 영구 자석이 달려 있다.
- **동기 릴럭턴스 모터**: 회전자에 달린 이가 고정자의 자기장에 따라 반응해 회전한다.

이 절에서는 이러한 모터마다 회전자가 동기식으로 작동하는 방식에 대해 소개한다.

6.4.1 이중 여자 동기 모터

이중 여자 동기 모터^{doubly excited synchronous motor}는 회전자에 권선(전자석)이 달려 있는데, 이러한 권선은 모터의 외부로부터 전류를 받는다. 이때 회전자와 고정자가 모두 전력을 받기 때문에 이중 여자^{doubly excited}라고 부른다. 회전자는 AC가 아닌 DC 전류를 받으며, 회전자의 샤프트에 달린 슬립링을 통해 전달된다.

이중 여자 모터에서 권선과 도체는 회전자의 가장자리에 달려 있다. 이렇게 함으로써 농형 회전자와 권선형 회전자의 속성을 모두 가진다. 그림 6.13은 이중 여자 모터의 구조를 보여준다.

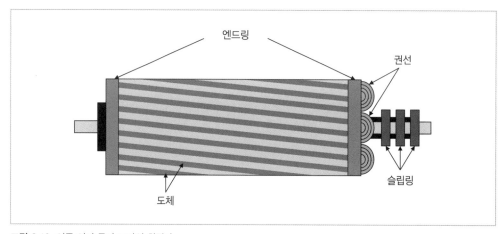

그림 6.13 이중 여자 동기 모터의 회전자

그림에서 보는 바와 같이 이 회전자의 도체는 농형 회전자처럼 바깥 셸에 달려 있다. 이는 중요한 역할을 한다. 다른 동기식 모터와 마찬가지로 이중 여자 모터도 스스로 구동할 수 없다. 다시 말해 회전자의 권선에 전달되는 DC 전력은 회전자를 회전시키기에는 부족하고, 회전자의 도체에 전압이 유도될 때 발생하는 힘을 통해 모터를 구동한다.

모터를 구동한 후 슬립링을 통해 전류가 전달되면 회전자의 권선은 전자석처럼 작동한다. 전자석의 N극과 S극은 고정자의 회전 자기장의 반대극에 끌린다. 이렇게 끄는 힘으로 회전자가 회전하는데 이때 속도는 고정자의 자기장 속도와 같다.

6.4.2 영구 자석 동기 모터

영구 자석 동기 모터permanent magnet synchronous motor(PMSM)는 회전자에 영구 자석이 달려 있다. 이로 인해 2장, '기초 이론'에서 설명한 브러시리스 DC 모터(BLDC)와 개념상 구조가 같다. 그림 6.14는 간단한 PMSM의 회전자와 고정자의 구조를 보여준다.

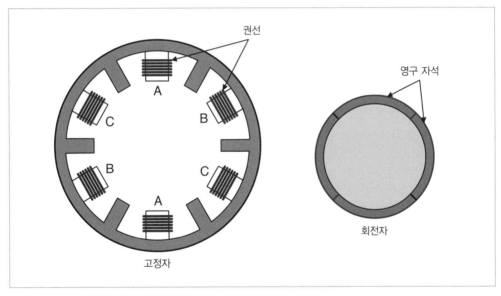

그림 6.14 PMSM의 회전자와 고정자의 단면도

PMSM과 BLDC의 근본적인 차이점은 고정자의 권선에 전류를 공급하는 방식에 있다. BLDC에서 고정자의 권선은 DC 전류를 받는다. PMSM에서 고정자의 권선은 AC 전력을 받으며, 방식은 그림 6.2에 나온 것과 비슷하다.

이처럼 전력 공급 방식이 다르기 때문에 PMSM과 BLDC에서 역기전력이 발생하는 형태가 다르다. BLDC의 역기전력은 사다리꼴인 데 반해, PMSM의 역기전력은 사인파 형태를 띤다. 그래서 BLDC를 구형파 모터trapezoidal motor라 부르고 PMSM을 정현파 모터sinusoidal motor라 부르기도 한다.

6.4.3 동기 릴럭턴스 모터

동기 릴럭턴스 모터synchronous reluctance motor는 동기식 모터 중에서도 가장 간단하다. 이 모터의 회전자는 전력을 공급받지도 않고 영구 자석이 달려 있지도 않다. 대신 회전자를 자기장에 반응하는 강자성ferro-magnetic 물질(주로 철iron)로 만든다.

회전자의 가장자리에서 일정한 영역을 제거해 나머지 부분에 고정자의 자기장을 집중시킨다. 이렇게 남아있는 영역을 돌극salient pole이라 부른다. 그림 6.15는 이러한 돌극의 형태를 보여준다.

이 모터의 작동 원리는 4장, '스테퍼 모터'에서 소개한 가변 릴럭턴스 스테퍼와 비슷하다. 회전자는 고정자의 릴럭턴스(자기 저항)를 최소화하도록 자기장을 따라간다. 가변 릴럭턴스 스테퍼와 동기 릴럭턴스 모터의 가장 큰 차이점은 고정자의 권선에 공급되는 전원에 있다. 스테퍼가 DC 펄스를 받는 데 반해, 동기 모터는 AC 전력을 받는다.

동기 릴럭턴스 모터는 저전력으로 작동하며 자석이나 코일을 사용하지 않기 때문에 가격이 저렴하다. 이 모터의 가장 큰 단점은 다른 모터에 비해 토크가 매우 낮다는 것이다. 그래서 이 모터를 구하기 힘들다. 현재 ABB와 같은 소수의 제조사만 대량으로 생산하고 있다.

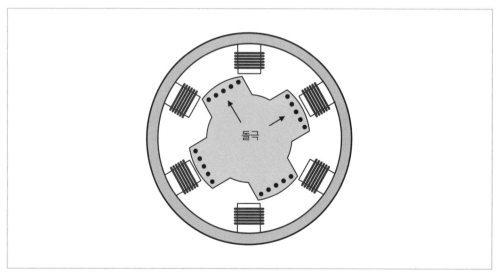

그림 6.15 동기 릴럭턴스 모터

6.5 단상 모터

가정용 전력으로 모터를 구동하는 장치를 만들 때는 주로 단상 모터single-phase motor를 사용한다. 단상 모터의 원리는 다상 모터와 동일하지만, 단상 전력으로는 3상 전력처럼 고정자에 회전 자기장을 생성할 수 없다는 한계가 있다. 회전 자기장이 없으면 스스로 구동할수 없다.

그래서 공학자들은 단상 전력으로 회전 자기장을 생성하기 위한 여러 가지 기법을 고안했다. 각 기법에 따라 모터의 형태가 달라지는데, 이 절에서는 그중 다음과 같은 세 가지 단상 모터를 소개한다.

- **분상 (기동) 모터**: 주 권선과 보조(기동) 권선을 사용한다.
- **커패시터 기동 모터**: 고정자 회로에 커패시터를 사용한다.
- **셰이디드 폴 모터**: 권선의 일부를 두 번째 극으로 사용하도록 단절한다.

이러한 세 가지 모터는 모두 농형 회전자를 사용한다. 앞에서 설명한 바와 같이 회전자는 각 도체로 유도된 전류를 통해 회전한다. 회전 속도는 동기 속도보다 약간 느린데, 이 값은 고정자의 자기장의 변화에 따라 결정된다.

나는 단상 동기 모터도 있다는 얘기를 들었지만 실제로 본 적은 없다. 내가 본 단상 모터는 모두 방금 소개한 세 가지 중 하나였다.

6.5.1 분상 모터

분상(위상 분리)phase-splitting이란 단상(하나의 위상) 신호로부터 서로 다른 위상을 가진 두 개의 신호를 뽑아낸다는 뜻이다. 분상 모터split-phase motor는 단상 입력 전력의 위상을 분리함으로써 고정자에 회전 자기장을 생성한다.

이렇게 작동하기 위해 분상 모터의 고정자에 주 권선main winding과 보조 권선auxiliary winding(또는 기동 권선)이라는 두 개의 권선이 달려 있다. 두 권선은 단상 전력과 나란히 직각으로 연결돼 있다. 이를 그림으로 표현하면 그림 6.16과 같다.

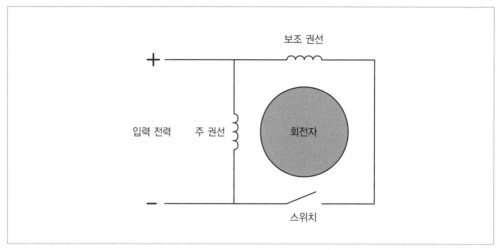

그림 6.16 분상 모터의 고정자 회로

보조 권선은 주 권선에 비해 저항이 높고 인덕턴스가 낮다. 그래서 두 권선에 흐르는 전류의 위상이 다르다. 이상적인 위상차는 90°인데, 현실적으로 나타나는 위상차는 30°에서 40° 사이다. 다행히 이 정도만으로도 회전 자기장을 충분히 생성할 수 있다.

위상차가 작으면 자기장도 약해서 토크도 낮아진다. 하지만 분상 모터는 분상을 통해 스스로 구동할 수 있다. 모터를 구동한 후 회전자의 속도가 정격 속도에 다다르면, 스위치가 열리면서 보조 권선으로 들어가는 전력을 차단한다.

6.5.2 커패시터 기동 모터

커패시터 기동capacitor-start(콘덴서 기동형) 모터는 핵심 구조가 분상 모터와 같지만, 보조 권선에 커패시터를 직렬로 추가해 분상 모터를 좀 더 개선한 것이다. 그림 6.17은 커패시터 기동 모터의 고정자 회로를 보여준다.

커패시터를 통해 주 권선 전류와 보조 권선 전류 사이의 위상차가 커진다. 이렇게 늘어난 위상차로 인해 기동 토크도 높아진다는 점은 커패시터 기동 모터가 분상 모터에 비해 뛰어난 대표적인 장점이다. 또한 커패시터를 통해 모터를 구동하는 데 필요한 전류도 줄어든다.

커패시터 기동 모터의 회로는 모터의 속도가 정격 속도에 다다르면 스위치를 열어 커패시터와 보조 권선으로 들어가는 전력을 차단한다.

커패시터 기동 모터를 변형한 것으로 영구 분리 커패시터permanent split capacitor(PSC, 영구 콘덴서형) 모터가 있다. 이 모터는 회로에 스위치가 없기 때문에 보조 권선과 커패시터가 항상 주 권선에 연결된다. 스위치를 제거했기 때문에 모터의 안정성이 높아지고 커패시터를 통해 모터의 역률이 높아지지만, 기동 토크는 커패시터 기동 모터만큼 크지 않다.

커패시터 기동 모터를 변형한 또 다른 모터로 커패시터 운전 모터capacitor-run motor가 있다. 이 모터는 기존 커패시터와 병렬로 커다란 커패시터를 하나 더 연결했다. 그림 6.18은 이 모터의 고정자 회로를 보여준다.

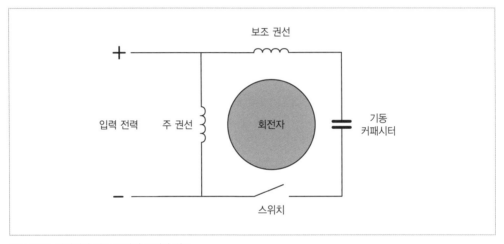

그림 6.17 커패시터 기동 모터의 고정자 회로

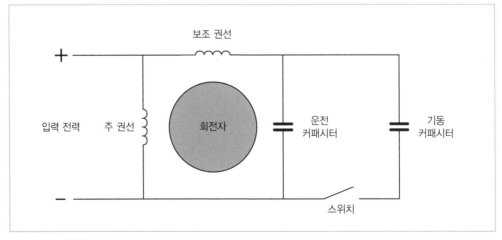

그림 6.18 커패시터 운전 모터의 고정자 회로

커패시터 운전 모터는 커패시터 기동 모터처럼 기동 토크가 높고, 영구 분리 커패시터 모터처럼 역률이 높다. 하지만 회로의 복잡도가 증가할수록 비용도 커지고 전기적 및 기계적 문제가 발생할 가능성도 높아진다.

6.5.3 셰이디드 폴 모터

셰이디드 폴 모터shaded pole motor는 이 장에서 소개하는 단상 모터 중에서도 가장 오래됐으며 가장 저렴한 모터 중 하나다. 이 모터에는 보조 권선뿐만 아니라 다른 부품을 새로 달지 않고, 고정자의 주 권선 모양만 바꿨다.

좀 더 구체적으로 설명하면, 그림 6.19에서 보는 바와 같이 철심의 일부분을 잘라내서 도체 링으로 둘러싸게 만든 것이다.

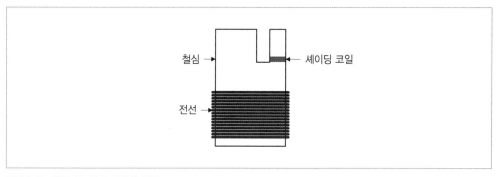

그림 6.19 셰이디드 폴 모터의 주 권선

이러한 도체 링을 셰이딩 코일shading coil이라 부르며, 모터에서 중요한 역할을 한다. 회전자의 도체와 마찬가지로 이 링도 유도 전류를 생성하는 유도 전압을 받는다. 이렇게 생성된 전류는 권선의 다른 전류와 위상이 다르다. 따라서 두 개의 위상이 다른 전류로 인해 회전 자기장이 생성된다.

생성된 자기장은 매우 약하기 때문에 셰이디드 폴 모터는 낮은 토크를 사용하는 분야에만 적용할 수 있다. 이 모터의 주된 장점은 간단하고 저렴하다는 것이다.

6.6 AC 모터 제어

대다수의 AC 모터에는 제어 회로가 장착돼 있지 않다. 그래서 대부분 온오프 스위치가 달린 전원 콘센트를 모터에 연결하는 방식으로 제어한다. AC 모터의 입력 전력은 나라마다 다른데(예: 한국은 220V/60Hz, 미국 및 캐나다는 120V/60Hz), 이로 인해 대부분 고정된 토크와 속도로 구동한다.

AC 모터 중에서 다중 속도 모터$^{multispeed\ motor}$는 고정자의 극을 연결하거나 끊는 방식으로 속도와 토크를 제어한다. 이 모터는 실링 팬(천장 선풍기)과 같이 속도를 조절할 수 있는 장치에서 주로 사용한다.

공학자들은 AC 모터를 좀 더 제어할 수 있도록 와전류$^{eddy-current}$ 드라이브와 가변 주파수 드라이브(VFD$^{variable-frequency\ drive}$)라는 두 가지 장치를 고안했다. 이 절에서는 먼저 와전류 드라이브에 대해 간략히 소개한 후, VFD의 원리와 작동 방식을 살펴본다.

6.6.1 와전류 드라이브

와전류 드라이브$^{eddy-current\ drive}$는 전통적인 모터 제어 방식이 아니다. 다시 말해 모터의 작동 방식을 변경하지 않고, 모터의 샤프트 회전을 두 번째 샤프트의 회전으로 변환한다. 두 번째 샤프트는 원하는 토크와 속도로 회전한다.

와전류 드라이브는 다음과 같이 네 가지 부분으로 구성된다.

- 고정 속도 유도 모터
- 클러치^{clutch}: 모터의 샤프트와 출력 샤프트를 연결하는 장치
- 타코미터^{tachometer}: 출력 샤프트의 위치를 측정하는 장치
- 컨트롤러: 타코미터에서 데이터를 읽어서 클러치로 전류를 전달하는 장치

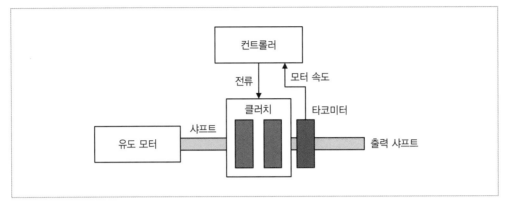

그림 6.20 와전류 드라이브의 구성 요소

모터가 작동하면 클러치는 샤프트의 회전을 출력 샤프트의 회전으로 전환한다. 입력 토크와 출력 토크의 관계는 클러치 안에 있는 조절 가능한 자기장을 통해 결정된다. 출력 샤프트의 속도는 컨트롤러가 제어한다. 컨트롤러는 타코미터를 통해 출력 샤프트의 위치를 알아내서 클러치로 전류를 전달한다.

6.6.2 가변 주파수 드라이브

가변 주파수 드라이브(VFD$^{variable\text{-}frequency\ drive}$)는 모터와 전력선 사이에 연결한다. 주된 기능은 모터에 원하는 전압과 주파수의 전력을 생성하는 것이다. VFD를 이용하면 입력 전력을 모터에 맞게 조절할 수 있다. 이를 통해 비용을 크게 줄일 뿐만 아니라 모터의 수명도 연장할 수 있다.

VFD의 작동 과정은 다음과 같이 두 단계로 구분할 수 있다.

- 입력 AC 전력을 DC 전력으로 변환한다. 이 과정에서 정류^{rectification}와 평활화^{smoothing}를 거친다.
- 인버터는 원하는 전압과 주파수에 맞는 펄스 폭 변조(PWM) 신호를 생성한다.

여기서 VFD는 사인파형이 아닌 펄스열로 전력을 전달한다는 점이 중요하다. 그림 6.21은 간단한 VFD의 작동 과정을 보여준다.

왼쪽 편을 보면 선전류^{line current}가 여러 개의 다이오드와 직접 연결돼 있다. 이러한 다이오드는 입력 전력에 대해 전파 정류^{full-wave rectification}를 수행한다. 다시 말해 양과 음을 오가는 입력 사인파를 항상 양의 값을 갖는 반사인파^{half-sinusoid}로 변환한다. 이렇게 정류된 전력은 커패시터에 연결돼 리플^{ripple}(맥동)을 줄여 거의 DC 전력에 가깝게 만든다.

오른쪽 편에서는 정류된 DC 전력이 일련의 모스펫으로 전달되는데, 이 모스펫들은 전기 스위치 역할을 한다. 2장에서 설명한 바와 같이, 모스펫의 게이트에 전압을 가하면 소스와 드레인 사이의 저항이 무시할 수 있을 만큼 작아진다. 이 회로를 인버터^{inverter}라 부르며, 위쪽에 있는 모스펫은 모터의 출력에 높은 전압을 연결하고 아래쪽에 있는 모스펫은 낮은 전압을 연결한다.

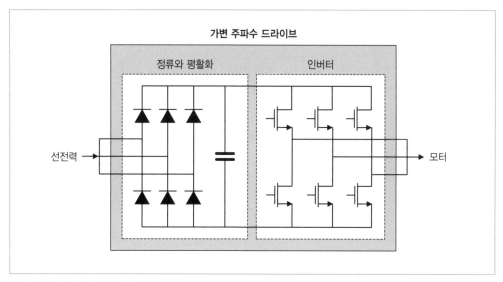

그림 6.21 가변 주파수 드라이브

모스펫의 게이트마다 마이크로프로세서를 연결한다. 게이트마다 다른 전압을 가하면 모터에 전달할 펄스가 생성된다. 이 펄스는 펄스 폭 변조(PWM)에 맞게 포맷을 맞춰서 전달되는데, 펄스의 폭이 늘어날수록 모터에 전달되는 전력이 커진다.

VFD는 주로 사인파 PWM(SPWM^{sinusoidal PWM})으로 전력을 전달한다. 이 방식에서는 펄스의 폭을 사인파 형태로 늘이거나 줄인다. 작동 과정은 그림 6.22와 같다.

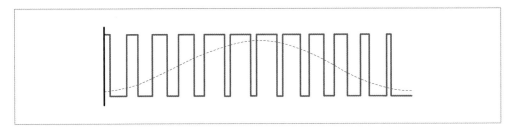

그림 6.22 사인파 펄스 폭 변조(SPWM)

사인파의 주파수는 VFD의 설정에 따라 정해진다. 대부분의 경우 모터는 주파수에 관계 없이 최대 토크를 내야 한다. 그래서 대다수의 VFD는 전압/주파수 비율을 일정하게 유지 한다.

6.6.3 VFD 고조파 왜곡

VFD는 장점이 많지만 출력 전력의 파형에 관련된 단점이 하나 있다. VFD의 정류기가 아 무리 뛰어나더라도 출력 전력은 여전히 원래 입력된 AC 전력의 흔적이 남아있다. 좀 더 구체적으로 표현하면, 원래 입력된 주파수의 배수만큼의 주파수가 출력에 담겨 있다. 이러 한 주파수를 고조파harmonics, harmonic wave라 부르며, VFD의 출력에 고조파가 남아있으면 모 터를 정밀하게 제어하기 어렵다. 예를 들어 원래 입력된 AC 주파수가 60Hz라면 고조파는 120Hz, 180Hz, 240Hz 등이 된다.

고조파로 인해 발생할 수 있는 가장 큰 문제는 노이즈다. 고조파 왜곡으로 인해 모터의 동 작이 약간 달라져서 소음이 발생할 수 있다. 또한 전력의 고주파 성분이 전기 회로나 RF 통신에 간섭을 일으킬 수 있다. 이러한 이유로 VFD와 고속 모터는 중요한 회로로부터 멀 리 떨어뜨려 놓아야 한다.

최신 VFD에서는 고조파 왜곡이 크게 문제 되지 않지만, 일반 VFD에서 들어오는 전력만 으로 충분하지 않을 때는 멀티펄스multipulse VFD를 사용하면 더 좋은 결과를 얻을 수 있다. 이러한 VFD는 정류를 여러 단계로 처리한다.

그림 6.21에 나온 6-펄스 VFD는 AC 전력을 여섯 개의 다이오드 정류기로 정류한다. 12-펄스 VFD는 정류를 두 단계로 수행하고, 18-펄스 VFD는 세 단계를 거친다. 이렇게 단계 가 많을수록 VFD 출력에 담기는 고조파가 크게 줄어든다. 멀티펄스 VFD의 단점은 일반 VFD보다 비싸고 크다는 점이다.

고조파를 줄이기 위한 다른 방법으로는 로우-패스 브로드밴드 필터링^{low-pass broadband} 하지만, 고주파를 줄이기 위한 다른 방법으로는 로우-패스 브로드밴드 필터링^{low-pass broadband}

고조파를 줄이기 위한 다른 방법으로는 로우-패스 브로드밴드 필터링$^{low-pass\ broadband}$ ^{filtering} 기법과 인덕터를 VFD의 전력과 직렬로 연결하는 방법이 있다. 인덕터의 임피던스는 주파수에 따라 증가하는데, 신호에서 고주파 성분을 줄이는 데 사용하는 인덕터를 DC 초크^{choke}라 부른다.

6.7 유니버설 모터

AC 모터와 관련해 유니버설 모터$^{universal\ motor}$(만능 모터)에 대한 설명을 빼놓을 수 없다. 유니버설 모터는 DC 전력과 단상 AC 전력으로 작동할 수 있다. 이 모터는 믹서(블렌더)나 진공 청소기에서 주로 활용한다.

유니버설 모터는 일종의 직권 브러시 DC 모터로서 AC 전력을 받을 수 있도록 구조를 살짝 변형한 것이다. 3장에서 설명한 바와 같이, 직권 브러시 DC 모터는 다음과 같은 속성을 가진다.

- 회전자의 권선이 자기장을 생성하는 고정자의 권선에 직렬로 연결된다.
- 회전자의 권선은 브러시라 부르는 기계적 정류자를 통해 전력을 받는다.

DC 모터를 AC 전력으로 구동하면 회전자와 고정자의 권선으로 인해 회로에 엄청난 양의 인덕턴스가 발생하는 문제가 생겨난다. 이로 인해 전압과 전류 사이의 위상차가 거의 $90°$에 가깝게 증가하는데, 이렇게 되면 역률이 $\cos(90°)=0$에 가깝게 줄어든다. 다르게 표현하면, 모터가 제대로 작동하기 힘들 정도로 전압과 전류의 위상차가 커진다.

이러한 문제를 해결하기 위해 유니버설 모터에 보상 권선$^{compensating\ winding}$을 직렬로 장착한다. 그러면 전기자의 인덕턴스가 줄어들면서 전류와 전압의 위상차도 감소한다. 그림 6.23은 유니버설 모터의 회로를 간략하게 표현한 것이다.

또한 유니버설 모터는 고정자의 인덕턴스를 줄이기 위해 고정자의 권선에 감긴 전선의 수도 최소로 유지한다.

유니버설 모터의 가장 큰 장점은 기동 토크가 높다는 것이다. 회전자와 고정자의 권선이 직렬로 연결돼 있기 때문에 전류가 증가하면 양쪽 자기장이 모두 증가한다. 이렇게 모터의 기동 전류가 높아지기 때문에 기동 토크도 커진다.

유니버설 모터의 가장 큰 단점은 브러시 DC 모터와 마찬가지로 브러시를 사용한다는 것이다. 브러시로 인해 모터의 효율성이 떨어지며 작동 과정에서 발생하는 마찰과 열로 인해 모터의 수명이 단축된다.

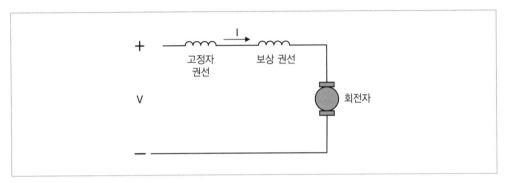

그림 6.23 유니버설 모터 회로

6.8 요약

DC 모터는 메이커 프로젝트용으로 주로 사용되는 반면, AC 모터는 그보다 널리 사용되고 있다. 가정용 및 산업용으로 사용하는 전기 모터는 거의 대부분 AC 전류로 작동하기 때문에 AC 모터의 작동 원리를 알아두면 도움이 된다. 이 장에서는 프로젝트에 가장 적합한 모터를 고를 수 있도록 다양한 AC 모터에 대해 소개했다.

AC 모터는 매우 다양하게 나와 있어서 작동 방식에 따라 분류한다. 다상 모터는 여러 개(주로 세 개)의 위상으로 구성된 AC 전력으로 작동하는 반면, 단상 모터는 하나의 위상으로 구성된 전력으로 작동한다. 둘 다 입력 전력이 고정자의 권선을 통해 전달되고 이를 통해 회전 자기장이 발생한다.

모터의 회전 자기장의 속도는 동기 속도라 부른다. 동기 모터는 동기 속도와 동일한 속도로 회전한다. 비동기 모터는 동기 속도보다 약간 느리게 회전한다.

비동기 모터의 회전자에는 도체가 달려 있는데 이를 통해 회전 자기장으로부터 유도 전압을 받아서 회전자가 회전한다. 이때 회전 속도는 회전 자기장보다 약간 느린데, 이러한 모터의 속도와 동기 속도의 차이를 슬립이라 부른다. 농형 유도 모터의 토크-속도 속성은 변하지 않는데 회전자의 도체에 접근할 수 없기 때문이다. 반면 권선형 회전자 모터의 도체에는 가변 저항이 달려 있다. 저항이 커지면 기동 전류가 줄어서 기동 토크가 커진다.

이 장에서는 세 가지 동기 모터인 이중 여자 동기 모터, 영구 자석 동기 모터, 동기 릴럭턴스 모터를 소개했다. 세 모터의 차이점은 회전자에 있다. 이중 여자 동기 모터의 회전자는 DC 전류를 받으며, 영구 자석 동기 모터의 회전자는 경계선에 자석이 달려 있다. 동기 릴럭턴스 모터의 회전자는 회전 자기장을 따라갈 수 있도록 강자성 물질로 만든다.

단상 모터는 고정자에서 회전 자기장을 발생시킬 수 있도록 특별한 회로가 필요하다. 분상 모터는 고정자에 주 권선과 보조 권선이라는 두 개의 권선이 달려 있는데, 위상차가 아주 작아서 큰 자기장을 생성할 수 없다. 그래서 커패시터 기동 모터와 커패시터 운전 모터는 보조 권선과 직렬로 커패시터를 연결한다. 셰이디드 폴 모터에서는 고정자의 권선에 도체성 쉐이딩 코일로 감싼 단절 요소가 달려 있다. 이렇게 하는 것만으로도 회전 자기장을 생성할 수 있지만, 이 모터는 낮은 토크를 사용하는 곳에만 적합하다.

AC 모터는 주로 주택 및 건물의 벽면 콘센트로부터 전력을 직접 공급받는다. 따라서 모터를 제어하는 것이 크게 중요하지 않다. 그렇지만 이 장에서는 AC 모터를 제어하는 방법으로 와전류 드라이브와 가변 주파수 드라이브라는 두 가지 기법을 소개했다. 와전류 드라이브는 모터의 한쪽 샤프트의 출력을 다른 쪽 샤프트의 출력으로 변환한다. 가변 주파수 드라이브는 특정한 전압과 주파수로 들어온 전력을 다른 전압과 주파수의 전력으로 전달한다.

유니버설 모터는 DC 전력과 단상 AC 전력 중 하나로 구동한다. 본질적으로는 직권 브러시 DC 모터와 유사하지만 AC 성능을 높이기 위해 인덕턴스를 낮췄다. 가격이 저렴하고 기동 토크가 높지만, 브러시를 사용하기 때문에 효율이 떨어지고 기계적 결함이 발생하기 쉽다.

기어와 기어모터

매장에서 흔히 볼 수 있는 DC 모터를 하나 사서 단자에 전원을 연결하면 샤프트가 분당 수백에서 수천 번의 속도로 빠르게 회전한다. 이때 부하가 너무 크면 회전하지 못할 수도 있다. 이런 문제는 모터를 사용하는 시스템을 제작할 때 흔히 발생한다. 모터의 속도는 빠르지만 토크를 충분히 내지 못하기 때문이다.

이런 문제를 해결하기 위한 가장 흔한 방법은 기어모터gearmotor라 부르는 특수 모터를 이용하는 것이다. 기어모터는 전기 모터에 기어를 장착한 것이다. 기어를 사용하면 부하에 전달되는 토크는 높이고 속도는 줄일 수 있다. 이때 적절한 모터를 선택하는 것이 중요하다. 6:1 스퍼 기어모터와 26:1 유성 기어모터 중 적절한 것을 선택해야 할 수도 있다. 또한 웜 기어와 유성 기어를 조합해 소음을 줄여야 할 수도 있다.

이 장에서는 기어모터에 대한 기본 개념을 설명하고 프로젝트에 가장 적합한 기어를 선택하는 요령을 소개한다. 먼저 기어의 기계적 장점을 살펴보고 여러 가지 기어의 종류에 대해 소개한다. 각 기어마다 작동 원리와 장단점을 설명할 것이다. 여러 가지 기어에 대해 잘 알아두면 기어모터에 대한 내용을 쉽게 이해할 수 있다.

7.1 기어

기어^{gear}란 모터의 샤프트에 연결할 수 있는 톱니(이^{tooth})가 달린 부품이다. 기어에 달린 톱니는 다른 부품의 톱니와 서로 맞물려서 모터의 토크와 속도와 방향을 부하로 전달한다. 이 장의 전반부에서는 이러한 동작에 관련된 원리를 소개한 후, 장치를 설계할 때 흔히 사용하는 피치^{pitch}와 백래시^{backlash}라는 기어의 두 가지 특성을 살펴본다.

7.1.1 전력 전송

2장, '기초 이론'에서 설명한 바와 같이, 모터의 파워는 토크에 각속도를 곱한 것과 같다($P = \tau\omega$). 모터의 샤프트에 기어(입력 기어^{input gear})를 장착하고, 여기에 두 번째 기어(출력 기어^{output gear})를 연결한 경우를 생각해보자. 이상적인 상태라면 입력 기어로 전달된 모든 파워가 출력 기어로 전달돼야 한다. 다시 말해 $\tau_o\omega_o = \tau_i\omega_i$다.

이 관계는 두 기어가 같은 속도로 회전하거나 같은 토크를 발휘한다는 것을 의미하지 않는다. 그림 7.1의 예를 살펴보자. 입력 기어의 가장자리에는 여섯 개의 톱니가 달려 있고, 출력 기어에는 10개의 톱니가 달려 있다.

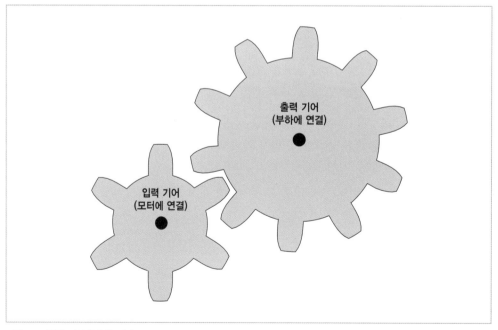

그림 7.1 입력 기어와 출력 기어

입력 기어가 완전히 한 바퀴 회전한 시점에 출력 기어는 6/10만큼만 회전한다. 따라서 입력 기어의 회전 속도는 출력 기어의 회전 속도보다 높다. 이를 수식으로 표현하면 $\omega_o = 0.6\omega_i$다. 입력 기어의 톱니 수가 N_i이고, 출력 기어의 톱니 수가 N_o일 때, 각속도와 톱니 수의 관계를 수식으로 표현하면 다음과 같다.

$$\frac{\omega_o}{\omega_i} = \frac{N_o}{N_i}$$

출력 기어가 입력 기어보다 느리게 회전하지만, 두 기어의 기계적인 에너지양($\tau\omega$)은 동일하다. 따라서 출력 기어의 토크가 입력 기어보다 훨씬 높다. 토크 비율은 속도 비율과 같기 때문에 앞에 나온 수식을 다음과 같이 확장할 수 있다.

$$\frac{\tau_o}{\tau_i} = \frac{\omega_i}{\omega_o} = \frac{N_o}{N_i}$$

실제로 모터를 사용하는 시스템에서 토크를 높이기 위해 큰 기어를 장착하는 경우가 많다. 이렇게 하면 출력 속도가 입력 속도보다 낮아지는데 이를 기어 감속$^{\text{gear reduction}}$이라 부른다. 흔히 X:1로 표기하는데, 여기서 X는 토크의 증가량에 비례한다. 이렇게 증가한 토크를 흔히 기어의 기계적 이득$^{\text{mechanical advantage}}$이라 부른다.

가령 3:1 기어는 출력 토크는 입력 토크의 세 배고 속도는 1/3배다. 4:1 기어의 출력 토크는 입력 토크의 네 배고 속도는 1/4배다. 여러 기어를 연결해 더욱 감속시킬 수 있다. 5:1 기어를 6:1 기어와 연결하면 최종 토크는 입력 토크의 6×5=30배가 된다. 이렇게 여러 기어를 연결한 것을 기어열$^{\text{gear train}}$이라 부른다.

기어가 서로 맞물려서 돌아갈 때 접촉 마찰로 인해 출력 기어로 전달되는 에너지가 감소한다. 이러한 에너지 손실은 효율에 대한 수식으로 표현할 수 있다. 기어의 효율은 다음과 같은 등식으로 정의한다.

$$\eta_{기어} = \frac{Power_{출력}}{Power_{입력}} = \frac{\tau_o\omega_o}{\tau_i\omega_i}$$

기어는 대체로 효율이 높으며 $\eta_{기어}$의 값은 90%에서 98% 사이가 많다. 뒤에서 설명하겠지만 다른 기어보다 특히 효율이 높은 기어가 있다.

2장에서 전기 모터의 효율은 기계적 에너지($\tau_i\omega_i$)를 전기적 에너지(VI)로 나눈 값과 같다고 설명한 바 있다. 시스템에 있는 전기 모터가 기어에 연결돼 있으면, 그 시스템의 효율은 다음과 같은 식으로 구할 수 있다.

$$\eta_{\text{시스템}} = \eta_{\text{모터}} \cdot \eta_{\text{기어}} = \left(\frac{\tau_i\omega_i}{VI}\right)\left(\frac{\tau_o\omega_o}{\tau_i\omega_i}\right) = \frac{\tau_o\omega_o}{VI}$$

여기서 시스템의 효율은 시스템을 구성하는 부품의 효율을 곱한 것과 같다. 기어가 여러 단계로 연결돼 있으면 기어 감속이 커질 뿐만 아니라 시스템의 효율도 크게 떨어진다.

7.1.2 피치

기어의 구조는 이해하기 쉽지만 용어가 좀 어렵다. 예를 들어 스퍼 기어의 속성을 '48P 90T'라고만 표기하는데, 여기서 'T'는 톱니의 수를 의미한다. 따라서 이 기어는 톱니가 90개다.

또한 'P'는 피치pitch를 의미하는데, 기어에는 두 가지 피치로 원주 피치circular pitch와 지름 피치diametral pitch가 있다. 그림 7.2는 두 가지 피치를 보여준다.

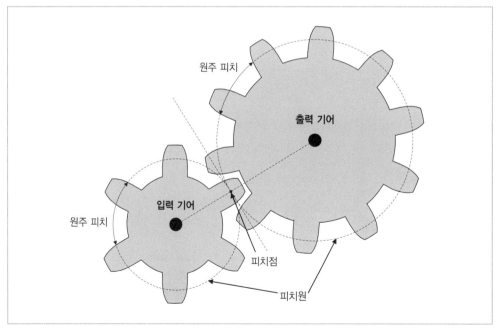

그림 7.2 기어와 피치

그림을 보면 두 개의 직선이 그려져 있다. 하나는 두 기어의 중심을 통과하고 있고, 다른 하나는 기어가 회전하는 방향을 표시한 것이다. 두 선이 교차하는 지점을 피치점$^{pitch\ point}$이라 부른다.

두 기어 주위에 피치점을 통과하는 원이 점선으로 그려져 있다. 이 원을 피치원$^{pitch\ circle}$이라 부른다. 기어에 대한 피치원의 지름이 피치 지름$^{pitch\ diameter}$이다. 피치 반지름$^{pitch\ radius}$은 피치 지름의 절반이다.

기어의 원주 피치$^{circular\ pitch}$란 두 톱니 사이의 거리다. 원주 피치는 피치원을 기준으로 측정하며 두 기어의 원주 피치가 다르면 제대로 맞물릴 수 없다.

지름 피치$^{diametral\ pitch}$는 톱니와 피치 지름의 비율이다. 구매한 기어의 규격을 보면 P가 붙은 숫자가 있다. 예를 들어 48P라고 적혀 있으면, 피치 지름의 1인치에 48개의 톱니가 달려 있다는 의미다. 24P와 32P 제품이 흔하다. 원주 피치와 마찬가지로 두 기어의 지름 피치가 다르면 제대로 맞물릴 수 없다.

7.1.3 백래시

이상적인 시스템이라면 입력 기어에서 발생하는 움직임이 모두 출력 기어로 전달될 정도로 두 기어의 톱니가 정확히 맞물려야 한다. 또한 입력 기어의 방향을 바꾸면 출력 기어의 방향도 즉시 변경돼야 한다.

실제로는 기어의 톱니 사이에 일정한 유격이 존재한다. 따라서 입력 기어가 살짝 움직여도 출력 기어의 움직임에 영향을 주지 않을 수 있다. 또한 입력 기어의 방향을 바꿀 때 출력 기어의 톱니와 맞물리기까지 시간 차가 발생한다. 이렇게 중간에서 손실된 움직임을 슬로프^{slop}와 플레이^{play} 등 여러 이름으로 부르지만, 가장 흔히 쓰는 용어는 백래시^{backlash}다.

약간의 백래시는 재밍^{jamming}의 발생 가능성을 줄이고 윤활제를 넣을 공간을 확보하고 열 팽창과 톱니마다 미세한 두께의 차이를 완충하는 역할을 한다. 기어를 설계할 때 백래시의 크기를 톱니 폭의 두 배보다 약간 크게 정한다. 다시 말해 원주 피치가 톱니의 폭의 두 배보다 크게 만든다. 또 다른 방법으로 맞물린 두 기어가 좀 더 떨어져서 움직이는 형태로 백래시를 늘리기도 한다.

백래시는 두 개의 인접한 두 톱니 사이의 간격에서 한쪽 톱니의 폭을 뺀 값과 같다. 이때 두 값은 기어의 피치원을 기준으로 측정한다.

7.2 기어의 종류

기어는 전원에서 부하로 전달되는 토크나 속도, 방향을 바꾸기 위한 용도로 사용된다. 중세 시대에 처음 기어가 등장한 이래로 현재까지 수백 종류의 기어가 나왔다. 이 절에서는 그중에서 가장 흔히 사용되는 여섯 가지 종류(스퍼 기어, 헬리컬 기어, 베벨 기어, 랙앤피니언 기어, 웜 기어, 행성 기어)에 대해 소개한다.

7.2.1 스퍼 기어

스퍼 기어$^{spur\ gear}$(톱니바퀴 기어)는 나온 지 가장 오래됐으면서 형태도 가장 간단한 기어다. 그림 7.1과 7.2에 나온 것처럼 가장자리에 톱니가 달린 원판 형태로 구성되며, 스퍼 기어에 붙은 샤프트끼리 항상 수평을 이룬다.

스퍼 기어의 핵심 특징은 피치와 톱니의 수에 있다. 이를 XP YT로 표기하는데, 여기서 X는 지름 피치(지름 1인치당 톱니의 수)를 나타내고, Y는 톱니의 수를 가리킨다. 예를 들어 그림 7.3은 트랙사스^{Traxxas}의 48P 76T 스퍼 기어를 보여준다.

스퍼 기어는 진동이 발생한다는 단점이 있다. 그림 7.2에서 보는 바와 같이 항상 하나 또는 두 쌍의 톱니가 물려 있다. 이 숫자를 기어의 물림률$^{contact\ ratio}$이라 부르며, 스퍼 기어의 물림률은 대체로 1.2에서 2 사이다. 또한 톱니가 서로 완전히 맞닿아 있거나 전혀 닿지 않은 상태에 있다.

기어의 속도가 높아지면 접촉면의 갑작스런 변화로 인해 진동이 발생한다. 이러한 진동은 기어를 닳게 하고 전체 시스템의 안정성에 영향을 준다. 기어의 진동으로 발생하는 대표적인 현상이 바로 소음(노이즈^{noise})이며 자동차에서 특히 중요하게 여기는 요소다.

접촉면의 변화로 인해 진동이 발생할 뿐만 아니라 기어의 톱니에도 엄청난 스트레스를 주게 된다. 이로 인해 기계가 망가지거나 한 샤프트에서 다른 샤프트로 전달되는 에너지의 양이 줄어든다.

그림 7.3 48P 76T 스퍼 기어

7.2.2 헬리컬 기어

헬리컬 기어^{helical gear}(나선형 기어)는 스퍼 기어로 인해 발생한 진동을 줄이기 위해 톱니가 부드럽게 맞물릴 수 있는 형태로 고안된 기어다. 이러한 기어의 톱니는 헬릭스 각^{helix angle}(나선각)만큼 틀어져 있다. 그림 7.4는 보스톤 기어^{Boston Gear}의 HL20L 헬리컬 기어를 보여준다.

그림 7.4 HL20L 헬리컬 기어

톱니가 기울어져 있기 때문에 한 번에 여러 개의 톱니가 맞물릴 수 있다. 헬리컬 기어의 물림률은 대체로 2.2와 4 사이다. 따라서 진동과 노이즈가 적기 때문에 스퍼 기어보다 에너지가 부드럽게 전달된다.

헬리컬 기어의 단점은 기어의 회전 방향에 수직으로 일정한 힘이 작용한다는 것이다. 이러한 축방향 힘axial force은 그림 7.5에서 보는 바와 같이 기어의 헬릭스 각에 따라 달라진다.

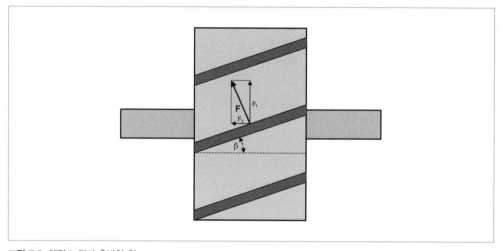

그림 7.5 헬릭스 각과 축방향 힘

그림에서 β가 헬릭스 각이다. 헬릭스 각 β에서 이에 작용하는 전체 힘이 F라면 축방향 힘은 Fsin(β)고, 탄젠트 힘은 Fcos(β)다.

헬리컬 기어를 사용하는 시스템에서는 축방향 힘을 제어하려면, 스러스트 베어링을 이용해 시스템의 손상을 줄여야 한다. 또한 헬리컬 기어의 마찰로 인해 엄청난 열이 발생한다. 이로 인해 스퍼 기어를 사용할 때보다 효율이 떨어진다.

기울어진 톱니로 인해 발생하는 축방향 힘을 제거하기 위해 양방향으로 기울어진 톱니가 달린 헬리컬 기어가 등장했다. 이를 헤링본 기어herringbone gear라 부르며, 그림 7.6처럼 생겼다.

대부분의 경우 헬리컬 기어는 샤프트와 같은 방향으로 연결되지만, 서로 평행을 이루지 않는 샤프트 사이에서도 에너지를 전달하게 만들 수 있다. 이러한 형태로 구성된 헬리컬 기어를 크로스 기어crossed gear라 부른다. 그중에서 샤프트가 서로 수직을 이루는 헬리컬 기어를 스큐 기어skew gear라 부른다.

7.2.3 베벨 기어

헬리컬 기어가 원통 표면에 톱니가 달린 것처럼, 베벨 기어^{bevel gear}도 잘린 원뿔의 표면에 톱니가 달린 형태로 구성된다. 그림 7.7은 베벨 기어의 기본 구조를 보여준다.

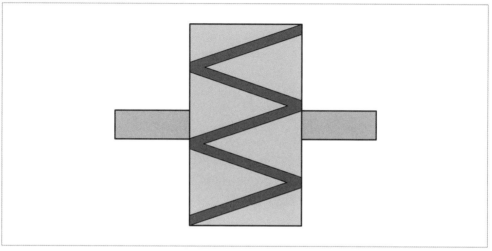

그림 7.6 양방향으로 톱니가 달린 헤링본 기어

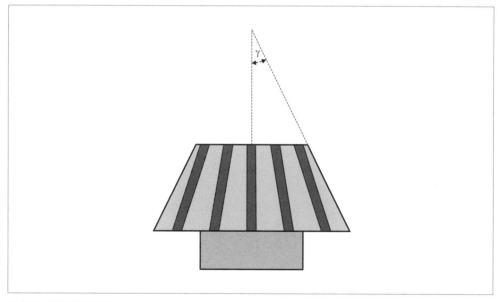

그림 7.7 베벨 기어의 구조

그림에서 γ(감마)에 해당하는 각을 기어의 피치각$^{\text{pitch angle}}$이라 부른다. 두 개의 베벨 기어가 서로 맞물릴 때 두 샤프트 사이의 각도는 각 기어의 피치각의 합과 같다. 베벨 기어의 피치각은 대부분 45°며 맞물린 베벨 기어의 샤프트는 서로 수직을 이룬다. 그림 7.8은 실제 사용되는 베벨 기어가 맞물린 모습을 보여준다.

그림 7.8 직각으로 맞물린 베벨 기어

톱니가 스퍼 기어처럼 직선인 베벨 기어를 직선(스트레이트) 베벨 기어$^{\text{straight bevel gear}}$라 부르고, 톱니가 곡선인 것을 곡선(나선, 스파이럴) 베벨 기어$^{\text{spiral bevel gear}}$라 부른다. 헬리컬 기어의 톱니와 마찬가지로 베벨 기어의 톱니가 곡선이면 서로 맞물린 기어 사이의 물림률이 높아지면서 진동이 줄어 부드럽게 회전한다. 그림 7.8에 나온 두 기어는 모두 곡선 베벨 기어다.

곡선 베벨 기어 중에서도 전반적인 형태가 원뿔이 아니라 쌍곡선처럼 부드러운 곡선형으로 생긴 것이 있는데, 이를 하이포이드(쌍곡선) 기어$^{\text{hypoid gear}}$라 부른다.

7.2.4 랙앤피니언 기어

베벨 기어가 회전하는 방향을 바꾸는 것처럼, 랙앤피니언$^{\text{rack and pinion}}$ 기어도 회전 운동을 직선 운동으로 변환한다. 여기서 피니언 기어는 일종의 스퍼 기어 또는 헬리컬 기어며, 랙 기어는 톱니가 달린 직선 막대로서 피니언 기어와 맞물린다. 랙 기어는 반지름이 무한대인 스퍼/헬리컬 기어라고 볼 수 있다.

대다수의 시스템에서 피니언 기어를 입력 기어로, 랙 기어를 출력 기어로 사용한다. 그림 7.9는 랙앤피니언 기어의 형태를 보여준다.

랙앤피니언 기어의 주요 응용 분야 중 하나는 자동차 스티어링 시스템이다. 스티어링 휠을 돌리면 휠의 샤프트는 랙 기어와 맞물린 피니언 기어를 회전시킨다. 피니언 기어를 통해 랙 기어가 좌우로 움직이면, 랙 기어와 바퀴를 연결하는 타이로드tie rod를 통해 자동차 바퀴도 좌우로 움직인다.

스티어링 시스템에서 랙앤피니언 기어는 회전 운동을 직선 운동으로 변환할 뿐만 아니라 기어 감속 기능도 수행한다. 그래서 파워 스티어링이 등장하기 전에 바퀴를 왼쪽 끝에서 오른쪽 끝으로 돌리기 위해 스티어링 휠을 여러 번 돌려야 했다.

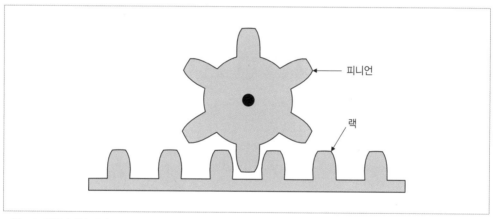

그림 7.9 랙앤피니언 기어

7.2.5 웜 기어

웜 기어worm gear는 한 번에 이해하기 어렵기 때문에 나사screw와 비교하는 방식으로 소개한다. 웜 기어는 나사처럼 좁고 기다란 막대의 표면에 가느다란 나사산이 달려 있다. 나사와 달리 끝이 뾰족하게 좁아지지 않고, 전반적으로 일정한 반지름을 가진 원통처럼 생겼다.

목수가 나사를 돌리면 나사산이 물체에 깊숙이 파고든다. 웜 기어도 이와 비슷하다. 웜 기어가 회전하면 나사산과 맞물린 기어의 이를 회전시킨다. 웜 기어는 주로 스퍼 기어나 헬리컬 기어와 맞물린다.

베벨 기어와 마찬가지로 웜 기어도 입력 회전의 방향을 90° 만큼 바꾼다. 그림 7.10은 스퍼 기어와 맞물린 웜 기어를 보여준다.

웜 기어가 한 바퀴 돌 때마다 이와 맞물린 기어는 이 하나만큼 이동한다. 따라서 기어 감속비는 연결된 기어의 이의 수에 따라 결정된다. 웜 기어에서 흔히 사용하는 기어 감속비는 20:1에서 100:1, 300:1 사이다. 웜 기어의 가장 큰 장점은 좁고 막힌 공간에서 기어 감속을 크게 할 수 있다는 것이다.

웜 기어는 한 방향으로만 에너지를 전달할 수 있다. 다시 말해 그림 7.10에서 보는 바와 같이 웜 기어로 스퍼 기어를 돌릴 수 있지만, 반대로 스퍼 기어가 웜 기어를 회전시킬 수는 없다. 따라서 웜 기어에 연결된 입력 샤프트는 출력 샤프트의 움직임에 영향을 받지 않는다.

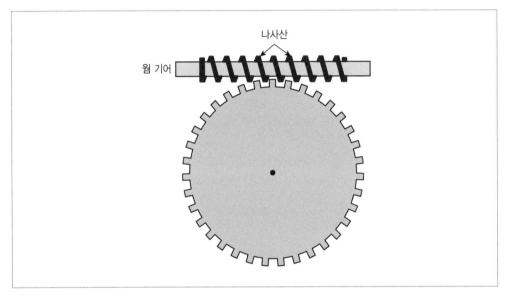

그림 7.10 웜 기어

웜 기어는 상대편 기어와 항상 일정한 영역이 맞물린 상태로 제자리에서 회전한다. 따라서 적은 진동으로 조용하게 회전할 수 있는 반면, 마찰로 인해 열이 발생한다. 이때 발생하는 에너지 손실로 인해 웜 기어는 다른 기어에 비해 효율이 떨어지는데, 기어 감속비가 높을수록 효율도 떨어진다.

7.2.6 유성 기어

유성 기어planetary gear[1]는 상당히 큰 기어 감속비를 제공할 수 있으며, 앞에서 소개한 다른 기어와 달리 출력 샤프트와 입력 샤프트의 방향과 중심이 서로 같다. 따라서 기어를 지탱하기 위해 샤프트를 별도로 달지 않아도 된다.

유성 기어는 단순한 형태의 기어들이 맞물린 형태로 구성한다. 그래서 하나의 기어가 아닌 기어열gear train이라 부른다. 그림 7.11은 행성 기어의 내부 구조를 보여준다.

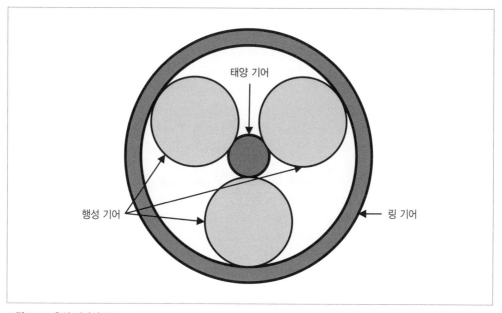

그림 7.11 유성 기어의 구조

유성 기어에는 중심이 서로 같은 두 개의 기어가 달려 있다. 하나는 안에서 도는 태양 기어sun gear고, 다른 하나는 외부에서 회전하는 링 기어ring gear다. 두 기어 사이에는 행성 기어planetary gear라 부르는 기어가 두 개 이상 달려 있다. 각각의 행성 기어는 태양 기어와 링 기어에 맞물린다.

 노트

그림 7.11에 톱니를 그리지 않았는데, 유성 기어에서는 스퍼 기어나 헬리컬 기어를 주로 사용한다.

---

1   영어 명칭뿐만 아니라, 기어의 구조와 움직임도 행성계(태양계)에 가깝다. – 옮긴이

유성 기어는 대부분 캐리어carrier 또는 케이지cage라 부르는 하나의 회전 요소에 연결되므로, 태양 기어 주위로 일정하게 회전한다. 따라서 행성 기어는 세 개의 움직이는 부품(링 기어, 태양 기어, 행성 캐리어)으로 구성된다. 세 부품 모두 동일한 중심 주변을 회전한다.

행성 기어의 기어 감속비는 입력과 출력에 사용되는 기어에 따라 달라진다. 흔히 입력 샤프트를 태양 기어에 연결하고, 출력 샤프트를 행성 캐리어에 연결한다. 이렇게 하면 큰 기어 감속비를 낼 수 있을 뿐만 아니라 태양 기어에서 여러 개의 행성 기어로 토크를 고르게 전달할 수 있다. 그래서 일반적인 기어열을 사용하면 망가질 정도로 높은 토크를 사용해야 하는 곳에서 유성 기어를 활용한다.

7.3 기어모터

모터로 구동하는 시스템을 제작할 때 스퍼 기어나 웜 기어를 직접 다룰 일은 별로 없다. 대부분의 경우에 한 개 이상의 기어가 통합된 형태로 제공되는 기어모터gearmotor를 사용한다. RC카의 바퀴를 회전시키기 위한 용도로는 적합하지 않고, 로봇 팔을 들어올리거나 보트의 프로펠러를 돌릴 때 중요한 역할을 한다.

현재 판매 중인 기어모터의 종류는 매우 다양하다. 가격뿐만 아니라 기어비와 장치에 달린 기어의 종류가 다르다. 기어의 원리를 제대로 이해하고 있다면 자신의 용도에 적합한 기어모터를 쉽게 찾을 수 있다.

내가 본 기어모터는 대부분 스퍼 기어나 헬리컬 기어로 동력을 전달한다. 이러한 모터는 출력 샤프트의 중심에 따라 구분할 수 있는데, 샤프트는 모터의 원통형 바디와 평행을 이루지만 중심으로부터 일정한 간격만큼 떨어져 있다. 그림 7.12는 새인스마트SainSmart의 29:1 기어모터를 보여준다.

반면 기어모터의 샤프트 중심이 시스템의 원통형 바디와 같다면 그 모터에 행성 기어가 달려 있을 확률이 높다. 모터의 샤프트가 바디와 수직을 이루면 웜 기어나 베벨 기어가 달려 있을 가능성이 높다. 맥슨 모터Maxon Motors에서 판매하는 기어모터는 행성 기어와 웜 기어가 동일한 패키지에 통합돼 있다.

기어모터는 주로 로보트나 고정밀 응용에서 사용한다. 따라서 대다수의 기어모터에는 센서와 인코더가 함께 달려 있다. 예를 들어 그림 7.12에 나온 기어모터에는 각 해상도가 $360°/64 = 5.625°$까지 나오는 4축 인코더quadrature encoder와 홀 효과 센서가 달려 있다.

그림 7.12 새인스마트의 29:1 기어모터

7.4 요약

처음 전기 모터를 다뤘을 때 나는 모터에서 나오는 토크가 매우 낮다는 점에 놀랐다. 무게도 상당히 무겁고 사용하는 전류량도 상당해서 엄청난 토크가 나오는 줄 알았다. 하지만 현실은 달랐으며 기어를 사용해서 토크를 높인다는 것을 알게 됐다.

기어의 토크 증가율은 X:1의 비율로 표현한다. 여기서 X는 입력 토크 대비 출력 토크의 비율이다. 이 인자를 기어비 또는 기어 감속(비)이라 부르며, 맞물린 기어의 톱니 수에 따라 결정된다. 다시 말해 입력 기어의 톱니 수가 N_i고 출력 기어의 톱니 수가 N_o라면, 출력 토크는 입력 토크의 N_o/N_i 배가 된다.

기어는 톱니의 개수뿐만 아니라 피치에 따라 분류한다. 피치원은 기어 주위로 그은 가상의 원으로서 두 기어가 맞물리는 지점과 수직을 이룬다. 원주 피치는 인접한 톱니 사이의 거리로서 피치원의 선을 따라 측정한다. 지름 피치는 기어의 톱니 수를 피치원의 지름으로 나눈 값이다. 두 기어의 원주 피치와 지름 피치가 다르면 서로 맞물릴 수 없다.

이 장에서는 여러 가지 종류의 모터를 소개했다. 가장 단순하면서도 흔히 사용되는 기어는 디스크 표면에 톱니가 달린 형태의 스퍼 기어다. 스퍼 기어끼리 맞물려 작동할 때 진동과 소음이 발생하는 문제를 해결하기 위해, 톱니를 일정한 각도만큼 기울인 헬리컬 기어가 나왔다. 이로 인해 좀 더 부드럽고 조용하게 회전할 수 있지만, 전달된 힘의 일부분이 축방향으로 가해지기 때문에 효율이 떨어진다.

베벨 기어와 웜 기어는 입력된 에너지의 방향을 바꾼다. 다시 말해, 이러한 기어는 입력 샤프트와 출력 샤프트가 서로 다른 각으로 맞물리게 할 수 있다. 일반적으로 웜 기어의 기어 감속비가 베벨 기어보다 크지만, 웜 기어의 톱니는 항상 맞닿아 있기 때문에 작동 과정에서 열이 발생해 전반적인 시스템의 효율이 떨어진다.

여러 기어를 연결한 것을 기어열이라 부른다. 따라서 랙앤피니언 기어와 행성 기어는 엄밀히 표현하면 기어열이다. 랙앤피니언 기어는 회전 운동을 직선 운동으로(또는 그 반대로) 변환한다. 행성 기어에는 여러 개의 회전하는 부품이 달려 있는데, 모두 동일한 중심을 따라 돈다. 기어 감속비는 입력에 연결된 요소와 출력에 연결된 요소에 따라 결정된다.

기어모터는 한 개 이상의 기어가 장착된 전기 모터다. 다양한 기어의 특성을 제대로 이해하고 있다면, 자산의 프로젝트에 적합한 기어모터를 쉽게 고를 수 있다. 마지막으로 기어를 사용하면 효율이 떨어지며, 기계적으로 접촉하기 때문에 열이 발생하고 기어를 손상시킬 수 있다는 점을 명심해야 한다.

## 8

리니어 모터

지금까지 살펴본 전기 모터는 모두 회전형(로터리rotary) 모터였다. 전압과 전류를 입력하면 토크와 회전 속도가 나온다. 이 장에서는 회전형 모터에 대한 소개는 그만하고, 선형으로 작용하는 힘과 속도에 의해 직선으로 움직이는 리니어linear(선형) 모터에 대해 살펴보자.

이러한 선형 움직임은 다양한 시스템에서 활용되지만 메이커나 전문 공학자들이 흔히 사용하는 모터는 아니다. 그 이유는 선형 모터에 대해 잘 몰라서라기보다는 이 모터를 제조하는 회사가 적고 가격도 비싸기 때문이다. 그래서 회전형 모터에 기계적인 장치를 연결하는 방식으로 선형 움직임을 구현하는 경우가 많다. 예를 들어 유명한 3D 프린터인 렙랩RepRap은 스테퍼 모터에 타이밍 벨트를 연결하는 방식으로 선형 움직임을 구현했다.

이처럼 활용 사례가 드물긴 하지만 선형 모터에 대해서는 자세히 알아둬야 한다. 선형 움직임을 구현할 때 기계적 장치를 사용하는 것보다는 아무래도 리니어 모터를 사용하는 것이 속도나 정밀도 측면에서 뛰어날 뿐만 아니라 모터에 따라 에너지 효율이 더 뛰어나기도 하다.

리니어 모터는 주로 운송 시스템에서 활용된다. 전기 열차는 리니어 모터를 이용해 승객이나 화물을 장거리로 이동한다. 여러 나라에서 자기 부상 열차(maglevmagnetic levitation train) 개발에 엄청난 비용을 투자했는데 그중 상당 부분은 리니어 모터 연구에 대한 것이었다.

이 장에서는 리니어 모터에 대해 다음과 같이 네 가지 카테고리로 나눠서 소개한다.

- 리니어 액추에이터
- 리니어 동기 모터
- 리니어 유도 모터
- 호모폴라 모터

리니어 모터에 대한 구조와 작동 방식을 설명할 뿐만 아니라 코일건, 레일건, 자기부상열차 등과 같은 다양한 응용 분야에 대해서도 살펴볼 것이다. 이러한 미래 지향적인 기술에 대한 연구는 현재 전 세계적으로 진행되고 있으며, 공상 과학 영화에서나 나오던 것들을 일상생활에서 흔히 볼 수 있게 될 날이 올 수도 있다.

8.1 리니어 액추에이터

2장, '기초 이론'에서 전자석의 원리에 대해 설명한 바와 같이, 철심 주위에 전선을 감고 전류를 흘리면 철심이 N극과 S극을 띠는 전자석처럼 작동한다. 전류의 방향을 바꾸면 N극과 S극의 위치도 바뀐다. 전류를 끊으면 더 이상 전자석의 속성이 나타나지 않게 된다.

이때 철심의 일부만 전류가 흐르는 코일에 집어넣으면 철심(플런저plunger)은 코일 안으로 빨려들어가는 힘을 받는다. 그림 8.1은 이러한 현상을 보여준다.

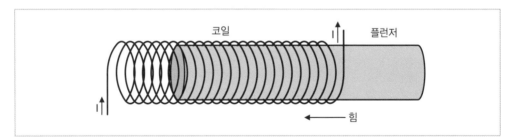

그림 8.1 전기 리니어 액추에이터의 작동 과정

이러한 형태의 장치를 솔레노이드solenoid, 솔레노이드 액추에이터, 전기 액추에이터, 자기 액추에이터, 리니어 액추에이터 등의 다양한 이름으로 부른다. 일부 문헌에서는 리니어 모터라고 부르기도 하지만, 내 경험에 따르면 모터보다는 액추에이터라고 부르는 경우가 더 많았다. 따라서 이 책에서는 이런 장치를 리니어(선형) 액추에이터linear actuator라 부를 것이다.

여기서 액추에이터와 모터의 차이에 대해 짚고 넘어갈 필요가 있다. 차이가 좀 미묘한데 장치의 구조보다는 기능에 따라 구분한다. 모터는 에너지를 움직임으로 바꾸는 장치다. 액추에이터는 모터의 특수한 형태로서 다른 장치를 제어하기 위해 움직임을 발생하는 장치다.

예를 들어 리니어 액추에이터는 흔히 기계 스위치의 위치를 제어하는 데 활용한다. 이 용도로 사용하는 액추에이터를 릴레이relay라 부른다. 다른 용도로 밸브를 열고 닫는 데 활용하는 액추에이터도 있다. 이와 달리 원격 조종 자동차의 바퀴나 쿼드콥터의 프로펠러를 돌리는 것처럼 단순히 움직임에 영향을 주는 장치는 액추에이터가 아닌 그냥 모터라고 부른다.

리니어 액추에이터와 리니어 모터의 또 다른 차이점은 입력 전력의 속성에 있다. 내가 경험한 리니어 액추에이터는 모두 DC 전력으로 구동한다. 반면 마지막 절에서 설명하는 바와 같이 리니어 동기 모터와 리니어 유도 모터는 AC 전력으로 구동한다.

8.1.1 구조와 작동 방식

리니어 액추에이터의 작동 방식을 살펴보려면 자기 에너지magnetic energy에 대해 이해할 필요가 있다. 이전 장에서는 자석과 전자석의 기계적인 작동 방식에 대해 살펴봤다. 장치의 자기 에너지는 자석이 수행할 수 있는 작업의 양을 나타내는 척도다.

빈 코일에 전류가 흐르면 코일의 안쪽 영역에 작은 양의 자기 에너지가 발생한다. 여기에 철로 된 플런저를 넣으면 코일의 에너지는 급격히 증가한다. 플런저를 일부분만 집어넣으면 플런저가 놓인 부분은 다른 부분보다 높은 에너지를 가진다.

이때 발생하는 에너지 차이를 플런저와 코일의 끝 간 거리로 나눈 값이 플런저에 작용하는 힘이다. 이 힘을 수학적으로 표현하면 매우 복잡한데, 여기서 나타나는 속성 중에서 중요한 것 세 가지만 고르면 다음과 같다.

- 이 힘은 입력 전류의 제곱에 비례한다.
- 이 힘은 코일을 감은 횟수의 제곱에 비례한다.
- 이 힘은 코일의 단면적에 비례한다.

이 힘은 항상 플런저를 코일 안으로 잡아당기는데, 이러한 원리를 이용해 원하는 부하만큼 밀어내거나 잡아당기는 리니어 액추에이터를 만들 수 있다. 그림 8.2는 고리에 걸린 부하를 당기는 리니어 액추에이터를 보여준다.

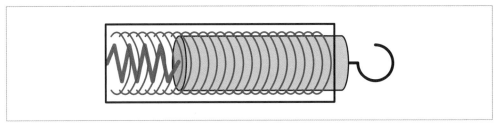

그림 8.2 리니어 액추에이터(풀타입)

금속 케이스는 액추에이터의 내부에 발생한 코일의 자기장을 모으는 역할을 한다. 여기서 플런저에 스프링을 달아서 케이스에 붙인다. 코일에 전류가 흐르면 플런저를 끌어당기면서 스프링을 압축한다. 전류가 끊기면 스프링이 늘어나면서 플런저를 원래 위치로 되돌린다.

그림 8.3은 원하는 부하만큼 잡아당기는 리니어 모터를 보여준다. 여기서 플런저의 오른쪽에 부착된 비강자성 헤드non-ferromagnetic head는 코일이 활성화될 때 바깥으로 밀어내는 역할을 한다.

코일에 전류를 전달할 때 발생하는 힘은 플런저를 코일로 밀어넣는다. 전류가 끊기면 스프링이 수축하면서 플런저를 원래 위치로 되돌린다.

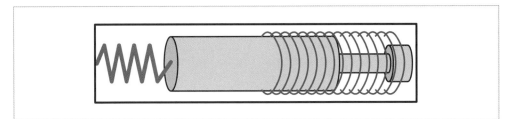

그림 8.3 리니어 액추에이터(푸시타입)

8.1.2 샘플 리니어 액추에이터

그림 8.4는 아미코^Amico^에서 판매하는 리니어 액추에이터를 보여준다. 풀타입 리니어 액추에이터로서 전원을 공급하면 플런저가 5mm만큼 들어간다.

그림 8.4 아미코 사의 리니어 액추에이터

이 액추에이터의 전기적 속성은 다음과 같다.

- **입력 전압**: 5V DC
- **최대 허용 전류**: 1.1A

이러한 종류의 액추에이터는 대부분 자동차의 문이나 해치를 여는 용도로 사용된다. 이보다 작은 액추에이터는 전기 신호를 통해 푸시/풀 액추에이터로 자동차의 문을 잠그거나여는 파워 도어락에 사용된다.

8.1.3 코일건

리니어 모터의 플런저는 대부분 반복적으로 밀거나 당길 수 있는 장치에 연결돼 있다. 그런데 플런저를 이러한 장치에 연결하지 않고 코일에 강한 전류를 흘려보내면 모터로 플런저를 로켓처럼 발사할 수 있다. 이렇게 작동하는 플런저를 사보^sabot^라 부르고, 이러한 모터를 코일건^coilgun^이라 부른다.

코일건은 일반 리니어 액추에이터보다 훨씬 큰 힘이 필요하다. 골무만한 크기의 사보를 쏘려면 30V와 15A의 전기가 필요한데, 이 정도의 전력을 수십에서 수백 밀리세컨드만 공급해도 사보를 코일 밖으로 밀어낼 수 있다. 이처럼 짧은 시간에 엄청난 전력을 필요로 하기 때문에 대부분 여러 개의 대용량 커패시터를 이용해 에너지를 저장하도록 설계한다. 이러한 커패시터들을 동시에 방전해야 사보를 발사할 정도로 충분한 전기를 공급할 수 있다.

코일건은 1930년대부터 전기공학 지식을 갖춘 아마추어뿐만 아니라 전문가들을 매료시킨 장치였다. 코일건에 대해 인터넷에서 검색해보면 코일건의 물리적인 특성과 부품, 회로 설계 등에 대해 설명하고 있는 사이트를 많이 볼 수 있다. 하지만 엄청난 양의 전력이 필요하기 때문에 실용적인 도구로 자리잡지 못했다.

그렇다고 해서 코일건에 대한 관심이 사라진다는 뜻은 아니다. 이 책을 저술하고 있는 시점에 미국 국방부는 항공모함에서 코일건을 이용해 비행체나 포탄을 발사하기 위한 방안을 연구하고 있었다. 나사NASA도 위성이나 로켓 발사 장치를 코일건 기반으로 만드는 방안을 조사하고 있다.

8.2 리니어 동기 모터

회전형 AC 모터는 동기 모터보다는 비동기 (유도) 모터를 주로 사용한다. 하지만 선형으로 움직일 때는 리니어 동기 모터(LSMlinear synchronous motor)를 더 많이 사용한다.

6장, 'AC 모터'에서는 세 가지 동기 AC 모터(이중 여자 모터, 영구 자석 모터, 릴럭턴스 모터)에 대해 소개한 바 있다. 내가 경험한 LSM은 대부분 영구 자석을 사용했다. 따라서 이 절에서는 영구 자석 LSM을 중심으로 소개한다. 좀 더 구체적으로 표현하면, 영구 자석 LSM의 구조에 대해 살펴본 후 이를 실제로 활용한 두 가지 예(야스카와Yaskawa SGLG 모터와 트랜스래피드Transrapid 자기 부상 열차)를 소개한다.

8.2.1 구조

일반적으로 리니어 모터는 그림 8.5와 같이 회전형 모터를 펼치는 방식으로 만든다. 위쪽은 회전형 동기 모터를 보여주고, 아래쪽은 이를 펼친 LSM을 보여준다.

회전형 동기 모터와 마찬가지로 LSM도 AC 전력을 사용하며 흔히 위상을 세 가지로 구분한다. 반면 LSM에서는 부품의 명칭이 좀 다르다.

- 움직이는 부분을 회전자가 아닌 포서forcer라 부른다.
- 고정된 부분을 고정자가 아닌 레일rail 또는 트랙track이라 부른다.

그림을 보면 자석은 포서에 달려 있고, 권선은 트랙에 달려 있다. 이러한 형태를 긴 고정자long stator 설계라 부른다. 반면 권선이 포서에 있고 자석이 트랙에 달린 것을 짧은 고정자short stator 설계라 부른다. 이 절에서는 세 가지 짧은 고정자 모터(아이언코어 LSM, 아이언리스 LSM, 슬롯리스 LSM)에 대해 소개한다. 각각을 설명하기 전에 먼저 리니어 모터의 동기 속도를 계산하는 방법부터 살펴보자.

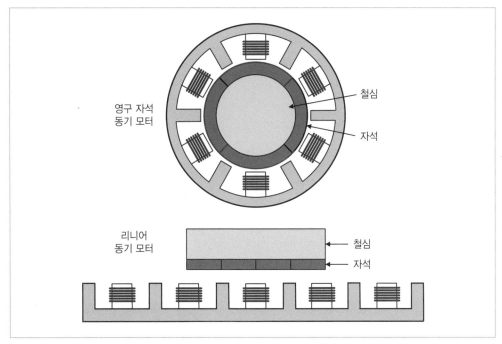

그림 8.5 회전형 동기 모터와 리니어 동기 모터

선형 동기 속도

6장에서는 AC 전력의 한 주기와 고정자 안에서 자기장이 한 바퀴 도는 것의 관계에 대해 설명한 바 있다. 입력 전력의 주파수가 f일 때 회전 주기는 1/f다.

이는 리니어 모터도 마찬가지다. AC 전력의 한 주기는 자기장이 권선 A에서 다시 권선 A로 한 바퀴 도는 것에 대응된다. 그림 8.6에서 보는 바와 같이 이 거리는 2τ다.

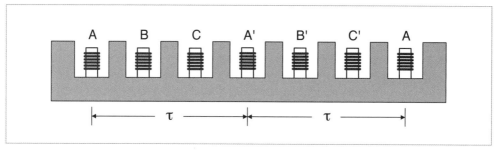

그림 8.6 리니어 모터의 권선

입력 전력의 주파수가 f일 때, 한 주기를 도는 데 걸리는 시간은 1/f다. 따라서 모터의 선형 동기 속도^{linear synchronous speed}는 다음 등식으로 구할 수 있다.

$$v_s = \frac{거리}{시간} = \frac{2\tau}{1/f} = 2\tau f$$

LSM의 작동 속도는 이 값과 같다. 리니어 모터에서는 RPM 대신 미터/초(m/s) 단위로 표기한다. 또한 이 등식은 극의 수에 영향을 받지 않는다. 극의 수가 늘어나면 이에 대응되는 τ도 증가하기 때문이다.

아이언코어 LSM

아이언코어^{iron-core}(철심형) LSM의 핵심 원리는 그림 8.5에 나온 리니어 모터와 비슷하지만, 권선이 포서에 있고 자석이 레일에 있다는 점이 다르다. 그림 8.7은 아이언코어 LSM의 구조를 보여준다.

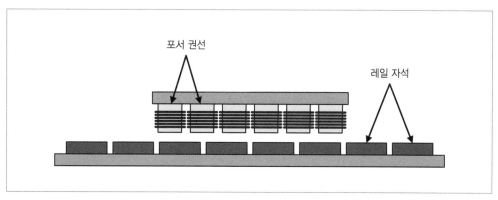

그림 8.7 아이언코어 LSM의 구조

여기서 철심 주위에 포서의 권선을 감았기 때문에 아이언코어 LSM이라 부른다. 이렇게 하면 모터에서 낼 수 있는 힘의 양이 증가하기 때문에 모터가 밀거나 당기거나 옮길 수 있는 최대 부하량도 늘어난다.

아이언코어 LSM의 가장 큰 단점은 포서의 무게와 철심이 레일 자석에 끌리는 특성에 있다. 그래서 모터를 설계할 때는 무게와 자기 흡인력으로 인해 포서가 레일에 닿지 않도록 주의해야 한다. 주로 슬라이딩 메커니즘을 이용해 포서가 0.75mm 정도 떨어져 있게 한다.

철심이 레일 자석에 끌리는 특성으로 인해 포서가 한 자석에서 다음 자석으로 넘어가지 않으려고 한다. 이러한 현상을 코깅^{cogging}이라 부르며, 포서가 이동할 때마다 덜컥거리거나 움직임이 오르락 내리락한다. 포서를 고속으로 움직이거나 자석의 방향을 일정한 각도로 유지하면 이러한 현상을 좀 줄일 수 있다.

아이언리스 LSM

이름에서 알 수 있듯이 아이언리스^{ironless}(무철심, 공심형) LSM은 포서에 철심이 없다. 권선은 공기를 감고 있어서 에어코어^{air core}(공심) 모터라 부른다. 철심으로 인한 무게 증가와 자기 흡인력이 없기 때문에 포서는 트랙을 부드럽게 움직이며, 코깅이나 레일의 자석에 끌리는 현상도 발생하지 않는다.

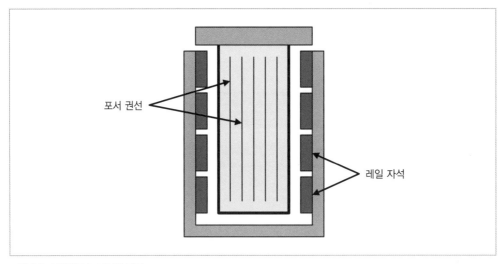

포서 권선

레일 자석

그림 8.8 아이언리스 LSM의 단면

아이언리스 LSM의 가장 큰 단점은 포서가 발휘할 수 있는 힘이 작다는 것이다. 그래서 부하가 큰 응용에서는 아이언코어 LSM을 사용하고 정밀하게 속도를 제어하는 것이 중요할 때만 아이언리스 LSM을 사용한다.

아이언리스 LSM이 내는 힘을 키우기 위해 트랙에 두 줄의 영구 자석을 장착한다. 이렇게 장착한 자석은 포서와 수직으로 장착돼 포서를 감싼다. 그림 8.8은 아이언리스 LSM의 단면도를 보여준다.

또한 아이언리스 LSM은 가격이 비싸다는 단점이 있다. 영구 자석, 그중에서도 특히 리니어 모터에서 흔히 사용하는 희토rare-earth 자석의 가격이 상당히 높다. 아이언리스 LSM에는 이러한 자석이 두 줄이나 달려 있어서 아이언코어 LSM에 비해 훨씬 비싸다. 또한 트랙의 길이에 비례해 가격이 높아진다.

아이언리스 LSM은 내부가 밀폐돼 있기 때문에 열을 제거하기 힘들다. 그래서 아이언리스 모터는 아이언코어 모터 수준의 전류로 작동할 수 없다. 또한 포서에 열 감지 센서를 장착해 모터의 작동 과정에서 손상되지 않도록 보호한다.

슬롯리스 LSM

슬롯리스^{slotless} LSM은 아이언코어 LSM과 아이언리스 LSM의 장단점을 절충한 것이다. 아이언코어 모터와 마찬가지로 트랙은 한 줄의 자석으로 구성돼 있으며, 포서는 트랙 위에 놓여 있다. 또한 아이언리스 모터처럼 권선이 공기를 감고 있다. 그림 8.9는 슬롯리스 LSM의 구조를 보여준다.

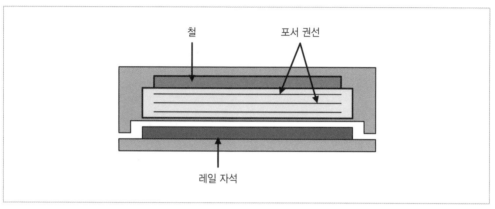

그림 8.9 슬롯리스 LSM의 단면

슬롯리스 모터는 아이언코어 모터만큼 높은 부하를 감당할 수 없지만, 철이 보강돼 있어서 아이언리스 모터보다 큰 힘을 발휘할 수 있다. 방열성^{heat dissipation}도 아이언리스 모터보다 뛰어난데, 포서가 트랙 위에서 움직이기 때문이다. 트랙에는 단 한 줄의 자석만 있어서 두 줄의 자석이 달린 모터에 비해 가격도 저렴하다.

슬롯리스 LSM의 가장 큰 단점은 효율성이다. 슬롯리스 모터에는 철심 권선이 없고 자석이 한 줄만 달려 있다. 그래서 같은 크기의 움직임이라도 아이언코어 모터나 아이언리스 모터보다 전력을 더 많이 소모한다.

8.2.2 사례 분석: 야스카와 SGLG

야스카와 전기 주식회사^{Yaskawa Electric Corporation}는 유도 모터와 서보모터를 비롯한 다양한 종류의 AC 모터를 제조하고 있다. 또한 엘리베이터나 펌프, 에어컨용 구동 시스템도 생산하고 있다.

야스카와에서는 세 종류의 리니어 동기 모터를 제공하는데, 각각 네 글자의 이름을 갖고 있다. SGLF와 SGLT 계열 모터는 아이언코어(철심형) 모터며, 포서가 트랙 위에서 움직인다. SGLG 계열은 아이언리스(공심형, 무철심형) 모터며, 두 줄의 희토 자석이 포서의 양면에 달려 있다. 그림 8.10은 야스카와의 SGLG 모터를 보여준다.

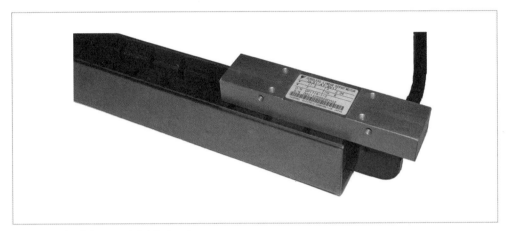

그림 8.10 야스카와 SGLG 리니어 동기 모터

표 8.1은 SGLG와 SGLF 모터의 특성을 비교한 것이다. SGLFW-35A는 아이언코어 LSM이고 SGLGW-40A는 아이언리스 LSGM이다.

표 8.1 야스카와 아이언코어/아이언리스 LSM의 비교

LSM 특성	SGLFW-35A	SGLGW-40A
포서 권선	철심	무철심
연속 힘	80N	47N
연속 전류	1.4A RMS	0.8A RMS
피크 힘	220N	140N
포서 질량	1.3kg	0.39kg
포서 상수	62.4N/A-RMS	61.5N/A-RMS
자기 흡인력	809N	0N

표에 나온 것처럼 아이언코어 LSM은 아이언리스 LSM에 비해 더 많은 전류를 소모하지만 더 큰 힘을 발휘한다. 아이언코어 LSM의 포서는 권선 안에 있는 철심으로 인해 아이언리스 모터의 포서보다 세 배나 무겁다.

여기서 아이언코어 모터의 자기 흡인력은 평상시 작동 과정에서 전달되는 힘의 10배 이상이다. SGLFW-35A의 트랙에 스큐 기어처럼 비스듬히 틀어둔 형태로 자석을 장착하더라도 코깅 현상이 심하게 발생한다.

8.2.3 사례 분석: 자기 부상 시스템

트랜스래피드Transrapid란 용어는 흔히 다음과 같은 세 가지를 가리킨다.

- 1970년부터 2007년 사이에 만들어진 자기 부상 열차
- (타이센크루프ThyssenKrupp AG와 지멘스Siemens AG의 조인트 벤처로 설립한 트랜스래피드 인터내셔널이라 부르는) 자기 부상 철도 회사
- 1934년 독일 특허에 기반한 자기 부상 열차를 만드는 데 적용되는 설계 기술

트랜스래피드 인터내셔널은 지금까지 아홉 개의 철도 라인을 건설했다. 그중에서 가장 최근에 만든 것은 트랜스래피드 SMTShanghai Maglev Train다. 이 열차는 기존보다 훨씬 빠르고 조용하며 움직이는 부품도 적다. 또한 현재 운행 중인 상용 철도 중에서 가장 빠르며 최대 시속 268마일(431.3km/h)로 574명의 승객을 수송할 수 있다.

자기 부상 열차는 모두 아이언코어 리니어 동기 모터로 작동한다. 앞에서 소개한 다른 방식의 LSM과 달리, 권선이 레일에 있으므로 자기 부상 시스템에서는 이를 가이드웨이guideway라 부른다. 자석은 열차의 아랫면에 부착돼 있다. 그림 8.11은 전반적인 구조를 보여준다.

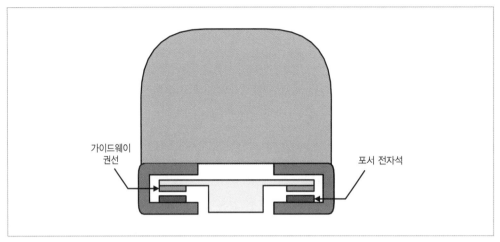

가이드웨이
권선

포서 전자석

그림 8.11 트랜스래피드 자기 부상 시스템

그림에서 보는 바와 같이 열차는 가이드웨이의 하단을 감싸고 있고, 가이드웨이의 권선은 열차의 자석과 상호 작용한다. 이 권선은 3상 AC 전력을 받으며, 전력을 받는 가이드웨이의 일부분만 열차의 바로 아래에 있다. 권선에 흐르는 전류의 방향을 바꾸면 열차가 멈춘다.

가이드웨이의 권선 아래에 있는 포서 자석은 영구 자석이 아니라 DC 전력으로 작동하는 전자석으로 돼 있다. 이 자석은 두 가지 역할을 담당한다. 즉, 열차를 추진하는 기능뿐만 아니라 열차를 가이드웨이로 당겨서 열차가 뜨게 만든다. 이때 열차가 가이드웨이에서 1cm가량 뜬 상태를 유지하도록 전자석에 공급되는 전력을 정확히 제어한다.

8.3 리니어 유도 모터

리니어 유도 모터LIM, linear induction motor는 LSM과 상당히 많은 특성을 공유하며 응용 분야도 같다. 구조적인 관점에서 볼 때 LIM에는 영구 자석이 없다는 점이 다르다. LIM은 영구 자석 대신 자기장으로부터 유도 전압을 받는 도체를 통해 움직인다. 이 절에서는 먼저 LIM의 작동 원리에 대해 살펴본다.

LSM과 마찬가지로 LIM은 자기 부상 열차에서 핵심적인 기능을 담당한다. 이 절의 뒷부분에서는 대용량 LIM을 사용하는 일본의 리니모 열차에 대해 소개한다.

8.3.1 구조와 작동 원리

6장에서는 다음과 같이 유도 모터의 두 가지 기본 속성에 대해 설명했다.

- AC 전력이 고정자의 권선에 들어오면 회전 자기장을 생성한다.
- 고정자의 자기장 변화로 인해 회전자의 도체에 전압과 전류가 유도되며, 이때 발생하는 힘으로 회전자를 돌린다.

리니어 유도 모터는 회전형 유도 모터의 구성 요소를 펼치는 방식으로 만든다. 다시 말해 리니어 모터의 고정자는 권선을 직선으로 나열한다. 마찬가지로 회전자도 고정자를 마주하는 리니어 도체 형태로 만든다. 그림 8.12는 이러한 구조를 보여준다.

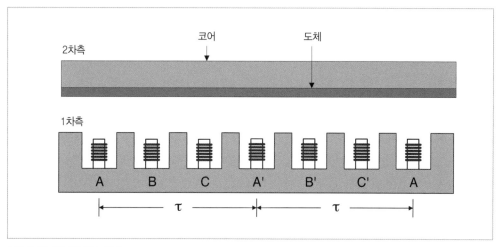

그림 8.12 리니어 유도 모터

그림을 보면 권선이 도체 위에서 움직이도록 두 요소의 위치가 반대로 돼 있다. 두 요소 모두 움직이기 때문에 LIM에서는 회전자와 고정자라는 용어 대신, 자기장이 변하는 부분을 1차측primary, 유도 전압을 받는 부분을 2차측secondary이라 부른다.

리니어 유도 모터는 다상 AC 모터다. 이때 1차측은 3상 전력을 받아서 전류를 A/A', B/B', C/C' 권선으로 보낸다.

이러한 1차측의 자기장 변화로 인해 2차측의 도체에 전압이 유도된다. 전압을 통해 전류가 생성되고, 통전 도체에 자기장의 변화가 일어난 결과로 힘이 발생한다.

LIM의 속도는 v로 표기하며 항상 선형 동기 속도보다 낮다. 이러한 두 속도의 관계를 슬립 slip이라 부르며 다음 식에 따라 계산할 수 있다.

$$s = \frac{v_s - v}{v_s}$$

이 식은 6장에서 소개한 것과 같다. 참고로 이 값은 주로 퍼센트 단위로 표기한다.

8.3.2 리니모

2005년 월드 엑스포에서 일본은 최초의 상용 자기 부상 열차선인 리니모LINIMO, Linear Motor line를 소개했다. 이 열차는 리니어 유도 모터를 이용해 후지가오카에서 야쿠사까지 운행한다.

2004년 도쿄 이과 대학Tokyo University of Science 연구원들은 리니모의 구조와 작동 원리에 대한 정보가 담긴 보고서를 발표했다. 한 가지 눈에 띄는 점은 모터를 짧은 고정자 방식으로 설계했다는 점이다. 다시 말해 열차 쪽에 있는 1차측이 2차측 위에 놓여 있다. 이는 앞에서 설명한 트랜스래피드에서 사용한 긴 고정자 방식과 대조적이다.

그림 8.13은 리니모 열차와 플랫폼의 단면을 보여준다. 그림에서 보는 바와 같이 전반적인 구조는 트랜스래피드와 비슷하다.

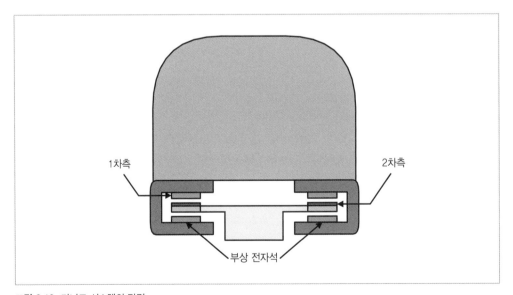

그림 8.13 리니모 시스템의 단면

리니모는 2차측의 유도 전압에 의존하기 때문에 시속 60마일(96.6km/h) 정도로 운행한다. 이는 시속 268마일(431.3km/h)로 달리는 트랜스래피드에 비해 상당히 느린 속도다. 또한 리니모는 훨씬 작은 힘으로 움직인다. 따라서 풍속이 25m/s 이상이면 열차 운행을 중단 해야 한다.

1차측은 3상 AC 전력을 받아서 권선에 전달한다. 그림 8.14는 이러한 권선이 1차측의 한 면에 정렬된 형태를 보여준다.

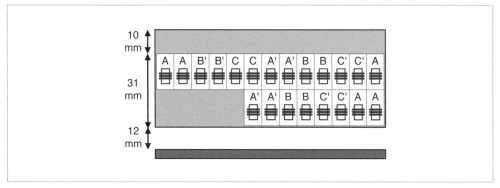

그림 8.14 리니모 1차측의 권선

1차측에 있는 각 권선은 전선이 세 번씩 감겨 있으며 각각 300A의 전류를 받는다. 권선은 두 층으로 구성되며, 2차측의 권선이 1차측 권선과 어긋나도록 약간 밀려나 있다. 그림에 서 보는 바와 같이 권선의 크기는 수십 밀리미터에 불과하다. 이렇게 작은 전자석으로 거 대한 열차를 움직인다니 상당히 놀랍다.

리니모 2차측의 구조는 더 단순하다. 플랫폼과 연결하는 철판 위에 알루미늄 층이 놓여 있 다. 이러한 도체층을 리액션 플레이트reaction plate라 부른다.

1차측 아래에 전자석이 달려 있어서 열차가 플랫폼으로부터 일정한 간격만큼 떠있게 한 다. 이러한 전자석을 부상 자석levitation magnet 또는 리프트 가이드 자석(LGMlift-guide magnet)이 라 부른다. 이 전자석은 DC 전력을 받으며 전류의 양이 늘어날수록 자석과 플랫폼 사이의 자기 흡인력도 높아진다. 근접 센서를 이용해 이 간격을 8mm로 유지한다.

8.4 호모폴라 모터

호모폴라(동극) 모터homopolar motor는 전기 모터 중에서도 가장 오래된 것으로 1821년에 처음 등장했다. 이 장에서 소개한 다른 모터와 마찬가지로 호모폴라 모터도 회전형(로터리rotary)과 선형(리니어linear) 모터가 있다. 앞 장에서 언급할 수도 있었지만, 나는 회전형 호모폴라 모터를 실제로 사용한 예를 본 적이 없다.

반면 리니어 호모폴라 모터의 대표적인(악명 높은) 응용 분야는 바로 레일건railgun이다. 이 절에서는 다소 흥미로운 주제를 살펴본다. 하지만 이에 앞서 호모폴라 모터의 기본 원리에 대해 이해할 필요가 있다.

8.4.1 구조와 작동 원리

1장, '전기 모터의 개요'에서 설명한 바와 같이, 전류가 흐르는 도체를 자석에 갖다 대면 물리적인 힘이 발생한다. 지금까지 살펴본 모터는 한결같이 도체와 자석이 서로 접촉하지 않은 상태로 가까이 놓여 있었다.

하지만 자석이 회로 루프의 일부분으로 들어가면 어떻게 될까? 자석도 도체다. 전류가 흐르는 도체(통전 도체)와 자석이 서로 연결된다면 어떻게 될까? 이렇게 되면 도체에 동일한 힘이 작용한다. 하지만 한 가지 중요한 차이가 있다. 브러시를 사용하지 않고도 도체가 자석 주위를 회전할 수 있다. 따라서 호모폴라 모터는 일종의 브러시리스 DC 모터라고 볼 수 있지만 3장, 'DC 모터'에서 소개한 BLDC와는 구조와 성격이 전혀 다르다.

호모폴라 모터의 원리를 이해하기 위한 가장 좋은 방법은 직접 실습해보는 것이다. 흔히 배터리와 영구 자석, 전도성 전선으로 만드는데, 19세기부터 수업 시간에 수없이 실습해본 내용이기도 하다. 웹에서 호모폴라 모터 또는 동극 모터 실험이란 키워드로 검색하면, 그림 8.15와 같이 구성된 실습 동영상을 찾을 수 있다.

전류는 배터리의 양극에서 나와 전선을 타고 배터리의 음극으로 흘러간다. 전류가 흐르는 전선(통전 도선)이 자석의 자기장에 가까이 있기 때문에 자석 주위로 회전하는 힘이 발생한다. 여기서 주목할 부분은 이 실험을 하면 배터리가 순식간에 닳는다는 점이다.

모터가 작동하는 동안 전류의 방향과 자석의 극(N극에서 S극을 향하는 방향)은 그대로 유지된다. 이처럼 극이 같다고 해서 동극(호모폴라homoplar에서 'homo'는 '같음'을 의미하는 그리스어인 'Homos'에서 유래함) 모터라 부른다.

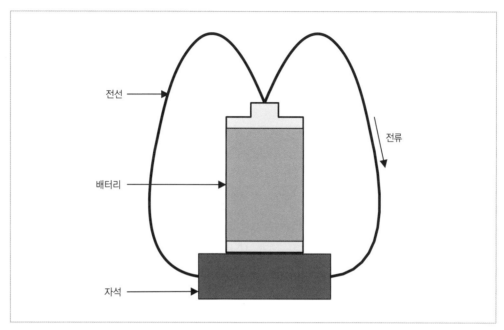

그림 8.15 동극 모터 실험

8.4.2 레일건

모터에서 강한 힘을 발생시키기 위해서는 (희토 자석과 같은) 강력한 영구 자석을 사용하거나, 철심 주위에 코일을 감아 만든 강력한 전자석을 사용해야 한다. 하지만 통전 도체도 일종의 자석처럼 작동한다. 이 도체에 흐르는 전류의 양이 클수록 자석의 성질도 강하게 나타난다.

예를 들어 그림 8.16에 나온 세 개의 도체를 살펴보자. 두 개의 긴 도체는 고정돼 있고 나머지 짧은 도체는 이들 사이에서 자유롭게 움직인다. 각 도체마다 동일한 전류(I)를 공급한다.

정상적인 수준의 전류를 공급하면 도체에 나타나는 자석의 성질은 미미하다. 하지만 전류를 1,000A에서 10,000A 정도로 충분히 많이 흘리면, 도체를 밀어낼 정도로 자석의 성질이 강하게 나타난다.

두 개의 긴 도체는 움직이지 않고 한곳에 고정돼 있기 때문에 짧은 도체만 오른쪽으로 밀려난다. 그림 8.17은 이러한 현상을 보여준다.

이때 발생하는 힘은 전류에 비례한다. 따라서 전류의 양이 충분히 크면 작은 도체를 발사체처럼 쏠 수 있다. 이때 고정된 도체를 레일rail이라 부르고, 이렇게 만든 장치를 레일건railgun이라 부른다.

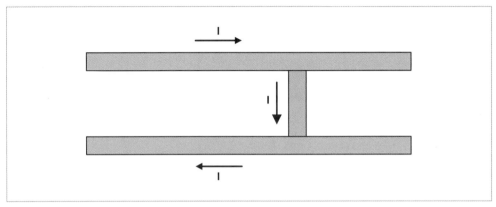

그림 8.16 나란히 놓인 도체에 전류가 흐르는 모습

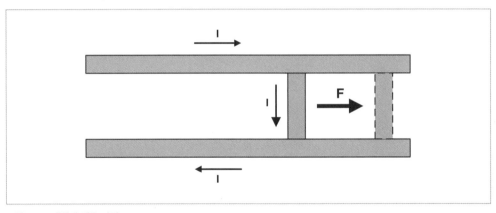

그림 8.17 레일건 작동 과정

총알의 속도는 화약의 화학적 속성에 따라 결정되는 반면, 레일건 발사체의 속도는 전류의 양에만 영향을 받는다. 그래서 미 해군에서는 배에서 레일건으로 발사체를 쏘는 실험을 한 바 있다. 2008년 해군 수상전 센터Naval Surface Warfare Center에서는 7파운드의 도체로된 총알을 음속의 일곱 배 속도로 발사하는 레일건을 시연한 바 있다.

발사체에 작용하는 힘은 레일에도 작용한다. 따라서 레일건을 쏠 때마다 총 자체도 상당히 손상된다. 이렇게 손상이 발생하고 발사에 엄청난 전력이 필요하다는 점은 레일건 기술의 대표적인 두 가지 단점이다.

이 장의 앞에서 잠시 언급한 코일건과 레일건의 차이점도 짚고 넘어갈 필요가 있다. 코일건은 강자성체로 된 사보가 전선의 코일 속을 통과한다. 사보는 코일과 접촉하지 않기 때문에 총 자체에 손상을 입히지 않는다. 하지만 사보의 속도는 코일의 자기 속성에 따라 제한된다. 반면 레일건의 도체성 발사체는 오직 레일에 공급된 전류의 양에만 제한된다.

8.5 요약

수많은 엔지니어들은 리니어 모터를 이상하고 신기한 기술로 여겨서 용어와 작동 원리도 기존 모터와 다르게 표현한다. 하지만 리니어 모터는 회전형 모터를 직선으로 펼친 것에 불과하다. 따라서 전혀 어렵지 않다. 리니어 모터는 회전형 모터와 동일한 종류의 전력을 사용한다. 동기 속도를 계산하는 방법도 본질적으로 같다.

한 가지 혼동하기 쉬운 부분은 리니어 액추에이터와 리니어 모터라는 용어다. 모터는 움직임을 발생시키는 장치인 데 반해, 액추에이터는 모터의 한 종류로서 다른 메커니즘을 제어하는 것이 목적인 장치다. 리니어 전기 액추에이터는 철심(플런저)이 에너지를 받은 코일에 끌리는 원리로 작동한다. 플런저를 코일 밖으로 움직이는 리니어 액추에이터를 코일건이라 부른다.

회전형 동기 모터는 종류가 다양한 반면, 리니어 동기 모터(LSM)는 대부분 영구 자석 LSM이다. LSM에서는 움직이는 부분을 포서라 부르고, 고정된 부분을 레일 또는 트랙이라 부른다. 아이언코어(철심형) LSM은 포서의 권선에 철심이 들어있어서 힘이 커지지만 코깅 현상도 두드러지게 나타난다. 아이언리스(무철심형) LSM은 철심이 없어서 부드럽게 움직이는 반면, 힘은 약하다. 슬롯리스 LSM은 아이언코어 LSM과 아이언리스 LSM의 장점을 모두 갖고 있지만 아이언코어 LSM과 아이언리스 LSM보다 효율이 떨어진다.

리니어 유도 모터(LIM)는 LSM과 비슷하지만 영구 자석 대신 도체를 사용한다. LIM의 도체는 유도 전류를 받으며, 권선의 자기장에 두면 힘이 발생한다. 회전형 유도 모터와 마찬가지로 LIM도 모터의 동기 속도보다 낮은 속도로 회전한다. LIM의 속도와 동기 속도의 관계를 슬립이라 부른다.

이 장의 마지막 절에서는 호모폴라 모터에 대해 살펴봤다. 호모폴라 모터에서 호모폴라(동극)는 작동하는 동안 전류와 자기장의 방향이 서로 같다는 것을 의미한다. 호모폴라 모터는 전기 모터 중에서도 가장 오래된 방식이지만, 활용 빈도가 가장 낮다. 호모폴라 모터의 주요 응용 분야는 레일건이다. 레일건은 강한 전류를 가할 때 자성을 나타내는 두 개의 기다란 도체(레일)로 구성된다. 전류가 충분히 크면 세 번째 도체를 강한 힘으로 쏠 수 있다.

이 장에서는 두 가지 자기 부상 열차(트랜스래피드, 리니모)에 대해 소개했다. 트랜스래피드는 LSM 기술을 기반으로 만든 것이고, 리니모는 LIM 기술을 기반으로 만들었다. 자기 부상 열차는 기존 방식의 열차에 비해 여러 가지 장점을 갖고 있지만, 수십 년간 연구 개발에 노력했음에도 불구하고 주변에서 쉽게 볼 수 없다는 점이 의아할 것이다. 그 이유는 가격에 있다. 자기 부상 열차를 구축하려면 엄청난 비용이 들어가는데, 대다수 국가의 정부에서 투자할 만한 가치를 느끼지 못할 정도다. 이처럼 매력적인 기술을 사용하지 않고 방치하고 있다는 사실이 가슴 아프지만, 리니어 모터에 관련된 기술이 크게 발전하기 전에는 자기 부상 열차를 일상에서 흔히 보기 어려울 것이다.

## 9

아두이노 메가로 모터 제어하기

아두이노 보드는 메이커 운동의 활성화에 핵심적인 역할을 한 기술 중 하나다. 메이커 활동에 처음 입문하는 입장에서 본격적으로 뭔가 만들어보고 싶다면 다루기도 쉽고 프로그래밍 작업도 깔끔한 아두이노 보드로 시작하는 것이 가장 좋다. 새로운 하드웨어 장치를 개발해서 판매하고 싶은 창업가에게도 아두이노가 제격이다. 적은 비용으로 높은 안정성을 제공하기 때문이다.

아두이노 보드는 지금까지 전 세계적으로 엄청나게 판매됐으며, 수많은 전자기기 하비스트들은 자신의 프로젝트에 아두이노를 활용하고 있다. 원격 조종 악기처럼 순전히 재미로 하는 프로젝트도 있지만, 자동차나 가정용 로봇, 헬스 모니터링과 같은 상용 제품에 가까운 프로젝트에 활용하는 사례도 많다.

이 장에서는 아두이노로 전기 모터를 제어하는 방법에 대해 다음과 같이 세 가지 주제로 나눠서 소개한다.

- **아두이노 메가**: 하드웨어 소개 및 소프트웨어 개발 방법
- **아두이노 모터 실드**: 모터 제어 장치 소개
- **모터 제어**: 브러시 모터, 스테퍼 모터, 서보모터를 제어하는 소프트웨어 제작 방법

이 장에서는 상당히 광범위한 주제를 다루는데, 각각에 대해 자세히 소개하고 싶은 마음은 굴뚝같지만 지면 관계상 생략한다. 다행스럽게도, 여기서 다루지 못한 아두이노의 세부 내용들에 대한 자료들은 인터넷에서 쉽게 구할 수 있다. 그중에서도 특히 아두이노 홈페이지(http://arduino.cc/en/Reference/HomePage)와 아두이노 포럼(http://forum.arduino.cc)에 나온 문서를 추천한다.

9.1 아두이노 메가

아두이노 메가^{Arduino Mega}는 아두이노 보드 시리즈 중에서 가장 강력하거나 가장 최근에 나온 제품은 아니지만, 꽤 많이 사용되고 있다. 물론 다른 아두이노 보드나 소프트웨어와 완벽히 호환된다. 아두이노 메가에 대한 기본 사양은 표 9.1과 같다.

표 9.1 아두이노 메가 사양

매개변수 이름	매개변수 값
크기	4 x 2.1인치(5.334cm)
작동 전압	5V
권장 입력 전압	7–12V
클럭 속도	16MHz
디지털 I/O 핀 수	54
아날로그 입력 핀 수	16

아두이노 메가의 사양이 그다지 높은 편이 아니어서 텍스트 편집이나 웹서핑과 같은 컴퓨팅 작업용으로는 적합하지 않다. 하지만 아두이노 모터 실드와 결합해 브러시 모터나 스테퍼 모터, 서보모터 등을 제어하기에는 충분하다. 이 절에서는 아두이노 메가 보드의 구조와 이 보드의 두뇌에 해당하는 ATmega2569 마이크로컨트롤러를 살펴본다. 모터 실드에 대해서는 뒷 절에서 설명한다.

9.1.1 아두이노 메가 보드

메가 보드 역시 아두이노에서 추구하는 간결함^{simplicity}을 충실히 반영해 설계했다. 전원 핀은 POWER라는 레이블 아래에 하나로 묶어뒀다. 통신 핀은 COMMUNICATION이라는 레이블에 묶었다. 이렇게 구성된 아두이노 메가 보드는 그림 9.1처럼 생겼다.

보드의 가장자리에는 싱글 와이어^{single-wire}(단선) 연결을 위한 검은색 부품들이 우뚝 솟아 있는데, 이를 헤더^{header}라 부른다. 아두이노 메가의 헤더는 다음과 같이 다섯 가지 그룹으로 구분한다.

- **전원**: 외부 전원을 입력받거나 전달한다.
- **아날로그 입력**: 아날로그로 입력된 데이터를 보드에서 처리할 수 있는 디지털 신호로 변환한다.

- **디지털**: 디지털 신호를 받거나 보낸다.
- **통신**: 세 개의 시리얼 포트를 통해 신호를 주고받는다.
- **PWM**: 펄스 폭 변조로 제어 신호를 보낸다.

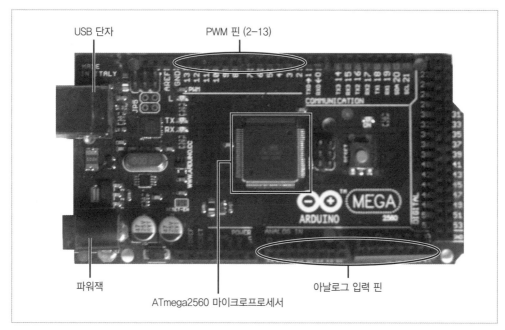

USB 단자

PWM 핀 (2–13)

파워잭

ATmega2560 마이크로프로세서

아날로그 입력 핀

그림 9.1 아두이노 메가 보드

이 장의 주제와 관련해 가장 핵심적인 헤더 핀은 PWM 그룹에 있는 것이다. DC 모터에 대한 제어 신호를 생성할 때 이 핀을 활용한다.

보드의 왼쪽 편에는 파워잭이 달려 있다. 권장 입력 전압은 7-12V다. 개인적으로는 파워잭보다 USB 단자를 통해 전원을 공급하는 것을 선호한다. USB를 통해 아두이노 메가를 PC에 연결하면 작동에 적합한 전류가 공급된다.

USB 단자는 보드에 전원을 공급할 뿐만 아니라 프로그램을 아두이노 메가 보드로 전송하는 기능도 한다. 아두이노 프로그래밍에 대해 본격적으로 알아보기 전에 프로그램을 실제로 구동하는 장치인 아트멜Atmel의 ATmega2560 마이크로컨트롤러에 대해 잠시 살펴보자.

9.1.2 마이크로컨트롤러와 ATmega2560

그림 9.1에서 보는 바와 같이, 회로 보드의 중앙에는 ATmega2560이라는 100핀짜리 장치가 자리 잡고 있다. 이 장치를 마이크로컨트롤러microcontroller라 부르며, 아두이노 보드의 핵심은 결국 이 장치에 접근하게 해주는 것이다. 이 절에서는 마이크로컨트롤러의 개념과 ATmega2560의 특징에 대해 소개한다.

마이크로컨트롤러

내 개인적인 경험에 따르면, 마이크로컨트롤러에 대해 설명하기 가장 좋은 방법은 PC용 프로세서와 비교하는 것이다. PC는 데이터 처리와 디지털 통신을 비롯한 다양한 기능을 제공한다. 이를 위해 PC에는 데이터를 처리하는 CPU와 임시 데이터를 저장하는 RAM, 프로그램이나 파일, OS를 저장하는 하드디스크 등과 같은 다양한 장치를 함께 장착한다.

마이크로컨트롤러(줄여서 MCU)도 이와 기능은 비슷하지만, 모든 장치가 하나의 칩에 담겨 있다. 이렇게 모든 기능을 한 칩에 담으면 가격을 낮출 수 있고 전력 소모도 줄이고 회로도 쉽게 구성할 수 있다는 장점이 따른다. MCU의 가장 큰 단점은 여러 장치를 한 칩에 담다 보니 PC만큼 뛰어난 성능을 제공하지 않는다는 것이다.

구체적인 예를 살펴보자. 내가 사용하는 노트북은 8GB RAM에 3GHz 속도를 내는 프로세서가 장착돼 있다. 이에 반해 아두이노 메가에 장착된 마이크로컨트롤러는 8KB RAM에 16MHz 속도의 프로세서가 달려 있다. 따라서 노트북의 속도는 아두이노 메가의 200배에 가깝고 데이터를 저장할 수 있는 공간도 100만 배 크다.

MCU는 개인용 컴퓨팅보다는 메이커 프로젝트에 적합하다. 간단한 로봇이나 자동 센서 시스템을 만들 때는 마이크로컨트롤러의 부족한 성능이 크게 문제 되지 않는다. 오히려 MCU에 모든 장치가 담겨 있기 때문에 적은 가격으로 원하는 회로를 쉽게 구성할 수 있다.

일반적으로 마이크로컨트롤러를 사용하는 장치는 다음과 같이 세 단계에 따라 작동한다.

1. 온도 센서나 압력 센서와 같은 특정한 센서로부터 데이터를 읽는다.
2. 읽은 데이터를 처리해 시스템의 상태를 판단한다.
3. 이렇게 분석한 상태 정보를 토대로 모터와 같은 장치를 제어한다.

1단계에서 센서는 거의 무한대의 값을 받을 수 있다. 이러한 데이터를 아날로그^{analog} 데이
터라고 부른다. 아날로그 데이터를 프로세서에서 처리하려면 먼저 0과 1로 구성된 포맷으
로 변환해야 한다. 이렇게 변환된 데이터가 디지털^{digital} 데이터다. 이러한 기능을 지원하기
위해 최신 MCU들은 대부분 여러 개의 아날로그-디지털 변환기(ADC^{Analog-to-Digital Converter})
를 장착하고 있다.

3단계에서 마이크로컨트롤러는 이 책에서 여러 차례 소개한 PWM^{pulse width modulation}(펄스
폭 변조) 기술을 이용해 장치를 제어한다. 아두이노 메가에서 브러시 모터와 서보모터를
PWM으로 제어하는 방법에 대해서는 이 장의 뒤에서 살펴본다.

ATmega2560

대다수의 아두이노 보드는 아트멜 사의 MCU를 장착하고 있다. 아두이노 메가도 마찬
가지다. 아두이노 메가에서 데이터를 처리하기 위한 용도로 장착한 마이크로컨트롤러는
ATmega2560이다. 표 9.2는 이 프로세서의 주요 특성을 보여준다.

표 9.2 아트멜 사의 ATmega2560 마이크로컨트롤러의 주요 사양

매개변수 이름	매개변수 값
클럭 속도	16MHz
플래시 메모리 용량	256KB
SRAM	8KB
EEPROM	4KB
핀 개수	100
아날로그 변환 해상도	10비트
PWM 해상도	8비트
온도 범위	−40℃ ~ 85℃

여기에 나온 세 가지 메모리의 차이점을 이해할 필요가 있다.

- 플래시^{Flash} 메모리는 프로그램을 저장하는 역할을 하며, 아두이노 메가는 최대 256KB
  의 프로그램을 저장할 수 있다.
- SRAM^{static random access memory}은 프로그램에서 사용하는 임시 데이터를 저장한다.

- EEPROM^{electrically erasable programmable read-only memory}은 설정 사항을 비롯한 여러 가지 매개변수를 저장한다.

전원을 끄면 SRAM 메모리에 담긴 내용이 지워진다. 반면 플래시 메모리와 EEPROM에 저장된 데이터는 전원을 꺼도 그대로 남아있다.

ATmega2560 MCU에는 100개의 핀이 달려 있다. 그중 11개는 전원 핀이고 나머지 89개는 입력 및 출력(I/O) 핀이다. I/O 핀은 여러 가지 역할을 수행한다. MCU로 작업할 때 중요한 부분 중 하나가 이러한 핀의 역할을 설정하는 것이다.

다행히 아두이노 프레임워크에서는 핀을 쉽게 설정하는 기능을 제공한다. ATmega2560의 I/O 핀 중 54개는 아두이노 메가의 헤더를 통해 접근할 수 있으며, 이러한 핀의 작동 방식을 매우 쉽게 설정할 수 있다.

ATmega2560은 전 세계 메이커들이 좋아할 만한 유용한 기능을 다양하게 제공하는데, 직접 보드를 만져보고 프로그램을 작성해봐야 그 진가를 제대로 느낄 수 있다. 다음 절에서는 아두이노 메가에서 프로그램을 작성하는 방법에 대해 알아보자.

9.2 아두이노 메가에서 프로그래밍하기

일반적으로 마이크로컨트롤러에서 프로그래밍하는 과정은 간단하지 않다. 메모리 맵과 주변장치 버스, 인터럽트 벡터, 수많은 데이터 및 제어 레지스터에 대해 자세히 알아야 한다. 또한 기존에 작성한 코드를 새로운 MCU에서 실행하려면 처음부터 다시 코드를 작성해야 한다.

아두이노 프레임워크는 MCU 프로그래밍 과정을 엄청나게 간소화했다는 점에서 혁신적이다. C 프로그래밍 언어에 익숙하다면 아두이노에서 프로그래밍하는 방법을 금방 익힐 수 있다. 또한 작성한 코드를 새로 나온 아두이노 보드에서 구동하고 싶다면 코드를 수정할 필요 없이 그대로 컴파일해서 실행하면 된다.

 노트

이 장에서는 독자들이 C 프로그래밍에 대한 기본은 갖추고 있다고 가정했다. C 프로그래밍에 대해 잘 모르는 독자는 댄 구킨(Dan Gookin)의 『C for Dummies』를 읽어보길 바란다.

이 절에서는 아두이노 프로그램(일명 스케치sketch)을 작성하고, 컴파일하고, 실행하는 방법을 소개한다. 하지만 프로그래밍에 들어가기 전에 먼저 아두이노 환경부터 구축해야 한다.

9.2.1 아두이노 환경 준비하기

아두이노 환경은 다음과 같이 세 가지 요소로 구성된 소프트웨어 패키지다.

- 아두이노 보드와 통신하는 데 필요한 USB 드라이버
- 스케치 코드를 마이크로컨트롤러에서 구동할 수 있는 실행 파일로 변환하는 컴파일러
- 스케치를 작성하고, 편집하고, 컴파일하고, 보드에 올리는 기능을 갖춘 통합 개발 환경
  (IDEintegrated development environment)

아두이노 환경은 http://arduino.cc/en/Main/Software 에서 다운로드할 수 있다.[1]

 노트

이 책을 저술할 당시에는 다음과 같이 두 가지 버전으로 제공됐으며 차이점은 다음과 같다.

- **아두이노 1.0.x**: 안정 버전으로 아두이노 메가와 같은 8비트 프로세서가 장착된 보드를 지원한다.

- **아두이노 1.5.x**: 아두이노 윤Yún이나 아두이노 두에Due 와 같은 32비트 마이크로컨트롤러가 장착된 보드를 지원한다. 이 책을 저술하는 시점에는 베타 버전이므로 '버그가 있거나 비정상적인 동작이 나타날 수 있다.'는 문구가 적혀 있었다.[2]

아두이노 메가에서 프로그램을 작성하려면 아두이노 환경 소프트웨어가 필요하다. 브라우저를 띄우고 http://arduino.cc/en/Main/Software로 가서 자신의 OS에 해당하는 버전을 클릭한 후 다운로드한다.

다운로드가 끝났다면 설치한다. OS마다 설치 과정은 조금씩 차이가 있다.

- 윈도우 시스템에 설치하는 방법은 http://arduino.cc/en/Guide/Windows를 참고한다.

- 맥 OS에 설치하는 방법은 http://arduino.cc/en/Guide/MacOSX를 참고한다.

---

1   이 책을 번역하는 시점에는 1.8.5 버전이 제공되고 있다. – 옮긴이

2   이 책의 저자는 당시 새 버전인 1.5.x가 오랫동안 베타 상태에 있었으며 많은 이들이 이 버전을 만족스럽게 사용했음에도 불구하고 안정적이지 않다고 판단해서 모터 제어용으로 다른 보드를 사용하지 않고 아두이노 메가를 사용했다고 한다. – 옮긴이

- 리눅스에 설치하는 방법은 배포판마다 다르다. 현재 지원되는 배포판 목록과 각각의 설치 방법은 http://playground.arduino.cc/Learning/Linux를 참고한다.

설명을 제대로 따라갔다면, 아두이노 IDE를 띄우는 실행 파일이 생성될 것이다. 그림 9.2는 내 윈도우 7 컴퓨터에서 아두이노 IDE를 띄운 모습을 보여준다.

처음 구동하면 현재 어떤 아두이노 보드를 사용하는지, 또는 이를 어떻게 접속하는지 알수 없다. 따라서 코드 작성에 들어가기 전에 현재 사용하는 보드의 종류를 설정한다. USB로 연결하는 보드에 대한 설정 과정은 다음과 같다.

1. 아두이노 메가 보드를 USB 케이블을 이용해 PC에 연결한다.
2. 아두이노 IDE를 띄운다.
3. 메인 메뉴의 **툴**(Tools) **〉 보드**(Board)에서 **Arduino Mega 2560** 또는 **Mega ADK**를 선택한다.
4. 메인 메뉴의 **툴**(Tools) **〉 포트**(Port)에서 아두이노 메가가 연결된 시리얼 포트를 선택한다. 어느 포트에 연결돼 있는지 알아내는 방법은 OS마다 다르다.
5. 메인 메뉴의 **파일**(File) **〉 다른 이름으로 저장**(Save As)에서 스케치 이름으로 blink를 입력하고 **저장**Save을 클릭한다.

이 과정을 마쳤다면 그림 9.3과 같은 화면이 나타날 것이다.

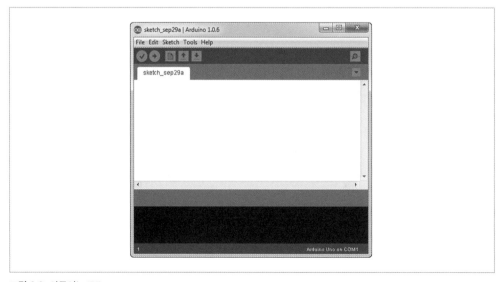

그림 9.2 아두이노 IDE

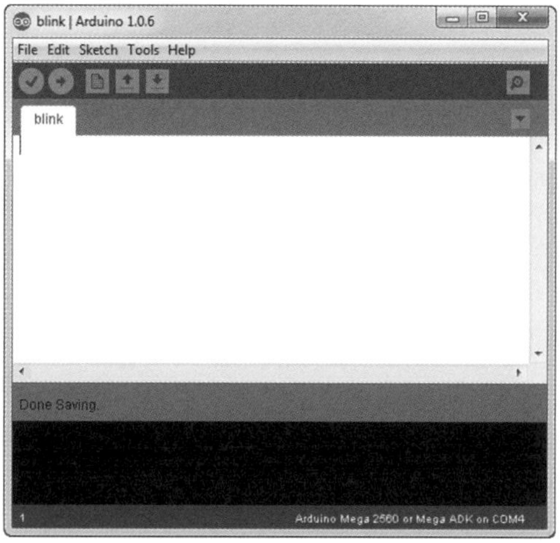

그림 9.3 설정 후 IDE를 띄운 모습

마지막 단계에서 blink.ino란 빈 스케치 파일을 저장했다(*.ino는 아두이노 스케치 파일에 대한 확장자다). 디폴트 설정에 따르면, 이 파일은 사용자 문서 폴더 아래에 있는 Arduino\blink 디렉터리에 저장된다. 예를 들어 내 윈도우 시스템에서 blink.ino 파일은 C:\Users\Matt\My Documents\Arduino\blink 디렉터리에 저장됐다.[3]

9.2.2 아두이노 환경 사용법

보드에 대한 설정 작업이 끝났다면 어려운 부분은 다 끝난 셈이다. 이제 코드를 작성하고 편집기 화면 상단의 버튼에서 제공하는 기능을 활용하면 된다.

개발 과정을 살펴보기 위해 간단한 스케치 코드를 작성한 후 컴파일해서 보드에 올려보자.

코드 9.1 Ch9/blink.ino: LED 깜박이기

```
/* 13번 핀의 전압을 하이(HIGH)와 로우(LOW)로 설정해 그 핀에 연결된 LED가 깜박이게 하는 스케치 */

// 13번 핀에 대한 변수를 지정한다
int led_pin = 13;
```

---

3   맥의 디폴트 경로는 /Users/사용자이름/Documents/Arduino다. – 옮긴이

```
// 시작할 때 13번 핀을 출력 핀으로 설정한다
void setup( ) {
  pinMode( led_pin, OUTPUT);
}

// 13번 핀의 전압을 변경하는 작업을 반복한다
void loop( ) {
  digitalWrite(led_pin, HIGH);   // 핀의 전압을 하이로 설정한다
  delay(1000);                   // 1초 쉰다
  digitalWrite(led_pin, LOW);    // 핀의 전압을 로우로 지정한다
  delay(1000);                   // 1초 쉰다
}
```

코드를 직접 입력하지 않고 책에서 제공하는 blink.ino 스케치를 불러와도 된다. 이 책에 나온 모든 예제 코드는 mfm.zip이란 압축 파일로 제공되며, http://www.motorsformakers.com에서 무료로 다운로드할 수 있다.

파일을 다운로드한 후 압축을 풀면 Ch9 디렉터리 안에서 blink.ino란 파일을 볼 수 있다. 아두이노 개발 환경에서 **파일**(File) ❯ **열기**(Open) 메뉴를 실행해 이 파일을 불러온다.

> **노트**
>
> 코드를 직접 입력해보면 편집기의 좌측 하단 모서리에 있는 숫자가 나타나는데, 이 값은 현재 커서가 있는 줄 번호를 가리킨다. 나는 이 숫자의 의미를 알아내는 데 한참 걸렸다.

코드를 다 입력했다면 이제 아두이노 메가에 맞는 바이너리로 컴파일한다. 편집기 왼쪽 상단 끝에 있는 체크 표시(V) 버튼을 클릭하면 된다. 코드에 에러가 있다면 오렌지색 텍스트로 에러 메시지가 나타나면서 코드에서 그 에러가 처음 발생한 지점도 표시된다. 에러가 없다면 '컴파일 완료(영문 버전은 Done compiling)' 메시지가 표시된다.

컴파일 버튼을 클릭한 후 오른쪽 화살표 모양의 버튼을 클릭하면, 스케치를 다시 컴파일한 후 그 결과로 나온 바이너리를 보드에 올린다. 제대로 올라갔다면 '업로드 완료(영문 버전은 Done uploading)'이란 메시지가 화면에 표시되면서 보드에 올라간 프로그램이 실행된다. 아두이노 메가의 13번 핀에 연결된 LED를 보면 1초간 켜졌다가 다시 1초간 꺼지는 과정을 반복하면서 LED가 깜박이는 것을 볼 수 있다.

9.2.3 아두이노 프로그래밍

아두이노 프로그램은 C 프로그래밍 언어와 동일한 구조 및 문법으로 작성한다. 따라서 각 문장은 세미콜론으로 끝나고 여러 문장을 함수function라 부르는 블록 단위로 묶을 수 있다. 아두이노에서는 C 언어에서 제공하는 기본 자료형(데이터 타입) 중 상당수를 지원하는데, 아두이노 메가 프로그램에서는 주로 int 타입만 사용한다.

아두이노의 스케치 코드는 C와 달리 최상단에 존재하는 main 함수가 없다. 그 대신 스케치 코드는 다음과 같이 세 부분으로 구성된다.

- **전역 변수**global variable: 스케치 코드 전체에서 사용할 변수를 선언하고 초기화한다.
- **setup()**: 보드를 켜거나 리셋할 때 실행할 문장을 담는다.
- **loop()**: setup 함수를 실행한 후에 반복적으로 실행할 문장을 담는다.

지금까지 살펴본 간단한 예제를 통해 아두이노 프로그램의 작동 과정을 확실히 이해할 수 있을 것이다. 코드 9.1에 나온 코드는 13번 핀의 전압을 하이와 로우로 설정하는 작업을 계속 반복하는데, 전압을 변경할 때마다 1초간 쉰다. 코드를 실행하면 13번 핀에 연결된 LED가 깜박인다.

blink 스케치 코드를 이해하려면 아두이노 프레임워크에서 제공하는 여러 가지 함수들을 잘 알아야 한다. 여기서는 그중에서도 디지털 I/O, 타이밍, 아날로그 읽기, 아날로그 쓰기에 관련된 함수만 다룬다. 표 9.3은 이러한 함수를 정리한 것이다.

노트

HIGH와 LOW는 int형 값이다.
HIGH는 1이고 LOW는 0이다.

표 9.3 주요 스케치 함수

카테고리	함수	설명
디지털 I/O	pinMode(int pin_num, int mode_type)	핀의 모드를 INPUT, OUTPUT, INPUT_PULLUP 중 하나로 설정한다.
	digitalRead(int pin_num)	입력 전압에 따라 HIGH나 LOW를 리턴한다.
	digitalWrite (int pin_num, int level)	출력 핀의 전압을 HIGH나 LOW로 지정한다.
타이밍	delay(int time)	밀리세컨드(ms) 단위로 지정한 시간만큼 기다린다.

(이어짐)

카테고리	함수	설명
	delayMicroseconds (int time)	마이크로세컨드(μs) 단위로 지정한 시간만큼 기다린다.
	millis()	프로그램이 구동한 후 현재까지 흐른 시간을 밀리세컨드 단위로 리턴한다.
	micros()	프로그램이 구동한 후 현재까지 흐른 시간을 마이크로세컨드 단위로 리턴한다.
아날로그 읽기	analogReference (int ref_type)	아날로그 입력에 대한 최대 전압을 설정한다.
	analogRead()	입력된 아날로그 전압을 리턴한다.
아날로그 쓰기	analogWrite (int pin_num, int duty_cycle)	원하는 듀티 사이클로 지정한 PWM 펄스를 전달한다.

이 표에 나온 함수의 수는 아두이노 프레임워크에서 제공하는 함수의 절반도 안 된다. 전체 함수를 보고 싶다면 http://arduino.cc/en/Reference/HomePage를 참조한다.

디지털 I/O

앞에서 설명한 바와 같이 아두이노 메가에서 제공하는 핀은 크게 다섯 개의 그룹(전원, 아날로그 입력, 통신, 디지털, PWM)으로 구분한다. 전원 핀을 제외한 나머지 핀은 다음 세 가지 역할 중 하나를 수행한다.

- INPUT: 입력 핀의 디지털 전압 수준(HIGH 또는 LOW)을 digitalRead 함수로 읽을 수 있다.
- INPUT_PULLUP: 입력 핀의 디폴트 상태가 HIGH다.
- OUTPUT: digitalWrite 함수로 출력 핀의 전압을 설정할 수 있다.

핀의 모드는 그 핀이 입력 핀인지 아니면 출력 핀인지를 지정한다. 핀 모드를 지정하려면 pinMode 함수에 두 개의 인수(핀 번호와 원하는 모드)를 지정해 호출하면 된다. 모든 핀에 대한 디폴트 모드는 INPUT이다. 10번 핀을 OUTPUT 핀으로 지정하려면 다음과 같이 호출한다.

```
pinMode(10, OUTPUT);
```

pinMode에서 INPUT이나 INPUT_PULLUP 모드로 지정하고 digitalRead로 핀의 값을 읽으면 그 핀의 전압 수준에 해당하는 int 값을 리턴한다. INPUT 모드로 지정했을 때 핀의 전압이

3V보다 높으면 digitalRead는 HIGH를 리턴하고, 2V 이하면 LOW를 리턴한다. INPUT_PULLUP 모드로 지정했을 때 디폴트 상태에서 digitalRead는 HIGH를 리턴하고, 핀을 그라운드에 연결했다면 LOW를 리턴한다.

pinMode에서 핀 모드를 OUTPUT으로 지정했다면, digitalWrite를 호출해 핀의 전압 수준을 지정할 수 있다. 이 함수는 두 개의 인수(핀 번호와 전압 수준)를 받는다. 두 번째 인수가 HIGH면 digitalWrite는 핀의 전압을 5V로 지정한다. 두 번째 인수가 LOW면 핀의 전압을 0V로 지정한다.

예를 들어 7번 핀에서 읽은 전압 수준을 9번 핀에 지정하려면 다음과 같이 코드를 작성한다.

```
res = digitalRead(7);
digitalWrite(8, res);
```

이 코드를 loop 함수 안에 작성하면, 이 작업을 계속 반복한다. 반면 이 코드를 setup 함수 안에 작성했다면, 프로그램을 구동할 때 단 한 번만 실행한다.

타이밍

아두이노에서 제공하는 타이밍 관련 함수는 이해하기도 쉽고 사용법도 간단하다. 모두 네 개의 함수가 제공되는데, 그중 두 개는 시간을 지연시키는 함수고 나머지 두 개는 프로그램의 구동 시간을 알아낸다.

프로그램에서 digitalWrite 등으로 핀 상태를 변경한 후 일정한 시간 동안 그 상태를 유지하고 싶다면, delay나 delayMicroseconds 함수를 호출하면 된다.

예를 들어 blink 애플리케이션에서는 13번 핀의 전압을 HIGH에서 LOW로 전환한 후 다시 반대로 바꾼다. 전압이 매번 변경될 때마다 delay 함수를 호출해 1초간 그 상태를 유지한다. 이를 코드로 표현하면 다음과 같다.

```
delay(1000);
```

delay를 호출하면 지정한 시간이 지날 때까지 그 뒤에 나온 문장이 실행되지 않는다. 이 함수의 인수는 기다릴 시간을 밀리세컨드 단위로 지정한다. 예를 들어 인수를 250으로 지정했다면 1/4초 동안 실행되지 않는다.

대다수 애플리케이션에서 밀리세컨드는 매우 긴 시간이다. 이럴 때는 delay 대신 delayMicroseconds를 사용한다. 이 함수 역시 기다릴 시간을 인수로 지정하며 단위는 마이크로세컨드다. 마이크로세컨드는 1/1000밀리세컨드다. 따라서 delayMicroseconds(500)을 호출하면 500마이크로세컨드(1/2밀리세컨드, 0.0005초) 동안 기다린다.

스케치 코드에서 loop 함수는 전원을 끌 때까지 계속 반복해서 실행된다. 다시 말해 loop 함수를 멈추거나 빠져나올 수 없다. 일정한 시간 동안만 코드를 실행하고 싶다면 millis나 micros 함수를 활용해 작성한다. 이 함수는 프로그램이 현재까지 실행한 시간을 각각 밀리세컨드와 마이크로세컨드 단위로 리턴한다.

millis를 이용해 코드를 작성하는 예를 살펴보자. 13번 핀을 첫 5초 동안은 HIGH로 유지하고, 다음 5초 동안은 LOW로 유지한 후 다시 HIGH로 돌아오게 하려면 다음과 같이 작성할 수 있다.

```
if (millis() < 5000)
  digitalWrite(13, HIGH);
else if (millis() < 10000)
  digitalWrite(13, LOW);
else
  digitalWrite(13, HIGH);
```

micros 함수를 이용하면 시간을 좀 더 세밀하게 측정할 수 있다. 이 기능은 다른 장치와 통신하거나 장치를 제어할 때 특히 유용하다.

아날로그 읽기

아두이노에서는 센서나 다른 아날로그 장치로부터 데이터를 읽기 위한 용도로 analogReference와 analogRead 함수를 제공한다.

아날로그 신호로 입력할 수 있는 값은 무한하지만, 아두이노 메가의 핀에서는 무한대의 수를 읽을 수 없다. 따라서 아날로그 데이터를 읽는 스케치를 작성할 때 보드에서 읽을 수 있는 최대 전압을 알아야 한다.

아두이노 메가의 디폴트 값에 따르면 최대 5V의 아날로그 전압을 읽을 수 있다. 다시 말해 0V에서 5V 사이의 아날로그 입력만 읽을 수 있다. 이러한 최대 전압값은 analogReference 함수로 변경할 수 있는데, 이 함수의 인수는 다음과 같은 네 가지 값으로 지정한다.

- DEFAULT: 디폴트 값은 5V다.
- INTERNAL1V1: 최대 1.1V
- INTERNAL2V56: 최대 2.56V
- EXTERNAL: 최대 전압은 AREF 핀의 전압으로 설정한다.

보드가 그림 9.1처럼 구성돼 있다면, 상단 헤더 왼쪽 끝의 핀이 AREF다. analogReference 의 인수로 EXTERNAL을 지정해 호출하면, 보드의 아날로그 핀은 0V에서 AREF 전압 사이의 전압만 읽을 수 있다. 참고로 AREF는 반드시 0V와 5V 사이의 값으로만 지정해야 한다.

analogRead는 digitalRead와 마찬가지로 전압을 읽을 핀 번호를 인수로 받아서 int 값을 리턴한다. 하지만 다음과 같이 두 가지 점이 다르다.

- analogRead는 0에서 1023 사이의 int 값을 리턴한다. 여기서 0은 0V를, 1023은 최대 전압을 의미한다.
- analogRead는 아날로그 입력으로 설정된 핀에 대해서만 호출할 수 있다. 그림 9.1에서 보는 바와 같이 아두이노 메가는 16개의 아날로그 입력 핀(A0-A15)이 있다.

예제 코드를 보면 정확히 이해할 수 있다. A5 핀에서 아날로그 전압을 읽으려면 다음과 같이 코드를 작성한다.

```
analog_v = analogRead(A5);
```

또한 아날로그 입력 핀은 디지털 I/O 함수(digitalRead나 digitalWrite)로도 접근할 수 있다. 예를 들어 다음과 같이 작성하면 A5 핀에 대한 디지털 전압 수준을 읽을 수 있다.

```
digital_v = digitalRead(A5);
```

디지털 핀과 마찬가지로 아날로그 입력 핀에 대한 디폴트 모드도 INPUT이다. pinMode 함수를 이용해 OUTPUT이나 INPUT_PULLUP 모드로 변경할 수 있다.

아날로그 쓰기

analogWrite 함수는 매우 중요하기 때문에 별도의 절을 할당해 설명한다. 내가 이 함수를 처음 봤을 때는 마이크로컨트롤러에 정수 값을 실제 아날로그 출력 값으로 변환하는 디지털-아날로그 변환기(DAC^{digital-to-analog converter})가 달려 있는 줄 알았다. 아쉽게도 아두이노 메가에는 DAC가 달려 있지 않으므로 진짜 아날로그 값을 생성할 수 없다.

그 대신 아두이노 메가에서 analogWrite를 호출하면 PWM 포맷의 펄스열을 생성한다. 2장, '기초 이론'에서 설명한 바와 같이 PWM은 대다수 DC 모터를 제어하기 위한 기본 메커니즘이다. PWM 신호에 있는 펄스들의 높이와 주기는 모두 같지만, 펄스의 폭이 달라진다. 한 주기에서 펄스 폭이 차지하는 비율을 듀티 사이클^{duty cycle}이라 부른다.

PWM 신호를 생성하려면 analogWrite에 다음과 같은 두 가지 인수를 지정해 호출한다.

- **핀 번호**: analogWrite는 특정한 핀(아두이노 메가에서는 2-13번과 44-46번 핀)에 대해서만 호출할 수 있다. 아날로그 입력 핀에 대해서는 호출할 수 없다.
- **듀티 사이클**: 한 주기에 대한 펄스의 폭을 지정한다. 0(항상 오프^{off})에서 255(항상 온^{on}) 사이의 값을 지정한다.

코드 9.2는 analogWrite로 펄스를 생성하는 방법을 보여준다.

코드 9.2 Ch9/pwm.ino: 펄스 폭 변조

```
/* 듀티 사이클이 0%, 25%, 50%, 75%일 때의 PWM 신호를 생성하는 스케치 */

// 13번 핀에 대한 변수를 할당한다
int pwm_pin = 13;
```

```
// 13번 핀을 출력 핀으로 설정한다
void setup( ) {
  pinMode(pwm_pin, OUTPUT);
}

// 듀티 사이클을 25%에서 75% 사이로 변경한다
void loop( ) {
  analogWrite(pwm_pin, 0);      // 듀티 사이클을 0%로 지정한다
  delay(1000);                  // 1초 쉰다
  analogWrite(pwm_pin, 64);     // 듀티 사이클을 25%로 지정한다
  delay(1000);                  // 1초간 쉰다
  analogWrite(pwm_pin, 128);    // 듀티 사이클을 50%로 지정한다
  delay(1000);                  // 1초간 쉰다
  analogWrite(pwm_pin, 192);    // 듀티 사이클을 75%로 지정한다
  delay(1000);                  // 1초간 쉰다
}
```

이 스케치 코드의 setup 함수에서 13번 핀을 OUTPUT 모드로 지정했다. loop 함수에서는 analogWrite 함수를 네 번 호출했는데, 각각 듀티 사이클을 0%, 25%, 50%, 75%로 지정했다. 이렇게 하면 13번 핀에 연결된 LED의 밝기가 변한다. 듀티 사이클이 변할 때마다 1초씩 쉰다. 그림 9.4는 이렇게 생성된 펄스의 형태를 보여준다.

펄스의 주기는 보드마다 다르다. 때로는 같은 보드에서도 핀마다 달라지기도 한다. 내가 아두이노 메가 보드에서 테스트한 바로는 2, 3, 5-12번 핀의 주기는 2.05ms였다. 4번과 13번 핀의 주기는 1.025ms였다. 다시 말해 2번과 3번 핀에 대한 PWM 주파수는 488Hz고 4번과 13번 핀에 대한 PWM 주파수는 976Hz다.

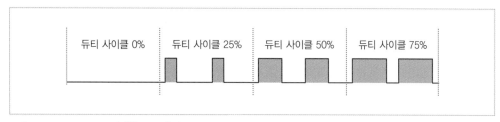

그림 9.4 analogWrite로 변경한 PWM 출력

아두이노 메가에서는 특수한 코드로 PWM 주기를 변경할 수 있다. 구체적인 방법은 이 책에서 다루지 않으며 웹에 나온 다양한 문서를 참조하길 바란다.

9.3 아두이노 모터 실드

아두이노 메가에서 제공하는 기능이 풍부하긴 하지만, 모터를 제어하기에는 좀 부족하다. 모터의 방향을 바꾸기 위한 H 브릿지도 없다. 따라서 아두이노 메가로 모터를 제대로 제어하기 위해서는 아두이노 모터 실드^{arduino motor shield}를 사용해야 한다.

아두이노 용어로 실드^{shield}는 아두이노 보드 위에 추가로 장착하는 회로 보드를 가리킨다. 아두이노 장치를 위한 다양한 종류의 실드들이 나와 있는데, 무선 통신을 위한 것도 있고 GPS 추적이나 MP3 재생을 위한 실드도 있다. 모터 실드는 모터를 제어하는 데 필요한 장치를 갖추고 있으며, 그림 9.5처럼 생겼다.

아두이노 모터 실드에는 다양한 종류의 모터를 지원하기 위해 연결 장치가 많이 달려 있어서 좀 복잡해 보인다. 이 절에서는 먼저 아두이노 모터 실드의 작동 방식에 대해 살펴본 후, 이를 이용해 특정한 모터를 제어하는 방법을 소개한다.

9.3.1 전원

모터 실드에 달린 논리 장치들은 아두이노 메가로부터 전원을 공급받지만, 모터를 돌리기에는 부족하다. 그래서 모터 실드에 별도의 전원 단자가 달려 있다. 그림의 왼쪽 하단에 있는 나사들 중에 Vin과 GND라고 적힌 것이 전원 단자다. Vin은 모터당 2A의 전류와 7~12V의 전압을 받을 수 있다.

Vin을 하이로 설정할 때 실드의 전원이 아두이노 메가에 영향을 주지 않도록 주의해야 한다. 공식 가이드에서는 실드의 뒷면에 있는 'Vin Connect' 점퍼를 제거할 것을 권장한다. 나는 실드의 (POWER 헤더의 오른쪽 끝에 있는) Vin 핀이 아두이노 메가에 닿지 않도록 구부릴 것을 권장한다.

Vin과 GND 나사 단자 위를 보면 네 개의 출력 전력 단자가 더 달려 있다. 이 단자를 통해 두 개의 브러시 모터 또는 한 개의 스테퍼 모터에 전원을 공급할 수 있다. 구체적인 방법은 뒷 절에서 소개한다.

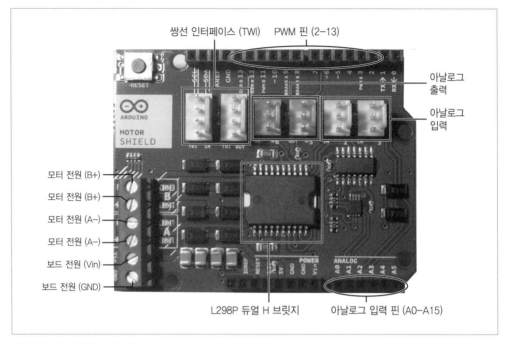

그림 9.5 아두이노 모터 실드 (v1.1)

9.3.2 L298P 듀얼 H 브릿지 연결 단자

3장, 'DC 모터'에서 H 브릿지는 네 개의 스위치를 통해 모터에 흐르는 전류의 방향을 반대로 바꿀 수 있다고 설명한 바 있다. 모터 실드에는 L298P 집적 회로 형태의 H 브릿지가 두 개나 달려 있다. 이 칩은 바이폴라(쌍극) 접합 트랜지스터(BJT^bipolar junction transistor)를 스위치로 사용하며 그림 9.6에서 보는 바와 같이 첫 번째 H 브릿지가 실드의 신호에 연결돼 있다.

회로가 복잡하지만 핵심은 모터의 출력(MOT_A+와 MOT_A-)에 전력을 전달하는 것이다. 모터를 정방향^forward으로 회전시키려면 MOT_A+를 Vin에 연결하고 MOT_A-를 GND에 연결한다. 반대로 회전시키려면 MOT_A+에 GND를, MOT_A-에 Vin을 연결한다.

PWM_A 신호는 아두이노 메가 보드로부터 PWM 펄스를 받는다. 이 신호가 하이면 회로는 정상적으로 작동한다. 이 신호가 로우면 스위치의 입력에 전압이 공급되지 않기 때문에 MOT_A+와 MOT_A-는 연결되지 않은 상태에 머무른다.

PWM_A가 하이면 네 개 스위치의 상태는 DIR_A와 BRAKE_A로 제어한다. DIR_A가 하이면 S_0은 MOT_A+를 Vin에 연결한다. DIR_A가 로우면 S_2는 MOT_A+를 GND에 연결한다.

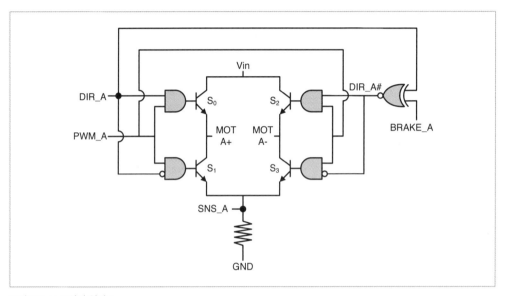

그림 9.6 H 브릿지 연결도

회로도의 오른쪽을 보면 BRAKE_A가 회로에 어떤 작용을 하는지 알 수 있다. BRAKE_A가 로우면 DIR_A#은 DIR_A의 역inverse이다. 다시 말해 MOT_A+를 Vin에 연결하면 MOT_A−는 GND에 연결되고, MOT_A−를 Vin에 연결하면 MOT_A+는 GND에 연결된다.

하지만 BRAKE_A가 하이면 DIR_A#은 DIR_A와 같다. 따라서 MOT_A+와 MOT_A−는 항상 같은 소스에 연결된다. MOT_A+와 MOT_A−의 전압 차이는 0이므로, 모터에 전류가 흐르지 않아서 모터가 멈춘다.

모터를 제대로 제어하려면 그림 9.6에 나온 신호와 아두이노 메가의 핀의 관계를 정확히 알아야 한다. 표 9.4는 모터의 신호에 해당하는 아두이노 메가의 핀을 보여준다.

표 9.4 모터 신호와 아두이노 핀

모터 신호	아두이노 메가 핀	설명
DIR_A	12	모터 A의 방향을 제어한다.
DIR_B	13	모터 B의 방향을 제어한다.
PWM_A	3	모터 A의 PWM 신호
PWM_B	11	모터 B의 PWM 신호
BRAKE_A	9	하이면 모터 A를 멈춘다.
BRAKE_B	8	하이면 모터 B를 멈춘다.
SNS_A	A0	모터 A에 대한 전류 센싱
SNS_B	A1	모터 B에 대한 전류 센싱

9.3.3 브러시 모터 제어

듀얼 H 브릿지의 연결 관계에 따른 모터 제어의 작동 방식을 정확히 이해하기 위해 예제 하나를 살펴보자. 코드 9.3은 브러시 DC 모터를 제어하는 코드로서 모터는 모터 실드의 MOT_A+와 MOT_A– 나사 단자에 전선으로 연결돼 있다.

코드 9.3 Ch9/brushed.ino: 브러시 DC 모터 제어

```
/* 브러시 모터를 제어하는 스케치. 75%의 듀티 사이클로 정방향으로 회전하다가 멈춘다.
    그리고 나서 다시 역방향으로 75%의 듀티 사이클로 회전한 후 멈춘다 */

// 모터 제어핀에 대한 변수 선언
int dir_a = 12;
int pwm_a = 3;
int brake_a = 9;

// 모터 제어핀을 출력 모드로 설정한다
void setup( ) {
  pinMode(dir_a, OUTPUT);
  pinMode(pwm_a, OUTPUT);
  pinMode(brake_a, OUTPUT);
}

// 모터에 전력 공급하기
```

```
void loop( ) {
  // 모터를 정방향으로 75%의 듀티 사이클로 회전시킨다
  digitalWrite(brake_a, LOW);
  digitalWrite(dir_a, HIGH);
  analogWrite(pwm_a, 192);
  delay(2000);

  // 모터를 1초간 멈춘다
  digitalWrite(brake_a, HIGH);
  delay(1000);

  // 모터를 역방향으로 75%의 듀티 사이클로 회전시킨다
  digitalWrite(brake_a, LOW);
  digitalWrite(dir_a, LOW);
  analogWrite(pwm_a, 192);
  delay(2000);

  // 모터를 1초간 멈춘다
  digitalWrite(brake_a, HIGH);
  delay(1000);
}
```

loop( ) 함수에 있는 코드가 실행되면 DIR_A는 1로, PWM_A는 192로 설정된다. 이렇게 하면 모터는 정방향으로 75%의 듀티 사이클로 회전한다. 일정한 시간만큼 멈춘 후 DIR_A는 0으로, PWM_A는 192로 설정한다. 그러면 모터는 역방향으로 75%의 듀티 사이클로 회전한다.

9.4 스테퍼 모터 제어

스테퍼 모터는 이 책에서 소개한 여러 가지 모터 중에서도 가장 이해하기 쉬운 모터며, 일정한 각도만큼만 회전하고 멈춘다. 반면 제어하는 것은 간단하지 않다. 바이폴라 스테퍼는 신호를 받는 선이 네 개고, 유니폴라 스테퍼는 선이 여섯 개나 달려 있다.

모터 실드를 사용하면 스테퍼를 직관적으로 제어할 수 있다. 모터 실드가 이러한 목적에 맞게 제작됐을 뿐만 아니라, 아두이노에서 제공하는 무료 소프트웨어를 통해 쉽게 스케치를 작성할 수 있기 때문이다. 이러한 소프트웨어는 라이브러리library 형태의 패키지로 제공되는데, 이 절에서는 먼저 스테퍼 라이브러리를 받아서 사용하는 방법부터 살펴보자.

9.4.1 스테퍼 라이브러리

아두이노 개발 환경을 설치하면 스트림Stream과 시리얼Serial 함수를 제외한 40여 가지의 함수를 호출할 수 있다. 이렇게 개발 환경에 라이브러리를 추가하는 방식으로 현재 환경에서 사용할 수 있는 기능들을 확장할 수 있다. 예를 들어 어떤 라이브러리는 SPIserial peripheral interface 버스를 통해 통신하는 기능을 제공하고, 또 어떤 라이브러리는 LCDliquid crystal display를 제어하는 함수로 구성돼 있다.

http://arduino.cc/en/Reference/Libraries에 가면 현재 어떤 라이브러리들이 제공되고 있는지 볼 수 있다. 이러한 라이브러리는 크게 표준 라이브러리standard library와 확장 라이브러리contributed library로 구분할 수 있다. 확장 라이브러리는 직접 다운로드해서 아두이노 환경에 설치해야만 쓸 수 있다. 표준 라이브러리는 따로 다운로드해 설치할 필요 없이 아두이노 환경에서 기본적으로 포함돼 제공된다.

표준 라이브러리에 있는 함수를 사용해보기 위해, 먼저 개발 환경의 에디터에 스케치 파일을 하나 띄운다. 그러고 나서 메인 메뉴에서 **스케치**(Sketch) ❯ **라이브러리 포함하기**(Import Library)로 이동한 후 원하는 라이브러리를 선택하면 된다. 이 절에서는 스테퍼Stepper 라이브러리를 사용하므로 Stepper를 선택한 후 코드의 앞부분에 다음과 같이 문장을 작성한다.

```
#include <Stepper.h>
```

스케치에 이 문장을 작성한 후에는 스테퍼 라이브러리에 속한 함수를 호출할 수 있다. 표 9.5는 이 라이브러리에서 제공하는 함수들을 정리한 것이다.

표 9.5 스테퍼 라이브러리의 함수들

함수	설명
Stepper(int steps_per_rev, int pin1, int pin2)	인수로 지정한 회전당 스텝 수와 연결 핀에 대한 Stepper 오브젝트를 리턴한다.
Stepper(int steps_per_rev, int pin1, int pin2, int pin3, int pin4)	인수로 지정한 회전당 스텝 수와 연결 핀에 대한 Stepper 오브젝트를 리턴한다.
setSpeed(int rpm)	스테퍼의 속도를 분당 회전 수 단위로 설정한다.
step(int steps)	스테퍼가 회전할 스텝 수를 지정한다.

클래스와 오브젝트의 개념만 알고 있으면 쉽게 함수를 사용할 수 있다. 클래스와 오브젝트의 개념을 모르는 독자를 위해 먼저 객체 지향 이론에 대해 간략히 소개한 후 표 9.5에 나온 함수를 사용하는 방법에 대해 설명한다.

오브젝트와 클래스

표 9.5의 첫 번째와 두 번째 함수는 이 장에서 소개한 다른 함수와 좀 다르다. 이 함수들은 setup이나 loop 메소드(함수)에서 호출하지 않고, 새로운 전역 변수를 생성하기 위한 용도로 사용한다. 따라서 Stepper 함수는 setup 함수보다 앞에 나와야 한다.

Stepper 함수로 생성한 변수의 타입(자료형)은 int나 float가 아닌 Stepper 타입이다. 구체적으로 설명하면, Stepper는 클래스class며 Stepper 메소드를 통해 생성되는 모든 변수는 오브젝트object, 객체다. 객체 지향 프로그래밍OOP, object-oriented programming은 상당히 방대한 분야로서, 여기에 대해 설명하는 책도 엄청나게 많이 나와 있다. 하지만 아두이노 개발에 필요한 이론은 다음과 같은 네 가지만으로 충분하다.

- 모든 오브젝트는 생성자constructor라 부르는 함수를 통해 생성된다. 클래스에 여러 개의 생성자가 정의돼 있을 수 있으며, 생성자의 이름은 항상 클래스 이름과 같다.
- 오브젝트는 자체적으로 변수를 가질 수 있다. 이러한 변수를 멤버 변수member variable라 부른다.
- 오브젝트는 자체적으로 함수를 가질 수 있다. 이러한 함수를 멤버 함수member function라 부른다.
- 오브젝트의 멤버 변수와 멤버 함수에 접근하려면 오브젝트 이름 뒤에 점(.)을 붙인 후에 원하는 변수나 함수의 이름을 적는다.

표 9.5에서 처음 나오는 두 함수는 생성자고 그 뒤에 나오는 두 함수는 멤버 함수다. 예를 들어 표에 나온 첫 번째 생성자로 Stepper 오브젝트를 생성한 후, loop 함수에서 이 오브젝트에 속한 멤버 함수 하나를 호출하는 코드를 작성하면 다음과 같다.

```
Stepper s = Stepper(200, 6, 5);
...
loop( ) {
  ...
  s.step(1);
  ...
}
```

첫 번째 줄에서 Stepper 생성자를 호출했다. 일반 함수와 마찬가지로 생성자도 인수를 받아서 하나의 값을 리턴한다. 여기서 리턴 값은 Stepper 오브젝트로서 변수 s에 저장했다.

이 오브젝트에는 두 개의 멤버 함수(setSpeed와 step)가 있다. 코드에서 오브젝트 s의 멤버 함수인 step을 loop 안에서 호출했다. s와 step 사이의 점은 이 함수가 s의 멤버임을 나타낸다. 멤버 함수를 호출할 때는 반드시 자신이 속한 오브젝트를 함께 지정해야 한다.

스테퍼 함수

앞에 나온 두 가지 Stepper 생성자는 모두 첫 번째 인수로 모터가 완전히 한 바퀴 도는 데 필요한 스텝의 수를 지정한다. 예를 들어 한 번에 1.8°씩 회전하는 스테퍼에서 완전히 한 바퀴 회전하기 위해 필요한 스텝의 수는 360°/1.8° = 200이다. 생성자에 이 값을 int 타입으로 지정했다.

그 뒤에 나오는 생성자의 인수는 스테퍼 모터를 제어하는 핀을 지정한다. 모터의 종류에 따라 두 개 또는 네 개의 핀을 지정한다.

Stepper 오브젝트를 생성한 후에는 setSpeed로 원하는 모터의 속도를 지정한다. 회전당 스텝 수와 분당 회전수를 이용하면 스텝 사이의 지연 시간을 계산할 수 있다.

예를 들어 완전히 한 바퀴 도는 데 150 스텝이 필요한 모터에 setSpeed로 분당 회전수에 대한 인수를 20으로 지정해서 호출했다면, 분당 150 × 20 = 3000 스텝 또는 초당 50 스텝으로 회전한다. 이때 스텝 사이의 지연 시간은 1/50 = 0.02초다.

표의 마지막에 나오는 **step** 함수는 모터가 회전할 스텝의 수를 인수로 지정한다. 이 값을 1로 지정하면 모터는 한 스텝만 회전한 후 리턴한다. 이 값을 1보다 큰 수로 지정하면 모터는 여러 스텝을 회전한다. 이때 프로그램은 지정한 스텝을 모두 회전하고 나서야 멈춘다. 이 값을 음수로 지정하면 역방향으로 회전한다.

9.4.2 스테퍼 모터 제어하기

4장, '스테퍼 모터'에서 설명한 바와 같이, 스테퍼 모터는 바이폴라와 유니폴라로 구분된다. 각각의 특성을 간단히 복습하면 다음과 같다.

- 바이폴라 스테퍼의 선은 네 개다. 유니폴라 모터는 다섯 개 또는 여섯 개의 선이 달려 있다.
- 바이폴라 스테퍼를 제어하려면 두 개의 H 브릿지가 필요하다. 유니폴라 스테퍼는 이보다 적은 수의 브릿지로 제어할 수 있다.
- 바이폴라 스테퍼는 모터에 달린 권선을 모두 활용하기 때문에 훨씬 효율적이다.

바이폴라 스테퍼의 단점은 H 브릿지가 두 개나 필요하다는 것이다. 하지만 모터 실드에 달린 L298P에 H 브릿지가 두 개 있기 때문에 이 문제는 쉽게 해결할 수 있다. 따라서 여기서는 바이폴라 스테퍼를 제어하는 방법을 소개한다. 유니폴라 스테퍼도 여기서 설명하는 것과 비슷한 방식으로 제어할 수 있다. 단지 센터 탭 연결 부분만 무시하고, 나머지 선을 바이폴라 스테퍼와 비슷한 방식으로 연결하기만 하면 된다.

두 종류의 스테퍼 모터는 모두 두 개의 위상(A/A'와 B/B')으로 구성된다. 그림 9.7은 각각의 위상이 모터의 권선과 외부에 어떻게 연결되는지 보여준다.

앞에 나온 그림 9.6에 따르면 A와 A'는 모터 실드의 왼쪽 하단 모서리에 있는 나사 단자 중에서 MOT_A+와 MOT_A-에 연결해야 한다. 마찬가지로 B와 B'는 MOT_B+와 MOT_B-에 연결한다. 그림 9.5에서는 이러한 연결 단자를 모터 전원(A+), 모터 전원(A-), 모터 전원(B+), 모터 전원(B-)로 표시했다.

 노트

여러분이 실제로 사용하는 스테퍼의 전선 색깔이 그림 9.7과 다르다고 걱정할 필요는 없다. 저항을 측정하면 어느 선끼리 묶어야 할지 쉽게 알아낼 수 있다. 또한 A/A' 자리에 B/B'를 연결해도 스테퍼가 회전하는 데는 문제없다.

두 개 H 브릿지의 출력은 12번 핀과 13번 핀에 해당하는 DIR_A와 DIR_B에 따라 결정된
다. 따라서 이 핀 번호를 Stepper 오브젝트의 인수에 지정한다. 지금까지 설명한 과정을 코
드로 표현하면 코드 9.4와 같다.

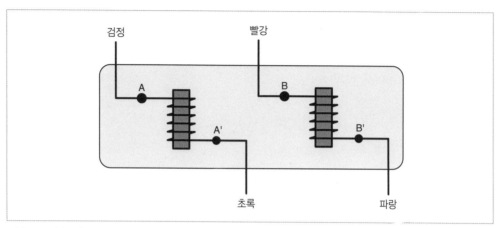

그림 9.7 바이폴라 스테퍼의 회로 연결도

코드 9.4 Ch9/stepper.ino: 스테퍼 모터 제어

```
/* 바이폴라 스테퍼 모터를 제어하는 스케치
정방향으로 10 스텝 회전하고, 역방향으로 10 스텝 회전한다
스텝 수/회전수 값은 200으로 지정하고(1.8도/스텝)
속도는 10RPM으로 지정한다
*/

#include <Stepper.h>

// 핀 번호 지정하기
int pwm_a = 3;
int pwm_b = 11;
int dir_a = 12;
int dir_b = 13;

// 스테퍼 오브젝트 생성하기
Stepper s = Stepper(200, dir_a, dir_b);
```

```
void setup() {
  // 속도(분당 회전수)를 10으로 설정
  s.setSpeed(10);

  // 두 개의 H 브릿지를 온 상태로 유지하기
  pinMode(pwm_a, OUTPUT);
  pinMode(pwm_b, OUTPUT);
  digitalWrite(pwm_a, HIGH);
  digitalWrite(pwm_b, HIGH);
}

void loop() {
  // 정방향으로 10스텝 회전
  s.step(10);
  delay(1000);

  // 역방향으로 10스텝 회전
  s.step(-10);
  delay(1000);
}
```

스케치에서는 DIR_A와 DIR_B뿐만 아니라 PWM_A와 PWM_B 값도 지정했다. 이 값을 하이 상태로 설정해야 두 H 브릿지가 정상적으로 작동한다. 스테퍼를 제어할 때는 PWM 신호를 지정하거나 브레이킹을 할 필요가 없다.

9.5 서보모터 제어

5장, '서보모터'에서 서보에 관련된 다양한 주제를 소개하면서 메이커가 흔히 사용하는 취미용(하비스트용) 서보는 컨트롤러에 피드백을 제공하지 않는다고 설명한 바 있다. 이 절에서는 아두이노 모터 실드를 통해 이러한 취미용 서보를 제어하는 방법을 소개한다. 먼저 서보 라이브러리와 이 라이브러리에서 제공하는 함수를 살펴본 후, 서보를 제어하는 코드를 작성한다.

9.5.1 서보 라이브러리

앞에서 본 스테퍼 라이브러리와 마찬가지로, 서보Servo 라이브러리도 표준 라이브러리다. 따라서 아두이노 환경에 기본적으로 설치돼 있다. 이 라이브러리를 스케치에서 사용하려면, 메인 메뉴에서 **스케치**(Sketch) **〉 라이브러리 포함하기**(Import Library)로 가서 Servo를 선택한다. 그러고 나서 다음과 같이 라이브러리를 불러오는 문장을 스케치에 작성한다.

```
#include <Servo.h>
```

스테퍼 라이브러리에 Stepper란 클래스가 정의돼 있듯이, 서보 라이브러리에도 Servo란 클래스가 있다. 이 클래스에는 표 9.6과 같은 메소드가 정의돼 있다.

표 9.6 서보 라이브러리의 함수들

함수	설명
attach(int pin)	인수로 지정한 핀과 서보 오브젝트를 연결한다.
attach(int pin, int min, int max)	인수로 지정한 핀과 서보 오브젝트를 연결하고, 펄스 폭을 min과 max 인수로 지정한 서보 각도에 맞게 설정한다.
attached( )	서보가 핀에 연결돼 있으면 1을, 아니면 0을 리턴한다.
detach( )	서보 오브젝트와 핀의 연결 관계를 끊는다.
write(int angle)	서보의 각도 위치를 설정한다.
writeMicroseconds(int time)	서보로 전달할 신호의 펄스 폭을 설정한다.
read( )	가장 최근에 서보에 지정한 각도를 리턴한다.

여기에 나온 함수 중에는 생성자가 없다. 따라서 이 함수로는 Servo 오브젝트를 생성할 수 없다. 대신 변수를 선언하는 것처럼 Servo 오브젝트를 선언할 수 있다. 코드로 표현하면 다음과 같다.

```
Servo sv;
```

Servo 오브젝트는 반드시 모터에 PWM 제어 신호를 보낼 핀과 연결해야 한다. 이러한 연결 관계는 attach 함수로 지정하며, 인수를 하나만 지정할 수도 있고 세 개를 지정할 수도 있다.

서보의 샤프트를 제어할 때, 최소 회진각(주로 0°)은 최소 펄스 폭으로, 최대 회전각(주로 180°)은 최대 펄스 폭으로 지정한다. attach 함수에 하나의 인수(PWM 핀 번호)만 지정하면 최소 펄스 폭은 544로, 최대 펄스 폭은 2400으로 지정된다.

attach 함수에 세 개의 인수를 지정하면, 첫 번째 인수는 PWM 핀 번호를, 두 번째 인수는 최소 펄스 폭을, 세 번째 인수는 최대 펄스 폭을 지정한다. 예를 들어, Servo 오브젝트인 sv 를 8번 핀과 연결하고 최소와 최대 펄스 폭을 900과 2100으로 지정하려면 다음과 같이 작성한다.

```
sv.attach(8, 900, 2100);
```

Servo 오브젝트에 핀을 연결했다면, 모터의 샤프트 각도를 write나 writeMicroseconds로 지정할 수 있다. write 함수는 지정할 각도를 도^{degree} 단위의 값으로 받으며, 이에 해당하는 펄스 폭은 알아서 계산한다. 원하는 펄스 폭을 알고 있다면, writeMicroseconds 함수로 그 값을 밀리세컨드 단위로 지정한다.

9.5.2 서보모터 제어하기

5장에서 설명한 바와 같이, 취미용 서보모터는 대체로 다음과 같은 세 개 선이 달려 있다.

- **전원**: 5-6V의 전압으로 모터에 전력을 공급한다(주로 빨간색 선으로 돼 있다).
- **신호**: PWM 신호로 서보를 제어한다.
- **그라운드**: 그라운드를 제공한다(주로 검은색 선으로 돼 있다).

그림 9.5를 보면 모터 실드에 아날로그 (PWM) 출력이란 이름으로 두 개의 오렌지색 단자 가 있다. 이 단자마다 핀이 세 개 있는데 전원, PWM 제어, 그라운드 순서로 나와 있다.

아쉽게도 내가 사용하는 취미용 서보는 PWM 제어 신호가 가장 앞에 있고, 이어서 전원과 그라운드가 나와 있었다. 그러므로 서보모터의 선을 분리해서 각각을 모터 실드의 헤더 단자에 직접 연결해야 했다.

코드 9.5는 6번 핀에 연결된 PWM 제어 선으로 서보모터를 제어하는 코드를 보여준다.

코드 9.5 Ch9/servo.ino: 서보모터 제어

```
/*
취미용 서보모터를 제어하는 스케치
샤프트를 정방향으로 180도 회전한 후 역방향으로 180도 회전한다
*/

#include <Servo.h>

Servo sv;        // Servo 오브젝트
int angle;       // 서보의 각도 위치

void setup() {
  // Servo 오브젝트를 6번 핀에 연결한다
  sv.attach(6, 800, 2200);
}

void loop() {
  // 0도에서 180도로 회전
  for(angle = 0; angle < 180; angle += 1) {
    sv.write(angle);
    delay(10);
  }

  // 180도에서 0도로 회전
  for(angle = 180; angle >= 1; angle -= 1) {
    sv.write(angle);
    delay(10);
  }
}
```

여기서 최소 각도는 펄스 폭 800마이크로세컨드에 해당하고, 최대 각도는 펄스 폭 2,200 마이크로세컨드에 해당한다. 이 값은 attach 함수로 지정했다.

9.6 요약

8장까지는 모터 이론을 소개했다. 이제 실제 장치를 이용해 모터를 직접 제어해볼 시점이다. 모터 제어 시스템을 구축하려면 상당한 비용이 드는데, 아두이노 메가와 아두이노 모터 실드를 이용하면 저렴하면서도 사용하기 쉬운 시스템을 만들 수 있다. 여기에 아두이노 프로그래밍 환경을 이용하면 원하는 모터 제어 스케치를 작성해서 실행하는 데 채 한 시간도 안 걸린다.

아두이노 메가에서 가장 핵심적인 장치는 ATmega2560 마이크로컨트롤러다. 하나의 칩 안에 ROM, RAM을 비롯한 아두이노 스케치를 실행하는 데 필요한 장치가 모두 담겨 있지만, 모터를 제어하기에는 기능이 부족하다.

한편 아두이노 모터 실드는 브러시 DC 모터, 스테퍼 모터, 서보모터를 제어하는 용도로 개발된 보드다. 핵심 장치는 L298P로서 여기에 H 브릿지가 두 개 장착돼 있다. H 브릿지는 복잡하게 연결돼 있지만, 이를 통해 모터를 멈추거나 PWM 신호를 보내거나 모터의 회전 방향을 바꿀 수 있다. 또한 아두이노 메가보다 훨씬 많은 전력을 공급하기도 한다.

아두이노 프로그래밍 환경의 기능은 라이브러리를 추가하는 방식으로 확장할 수 있다. 이 장에서는 먼저 스테퍼 모터를 제어하는 스테퍼^{Stepper} 라이브러리부터 살펴봤다. 여기에는 네 개의 함수가 제공되고 있는데, 그중 두 개는 Stepper 오브젝트를 리턴하는 생성자다. 나머지 두 함수인 setSpeed와 step은 멤버 함수로서 오브젝트를 생성한 후에 호출할 수 있다.

서보^{Servo} 라이브러리에서 제공하는 함수를 이용하면 서보모터를 제어할 수 있다. 코드에서 서보 라이브러리를 사용하려면 먼저 Servo 오브젝트를 선언한 후, 이를 PWM 신호를 전달할 핀과 연결해야 한다. 이 라이브러리를 사용하려면 서보모터의 샤프트 각도를 설정하는 데 필요한 최소 및 최대 펄스 폭을 알아야 한다.

10

라즈베리 파이로 모터 제어하기

라즈베리 파이Raspberry Pi(줄여서 RPi)는 개인용 컴퓨터 수준의 프로세싱 자원을 아두이노만큼 작은 보드에서 제공하도록 개발된 보드다. 앞 장에서 살펴본 아두이노 메가보다 작고 성능이 훨씬 뛰어남에도 불구하고 가격은 거의 같다.

좀 더 정확하게 표현하면 라즈베리 파이는 단일 보드 컴퓨터SBC, Single-Board Computer다. 데이터 처리 작업은 마이크로 컨트롤러가 아닌, 완전한 형태의 프로세서인 브로드컴Broadcom의 BCM2835로 수행한다. 또한 라즈베리 파이는 기존 OS를 그대로 담을 수 있을 정도로 충분한 메모리를 가지고 있다.

내가 생각하는 라즈베리 파이의 가장 큰 장점은 OS를 지원한다는 점이다. OS를 사용하면 저수준Low-level 메모리 액세스에 대한 사항을 시스템에서 관리해주기 때문에 직접 신경 쓸 필요가 없다. 또한 RPi용 OS는 대부분 리눅스를 기반으로 하고 있기 때문에 새로운 프로그래밍 언어를 배울 필요도 없고, 다른 리눅스 시스템에서 작성한 코드를 그대로 사용할 수도 있다.

이렇게 장점도 많지만, 다음과 같이 세 가지 단점이 있다는 점도 명심해야 한다.

- **전력**: 라즈베리 파이 B+는 대부분의 아두이노 보드에 필요한 전력의 다섯 배 이상인 3W를 소모한다.
- **아날로그 입력의 부재**: 라즈베리 파이는 펄스 폭 변조 신호를 전달할 수는 있지만, 아날로그 입력을 읽기 위한 아날로그-디지털 변환기가 없다.
- **설계도의 소유권**: 라즈베리 파이의 설계도 파일은 자유롭게 사용할 수 없다. 따라서 라즈베리 파이와 유사한 제품을 설계하려면 처음부터 새로 만들어야 한다.

이러한 단점은 라즈베리 파이가 모터를 제어하는 기능과는 관련 없다. 이 장에서는 라즈베리 파이를 프로그래밍하는 방법과 라즈파이로봇^RaspiRobot 보드를 사용해 서보모터, 브러시 모터, 스테퍼 모터를 제어하는 방법에 대해 설명한다. 본격적인 설명에 들어가기 전에 먼저 라즈베리 파이의 회로 구성과 프로세서에 대해 간략히 살펴보자.

10.1 라즈베리 파이

라즈베리 파이는 신용카드만한 크기임에도 불구하고 OS를 구동하고 모니터에 비디오를 표시하며 이더넷을 통해 통신하는 일을 동시에 수행할 정도로 충분한 성능을 갖추고 있다. 이러한 기능은 조밀하게 꾸며진 회로 보드와 BCM2835로 처리한다. 이 절에서는 이러한 두 가지 주제에 대해 설명한다.

10.1.1 라즈베리 파이 보드 구성

라즈베리 파이 보드는 2012년 초에 처음 출시됐으며 모델 A라고 불려졌다. 모델 B+는 여기에 커넥터(연결 단자)와 범용 입출력(GPIO) 핀이 좀 더 추가됐다. 이 장에서는 모델 B+를 기준으로 설명한다. 그림 10.1은 RPi 모델 B+를 보여준다.

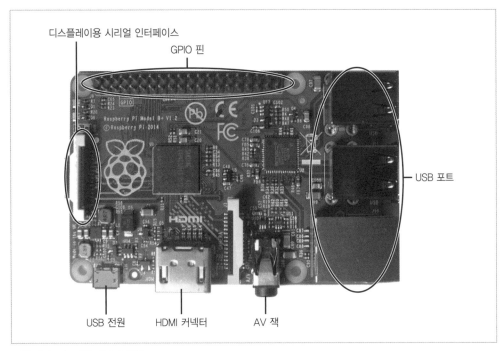

그림 10.1 라즈베리 파이 모델 B+

RPi의 기본 사양은 표 10.1과 같다.

표 10.1 라즈베리 파이 모델 B+의 사양

속성	값
크기	3.37 x 2.205인치(85.6 x 56mm)
동작 전원	5V
SDRAM	512MB
비휘발성 메모리	MicroSD 카드
범용 입출력(GPIO) 핀	40

라즈베리 파이에는 GPIO 핀 외에도 다섯 개의 USB 커넥터가 있다. 그중 하나는 보드에 전원을 공급하고 나머지 네 개는 외부 장치와 통신하는 데 사용된다. 이 USB 포트들을 통해 키보드와 마우스를 연결할 수 있으며 HDMI 커넥터를 통해 모니터에 연결할 수 있다.

이러한 연결 단자를 통해 라즈베리 파이는 개인용 컴퓨터처럼 사용할 수 있다. 라즈베리 파이는 기존 PC가 가진 모든 기능을 제공하지는 않지만, 사용자가 프로그램을 실행하고 리눅스 기반 OS와 상호 작용하기에 충분한 기능을 제공한다. 이러한 상호 작용은 다음 절에서 설명하는 BCM2835를 통해 처리한다.

10.1.2 BCM2835 시스템 온칩

BCM2835는 라즈베리 파이의 두뇌 역할을 한다. 그림 10.1에서는 볼 수 없는데, 보드 왼쪽 중앙의 삼성 RAM 칩 아래에 달려서 가려져 있기 때문이다.

많은 문헌에서 BCM2835를 단순히 프로세서라 부르지만, 정확히 말하면 이 칩은 ARM1176JZ-F 범용 데이터 프로세서와 듀얼 코어 비디오코어^{VideoCore} 그래픽 프로세서라는 두 개의 처리 장치로 구성된다. 이러한 처리 장치를 흔히 코어^{core}라 부르며, BCM2835에는 여러 개의 코어가 달려 있기 때문에 엄밀히 말하면 프로세서라기보다는 시스템 온칩(SoC $^{system\ on\ a\ chip}$)이다.

라즈베리 파이의 컴퓨팅 성능을 이해하려면 BCM2835의 두 개 코어에 대해 이해할 필요가 있다. 그럼 ARM1176 프로세싱 코어와 비디오코어^{VideoCore} IV 그래픽 프로세싱 코어에 대해 간략한 살펴보자.

ARM1176 프로세싱 코어

사람들에게 프로세서 제조사에 대해 물어보면 대부분 인텔이나 AMD를 떠올린다. 이러한 회사는 코어 i7$^{Core\ i7}$ 및 애슬론^{Athlon}과 같은 물리적 형태의 칩을 생산한다.

ARM 홀딩스$^{ARM\ Holdings\ plc}$ 역시 프로세서를 만들지만, 물리적 장치를 제조하는 것이 아니라 다른 제조사에게 프로세서의 설계도만 판매한다. ARM 설계를 구매한 제조사는 자사의 칩 설계도에 반영한다. BCM2835가 대표적인 예다. 브로드컴에서는 BCM2835 장치를 제조해서 판매할 뿐, 프로세서와 코어의 설계는 ARM에서 한 것이다.

ARM 코어는 여러 가지 제품군으로 나뉘는데, 그중 ARM11 제품군은 2002년에 출시된 것이다. 이 제품군의 프로세서는 한 번에 32비트씩 처리하며 실행 속도는 750MHz에서 1GHz 사이다. 그중 하나가 라즈베리 파이에서 사용하는 코어인 ARM1176이다.[1]

ARM11 프로세싱 코어를 사용함으로써 얻을 수 있는 장점 중 하나는 SIMD$^{single-instruction,}$ $^{multiple\ data}$(단일 명령어, 다중 데이터) 처리가 가능하다는 것이다. 각 ARM11 프로세서에는 여러 부동 소수점 값에 대한 산술 연산을 병렬로 처리할 수 있는 벡터 부동 소수점$^{VFP,\ vector}$ $^{floating\ point}$ 코프로세서^{coprocessor}가 있다. 이 코프로세서는 오디오 및 비디오를 포함하는 계산 작업에 매우 중요하다.

비디오코어 IV 그래픽 프로세싱 코어

라즈베리 파이를 처음 사용했을 때 가장 놀라웠던 기능이 바로 그래픽이었다. 라즈비안^{Raspbian} OS에서 제공하는 UI는 작고 저렴한 보드라기에는 믿을 수 없을 만큼 세련된 데스크톱 수준의 그래픽 기반 UI를 제공했다.

이러한 놀라운 성능은 듀얼 코어 비디오코어 IV 그래픽 프로세싱 코어로 인해 가능했다. ARM 홀딩스가 데이터를 처리하는 코어를 설계하는 것처럼, 비디오코어는 그래픽을 처리하는 코어를 설계한다. 이 회사에서 설계한 비디오코어 IV의 주요 특징은 다음과 같다.

- 720픽셀 표준 해상도의 그래픽 디스플레이
- 초당 2,500만 개의 삼각형 렌더링
- 2D 렌더링을 위한 고속 안티앨리어싱 지원
- 16비트 HDR$^{High\ Dynamic\ Range}$ 그래픽 렌더링
- 전체 OpenGL-ES 1.1과 2.0 표준 지원

나는 개인적으로 마지막에 나온 기능이 인상적이었다. 지난 수년간 다양한 OpenGL^{Open} $^{Graphics\ Library}$ 기반의 응용프로그램을 개발했지만, 항상 수백 와트의 전력을 소모하는 고성능 그래픽 카드만 사용했다. 라즈베리 파이와 같은 저전력 시스템이 전체 OpenGL-ES 렌더링을 지원한다는 사실은 그저 놀라울 따름이다.

---

1   초기 버전(RPi 1)에 해당하며, 2부터는 Cortex 제품군을 사용하고 현재 나온 3은 Cortex-A53 기반의 64비트 쿼드코어 칩(BCM2837)과 와이파이 및 블루투스가 장착된 BCM43438을 사용한다. - 옮긴이

10.2 라즈베리 파이 프로그래밍하기

라즈베리 파이를 활용한 소프트웨어 개발 과정은 범용적인 컴퓨터용 소프트웨어를 개발할 때와 비슷하다. 한 가지 차이를 꼽자면, OS를 다운로드해 설치하고 보드에 장착해야 한다는 점이다. 여기서 장착한다는 말은 OS가 설치된 MicroSD 카드를 보드 뒷면에 달린 소켓에 장착한다는 뜻이다. MicroSD 카드는 라즈베리 파이와는 별도로 구매해야 하며, 현재 지원되는 카드 목록은 http://elinux.org/RPi_SD_cards에서 확인할 수 있다.

페도라^{Fedora} 리눅스(일명 파이도라^{Pidora}), 아치 리눅스^{Arch Linux}, 데비안^{Debian}(라즈비안^{Raspbian})을 비롯한 수많은 OS가 라즈베리 파이에서 실행되도록 포팅됐다. 라즈베리 파이 재단^{Raspberry Pi Foundation}은 라즈베리 파이에서 실행하도록 최적화된 라즈비안을 권장한다. 라즈비안은 데비안 배포판에서 기대할 수 있는 거의 모든 기능과 생산성 향상에 필요한 모든 유틸리티를 제공한다.

이 절에서는 먼저 라즈비안 환경에 대해 간략히 소개한다. 그러고 나서 파이썬^{Python} 스크립트를 작성하고 실행하는 방법과 파이썬으로 보드의 범용 입출력(GPIO) 핀을 제어하는 방법에 대해 설명한다.

이 절의 마지막 부분에서는 라즈베리 파이에서 펄스 폭 변조(PWM)를 사용하도록 설정하는 방법에 대해 설명한다. PWM 신호를 생성하는 방법을 이해하면 모터를 제어할 수 있다.

10.2.1 라즈비안 OS

OS를 설치했다면 보드의 HDMI 포트를 통해 모니터에 연결하고 라즈베이 파이를 구동한다. 그러면 그림 10.2와 같이 라즈비안의 초기 화면이 나타난다.

윈도우 또는 맥^{Mac}과 마찬가지로 라즈비안 데스크톱에서도 아이콘을 두 번 클릭하는 방식으로 응용프로그램을 실행할 수 있다. 라즈비안에서 제공하는 응용프로그램 중 몇 가지만 고르면 다음과 같다.

- Epiphany: 간단한 웹 브라우저
- IDLE: 파이썬 코딩을 위한 개발 환경(3.0 미만의 모든 버전)
- LXTerminal: 명령을 입력하는 터미널
- IDLE3: 파이썬 3.x 코딩을 위한 개발 환경

- Wi-Fi Config: Wi-Fi 통신 설정 도구
- Shutdown: 라스베리 파이 종료

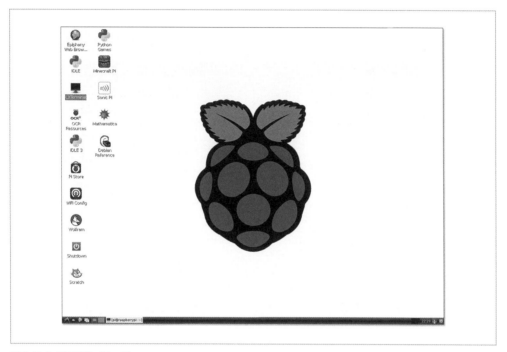

그림 10.2 라즈비안 데스크톱

터미널 응용프로그램을 이용하면 ls, cd, cat, rm을 비롯해 다른 리눅스 배포판에서 공통 적으로 사용하는 명령들을 실행할 수 있다. 이 장에서는 IDLE만 살펴본다. 다음 절에서는 IDLE에서 코드를 작성하고 컴파일해서 실행하는 방법에 대해 소개한다.

10.2.2 파이썬과 IDLE 개발 환경

라즈베리 파이에서는 파이썬, C, C++, 자바Java, 루비Ruby를 비롯한 다양한 언어에 대한 개 발 도구를 지원한다. 그중에서 라즈베리 파이 재단은 가장 보편적으로 널리 사용되는 파 이썬을 권장한다. 파이썬 언어에 대한 자세한 설명은 이 책의 범위를 벗어나므로, 파이썬 을 모르는 독자는 http://pymbook.readthedocs.org의 'Python for You and Me'를 읽 어보길 바란다.

라즈베리 파이 데스크톱은 파이썬 개발용 그래픽 유틸리티인 IDLE for Python 2.x 와 IDLE3 for Python 3.x를 제공한다. IDLE은 통합 개발 환경을 의미하는 Integrated DeveLopment Environment의 줄임말이며, 이 장에서는 Python 2.x를 기준으로 설명한다. 그림 10.3은 IDLE에서 띄운 파이썬 셸 창을 보여준다.

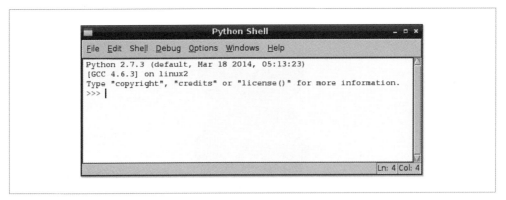

그림 10.3 파이썬 통합 개발 환경(IDLE)

셸 창을 사용하면 파이썬 명령을 입력할 수 있는 셸shell에 접속할 수 있다. 2 + 2를 입력하고 Enter 키를 누르면 셸은 4를 응답한다. 또한 print Hello world라고 타이핑하면 셸은 Hello world를 응답한다.

파이썬 언어를 제대로 사용하려면 실행할 명령문들을 스크립트 파일에 저장해서 실행하는 것이 좋다. IDLE에서 스크립트를 새로 작성하려면 메인 메뉴의 File ﹥ New File을 실행하거나 Ctrl + N을 누른다. 그러면 스크립트를 편집할 수 있는 창이 새로 뜬다. 그림 10.4는 이렇게 새로 띄운 편집기 창을 보여준다.

IDLE의 편집기 창에서는 구문 강조syntax coloring를 비롯해 코드 작성에 도움이 되는 다양한 기능들을 제공한다.

- 스크립트에서 오류를 확인하려면 Run ﹥ Check Module로 이동하거나 Alt + X를 누른다.
- 스크립트의 내용을 저장하려면 File ﹥ Save로 이동하거나 Ctrl + S를 누른다.
- 스크립트의 명령을 실행하려면 Run ﹥ Run Module로 이동하거나 F5 키를 누른다.

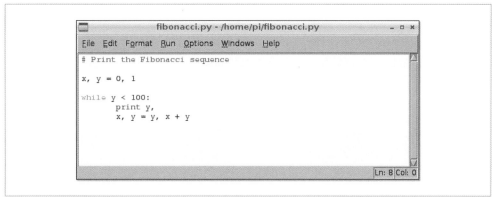

그림 10.4 IDLE 편집기 창

편집기에서 파이썬 스크립트를 실행하면 앞서 띄운 셸 창에 결과가 표시된다. 또한 스크립트가 실행되는 동안 발생하는 오류도 표시된다.

파이썬을 이용하면 네트워크 연결, USB 연결, 그래픽 프로세서를 비롯한 많은 라즈베리 파이 리소스를 파이썬 코드로 다룰 수 있다. 이 책에서 다루는 모터를 제어하려면 라즈베리 파이의 범용 입출력(GPIO) 핀에 액세스해야 한다. 다음 절에서 자세히 살펴보자.

10.2.3 GPIO 연동하기

라즈베리 파이는 회로 보드의 상단에 위치한 40핀 헤더를 사용해 외부 회로와 연결할 수 있다. 헤더 핀 중 26개는 GPIO 핀으로 사용할 수 있다. 이 핀들은 2에서 27까지 번호로 매겨지며, 그림 10.5는 각 핀의 위치를 보여준다.

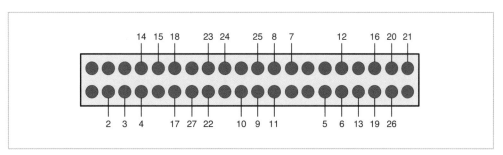

그림 10.5 라즈베리 파이 B+의 GPIO 핀

파이썬에서 GPIO 핀을 제어하는 데 필요한 소프트웨어 모듈은 다음과 같이 두 가지다.

- **RPI.GPIO**: http://sourceforge.net/projects/raspberry-gpio-python에서 구할 수 있으며 MIT 라이선스 정책에 따라 배포된다.
- **RPIO**: http://pythonhosted.org/RPIO에서 구할 수 있으며 GPL3 라이선스 정책에 따라 배포된다.

두 모듈 모두 GPIO 핀을 설정하고 디지털 값을 읽고 쓸 수 있다. RPI.GPIO는 라즈비안에서 기본적으로 제공하는데, 이 글을 쓰는 시점에 하드웨어 수준에서 PWM을 다루는 기능은 RPIO만 제공했다. PWM은 모터 제어의 핵심이므로 여기에서는 RPIO를 중심으로 설명한다. RPIO는 터미널에 다음 명령을 입력해 설치할 수 있다.

```
sudo apt-get install python-dev python-pip
sudo pip install -U RPIO
```

라즈베리 파이 2와 3에서는 RPIO 모듈의 하드코딩된 부분으로 인해 에러 메시지가 발생할 수 있는데, 이럴 때는 https://github.com/metachris/RPIO/tree/v2에서 최신 버전을 다운로드한 후 수동으로 설치해보길 바란다. 하지만 안정성과 동작에 문제가 있을 수 있으니 사용 시 주의할 필요가 있다. 표 10.2는 이 모듈에서 제공하는 GPIO 관련 기능을 간략히 정리한 것이다.

표 10.2 RPIO 모듈의 GPIO 기능

기능	설명
setmode (int num_mode)	핀 번호 체계를 설정한다.
setup (int pin, int mode)	핀을 입력 또는 출력으로 설정한다.
setup (int pin, int mode, int res_mode)	핀을 입력 또는 출력으로 설정하고 풀업 또는 풀다운 저항을 연결한다.
output (int pin, int level)	핀의 로직 레벨을 RPIO.HIGH 또는 RPIO.LOW로 설정한다.
int input (int pin)	지정한 핀의 로직 레벨을 읽는다.
cleanup( )	핀을 초기 기본값으로 설정

(이어짐)

기능	설명
add_interrupt_callback (int pin, callback_func, edge='both', pull_up_down=RPIO.PUD_OFF, threaded_callback=False debounce_timout_ms=NOne)	특정한 이벤트가 발생했을 때 처리할 콜백 함수를 핀에 연결
wait_for_interrupts (threaded=False, poll_timeout=1)	인터럽트가 발생할 때까지 대기
del_interrupt_callback (int pin)	해당 핀에 지정된 콜백을 제거

표의 첫 번째 기능은 특히 중요하다. 라즈베리 파이는 두 가지 GPIO 핀 번호 체계를 지원한다.

- **RPIO.BOARD**: 보드 기준의 번호(윗줄 왼쪽 끝이 1번이고, 아랫줄 오른쪽 끝이 40)
- **RPIO.BCM**: BCM2835를 통해 설정된 번호

어느 핀 번호 체계를 사용할지는 setMode 함수의 인수로 지정할 수 있다. RPIO.BCM 모드는 그림 10.5에 나온 방식이며, 외부 장치와 연동할 때 편리하다. 따라서 GPIO를 다루는 코드 파일의 앞부분에 항상 다음과 같이 작성한다.

```
RPIO.setmode (RPIO.BCM)
```

표 10.2의 나머지 기능들은 입력과 출력에 관련된 그룹과 이벤트에 관련된 그룹, 이렇게 두 가지로 나눌 수 있다. 다음 절에서 이 두 그룹의 기능에 대해 알아보자.

입력과 출력 핀

핀 번호 방식을 지정했다면, 다음으로 입력 핀과 출력 핀을 지정한다. 이 작업은 setup 함수에 핀 번호와 RPIO.IN(입력) 또는 RPIO.OUT(출력)을 인수로 지정해 호출하는 방식으로 작성한다. 예를 들어, GPIO 24 핀을 출력 핀으로 설정하려면 다음과 같이 작성한다.

```
RPIO.setup(24, RPIO.OUT)
```

핀을 출력용으로 지정했다면 output 함수로 출력에 대한 로직 레벨을 설정할 수 있다. 이 함수는 핀 번호와 로직 레벨을 인수로 받는다. 로직 레벨을 RPIO.HIGH 또는 1로 설정하면 핀의 전압은 3.3V로 설정된다. 반대로 로직 레벨을 RPIO.LOW 또는 0으로 설정하면 핀의 전압은 0V로 설정된다.

핀을 입력용으로 지정하면 input 함수를 사용해 로직 레벨을 읽을 수 있다. 이 함수는 핀 번호에 대한 인수 하나만 받는다. 내가 보드에서 테스트한 바에 의하면 핀의 전압이 1.6V보다 크면 1을 반환하고 전압이 0.6-0.7V보다 작으면 0을 반환한다. 전압이 0.7V에서 1.6V 사이인 경우에는 입력의 반환 값을 결정할 수 없다.

코드 10.1은 setup, input, output의 실제 작동 방식을 살펴보기 위해 GPIO 17번 핀에서 읽고 GPIO 24번 핀 값을 설정하도록 작성한 예다.

코드 10.1 Ch10/check_input.py: 핀의 논리 레벨 검사하기

```
"""
이 코드는 반복적으로 in_pin의 로직 레벨을 확인한다.
읽은 값이 로우면 out_pin을 하이로 설정하고 값을 읽는 작업을 계속한다.
읽은 값이 하이면 스크립트를 종료한다.[2]
"""
import RPIO

# 입력 핀 설정
in_pin = 17
out_pin = 24

# BCM 모드 핀 번호 체계 설정
RPIO.setmode(RPIO.BCM)

# 핀 입출력 정의
RPIO.setup(in_pin, RPIO.IN)
RPIO.setup(out_pin, RPIO.OUT)
# in_pin이 로우가 될 때까지 기다린다
```

---

2   이해를 돕기 위해 주석을 한글로 번역했지만, 코드에서 한글을 사용하려면 '#-*- coding: utf-8 -*-'를 지정해야 한다. – 옮긴이

```
while(RPIO.input(in_pin) == RPIO.LOW):
  RPIO.output(out_pin, RPIO.HIGH)

# 초기 상태로 돌아간다
RPIO.cleanup()
```

이 스크립트에서 while 루프의 반복은 입력 핀의 상태를 검사한다. 핀의 값이 로우면 출력 핀을 하이로 설정한다. 루프문을 통해 입력 핀의 전압이 하이가 될 때까지 계속 반복한다.

기본적으로 입력 핀의 로직 레벨은 플로팅 상태다. 즉, 하이나 로우 중 임의의 값으로 설정 될 수 있다. 로직 레벨의 초기값은 코드에서 setup을 호출할 때 세 번째 인수를 추가하는 방식으로 설정할 수 있다. 이 인수는 pull_up_down 변수를 세 값 중 하나로 설정한다.

- RPIO.PUD_UP: 풀업 저항을 핀에 연결한다.
- RPIO.PUD_DOWN: 풀다운 저항을 핀에 연결한다.
- RPIO.PUD_OFF: 디폴트 설정 값으로, 핀을 풀업이나 풀다운 저항에 연결하지 않는다.

예를 들어, 핀 17을 입력 핀으로 지정하고 전원을 풀업 저항을 통해 연결하도록 설정하려 면 다음과 같이 작성한다.

```
RPIO.setup(17, RPIO.IN, pull_up_down=RPIO.PID_UP)
```

코드 10.1에서 마지막으로 cleanup을 호출한다. 그러면 GPIO 핀의 설정과 로직 레벨을 기 본값으로 되돌린다.

인터럽트 처리하기

표 10.2의 마지막 세 함수는 인터럽트interrupt에 대한 것이다. 인터럽트란 프로세서가 현재 수행 중인 작업을 중단하고 인터럽트를 처리하는 루틴을 실행한 후에 다시 멈췄던 지점으 로 돌아가서 수행하던 작업을 계속 진행하는 방식으로 처리하는 것이다. RPIO는 네트워 크 인터럽트와 GPIO 인터럽트라는 두 가지 유형의 인터럽트를 처리할 수 있다. 이 절에서 는 GPIO 인터럽트에 대해 설명한다.

add_interrupt_callback 함수는 RPIO에게 특정 유형의 이벤트에 대해 핀을 모니터링한다는 것을 알려준다. 이 함수는 여섯 개의 인수를 받으며, 그중 첫 번째와 두 번째 인수를 제외한 여섯 개는 선택 사항이다.

- 모니터링할 GPIO 핀
- 인터럽트를 처리할 함수의 이름
- 로직 레벨 변화 유형
    - rising: 핀의 값이 로우에서 하이로 변화(상승 에지)
    - falling: 핀의 값이 하이에서 로우로 변화(하강 에지)
    - both: 상승과 하강 에지 모두

- 입력 핀의 전원/접지 연결
    - RPIO.PUD_UP: 풀업 저항을 핀에 연결한다.
    - RPIO.PUD_DOWN: 풀다운 저항을 핀에 연결한다.
    - RPIO.PUD_OFF: 핀의 로직 레벨을 플로팅floating 상태로 둔다.

- 스레드에서 처리 함수의 실행
    - true: 인터럽트 처리 함수를 별도의 스레드로 호출한다.
    - false: 인터럽트 처리 함수를 실행하기 위해 현재 프로그램을 중지한다.

- 인터럽트 사이에 허용되는 최소 시간(ms)

첫 번째와 두 번째 인수는 반드시 지정해야 하며, 두 번째 인수는 인터럽트를 처리하기 위해 호출해야 하는 함수를 지정한다. 이 함수는 콜백 함수callback function 또는 그냥 콜백callback 이라고 하며 RPIO는 두 개의 인수, 즉 핀 번호와 이벤트가 상승 에지(1) 또는 하강 에지(0) 인지 여부를 나타내는 정수를 전달한다.

인터럽트와 콜백은 이해하기 어려울 수 있으므로 코드에서 이것을 어떻게 설정하고 사용하는지 살펴보자. 코드 10.2는 17번 핀을 모니터링하다가 발생한 이벤트에 적합한 콜백을 호출한다.

코드 10.2 Ch10/interrupt.py: 로직 레벨 변화에 응답하기

```
"""
이 코드는 17번 핀에 인터럽트 처리를 설정한다.
로직 레벨이 변하면 메시지를 출력하는 콜백을 호출한다.
"""
import RPIO

def edge_detector(pin_num, rising_edge):
  if rising_edge:
    print("Rising edge detected on Pin %s" % pin_num)
  else:
    print("Falling edge detected on Pin %s" % pin_num)

# 입력 핀 설정
in_pin = 17

# 핀 번호 체계를 BCM 모드로 설정
RPIO.setmode(RPIO.BCM)

# 핀 입출력 정의
RPIO.setup(in_pin, RPIO.IN)

# 상승 에지와 하강 에지에 인터럽트 처리 설정
RPIO.add_interrupt_callback(in_pin, edge_detector, edge='both')
RPIO.wait_for_interrupts()

# 초기 핀 상태로 돌아감
RPIO.del_interrupt_callback(in_pin)
RPIO.cleanup()
```

---

add_interrupt_callback으로 콜백을 설정한 후에 스크립트는 wait_for_interrupts를 호출한다. 인수 없이 호출하면 인터럽트가 발생할 때까지 실행을 멈춘다. 그러나 다음 문장처럼 첫 번째 인수인 threaded를 True로 설정하면 백그라운드 스레드에서 인터럽트 대기한다.

```
RPIO.wait_for_interrupts(threaded=True)
```

표 10.2의 마지막 함수에 나온 del_interrupt_callback이다. 이 함수는 인수로 지정한 핀 번호에 설정된 모든 콜백을 제거한다.

10.3 서보모터 제어하기

5장, '서보모터'에서 설명한 바와 같이 취미용 서보모터는 전원(대개 5-6V), 접지, 제어를 위한 세 개의 핀으로 제어한다. 제어 핀은 PWM으로 변조된 펄스열을 통해 서보모터 샤프트의 각도를 설정한다.

3장, 'DC 모터'에서는 PWM의 기본 개념에 대해 설명했다. 이 절에서는 라즈베리 파이에서 PWM 신호를 생성하는 방법과 이를 사용해 서보모터를 제어하는 방법에 대해 설명한다.

10.3.1 펄스 폭 변조 설정하기

3장에서 설명한 바와 같이, 펄스 폭 변조(PWM)는 일정한 간격(주기)으로 생성되는 펄스의 폭을 조절하는 방식으로 모터를 제어한다. RPIO에서 제공하는 PWM 모듈은 프로세서의 구성 요소인 DMA^{Direct Memory Access} 기능을 이용해 펄스를 생성한다.

저수준^{Low-level} 장치인 DMA는 인터럽트를 사용하지 않기 때문에 프로세서의 처리 작업을 방해하지 않으면서 PWM 신호를 생성한다. 프로세서에서 일어나는 DMA의 구체적인 작동 과정은 몰라도 되지만 다음 두 가지 사실은 꼭 기억해둘 필요가 있다.

- RPIO는 0에서 14까지 번호가 지정된 15개의 DMA 채널에 접근하게 해준다.
- DMA 채널은 하나 또는 그 이상의 GPIO 핀과 연결될 수 있으며 연결된 핀에 높은 정밀도와 해상도로 펄스를 전달할 수 있다.

표 10.3은 RPIO.PWM에서 지원하는 여러 가지 PWM 함수 중 몇 가지를 보여준다.

표 10.3 RPIO.PWM 모듈에서 지원하는 함수

함수	설명
setup(pulse_incr_us=10, delay_hw=0)	DMA 채널을 사용하기 위해 초기화함
init_channel(int dma_channel, subcycle_time_us=20000)	채널의 주기를 설정함(디폴트 값은 20ms)
add_channel_pulse (int dma_channel, int pin, int start, int width)	인수로 지정한 핀에 인수로 지정한 폭을 갖는 펄스를 생성함
clear_channel (int dma_channel)	인수로 지정한 채널에 설정된 모든 핀에 대한 펄스 생성 설정을 중단함
clear_channel_gpio (int dma_channel, int pin)	인수로 지정한 채널에 설정된 핀 중에서 인수로 지정한 핀에 대한 펄스 생성을 중단함
cleanup()	DMA 채널과 PWM 기능을 중단함

여기에 나온 함수 중에서 첫 번째에 나온 setup을 가장 먼저 호출해야 한다. 이 함수의 두 매개변수는 모두 선택 사항이며, 첫 번째 매개변수는 원하는 펄스 폭의 해상도를 지정한다. 이 값은 1로 설정하는 것이 좋다. 두 번째 매개변수는 PWM.DELAY_VIA_PWM 또는 PWM.DELAY_VIA_PCM으로 설정한다.[3]

setup 함수를 통해 DMA 동작을 초기화한 후 init_channel을 이용해 사용할 채널을 설정한다. 첫 번째 매개변수는 채널 번호를 의미하며, 0에서 14 사이의 숫자로 설정한다. 두 번째 매개변수는 펄스열의 상승 에지 사이의 간격(시간)을 설정한다. 기본 설정 시간은 20ms로 설정한다. 내가 경험한 서보는 모두 이 값으로 설정했다.

이 표에서 가장 중요한 함수는 특정 핀에 펄스를 생성하는 add_channel_pulse다. 이 함수의 첫 번째와 두 번째 매개변수는 각각 DMA 채널과 GPIO 핀을 지정한다. 세 번째 및 네 번째 매개변수는 펄스의 모양을 결정한다. start 매개변수는 주기의 시작 지점에서 펄스가 상대적으로 얼마나 떨어져 있는지를 나타내는 펄스의 오프셋을 정의하며 width 매개변수는 펄스의 폭을 정의한다. 그림 10.6은 매개변수와 펄스의 관계를 보여준다.

---

3 이 책에서는 표준 용어에 따라 parameter는 매개변수로, argument는 인수로 표현했다. 이러한 용어에 익숙하지 않은 독자를 위해 부연 설명을 하면, 매개변수는 그 함수에서 입력받을 수 있는 값들에 대한 '변수'고, 인수는 이러한 매개변수에 대해 실행 시점에 할당된 '값'이다. 예를 들어 setup 함수에서 pulse_incr_us는 매개변수고, 이 함수를 호출할 때 전달하는 1은 인수다. ─ 옮긴이

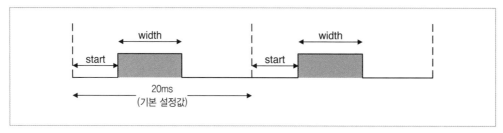

그림 10.6 RPIO.PWM에 의해 생성된 펄스 형태

start 매개변수로 지정한 값은 모든 펄스에 똑같이 적용돼서 얼핏 보면 그다지 유용하지 않게 보일 수 있지만, 동일한 주기로 여러 개의 펄스를 생성할 때 편리하다. 예를 들어, 다음 코드는 DMA 0번 채널과 GPIO 18번 핀에 대해 두 개의 펄스를 생성한다. 두 펄스의 폭은 모두 1ms지만 두 번째 펄스는 8ms만큼 지연시켜 생성된다.

```
PWM.add_channel_pulse(0, 18, 0, 1000)
PWM.add_channel_pulse(0, 18, 8000, 1000)
```

표 10.3의 마지막 세개 함수는 PWM 신호 생성을 중단할 때 사용한다. clear_channel 함수는 주어진 DMA 채널에 설정된 모든 펄스 신호 생성을 중단하고, clear_channel_gpio는 주어진 DMA 채널상의 특정 GPIO 핀에 대한 펄스 신호 생성을 중단한다. cleanup 함수는 모든 PWM와 DMA의 동작을 중지한다.

코드 10.3 Ch10/pwm.py: PWM 신호 생성하기

```
"""
18번 핀에 1ms의 폭을 갖는 PWM 신호를 생성한다.
"""
import RPIO.PWM as PWM
import time

# PWM 핀 정의
pwm_pin = 18

# DMA 초기화 및 펄스 폭 해상도 설정하기
PWM.setup(1)
```

```
# DMA 0번 채널 초기화
PWM.init_channel(0)

# 펄스 폭을 1000us(1ms)로 설정
PWM.add_channel_pulse(0, pwm_pin, 0, 1000)

time.sleep(10)

# DMA 채널의 펄스 생성을 중단하고 설정 핀을 기본 설정 상태로 초기화
PWM.clear_channel(0)
PWM.cleanup()
```

이 코드를 라즈베리 파이에서 실행하면 RPIO는 다음과 같은 상태 메시지를 콘솔에 출력한다.

```
Using hardware: PWM
PW increments: 1us
Initializing channel 0
...
add_channel_pulse: channel=0, start=0, width=1000
init_gpio 18
```

PWM 신호를 생성하는 것만으로 충분하지 않다. 출력 핀에 여러 펄스가 전달되도록 프로그램을 지연시켜야 한다. 위의 코드에 나온 것처럼, time 모듈의 sleep 함수를 사용하면 이러한 지연 효과를 제공할 수 있다. 이것은 지연 값을 초 단위로 받아들이므로 sleep(10)은 프로그램의 실행을 10초 동안 지연시킨다.

10.3.2 서보 제어하기

PWM 모듈은 서보^{Servo} 클래스를 제공하는데, 여기서 제공하는 메소드(함수) 중에서 서보 제어에 적합한 메소드(함수)는 다음과 같은 두 가지가 있다.

- set_servo(int pin, int width): 특정 핀에 (마이크로세컨드 단위로 지정한) 특정 폭을 갖는 PWM 신호를 전달한다.
- stop_servo(int pin): 지정된 핀에 PWM 신호를 중지한다.

이 메소드를 활용하면 다른 PWM 함수를 사용할 때와 달리 DMA를 초기화하거나 DMA 채널을 설정할 필요가 없어서 편하다. 즉 `PWM.setup` 또는 `PWM.init_channel` 함수를 호출할 필요가 없다.

여기서 소개한 함수로 실제 서보모터를 제어해보고 싶다면 피텍Fitec 사의 FS5106B 서보 제품을 추천한다. 이 서보모터는 다른 서보모터와 마찬가지로 20ms 주기의 상승 에지 제어 펄스를 사용한다. 회전축은 신호 펄스 폭이 0.7ms일 때 최소 각도로 회전하며 펄스 폭이 2.3ms일 때 최대 각도로 회전한다. 펄스 폭이 1.5ms면 회전축을 중립 위치로 설정한다.

코드 10.4는 set_servo와 stop_sevo를 사용해 피텍 사의 FS5106B를 제어하는 과정을 보여준다. 이 프로그램은 서보의 회전축을 최소 각도로부터 최대 각도까지 회전시킨 후 최소 각도로 돌아온다.

코드 10.4 Ch10/servo.py: 서보모터 제어하기

```
"""
서보모터를 최소 각도부터 최대 각도까지 회전시킨 후 다시 돌아옴
"""
import RPIO.PWM as PWM
import time
# 제어 핀과 펄스 폭 정의
servo_pin = 18
min_width = 700
max_width = 2300

# 서보 객체 생성
servo = PWM.Servo()

# 각도를 최소 각도로 설정하고 기다림
servo.set_servo(servo_pin, min_width)
time.sleep(1)

# 회전축을 최대 각도로 회전
for angle in xrange(min_width, max_width, 100) :
  servo.set_servo(servo_pin, angle)
```

```
    time.sleep(0.25)

# 회전축을 최소 각도로 회전
for angle in xrange(max_width, min_width, -100) :
  servo.set_servo(servo_pin, angle)
  time.sleep(0.5)

# 서보에 보내는 PWM 신호 생성 중단
servo.stop_servo(servo_pin)
```

set_servo 함수를 호출할 때마다 프로그램을 일정 시간 지연하도록 time.sleep 함수를 호출했다. 모터가 원하는 각도에 이르기까지 충분한 시간을 주기 위해서다.

10.4 라즈파이로봇 보드

라즈베리 파이의 전 세계적인 인기로 인해 많은 제조사에서 라즈베리 파이를 위한 확장 보드를 다양하게 출시했다. 파이페이스^{PiFace} 보드는 여러 스위치와 릴레이, LED들을 제공한다. 파이랙^{PiRack}은 다른 회로 보드를 라즈베리 파이에 연결할 수 있는 연결 헤더들을 가지고 있다. 현재 어떤 확장 보드가 나와 있는지 보고 싶다면 https://www.modmypi. com/ raspberry-pi-expansion-boards를 참조하길 바란다.

라즈파이로봇 보드는 라즈베리 파이가 모터를 제어할 수 있는 부품을 내장한 확장 보드다. 그림 10.7은 라즈파이로봇을 보여준다.

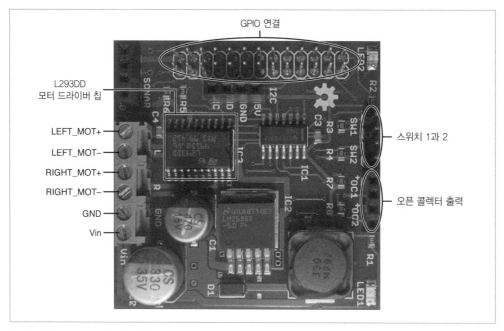

그림 10.7 라즈파이로봇 확장 보드

왼쪽 측면에 있는 여섯 개의 고정 스크류 터미널 단자가 중요하다. 위쪽 네 개의 연결 단자(LEFT_MOT +, LEFT_MOT-, RIGHT_MOT +, RIGHT_MOT-)는 두 개의 브러시 DC 모터 또는 하나의 스테퍼 모터에 전력을 공급할 수 있다. 아래쪽 연결 단자(GND와 Vin)는 라즈파이로봇 보드에 전원을 공급한다. Vin은 7-12V의 DC 전원을 연결한다.

라즈파이로봇을 활용하려면 확장 보드에 있는 주변장치가 라즈베리 파이의 어느 GPIO 핀과 연결되는지 알아야 한다. 표 10.4는 라즈파이로봇의 신호 이름과 이에 연결되는 GPIO 핀을 정리한 것이다.

표 10.4 라즈파이로봇 신호와 GPIO 핀

라즈파이로봇 신호	라즈베리 파이 GPIO 핀	설명
LEFT_GO_PIN	17	왼쪽 모터의 PWM 신호
LEFT_DIR_PIN	4	왼쪽 모터의 방향 제어
RIGHT_GO_PIN	10	오른쪽 모터의 PWM 신호
RIGHT_DIR_PIN	25	오른쪽 모터의 방향 제어
SW1_PIN	11	스위치 1과 연결됨

(이어짐)

라즈파이로봇 신호	라즈베리 파이 GPIO 핀	설명
SW2_PIN	9	스위치 2와 연결됨
LED1_PIN	7	LED 1과 연결됨
LED2_PIN	8	LED 2와 연결됨
OC1_PIN	22	오픈 콜렉터 출력 1과 연결됨
OC2_PIN	27	오픈 콜렉터 출력 2와 연결됨
OC2_PIN_R1	21	오픈 콜렉터 저항 출력 1
OC2_PIN_R2	27	오픈 콜렉터 저항 출력 2
TRIGGER_PIN	18	초음파 측정을 위한 트리거 펄스 송신
ECHO_PIN	23	초음파 반향을 수신

처음 네 개의 신호는 모터 제어에 사용한다. 각 신호는 보드에 달린 L293DD 4중 하프-H 브릿지 모터 드라이버에 연결된다. 이 드라이버는 모터를 구동하는 LEFT_MOT+, LEFT_MOT-, RIGHT_MOT+, RIGHT_MOT- 신호를 생성한다. 다음 절에서는 이 장치의 작동 원리에 대해 소개하고 브러시 DC 모터 및 스테퍼 모터를 제어하기 위한 응용프로그램을 코딩하는 과정에 대해 설명한다.

10.4.1 L293DD 4중 하프-H 브릿지 드라이버

H 브릿지를 통해 모터에 정방향과 역방향으로 전류를 전달하는 방법은 3장에서 설명했다. H 브릿지는 개별 트랜지스터로 구현할 수도 있지만, 대부분의 경우 집적 회로로 구현한다. L293은 이러한 직접 회로(IC) 중에서도 흔히 사용하는 것으로, 많은 제조사들이 이를 변형한 제품을 판매한다.

라즈파이로봇 보드는 ST 마이크로일렉트로닉스^{ST Microelectronics} 사의 L293DD가 장착돼 있다. 20 핀이 달린 이 칩은 네 개의 하프-H 브릿지로 구성되며, 둘씩 연결해 두 개의 풀-H 브릿지를 만들 수 있다. 이 장치는 네 개의 입력(LEFT_GO_PIN, LEFT_DIR_PIN, RIGHT_GO_PIN, RIGHT_DIR_PIN)을 받으며, 라즈파이로봇의 모터 연결 단자에 전원을 공급하는 네 개의 출력(LEFT_MOT+, LEFT_MOT-, RIGHT_MOT+, RIGHT_MOT-)을 제공한다.

그림 10.8은 L293DD의 H 브릿지 회로도를 보여준다. 이 회로도에서 라즈파이로봇은 LEFT_GO_PIN과 LEFT_DIR_PIN을 통해 H 브릿지가 LEFT_MOT+ 및 LEFT_MOT-를 생성하게 한다.

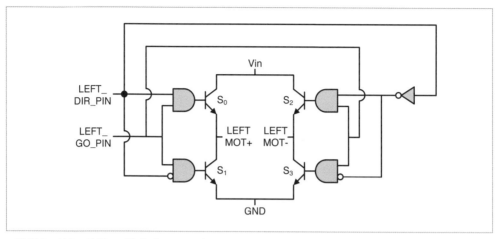

그림 10.8 L293DD의 하프 브릿지 기능 구조 도면

만일 LEFT_GO_PIN의 로직 레벨을 '0'으로 지정하면 스위치(S_0-S_3) 중 어느 것도 입력 전압을 수신할 수 없다. 따라서 LEFT_GO_PIN은 컨트롤러의 PWM 신호로 제어한다. PWM의 듀티 사이클이 클수록 스위치가 닫힌 상태의 시간이 길어진다.

LEFT_GO_PIN의 로직 레벨이 '1'이면 LEFT_DIR_PIN으로 LEFT_MOT+ 및 LEFT_MOT-의 값을 결정할 수 있다. LEFT_DIR_PIN의 로직 레벨이 '1'이면 S_0 및 S_3이 닫혀 LEFT_MOT+가 Vin이 되고 LEFT_MOT-가 GND가 된다. LEFT_DIR_PIN의 로직 레벨이 '0'이면 S_1과 S_2가 닫히면서 LEFT_MOT+는 GND가 되고 LEFT_MOT-는 Vin이 된다.

10.4.2 라즈파이로봇 파이썬 코드

라즈파이로봇에서 제공하는 기능은 앞에서 언급한 GPIO 및 PWM 기능을 통해 접근할 수 있지만 더 쉬운 방법이 있다. 라즈파이로봇을 설계한 사이먼 몽크$^{Simon\ Monk}$는 라즈베리 파이와 라즈파이로봇의 코드 개발 과정을 단순화한 rrb2.py라는 파이썬 모듈을 제공한다. 이 코드는 https://github.com/simonmonk/raspirobotboard2에서 무료로 다운로드할 수 있다.

이 소스 파일은 라즈파이로봇의 기능에 접근하기 위한 다양한 메소드를 RRB2라는 클래스로 정의한다. 일부 메소드는 스위치들을 액세스하고 다른 메소드는 보드의 LED를 활성화한다. 이 클래스에서 제공하는 여섯 가지의 메소드(표 10.5)를 사용하면 왼쪽에 하나, 오른쪽에 하나씩 두 개의 브러시 모터를 작동할 수 있다.

표 10.5 RRB2 클래스의 모터 제어 메소드

함수	설명
forward(seconds=0, speed=0.5)	지정한 속도와 시간 동안 모터를 정방향으로 구동한다.
reverse(seconds=0, speed=0.5)	지정한 속도와 시간 동안 모터를 역방향으로 구동한다.
left(seconds=0, speed=0.5)	지정한 속도와 시간 동안 모터를 왼쪽으로 구동한다.
right(seconds=0, speed=0.5)	지정한 속도와 시간 동안 모터를 오른쪽으로 구동한다.
stop( )	모터를 멈춘다.

set_motors (float left_pwm,
    int left_dir,
    float right_pwm,
    int right_dir)
	모터 제어에 사용할 핀을 설정한다.

첫 번째부터 다섯 번째까지 나온 메소드는 PWM 듀티 사이클에 해당하는 시간(초 단위)과 속도라는 두 가지 인수를 받는다. 속도에 대한 매개변수는 0.0(모터 전력 공급 없음) ~ 1.0(모터의 최대 전력) 이내로 설정한다.

표의 마지막 메소드인 set_motors는 두 개의 모터에 직접 접근하는 기능을 제공한다. 첫 번째 매개변수 쌍은 왼쪽 모터의 듀티 사이클과 방향을 설정하고 두 번째 쌍은 오른쪽 모터의 듀티 사이클과 방향을 설정한다. 방향 값으로 0을 지정하면 정방향으로 회전하고 1을 지정하면 반대 방향으로 회전한다.

RRB2 클래스는 또한 라즈파이로봇 보드의 신호들에 해당하는 멤버 변수도 정의하고 있다. 각 변수의 이름은 표 10.4의 왼쪽 열에 나열된 신호의 이름과 같다. 예를 들어, 오른쪽 모터의 방향을 제어하기 위한 핀이 25번이라고 기억할 필요 없이 RRB2.RIGHT_DIR_PIN으로 표현하면 된다.

10.4.3 브러시 DC 모터 제어하기

왼쪽 모터가 LEFT_MOT+와 LEFT_MOT-에 연결돼 있고 오른쪽 모터가 RIGHT_MOT+와 RIGHT_MOT-에 연결돼 있다면, RRB2 클래스의 메소드를 통해 두 개의 브러시 DC 모터를 쉽게 제어할 수 있다. 코드 10.5는 라즈파이로봇을 통해 두 개의 모터를 제어하는 방

법을 보여준다. 이 코드는 모터를 5초 동안 앞으로, 4초 동안 뒤로, 3초 동안 오른쪽으로, 그리고 2초 동안 왼쪽으로 움직인다.

코드 10.5 Ch10/brushed.py: 두 개의 브러시 DC 모터 제어하기

```
"""
이 프로그램은 두 개의 브러시 DC 모터를 제어한다:
5초 동안 앞으로, 4초 동안 뒤로,
3초 동안 오른쪽으로, 그리고 2초 동안 왼쪽으로.
"""
import rrb2
# RRB2 객체 생성
robot = rrb2.RRB2()

# 5초 동안 앞으로 회전함
robot.forward(seconds=5, speed=1.0)

# 4초 동안 뒤로 회전함
robot.reverse(seconds=4, speed=0.8)

# 3초 동안 왼쪽으로 돌아감
robot.left(seconds=3, speed=0.6)

# 2초 동안 오른쪽으로 돌아감
robot.right(seconds=2, speed=0.4)

# 모터 멈춤
robot.stop()
```

이 코드는 직관적이어서 이해하기 쉽다. 먼저 RRB2 객체를 생성하는 것으로 시작한다. 이때 RRB2 생성자가 라즈파이로봇 버전을 인식하기 위한 리비전revison 정보를 받는다. 별도로 지정하지 않으면 디폴트 값인 2로 설정된다.

10.4.4 스테퍼 모터 제어하기

라즈파이로봇 코드는 스테퍼 모터만을 위한 기능을 따로 제공하지 않지만, 표 10.5의 setMotors 메소드를 이용해 스테퍼를 제어할 수 있다. 코드를 살펴보기 전에 스테퍼와 관련된 몇 가지 기본 개념을 소개한다. 자세한 사항은 4장, '스테퍼 모터'에서 설명한 바 있다.

스테퍼 제어의 기본

스테퍼 모터에는 유니폴라와 바이폴라라는 두 가지 유형이 있다. 유니폴라 스테퍼는 네 개의 연결부를 가지며 바이폴라 스테퍼보다 효율적이지만 (두 개의 H 브릿지를 사용해) 제어 회로가 훨씬 복잡하다. 바이폴라 스테퍼에서 전원선을 연결하지 않는 점을 제외하면 전반적인 연결 방법은 유니폴라 모터와 같다.

라즈파이로봇 보드에는 두 개의 H 브릿지가 달려 있는데, 그중 모터 제어에 사용할 수 있는 단자는 네 개다. 따라서 이 절에서는 유니폴라 스테퍼를 사용하거나 바이폴라 스테퍼를 유니폴라 스테퍼처럼 작동하도록 연결했다고 가정한다.

스테퍼 모터는 A/A'와 B/B'라는 두 가지 타입의 위상을 가진다. 스테퍼를 구동하려면, 먼저 회전자가 첫 번째 위상(예: A)에 끌어당겨지면 두 번째 위상(예: B)에 대해서는 밀어내는 상태였다가 다음 단계에서는 반대로 첫 번째 위상(A)에 반발되고 두 번째 위상(B)에 끌어당겨지는 방식으로 권선들을 제어해야 한다. 그림 10.9는 이 과정을 보여준다.

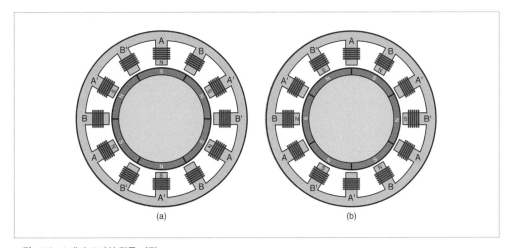

(a)   (b)

그림 10.9 스테퍼 모터의 작동 과정

그림 10.9a에서 A/A' 권선은 A가 N극으로, A'가 S극으로 여자된 상태다. 이때 B/B' 권선은 여자되지 않은 상태다. 그림 10.9b에서는 상태가 반대로 바뀐다. 즉 A/A' 권선은 여자되지 않고 B/B' 권선만 여자되는 B가 N극이 되고 B'는 S극이 된다. 이 과정에서 회전자는 30° 만큼 회전한다.

RRB2 클래스를 활용한 스테퍼 제어하기

라즈파이로봇에서 스테퍼를 제어하는 과정을 살펴보기 위해 A/A' 권선을 왼쪽 모터로, B/B' 권선을 오른쪽 모터라고 가정한다. 그런 다음 순서에 맞게 정확한 값을 지정해 setMotors를 호출하면 스테퍼가 스텝 각도 단위로 회전한다. 코드 10.6은 이 과정을 보여준다.

코드 10.6 Ch10/stepper.py: 스테퍼 모터 제어하기

```
"""
각각의 위상을 일정한 시퀀스에 따라 여자시키는 방식으로 스테퍼 모터를 제어한다.
"""
import rrb2
import time

# RRB2 객체 생성
robot = rrb2.RRB2()

# 반복 횟수와 스텝 지연 시간 설정
num_reps = 10
step_delay = 0.4

# num_reps 횟수만큼 동작 시퀀스를 반복함
for x in range(0, num_reps):

  robot.set_motors(1.0, 1, 0.0, 0)
  time.sleep(step_delay)

  robot.set_motors(0.0, 0, 1.0, 1)
  time.sleep(step_delay)

  robot.set_motors(1.0, 0, 0.0, 0)
```

```
    time.sleep(step_delay)

    robot.set_motors(0.0, 1, 1.0, 0)
    time.sleep(step_delay)

# 모터 멈춤
robot.stop()
```

10.5 요약

라즈베리 파이는 조그만 보드임에도 불구하고 많은 기능들을 담고 있으며, BCM2835를 통해 그래픽과 범용 데이터를 고속으로 처리할 수 있다. 라즈베리 파이는 일반 개인용 컴퓨터처럼 사용할 수 있을 정도로 이더넷, HDMI, USB를 비롯한 다양한 단자를 제공한다.

이 장에서는 라즈베리 파이로 모터를 제어하는 방법을 중심으로 설명했다. 이를 위해 여러 가지 사항을 결정해야 했다. OS는 라즈비안을 사용하고, 프로그래밍 언어로는 파이썬을 선택하고, 텍스트 편집기로는 IDLE, GPIO 제어 모듈로는 RPIO를 사용했다. 각각에 대해 다른 옵션을 선택할 수도 있지만, 여기서 선택한 방식이 쉽고 잘 작동한다.

라즈베리 파이 모델 B+ 버전은 40개의 GPIO 핀을 제공한다. RPIO 모듈을 통해 그중에서 어느 핀을 입력 핀으로 사용하고 또 어떤 핀을 출력 핀으로 사용할지 지정할 수 있다. 이러한 핀의 상태에 따라 프로그램이 반응하도록 구성하려면, 인터럽트와 인터럽트 처리 루틴을 적절히 설정하면 된다. 프로그램에서 특정 인터럽트에 대한 콜백 함수를 지정하면 해당 이벤트가 발생할 때 그 함수가 호출된다.

RPIO.PWM을 이용하면 펄스 폭 변조(PWM) 신호를 쉽게 생성할 수 있다. RPIO.PWM에서 제공하는 Servo 클래스의 setServo 및 stopServo 메소드를 사용하면 훨씬 간편하게 서보 모터를 제어할 수 있다.

사이먼 몽크의 라즈파이로봇 보드는 브러시 DC 모터와 스테퍼 모터를 제어할 수 있도록 라즈베리 파이에 연결하는 확장 보드다. 이러한 제어 기능은 L293DD 드라이버 칩을 통해 제공한다. 이 장치에서 제공하는 H 브릿지는 라즈베리 파이의 GPIO 핀으로부터 입력을 받아 라즈파이로봇 보드에 연결된 모터에 전원을 공급한다.

라즈파이로봇을 제어할 때는 입력 값을 직접 다루기보다 rrb2 모듈에서 제공하는 함수를 호출하는 것이 훨씬 쉽다. 이 모듈은 RRB2라는 클래스를 제공하는데, 이 클래스의 메소드를 통해 두 개의 브러시 DC 모터를 정방향과 역방향으로 구동할 수 있다. 이 클래스에서 제공하는 set_motors 메소드를 사용하면 각 모터의 듀티 사이클과 방향을 제어할 수 있다. 그래서 하나의 스테퍼 모터에 달린 네 개 입력을 제어하기에 적합하다.

11

비글본 블랙으로 모터 제어하기

비글본 블랙BBB, BeagleBone Black은 앞 장에서 소개한 라즈베리 파이와 마찬가지로 싱글 보드 컴퓨터, SBCsingle-board computer다. 라즈베리 파이와 비글본 블랙은 서로 비슷한 점이 많다. 둘 다 신용카드만한 크기의 보드로 다양한 기능을 제공하며 ARM 코어로 데이터를 처리한다. 또한 램 용량도 512MB며 PC용 OS를 구동할 만큼 리소스도 충분히 갖추고 있다. (라즈베리 파이는 35달러, 비글본 블랙은 55달러 정도로) 가격대도 비슷하다.

비글본 블랙(이하 BBB)은 라즈베리 파이와 달리 마이크로컨트롤러 역할을 하는 주변장치용 코어가 몇 개 더 달려 있다. BBB는 이러한 코어를 통해 아날로그 신호를 디지털 데이터로 변환하고, 높은 정밀도의 PWM(펄스 폭 변조) 신호를 생성할 수 있다. 모터를 제어하는 관점에서 볼 때 상당히 중요한 기능이다.

BBB에 듀얼 모터 컨트롤러 케이프DMCC, Dual Motor Controller Cape라 부르는 확장 보드를 장착하면 BBB의 기능을 확장할 수 있다. 이 보드는 9장, '아두이노 메가로 모터 제어하기'와 10장, '라즈베리 파이로 모터 제어하기'에서 소개한 확장 보드와 비슷한 기능을 제공하지만, 모터의 위치를 읽고 모터의 속도를 설정하는 데 필요한 피드백을 계산하는 프로세서가 추가로 장착돼 있다. DMCC를 이용해 DC 모터를 제어하는 방법에 대해서는 마지막 절에서 소개한다.

모터 제어에 대한 설명을 시작하기 전에 먼저 비글본 블랙에서 제공하는 기능을 개략적으로 살펴볼 필요가 있다. 이 장에서는 먼저 BBB에서 제공하는 기능과 데비안 리눅스에 대해 소개한다. 그리고 파이썬을 이용한 BBB 프로그래밍의 기초와 GPIO 핀에 접근하는 방법도 살펴본다.

11.1 비글본 블랙(BBB)

BBB 회로 보드는 이더넷, USB, HDMI, 마이크로SD를 비롯한 다양한 연결 단자를 제공한다. 애플리케이션에서 이러한 단자에 접근하려면 보드의 중앙 장치 역할을 하는 AM3359용 코드를 작성해야 한다. 이 절에서는 BBB와 AM3359에 대해 설명한다.

11.1.1 BBB 회로 보드

2008년 텍사스 인스트루먼트^{Texas Instruments}(TI)가 처음으로 비글보드^{Beagle Board}를 출시하면서 이 보드의 처리 장치에서 제공하는 연산 능력을 시연했다. 2011년에는 이보다 강력한 프로세서를 탑재하고 주변장치를 연결하기 위한 단자를 좀 더 추가한 두 번째 버전의 비글보드를 출시했다.

2013년에는 비글본 블랙^{BeagleBone Black}이라 부르는 비글보드를 출시했다. 이 보드는 이전 제품보다 클럭 속도가 훨씬 높고 메모리 용량이 두 배가량 많음에도 불구하고 가격은 이전 제품의 절반에 불과했다. 이 장에서는 BBB 리비전 C를 기준으로 설명한다. 그림 11.1은 이 보드의 앞면을 보여준다.

표 11.1은 BBB의 기본 사양을 정리한 것이다.

표 11.1 비글본 블랙의 기술 사양

속성	값
크기(Dimensions)	3.402 x 2.098인치(86.40 x 53.3mm)
작동 전압(Operating voltage)	5V
램(RAM)	512MB DDR3
비휘발성 메모리(nonvolatile memory)	4GB 플래시 메모리 및 마이크로SD 카드
GPIO 핀 수	65

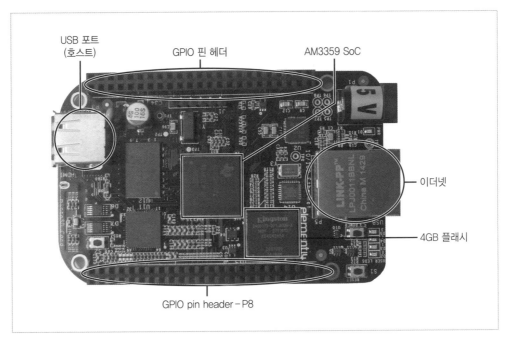

그림 11.1 비글본 블랙, 리비전 C

BBB에는 두 개의 USB 포트가 달려 있다. 앞면에 있는 USB 포트는 호스트 모드로 작동하므로 여기에 키보드나 마우스 등을 연결해 사용할 수 있다. 뒷면에 있는 포트는 (주변) 장치 모드로 작동하기 때문에 BBB를 PC와 같은 다른 호스트에 연결할 수 있다. 보드의 전원은 뒷면에 달린 포트나 5V DC 파워잭을 통해 공급받는다.

USB 단자가 하나뿐이므로 PC처럼 여러 주변장치를 한 번에 직접 연결할 수는 없다. 대신 USB 허브를 BBB의 USB 단자에 연결한 후, 이 허브에 키보드나 마우스와 같은 다양한 장치를 동시에 연결하는 방식으로 해결할 수는 있다.

비글본 블랙의 설계도 파일은 공개돼 있으므로 자유롭게 다운로드할 수 있다. 이를 기반으로 비글본 블랙과 유사한 보드를 직접 만들 수도 있다. 설계도와 보드 도면은 BBB 위키(http://elinux.org/Beagleboard:BeagleBoneBlack)에서 다운로드할 수 있다.

11.1.2 AM3359 시스템 온 칩

BBB에서 가장 핵심적인 장치는 AM3359다. 여러 개의 프로세싱 코어가 하나의 칩에 장착된 일종의 시스템 온 칩이다. 좀 더 구체적으로 설명하면, AM3359에는 ARM 기반의 프로세싱 코어(코어텍스Cortex-A8)와 그래픽 전용 코어(SGX530)가 포함돼 있다. 또한 마이크로컨트롤러와 비슷한 역할을 하는 두 개의 실시간 처리 코어로 구성된 서브시스템도 장착돼 있다.

시타라 코어텍스-A8 프로세싱 코어

10장에서 설명한 바와 같이 ARM 홀딩스ARM Holdings plc는 칩을 직접 만들지 않고 칩 제조사에게 프로세서의 설계도를 판매하는 회사다. 칩 제조사인 텍사스 인스트루먼트는 BBB에 장착할 코어를 ARM으로부터 구매한 후 시타라Sitara 코어라는 이름으로 리브랜드했다. 이 코어는 32비트 데이터를 처리하며 저전력으로 구동하고, SIMDsingle-instruction, multiple data 인스트럭션을 통해 다중 부동 소수점 값을 한 번에 계산할 수 있다.

좀 더 구체적으로 설명하면, AM3359에 코어텍스Cortex-A8이라는 ARM 코어가 장착돼 있다. 이 코어의 가장 큰 장점은 듀얼-이슈dual-issue를 지원하도록 설계됐다는 점이다. 따라서 코어텍스-A8은 기존 ARM 코어보다 단위 시간당 두 배 이상의 인스트럭션을 처리할 수 있다.

코어텍스-A8의 또 다른 장점은 네온NEON 인스트럭션을 실행할 수 있다는 점이다. 네온 인스트럭션은 고속 수학 연산에 특화된 인스트럭션이며, 여러 연산을 한 번에 처리할 수 있다. 이러한 네온 인스트럭션 덕분에 BBB는 수치 연산을 고속으로 처리할 수 있다.

SGX530 3D 그래픽 엔진

AM3359에는 그래픽 처리에 특화된 코어인 SGX530이 장착돼 있다. 이 코어는 현재 이매지네이션 테크놀로지Imagination Technologies의 한 부서인 파워브이알PowerVR에서 설계한 것으로, 아이폰 4에 장착된 그래픽 코어와 같다.

SGX530의 프로세싱 성능은 다음과 같다.

- 720p 표준 해상도의 그래픽을 화면에 표시할 수 있다.
- 초당 1,400만 개의 삼각형을 렌더링할 수 있다.

- 초당 2억 개의 픽셀을 처리할 수 있다.
- OpenGL-ES 1.1과 2.0 표준을 완벽히 지원한다.

SGX530은 장점이 많지만 비디오를 디코딩하는 기능은 없다. 따라서 BBB에서 HDMI로 출력할 때는 코어텍스-A8을 이용한다. 이러한 이유로 BBB는 게임처럼 그래픽 기능이 많이 필요한 애플리케이션에는 적합하지 않다.

PRU-ICSS

AM3359에 있는 PRU-ICSS^{Programmable Real-Time Unit Subsystem and Inducstrial Communication Subsystem}에는 프로그래머블 리얼타임 유닛(PRU)이라 부르는 실시간 코어가 두 개 장착돼 있다. PRU는 32비트 프로세서지만 범용 프로세서처럼 모든 인스트럭션을 실행할 수는 없다. 각 코어마다 8KB 크기의 프로그램 메모리와 데이터 메모리가 장착돼 있다.

PRU-ICSS의 주된 목적은 BBB의 기본 입출력 처리를 하는 것이다. 이를 통해 BBB의 ARM 코어는 고수준의 작업에 전념할 수 있다. 그래서 PRU-ICSS는 이더넷과 UART^{universal asynchronous receiver/transceiver}, 그리고 외부 이벤트를 처리하기 위한 전용 인터럽트 컨트롤러를 별도로 갖추고 있다.

11.2 BBB 프로그래밍

BBB는 ARM 프로세서를 사용하기 때문에 BBB용 애플리케이션을 제작하는 방법은 기존 ARM 기반 시스템에서 애플리케이션을 만들 때와 비슷하다. 또한 인터넷에 BBB 프로그래밍에 대한 자료가 많이 있어서 BBB 프로그래밍을 익히는 것도 어렵지 않다. 여러 자료 중에서 특히 http://beagleboard.org/Support/bone101을 추천한다.

코드 작성에 들어가기 전에 먼저 OS에 대한 이해가 필요하다. 이 절에서는 BBB에 기본으로 설치된 데비안 OS에 대해 개략적으로 살펴본다.

그리고 나서 파이썬 스크립트를 작성하고 실행하는 방법을 소개한다. 이 과정에서 Adafruit_BBIO 라이브러리를 이용해 파이썬으로 BBB의 GPIO 핀을 사용하는 방법도 소개한다. 이 절의 마지막에서는 BBB에서 PWM 신호를 생성하는 애플리케이션을 작성해본다.

11.2.1 데비안 OS

비글본 블랙은 고성능 프로세서를 장착하고 메모리 용량도 넉넉해서 기존 컴퓨터에서 사용하던 OS를 거의 그대로 구동할 수 있다. 내가 BBB에서 사용한 OS는 모두 리눅스 기반이었다. 상당수의 사용자는 데비안Debian을 사용하고, 일부는 우분투Ubuntu를 사용하기도 한다. 또 다른 인기 있는 OS로 임베디드 장치에 특화된 리눅스 배포판인 옹스트롬Ångström이 있다.

일부 버전의 BBB에는 옹스트롬이 기본적으로 설치돼 있는데, 현재는 데비안이 설치돼 있다. 개발자 입장에서 보면 두 OS는 비슷하다. 가장 큰 차이점으로 옹스트롬은 opkg 패키지 관리 시스템을 사용하는 데 반해 데비안은 apt-get을 사용한다는 점을 꼽을 수 있다.

새로운 OS를 설치할 때는 보드 뒷면에 달린 마이크로SD 연결 단자를 이용하면 된다. 이 장에서는 보드에 미리 설치된 데비안 OS를 그대로 사용한다. 그림 11.2는 내 BBB의 데스크톱 화면을 보여준다.

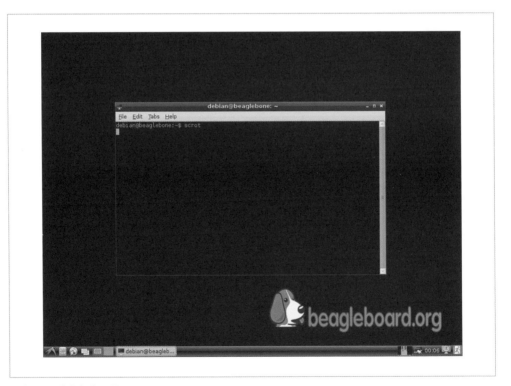

그림 11.2 데비안 데스크톱

기본 설정을 따르면 화면에 아무런 아이콘도 없다. 따라서 처음 사용할 때는 키보드나 마우스를 통해 화면 하단의 메뉴를 직접 실행해야 한다. 나는 BBB를 다룰 때 주로 SSH를 사용한다. SSH를 이용하면 PC에서 BBB로 명령을 실행할 수 있다. SSH로 BBB를 다룰 때는 다음과 같은 두 가지 사항을 알아둬야 한다.

- BBB의 디폴트 IP 주소는 192.168.7.2다.
- BBB의 루트root 계정에는 비밀번호(패스워드)가 없다.

따라서 다음과 같이 입력하면 SSH를 통해 BBB에 접속할 수 있다.

```
ssh root@192.168.7.2
```

나는 원격에서 명령을 실행하는 SSH뿐만 아니라, 원격으로 파일을 전송하는 SCP도 많이 사용한다. 예를 들어 다음과 같이 명령을 실행하면, 개발용 PC의 현재 디렉터리에 있는 data.txt를 BBB의 루트(/) 디렉터리로 전송할 수 있다.

```
scp data.txt root@192.168.7.2:/root
```

그리고 BBB에 있는 /root/data.txt를 개발용 PC의 /home/matt 폴더로 전송하려면 다음과 같이 명령을 실행한다.

```
scp root@192.168.7.2:/root/data.txt /home/matt
```

11.2.2 Adafruit-BBIO 모듈

내가 처음 BBB를 사용했을 때는 성능을 최대한 끌어내고 모든 설정 옵션을 활용하기 위해 AM3359를 로우 레벨로 프로그래밍했다. 이를 위해 핀 제어 멀티플렉싱과 디바이스 트리 오버레이에 대해 익히고, AM3359의 모든 레지스터를 이용해 연산에 대한 설정 작업을 처리했다. 심지어 PRU-ICSS에 실행할 루틴을 어셈블리 언어로 직접 작성하기도 했다. 이렇게 힘들게 작업한 후에 나는 로우 레벨로 BBB를 다루는 것은 큰 의미가 없다고 결론 내렸다.

에이다프루트^{Adafruit}의 개발자들은 이러한 개발 과정을 간소하게 해주는 Adafruit_BBIO 라이브러리라는 파이썬 패키지를 만들었다. 이 패키지는 앞 장에서 살펴본 RPIO 모듈과 거의 비슷하다. 이 패키지는 BBB에 기본으로 설치돼 있는데, 혹시 없다면 다음 명령을 통해 설치한다.

```
sudo apt-get update
sudo apt-get install build-essential python-dev python-setuptools
sudo apt-get install python-pip python-smbus -y
sudo pip install Adafruit_BBIO
```

다 설치했다면 파이썬으로 Adafruit_BBIO를 이용해 코드를 작성할 수 있다. 이제 명령행에서 python 뒤에 스크립트 파일명을 입력해 파이썬 스크립트를 실행해보자.

```
python test.py
```

한 가지만 더 설명하면, BBB에서는 C, C++, 파이썬뿐만 아니라 본스크립트^{BoneScript}라는 매력적인 언어도 지원한다. 본스크립트는 자바스크립트^{JavaScript}를 변형한 언어로서 node.js 프레임워크를 활용한다. 이 언어는 BBB를 위해 특별히 개발된 것이며, 튜토리얼과 관련 자료가 웹에 많이 올라와 있다. 하지만 이 장에서는 파이썬으로 코드를 작성한다. 뒤에서 소개할 DMCC는 본스크립트로는 접근할 수 없고 파이썬에서만 사용할 수 있기 때문이다.

11.2.3 GPIO 핀 접근 방법

BBB에는 외부 회로와 연결할 수 있도록 46핀짜리 헤더 두 개(P8, P9)를 제공하며 총 92개의 핀을 연결할 수 있다. 각 핀은 헤더에 배치된 위치에 따라 이름이 정해져 있다(예: P8.5). 그중 일부는 GPIO용으로 설정돼 있는데, 이러한 핀의 이름은 GPIO 번호 체계에서의 위치를 알 수 있도록 정해져 있다. 그림 11.3은 P8 헤더의 왼쪽 24개 핀에 대한 레이블을 보여준다.

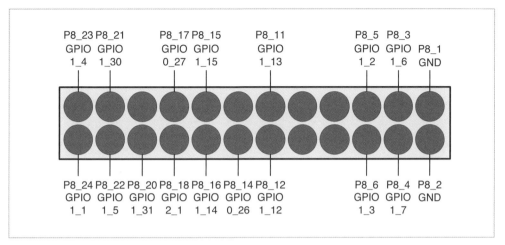

그림 11.3 비글본 블랙의 P8 헤더의 GPIO 핀

C 코드로 디바이스 트리 오버레이device tree overlay를 직접 다루면 GPIO 핀을 다양한 방식으로 설정할 수 있다. 하지만 핀의 전압을 읽거나 쓰기만 한다면 Adafruit_BBIO 라이브러리를 사용하는 것이 편하다. 표 11.2는 Adafruit_BBIO 라이브러리에서 제공하는 일곱 개의 함수를 보여준다.

표 11.2 Adafruit_BBIO 모듈에서 제공하는 GPIO 함수

함수	설명
setup(string pin, int mode)	핀을 입력 또는 출력으로 설정한다.
output(string pin, int level)	로직 레벨을 하이(HIGH)나 로우(LOW)로 설정한다.
int input(string pin)	지정한 핀의 로직 레벨을 읽는다.
cleanup( )	핀을 디폴트 상태로 설정한다.
wait_for_edge(string pin, int event)	지정한 핀에 지정한 이벤트가 발생할 때까지 프로세싱을 멈춘다.
add_event_detect(string pin, int event)	지정한 핀에 지정한 이벤트가 발생하길 기다린다.
event_detected(string pin)	지정한 핀에 기다리던 이벤트가 발생했는지 여부를 리턴한다.

여기에 나온 함수는 기본 핀 설정에 대한 함수와 이벤트에 관련된 함수, 이렇게 크게 두 가지로 분류할 수 있다.

노트

이 장의 예제 코드에서 Adafruit.BBIO.GPIO 모듈은 GPIO란 이름으로, Adafruit_BBIO.PWM 모듈은 PWM이란 이름으로 불러온다. 따라서 이 모듈에 속한 상수나 함수를 언급할 때는 간단히 GPIO.이름 또는 PWM.이름으로 표기한다.

기본 핀 설정

GPIO 핀은 (핀의 전압 레벨을 읽을 수 있는) 입력 핀으로 설정할 수도 있고, (핀의 전압 레벨을 설정할 수 있는) 출력 핀으로 설정할 수도 있다. 이러한 설정 작업은 setup 함수로 수행하며, 인수에 핀을 나타내는 스트링과 함께 GPIO.IN이나 GPIO.OUT을 지정하는 방식으로 처리한다.

핀 스트링은 헤더 위치에 따른 이름("P8_12")으로 지정해도 되고, GPIO 번호("GPIO1_12")로 지정해도 된다. 예를 들어 P8 헤더의 14번 핀을 출력 핀으로 설정하려면 다음과 같이 작성한다.

```
GPIO.setup("P8_14", GPIO.OUT)
```

P8_14 핀은 GPIO 번호로 GPIO0_26이다. 따라서 다음과 같이 작성해도 된다.

```
GPIO.setup("GPIO0_26", GPIO.OUT)
```

출력 핀에 보낼 로직 레벨은 output 함수로 설정하며, 이 함수의 인수에 원하는 핀과 로직 레벨을 지정하면 된다. 로직 레벨을 GPIO.HIGH 또는 1로 지정하면, 그 핀의 전압은 3.3V로 설정된다. 로직 레벨을 GPIO.LOW 또는 0으로 지정하면, 그 핀의 전압은 0V로 설정된다.

입력 핀에 들어온 로직 레벨은 input 함수로 읽을 수 있으며, 원하는 핀을 나타내는 스트링만 인수로 전달하면 된다. 내가 테스트할 때는 핀의 전압이 1.4V보다 높을 때 input 함수가 1을 리턴했고, 전압이 1.1V보다 낮으면 0을 리턴했다. 전압이 1.1V와 1.4V 사이에 있으면 input 함수의 리턴 값을 결정할 수 없다.

코드 11.1은 앞에서 설명한 setup, input, output 함수를 사용하는 예를 보여준다. 이 코드는 P8 헤더의 16번 핀을 읽고 그 값에 따라 18번 핀의 값을 설정한다.

코드 11.1 Ch11/test_input.py: 핀의 로직 레벨 검사하기

```
"""
이 코드는 핀의 로직 레벨을 반복적으로 확인한다.
로직 레벨이 로우면 두 번째 핀을 하이로 설정한다.
로직 레벨이 하이면 루프를 종료한다.
"""

import Adafruit_BBIO.GPIO as GPIO

# 핀 이름 지정하기
input_pin = "P8_16";
output_pin = "P8_18";

# 핀 방향 설정하기
GPIO.setup(input_pin, GPIO.IN)
GPIO.setup(output_pin, GPIO.OUT)

# input_pin의 값이 로우에 도달할 때까지 기다리기
while(GPIO.input(input_pin) == GPIO.LOW):
  GPIO.output(output_pin, GPIO.HIGH)

# 핀을 디폴트 상태로 되돌리기
GPIO.cleanup()
```

이 코드는 while 루프를 돌 때마다 입력 핀의 상태를 확인한다. 입력 핀의 레벨이 로우면 출력 전압을 하이로 설정한다. 입력 핀의 전압이 하이로 설정될 때까지 이 작업을 계속 반복한다. (입력 핀이 로우가 돼서) 루프를 빠져나오면 cleanup 함수로 핀을 원래 상태로 되돌린다.

이벤트와 이벤트 핸들링

대다수의 GPIO 애플리케이션은 반응형(리액티브reactive) 방식으로 구성된다. 다시 말해 외부 자극에 반응해 동작을 수행한다. 코드 11.1에서는 while 루프를 통해 입력 핀의 로직 레벨이 로우가 될 때까지 기다렸다. Adafruit_BBIO 모듈은 이러한 작업을 쉽고 유연하게 처리할 수 있도록 wait_for_edge라는 함수를 제공한다. 이 함수의 시그니처signature[1]는 다음과 같다.

```
wait_for_edge(string pin, int event)
```

이 함수를 실행하면 지정한 핀에 원하는 이벤트가 발생할 때까지 기다린다. GPIO 이벤트는 핀의 로직 레벨의 변화에 따라 발생하는데, 상승 에지rising edge(로우에서 하이로 변하는 상태)에 대해 반응하거나 하강 에지falling edge(하이에서 로우로 변하는 상태)에 대해 반응하도록 설정할 수 있다. 두 번째 매개변수는 이벤트의 종류를 지정하며 다음 값 중 하나로 설정한다.

- GPIO.RISING: 핀의 전압 레벨이 로우에서 하이로 변할 때 기다리기를 멈춘다.
- GPIO.FALLING: 핀의 전압 레벨이 하이에서 로우로 변할 때 기다리기를 멈춘다.
- GPIO.BOTH: 핀의 전압 레벨이 어느 방향이든 변하면 기다리기를 멈춘다.

예를 들어 P8_18번 핀에 하강 에지가 나타날 때까지 기다리게 하려면 다음과 같이 작성한다.

```
wait_for_edge("P8_18", GPIO.FALLING)
```

이벤트가 발생할 때까지 프로세서를 멈추기보다는 다른 작업을 수행하면서 해당 핀의 상태를 주기적으로 확인하는 것이 좀 더 효율적이다. add_event_detect와 event_detected 함수를 사용하면 이렇게 처리할 수 있다. add_event_detect는 wait_for_edge와 비슷하지만, 이벤트가 발생할 때까지 프로세서를 멈추지 않고 프로세서로 하여금 해당 이벤트를 감지하도록 설정한다.

---

1 함수의 원형(prototype)에서 리턴 타입을 제외한 부분(함수명과 매개변수) – 옮긴이

이벤트에 대한 감지 기능이 켜진 상태에서 해당 이벤트가 실제로 발생하면 event_ detected 함수는 1을 리턴하고, 그렇지 않으면 0을 리턴한다. 예를 들어 GPIO1_23번 핀에 발생한 하강 에지에 반응해 특정 동작을 수행하려면 다음과 같이 add_event_detect와 event_detected 함수를 활용한다.

```
add_event_detect("GPIO1_23", GPIO.FALLING)
while(condition == True):
    ...다른 작업을 수행한다...
    if(event_detected("GPIO1_23")):
        ...하강 에지에 반응한다...
```

여기서 중요한 점은 add_event_detect와 event_detected 함수 중 어느 하나도 프로세서를 멈추지 않는다는 것이다. 따라서 코드를 이렇게 작성하면 이벤트를 기다리는 동안 프로세서는 계속 돌아간다.

add_event_detect 함수는 이벤트를 처리하는 방식을 지정하는 두 개의 매개변수를 추가로 받을 수 있다. 전체 시그니처는 다음과 같다.

```
add_event_detect(string pin, int event, callback=func, bouncetime=time)
```

세 번째 매개변수는 콜백^callback 함수를 지정한다. 콜백 함수는 지정한 이벤트가 발생할 때 호출된다. 콜백 함수가 호출될 때 이벤트를 생성한 핀의 이름이 매개변수로 전달된다.

사용자가 GPIO 핀에 연결된 버튼을 누르면, 여러 개의 이벤트가 빠른 속도로 연속해서 발생할 수도 있다. 이럴 때는 발생한 이벤트들을 모두 처리하기보다 첫 번째 이벤트만 처리하고 일정한 시간 이내에 발생한 나머지 이벤트는 무시하도록 처리하는 것이 효율적이다. 마지막 매개변수인 bouncetime은 이렇게 중복된 이벤트를 걸러내는 기준이 되는 시간을 밀리세컨드 단위의 값으로 지정한다.

코드 11.2는 add_event_detect에 콜백 함수를 설정한 예를 보여준다. 이 코드에서 event_ callback 함수는 핀 이름을 받아서 특정한 메시지를 화면에 표시한다.

코드 11.2 Ch11/callback.py: 콜백으로 이벤트에 반응하기

```
"""
이 코드는 P8_18번 핀의 로직 레벨의 변화에 반응하는
콜백 함수를 설정한다.
"""

import Adafruit_BBIO.GPIO as GPIO
import time

def event_callback(pin):
  print("The event was received by Pin %s." % pin)

# 테스트할 핀 정의하기
test_pin = "P8_18";

# 핀 방향 설정하기
GPIO.setup(test_pin, GPIO.IN)

# 실행할 콜백 설정하기
GPIO.add_event_detect(test_pin, GPIO.BOTH, event_callback)

# 10초간 지연시키기
time.sleep(10)

# 핀을 디폴트 상태로 되돌리기
GPIO.cleanup()
```

P8_18번 핀의 로직 레벨이 변하면, 프로세서는 event_callback 함수를 실행한다. 이때 핀 이름이 함께 전달된다. 그러면 이 함수는 전달받은 매개변수 값을 이용해 다음과 같은 메시지를 화면에 표시한다.

```
The event was received by Pin P8_18.
```

---

time.sleep을 호출하면 프로세서는 10초간 기다렸다가 실행한다. 기다리는 동안 프로세서는 테스트하는 핀의 상승 또는 하강 에지의 발생 상태를 계속해서 확인한다.

11.3 PWM 신호 생성

3장, 'DC 모터'에서 설명한 바와 같이, PWM 신호는 다양한 폭으로 구성된 펄스들로 구성된다. 브러시 및 브러시리스 DC 모터는 이러한 PWM 신호로 제어한다. 이 절에서는 Adafruit_BBIO.PWM 모듈에서 PWM 펄스를 생성하는 방법을 소개한다. 표 11.3은 이와 관련된 다섯 개의 함수를 보여준다.

표 11.3 Adafruit_BBIO.PWM 모듈 함수

함수	설명
start(string pin, float duty, freq=freq, polarity=pol)	인수로 지정한 핀에 대해 인수로 지정한 듀티 사이클과 주파수를 가진 PWM 신호를 생성한다.
set_duty_cycle(string pin, float duty)	인수로 지정한 핀에 대한 듀티 사이클을 변경한다.
set_frequency(string pin, float freq)	인수로 지정한 핀에 대한 펄스 주파수를 변경한다.
stop(string pin)	인수로 지정한 핀에 대한 PWM 신호 생성을 멈춘다.
cleanup()	핀을 초기 상태로 되돌린다.

여기서 가장 중요한 함수는 첫 번째로 나온 start다. 이 함수는 두 개의 매개변수(핀의 이름과 듀티 사이클)를 받는다. 듀티 사이클은 0.0과 100.0 사이의 float 값으로 지정한다. 예를 들어 P8_18번 핀에 듀티 사이클이 25%인 PWM 신호를 생성하려면 다음과 같이 작성한다.

```
GPIO.start("P8_18", 25)
```

start 함수에서 옵션으로 제공하는 세 번째 매개변수를 통해 PWM 주파수를 설정할 수 있다. 디폴트 값은 2,000Hz인데, 두 개의 연속된 상승 에지 사이의 시간이 1/2000=0.5ms라는 의미다. 대다수의 서보모터에서 사용하는 PWM 주기가 20ms인데, 이를 주파수로 표기하면 50Hz이므로 디폴트 값이 2,000Hz라는 점은 좀 특이하다. 듀티 사이클이 10%고 주파수가 50Hz인 PWM 신호를 생성하려면 start 함수를 다음과 같이 작성한다.

```
GPIO.start("P8_18", 10, 50)
```

start 함수의 네 번째 매개변수를 지정하면 신호의 극성polarity 변화를 변경할 수 있다. 이 값은 0이나 1로 설정한다. 디폴트 값은 0으로, 펄스가 하이로 될 때까지 신호를 로우로 유지한다. 극성을 1로 지정하면, 펄스가 로우로 될 때까지 하이로 유지한다. 그림 11.4는 두 신호의 차이를 보여준다.

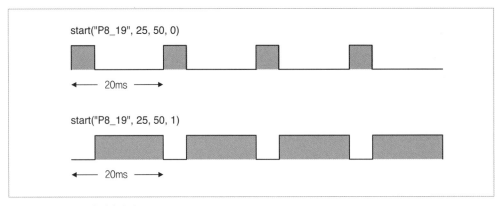

그림 11.4 PWM 극성 설정의 예

start를 호출하고 나면 set_duty_cycle과 set_frequency를 호출해 PWM 듀티 사이클과 주파수를 변경할 수 있다. start 함수와 마찬가지로 이 함수의 듀티 사이클과 주파수는 부동 소수점 값으로 지정한다.

코드 11.3은 Adafruit_BBIO.PWM 모듈을 이용해 PWM 신호를 생성하는 예를 보여준다. 이 코드는 P8_19번 핀에 듀티 사이클이 40%인 펄스를 보낸다. 서보모터의 사양에 맞게 주파수는 50Hz로 지정한다.

코드 11.3 Ch11/pwm.py: PWM 신호 생성하기

```
"""
이 코드는 P8_19번 핀에 듀티 사이클이 40%고 주파수가 50Hz인
펄스 폭 변조(PWM) 신호를 생성한다.
"""

import Adafruit_BBIO.PWM as PWM
import time

# PWM 핀 정의하기
```

```
pwm_pin = "P8_19"

# 듀티 사이클은 40%로, 주파수는 50Hz로 설정
PWM.start(pwm_pin, 40, 50)

# 10초 지연시키기
time.sleep(10)

# PWM 생성을 멈추고 핀을 초기 상태로 되돌리기
PWM.stop(pwm_pin)
PWM.cleanup()
```

이 코드는 PWM 신호를 P8_19번 핀으로 보낸다. 이 핀은 임의로 정한 것이 아니라 프로세서의 EHRPWM^{Enhanced High-Resolution PWM}이 P8_19핀에 연결돼 있기 때문이다. 이 핀에 대한 자세한 사항은 BBB의 시스템 레퍼런스 매뉴얼 70페이지에서 72페이지에 걸쳐 나와 있다. 이 핀 대신 P8_13, P9_14, P9_16번 핀을 사용해도 된다.

예제 코드는 Adafruit_BBIO 라이브러리를 통해 PWM 신호를 정확한 타이밍으로 생성한다. 하지만 BBB의 핀은 최대 3.3V까지 전달할 수 있기 때문에 펄스의 진폭은 3.3V를 넘을 수 없다. 이 값은 서보모터를 직접 구동하기에는 부족하지만, ESC^{Electronic Speed Control}나 DMCC^{Dual Motor Controller Cape}와 같은 확장 보드에 제어 신호를 보내기에는 충분하다. 다음 절에서는 이러한 제어 신호를 보내는 방법에 대해 살펴본다.

11.4 듀얼 모터 컨트롤러 케이프(DMCC)

비글본 블랙은 P8이나 P9 헤더에 확장 보드를 연결하는 방식으로 기능을 확장할 수 있다. 이러한 확장 보드를 케이프^{cape}라 부르는데, 스누피(비글)가 레드 바론^{Red Baron}으로 변신할 때 입는 망토(케이프)에서 따온 명칭인 듯하다.

BBB 케이프는 오디오 프로세싱, LCD 컨트롤, Wi-Fi 통신을 비롯한 다양한 응용에 따라 나와 있다. 현재까지의 BBB 케이프 목록은 http://elinux.org/Beagleboard:Beagle Bone_Capes에서 볼 수 있다.

DMCC[Dual Motor Controller Cape](듀얼 모터 컨트롤러 케이프)는 Exadler 테크놀로지[Exadler Technologies](http://exadler.myshopify.com)에서 판매하고 있다. 그림 11.5는 DMCC의 모습을 보여준다. 상단과 하단에 헤더가 달려 있어서 여러 DMCC를 연결해 높이 쌓을 수도 있다.

연결 단자 중에서 오른쪽에 있는 세 개가 특히 중요하다. 상단과 하단의 연결 단자는 두 모터에 전력을 공급하는데, Exadler의 문서 표기대로 각각 모터 1[Motor 1]과 모터 2[Motor 2]로 부르자. 가운데 단자는 외부에서 전력을 입력받는다. 이 단자의 입력 전압은 반드시 5V와 28V 사이로 설정해야 한다.

DMCC는 세 개의 집적 회로를 통해 연산을 처리한다. DSPIC33FJ32MC304는 모터의 속도를 설정하는 PWM 신호를 생성한다. 두 개의 VNH5019A에는 H 브릿지가 달려 있는데 앞에서 생성된 PWM 신호를 받아서 모터의 회전 방향(정방향 또는 역방향)을 설정하는 전류를 전달한다. 그림 11.6은 DMCC의 작동 구조를 보여준다.

DMCC에 대한 회로 설계 도면 파일은 https://github.com/Exadler/DualMotor ControlCape에서 자유롭게 다운로드할 수 있다. 이 파일을 읽으려면 이글[EAGLE] 회로 설계 툴을 설치해야 한다. 이글에 대해 자세히 알고 싶다면 나(매튜 스카피노)의 또 다른 저서인 『Designing Circuit Boards with EAGLE』을 참고하길 바란다.

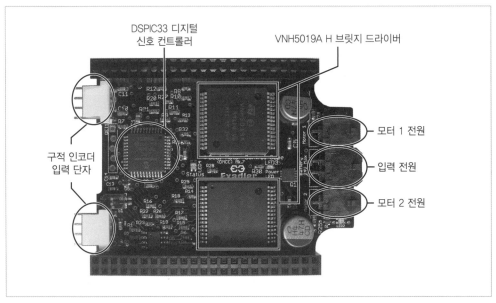

그림 11.5 DMCC Mk 6

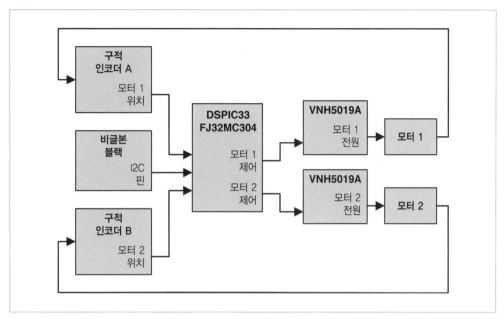

그림 11.6 DMCC 모터 제어에 대한 기능 구조도

그림 11.6에 따르면 DMCC는 다음과 같은 네 단계로 작동한다.

1. 비글본 블랙에서 실행되는 프로그램은 회전할 모터와 그 모터의 회전 속도 및 방향을 지정한다.

2. DSPIC33은 BBB로부터 모터에 대한 매개변수를 받고, 구적 인코더$^{Quadrature Encoder}$를 통해 모터의 실제 동작 정보를 받는다. 이러한 정보를 이용해 모터에 대한 PWM 신호를 생성한다.

3. VNH5019A에 있는 H 브릿지는 연결된 모터에 전류를 전달한다.

4. 모터는 전달된 전류에 따라 회전한다. 모터의 구적 인코더는 샤프트 각도를 전기 신호로 변환한다.

이 절에서는 각 단계에 대해 자세히 살펴보고 DMCC를 이용해 DC 모터를 제어하는 방법을 소개한다.

11.4.1 BBB-DMCC 통신

DMCC는 BBB의 헤더에 달린 수많은 단자 중에서 P9_19와 P9_20을 통해서만 데이터를 읽는다. 이 핀을 통해 모터가 회전하는 방식을 DMCC에게 전달한다.

이 핀은 I2C^Inter-Integrated Circuit 프로토콜을 통해 데이터를 전송한다. I2C는 다음과 같은 두 개의 신호로 데이터를 전송하는 간단한 프로토콜이다.

- SDA^Serial data line: 장치 간 비트를 전송한다.
- SCL^Serial clock: 데이터 클럭

I2C 통신에서 클럭을 구동하는 장치를 마스터^master라 부르고, 반대편의 장치를 슬레이브^slave라 부른다. BBB-DMCC 통신에서는 BBB가 마스터고 여기에 연결된 DMCC가 슬레이브다. 가장 낮은 DMCC는 슬레이브 0^Slave 0이고, 그 위에 쌓아 올라갈수록 DMCC의 ID가 1만큼 증가한다.

I2C로 전송하는 데이터는 항상 8비트 메시지로 구성한다. 마스터는 SCL을 하이로 유지한 상태에서 SDA가 하이에서 로우로 변할 때 데이터 전송을 시작한다. 메시지는 슬레이브 ID로 시작하며, 그 뒤에 마스터가 데이터를 보내는지 아니면 받는지 나타내는 한 비트가 붙는다. 마스터가 SCL을 하이로 유지한 상태에서 SDA가 로우에서 하이로 변하면 전송이 종료된다.

11.4.2 PWM 신호 생성

DMCC는 모터의 속도를 DSPIC33FJ32MC304(간단히 표현하면 DSPIC33)에서 생성한 PWM 신호로 제어한다. 이 장치는 디지털 신호 컨트롤러^Digital Signal Controller로서 디지털 신호 프로세서^DSP, Digital Signal Processor처럼 수치 연산 기능이 강화된 마이크로컨트롤러다.

DMCC에서 DSPIC33은 두 가지 정보를 읽는다. BBB로부터 I2C 통신을 통해 모터에 대한 매개변수를 받는다. 또한 두 개의 구적 인코더 입력으로부터 모터의 속도를 제어하는 전류를 읽는다.

DSPIC33은 모터에 지정한 속도와 실제 회전 속도 사이의 오차를 계산한다. 이러한 오차를 최소화하기 위해 5장, '서보모터'에서 설명한 PID 기법을 이용해 다음과 같은 세 가지 이득(게인^gain) 값을 합해서 제어 신호를 생성한다.

- **비례 이득**: 현재 오차에 비례
- **적분 이득**: 지금까지 누적된 오차의 합에 비례
- **미분 이득**: 최근 오차 변화량에 비례

DSPIC33은 이 값을 모두 합쳐서 모터에 보낼 PWM 신호를 생성한다. 좀 더 구체적으로 표현하면, 모터에 지정한 동작과 실제 동작의 오차를 최소화하기 위한 PWM의 듀티 사이클을 결정한다. 이렇게 결정된 값에 따라 PWM 펄스와 활성화 신호enable signal를 모터에 연결된 VNH5019A로 전달한다.

11.4.3 스위칭 회로

DMCC에는 두 개의 VNH5019A 장치가 달려 있다. 각 VNH5019A마다 두 개의 하프 H 브릿지half-H bridge가 있다. 3장에서 설명한 바와 같이, H 브릿지는 양의 전류나 음의 전류를 전달하는 방식으로 모터를 정방향forward 또는 역방향reverse으로 구동하는 역할을 한다. 그림 11.7은 이러한 작동 방식을 보여준다.

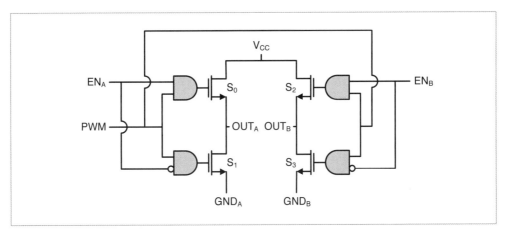

그림 11.7 VNH5019A의 H 브릿지 작동 방식

VNH5019A에 있는 두 개의 하프 H 브릿지는 각각 A와 B로 표시했다. 각 브릿지마다 별도의 활성화 신호(EN_A와 EN_B)를 받고, 출력 값(OUT_A와 OUT_B)도 별도로 전달한다. 일반적으로 OUT_A는 모터의 한쪽 단자에 연결하고, OUT_B는 다른 쪽에 연결한다.

PWM 신호는 하나만 있다. 이 신호가 하이면, EN_A와 EN_B의 값에 따라 스위치가 열리고 닫힌다. 예를 들어 PWM과 EN_A가 하이면, OUT_A는 V_{CC}로부터 전류를 받는다. 반면 PWM이 로우면, 스위치는 계속 열린 상태를 유지하기 때문에 전류가 OUT_A나 OUT_B로 흐르지 않는다.

DMCC에서 EN_A와 EN_B, PWM 값은 DSPIC33에서 설정한다. EN_B는 EN_A의 역이라고 볼 수 있다. 이러한 관계에서 EN_A가 하이면 S_0과 S_3이 닫히면서 전류가 OUT_A에서 OUT_B로 흐른다.

11.4.4 모터 제어

Exadler 테크놀로지는 DMCC로 모터를 제어하는 코드도 공개하고 있다. 소스 파일은 https://github.com/Exadler/DMCC_Library에서 자유롭게 다운로드할 수 있다. 파일을 BBB에 다운로드한 후 setupDMCC.py 파일이 있는 디렉터리로 가서 다음과 같이 명령을 입력한다.

```
python setupDMCC.py install
```

그러면 *.c 파일로 컴파일해서 DMCC 모듈을 파이썬의 dist-packages 디렉터리에 설치한다. 문제없이 설치했다면, DMCC 모듈을 활용하는 스크립트를 작성해서 실행할 준비가 끝났다. 표 11.4는 이 모듈에서 제공하는 열 개의 함수를 보여준다.

표 11.4 DMCC 모듈의 함수

함수	설명
getMotorCurrent(int board, int motor)	인수로 지정한 모터의 전류를 리턴한다.
getMotorDir(int board, int motor)	인수로 지정한 모터의 방향을 리턴한다.
getMotorVoltage(int board, int motor)	인수로 지정한 모터의 전압을 리턴한다.
getQEI(int board, int motor)	인수로 지정한 모터의 구적 인코더 값을 리턴한다.
getQEIDir(int board, int motor)	인수로 지정한 모터의 구적 인코더 방향을 리턴한다.
getTargetPos(int board, int motor)	인수로 지정한 모터의 위치를 리턴한다.

(이어짐)

함수	설명
getTargetVel(int board, int motor)	인수로 지정한 모터의 속도를 리턴한다.
setMotor(int board, 　int motor, int power)	인수로 지정한 모터에 전달할 전력을 설정한다.
setPIDConstants(int board, 　int motor, int posOrVel, 　float P, float I, float D)	인수로 지정한 모터의 위치나 속도를 제어하는 데 사용할 PID 값을 할당한다.
setTargetPos(int board, 　int motor, int pos)	인수로 지정한 모터의 위치를 설정한다.

각 함수의 첫 번째 매개변수는 설정할 보드를 지정한다. 이 값은 특히 여러 보드를 쌓아 올린 형태로 구성한 상태에서 설정하려는 보드를 선택할 때 유용하다. 가장 아래쪽에 있는 보드는 0이고, 위로 올라갈수록 1씩 증가한다.

두 번째 매개변수는 설정할 모터를 지정한다. 이 값을 1로 지정하면 모터 1Motor 1을 의미하고, 2로 지정하면 모터 2Motor 2를 의미한다.

이 표에서 가장 중요한 함수는 setMotor다. 이 함수는 인수로 지정한 전력으로 모터를 구동한다. 전력 값은 –10000에서 10000 사이의 정수 값으로 지정할 수 있다. 양의 값으로 지정하면 모터가 정방향forward으로 회전하고, 음의 값으로 지정하면 역방향reverse으로 회전한다.

예를 들어, 보드 0에 연결된 모터 1을 최대 전력의 절반으로 정방향으로 회전하려면 다음과 같이 작성한다.

```
setMotor(0, 1, 5000)
```

코드 11.4는 모터를 최대 속도로 5초간 정방향으로 구동한 후 멈췄다가 최대 속도의 절반으로 10초간 역방향으로 구동한 후 멈추는 예제를 보여준다.

코드 11.4 Ch11/motor.py: DMCC로 모터 제어하기

```
"""
이 코드는 모터를 5초간 최대 속도로 정방향으로 구동한 후 멈췄다가,
다시 절반의 속도로 역방향으로 회전한 후 멈춘다.
"""
```

```
import DMCC as DMCC
import time

# 모터를 정방향으로 구동하기
setMotor(0, 1, 10000)
time.sleep(5)

# 멈추기
setMotor(0, 1, 0)
time.sleep(3)

# 모터를 역방향으로 구동하기
setMotor(0, 1, -5000)
time.sleep(10)

# 멈추기
setMotor(0, 1, 0)
time.sleep(3)
```

DMCC 모듈은 다루기 쉽지만 스테퍼 모터를 구동하기는 어렵다는 단점이 있다. 두 개의 H 브릿지가 달려 있기 때문에 스테퍼에 필요한 위상 변화를 전달하는 코드를 파이썬 함수로 작성하기가 쉽지 않다. DMCC 모듈에서는 모터 구동 함수로 setMotor만 제공하는데, 이 함수에서는 출력 신호를 설정할 수 없다.

11.5 요약

비글본 블랙(BBB)은 취미용 싱글 보드 컴퓨터 중에서 성능이 가장 강력한 편에 속한다. 비디오 디코더가 없지만, ARM 프로세서를 장착하고 있으므로 데이터 처리와 수치 연산을 고속으로 수행할 수 있다. 또한 외부 연결 단자도 많이 달려 있어서 다양한 방식으로 보드에 접속할 수 있다.

이 장에서는 데비안 OS 위에서 파이썬으로 프로그래밍했지만 얼마든지 다른 환경에서도 작업할 수 있다. BBB는 우분투나 옹스트롬을 비롯한 다양한 리눅스 기반 OS를 구동할 수 있다. 애플리케이션 역시 C, C++, 자바, 본스크립트를 비롯한 다양한 언어로 작성할 수 있다.

파이썬 코드에서 BBB의 핀에 접근하려면, Adafruit_BBIO 라이브러리를 사용하는 것이 좋다. 이 라이브러리에서는 Adafruit_BBIO.GPIO 모듈을 제공하는데, 여기에 있는 함수를 이용하면 GPIO 핀의 전압 레벨을 쉽게 읽거나 설정할 수 있다. 또한 GPIO 핀에 상승 에지나 하강 에지가 발생하기를 기다리는 함수도 제공한다.

Adafruit_BBIO에는 Adafruit_BBIO.PWM 모듈도 있다. 여기서 제공하는 함수를 이용하면 PWM(펄스 폭 변조) 신호를 생성할 수 있다. 여기서 디폴트 PWM 주파수가 취미용 서보모터에서 흔히 사용하는 50Hz보다 훨씬 빠른 2,000Hz라는 점에 주의해야 한다. 또한 최대 PWM 진폭이 3.3V로서, 대다수의 서보모터에 필요한 전압보다 훨씬 낮다.

DMCC는 BBB용 확장 보드로서 모터를 쉽게 제어할 수 있게 해준다. 디지털 신호 제어기를 통해 모터의 위치를 읽고, PID 제어 기법을 이용해 제어 신호를 생성할 수 있다. 또한 PWM 펄스를 두 개의 H 브릿지에 전달하면, 두 브릿지는 다시 전력을 모터에 전달한다. DMCC 모듈에서 제공하는 함수를 이용하면 모터의 동작을 설정하고, 작동 관련 속성을 읽을 수 있다.

## 12

아두이노로 ESC 만들기

9장부터 11장까지 아두이노 메가와 라즈베리 파이처럼 메이커들이 많이 사용하는 보드로 모터를 제어하는 방법을 살펴봤다. 기존 보드를 활용하는 방법에 대해서는 이 정도로 마무리하고, 이 장에서는 모터 제어 보드를 처음부터 직접 설계하는 방법을 소개한다. 좀 더 구체적으로 표현하면, 브러시리스 DC 모터(BLDC)를 제어하기 위한 전자 속도 제어기ESC, Electronic Speed Control를 설계하는 방법을 소개한다. 3장, 'DC 모터'에서 설명한 바와 같이 ESC는 컨트롤러로부터 낮은 전압의 신호를 받아서 모터 구동에 필요한 높은 전류의 펄스를 생성한다.

간결한 설명을 위해 이 장에서는 ESC를 아두이노 메가용 확장 보드 형태로 만들 것이다. 따라서 이렇게 만든 확장 보드는 아두이노의 아트멜 마이크로 컨트롤러로부터 신호를 받아서 BLDC로 전력을 전달한다.

이 장에서는 모스펫의 전기적 특성이나 모스펫 드라이버와 같은 BLDC 제어에 관련된 여러 가지 주제를 깊이 있게 다룬다. 또한 회로도에서 부품을 연결하는 것부터 보드 설계도에 장치 패키지를 배치하기까지 회로 보드 설계의 전반적인 과정을 소개한다. 구체적인 내용을 시작하기에 앞서, 회로 설계 절차를 개괄적으로 살펴보자.

12.1 ESC 설계의 개요

이 장을 저술할 때는 원래 무선 조종 자동차나 비행기를 위한 상용 ESC와 유사한 PC 프로그래머블 ESC를 소개하려고 했다. 이러한 ESC 회로는 전력과 PWM 펄스를 받아서 BLDC로 제어 신호를 보낸다. ESC는 타이밍을 정확히 맞추기 위해 모터로부터 회전자의 방향에 대한 정보를 받는다. 그림 12.1은 프로그래머블 ESC의 전반적인 작동 방식을 보여준다.

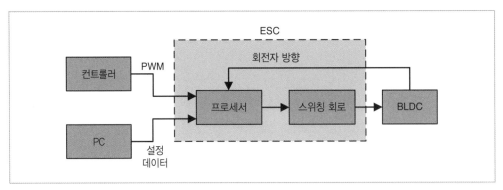

그림 12.1 표준 프로그래머블 ESC의 작동 방식

이러한 보드를 RC 커뮤니티를 대상으로 소개하기에는 적합할지 몰라도, 메이커 프로젝트용으로 활용하기에는 다음과 같은 세 가지 문제가 있다.

- 이 회로를 사용하려면 PWM 신호를 생성하는 외부 컨트롤러가 필요하다.
- ESC의 마이크로컨트롤러를 프로그래밍하려면 C 프로그래밍과 마이크로컨트롤러의 아키텍처에 능숙해야 한다.
- ESC를 프로그래밍하려면, PC에서 구동할 소프트웨어를 직접 작성해야 한다.

표준 ESC를 테스트하고 프로그래밍하는 복잡한 작업을 일일이 처리하기보다는, 아두이노 프레임워크가 가진 간결함을 최대한 활용해 ESC 기능을 구현하는 것이 낫다고 판단했다. 따라서 이 장에서 소개하는 ESC 회로는 제어 신호를 표준 아두이노 보드에 장착된 아트멜 마이크로컨트롤러로부터 받도록 구성했다.

그림 12.2는 이렇게 간소화한 회로의 기능별 구성도를 보여준다. ArduESC나 ESCuino라는 이름을 붙일까도 생각해봤지만, 고상하게 표현하기 위해 그냥 ESC 실드라 부르기로 했다.

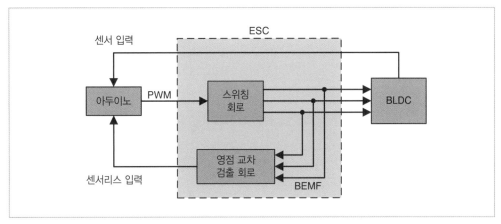

그림 12.2 ESC 실드의 기능별 구성도

구성도는 회로 보드의 설계를 반영한 것이다. 스위칭 회로는 여섯 개의 트랜지스터로 작동하며, 그림 12.3은 이 장에서 제작할 회로 보드의 앞면에 배치한 모습을 보여준다.

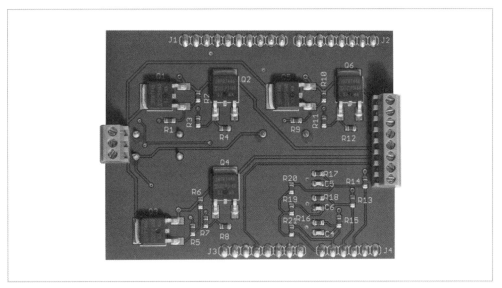

그림 12.3 ESC 실드의 앞면

그림 12.4는 보드의 뒷면을 보여준다. 상단과 하단의 핀은 아두이노 보드의 헤더와 연결할 수 있다.

이어지는 두 절에서는 ESC의 기능상 블록을 구성하는 부품을 소개한다. 바로 다음 절에서는 보드의 스위칭 회로를 소개하고, 그다음 절에서는 영점 교차 회로^{zero-crossing circuit}에 대해 설명한다.

그림 12.4 ESC 실드의 뒷면

12.2 스위칭 회로

DC 모터는 마이크로컨트롤러에서 제공하는 것보다 높은 전력을 필요로 한다. 따라서 모터 제어 회로는 컨트롤러와 모터 사이에 전기 스위치를 갖추고 있다. 이러한 스위치를 통해 컨트롤러로부터 신호를 받아서 모터에 높은 전압과 전류를 펄스 형태로 전달한다.

3장에서 설명한 바와 같이, 가장 흔히 사용하는 전기 스위치로는 모스펫^{MOSFET, metal-oxide-semiconductor field-effect transistor}(금속 산화막 반도체 전계효과 트랜지스터)과 IGBT^{insulated-gate bipolar transistor}(절연 게이트 양극성 트랜지스터)가 있다. 중소형 회로에는 모스펫이 적합하므로, ESC 실드에서 모터의 전원을 켜거나 끄기 위한 용도로 모스펫을 이용한다. 이 절에서는 먼저 회로에 사용하는 모스펫의 종류와 이를 선택한 이유에 대해 자세히 설명한다.

모스펫을 최대 속도로 작동시키기 위해 아두이노 마이크로컨트롤러와 모스펫 사이에 모스펫 드라이버라 부르는 별도의 장치를 사용하도록 ESC 회로를 구성한다. 모스펫 드라이버의 작동 원리에 대해서는 이 절의 뒷부분에서 자세히 소개한다.

그림 12.5는 그림 12.2의 회로에 모스펫과 모스펫 드라이버의 연결 관계를 추가한 것이다.

12.2.1 모스펫 스위치

모스펫의 기초에 대해서는 3장에서 소개한 바 있지만, 여기서 간략히 복습하고 넘어가자. 그림 12.6은 n타입 증가형 모스펫enhanced-mode MOSFET의 회로 기호를 보여준다. 그림에서 볼 수 있듯이 이 장치는 세 개의 단자(게이트, 소스, 드레인)로 구성돼 있다.

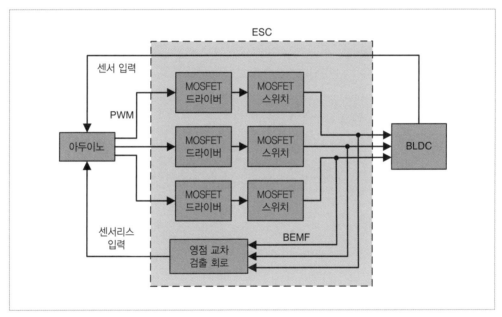

그림 12.5 모스펫 드라이버와 모스펫 스위치

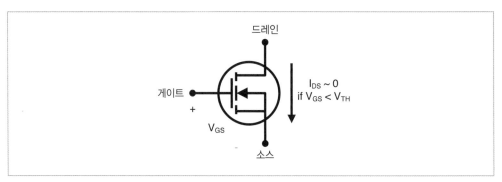

그림 12.6 모스펫 회로 기호

증가형 모스펫은 세 가지 상태로 작동하는데, 모터 회로에서는 두 개만 사용한다.

- **컷오프**^{cut-off} **상태(off)**: 게이트-소스 전압(V_{GS})이 문턱 전압^{threshold voltage}(V_{TH})보다 낮으면 모스펫은 컷오프(차단) 상태에 놓인다. 소스와 드레인 사이의 저항은 거의 무한대고, 드레인-소스 전류(I_{DS})는 거의 0에 가깝다.

- **포화**^{saturation} **상태(on)**: V_{GS}가 V_{TH}보다 크고 드레인-소스 전압(V_{DS})이 $V_{GS} - V_{TH}$보다 크면, 모스펫은 포화 상태에 놓인다. 드레인과 소스 사이의 저항($R_{DS(ON)}$)은 수백 옴^{ohm}(Ω) 분의 1 수준으로 떨어진다. 따라서 전류가 드레인에서 소스로 자유롭게 흐르게 된다.

모스펫은 스위치로 사용하기에 완벽하진 않다. 문턱 전압이 0V보다 크고, 드레인-소스 저항이 0Ω보다 크면 스위칭 시간이 약간 걸린다. 그렇지만 전반적인 동작이 이상적인 형태에 가깝기 때문에 대다수의 모터 회로는 스위칭 용도로 모스펫을 많이 사용한다.

모스펫 종류 선택

모스펫에 대한 데이터시트를 보면, 트랜지스터의 작동에 관련된 수많은 매개변수가 나와 있다. $V_{BR(DSS)}$나 Q_G와 같은 이름으로 표시돼 있으므로 처음 보는 이들은 종종 헷갈리기 쉽다. 이해를 돕기 위해 모스펫 데이터시트에 주로 등장하는 여섯 개의 매개변수를 표 12.1에 정리했다.

표 12.1 모스펫 작동 매개변수

매개변수	전체 이름	설명
V_{DS} 또는 $V_{BR(DSS)}$	드레인–소스 전압	모스펫이 오프(off) 상태에 머물게 하는 드레인과 소스 사이의 최대 전압
I_D	드레인 전류	모스펫이 온(on) 상태에 있을 때 드레인과 소스 사이에 흐를 수 있는 최대 전류
$R_{DS(ON)}$	드레인–소스 저항	모스펫이 온 상태에 있을 때 드레인과 소스 사이의 저항
Q_G	게이트 충전	모스펫을 온 상태로 전환하기 위해 게이트에 필요한 충전량
P_d 또는 P_{TOT}	총 전력	모스펫에서 소비할 수 있는 최대 전력량
$V_{GS(TH)}$ 또는 V_{TH}	문턱 전압	모스펫을 온 상태로 전환하는 데 필요한 게이트–소스 전압

여기서 첫 번째와 두 번째 값이 특히 중요하다. 모스펫이 전원으로부터 공급된 전압을 견딜 수 없거나 모터에 필요한 전류를 전달할 수 없으면 제대로 작동하지 않고 회로가 손상될 수 있다.

모터는 상당한 양의 전류를 필요로 한다. 그래서 저항($R_{DS(ON)}$)이 가장 중요하다. 저항이 클수록 드레인과 소스 간 전압 강하의 폭도 크다. 저항이 높으면 열도 많이 발생하는데 이 값은 $I^2 R_{DS(ON)}$과 같다. 나는 5mΩ 정도의 저항이 달린 모스펫을 주로 사용하는데, 이때 전류가 20A면 전압 강하는 0.1V 정도다. 고전력 모터 제어 회로에서는 모스펫보다 전압 강하 폭이 적은 아이지비티^{IGBT}를 선호한다.

게이트 충전량(Q_G)도 중요하다. 모스펫의 게이트 전압(V_{GS})은 즉시 바뀌지 않는다. 커패시터와 마찬가지로 이 전압도 전달받은 충전량에 따라 달라진다(전압 = 충전/커패시턴스). Q_G는 게이트가 문턱 전압에 도달하는 데 필요한 충전량을 의미한다. 게이트를 충전하거나 방전하는 데 시간이 걸리기 때문에 Q_G 값이 작을수록 주어진 전류량에 대해 게이트의 전압이 문턱 전압에 도달하는 시간도 빨라진다.

IRFR7446 모스펫

인터내셔널 렉티파이어$^{International Rectifier}$의 IRFR7446 파워 모스펫은 낮은 저항과 낮은 게이트 충전으로 높은 전력을 전달한다. 이러한 특성으로 인해 나는 ESC 실드의 스위치용으로 이 장치를 선택했다. 이 장치의 작동 특성은 다음과 같다.

- **최대 드레인-소스 전압**($V_{BR(DSS)}$): 40V
- **최대 드레인-소스 전류**: 120A
- **온 상태 드레인-소스 저항**($R_{DS(ON)}$): 3.9mΩ
- **게이트 충전**(Q_G): V_{GS}에서 65nC = 10V

게이트 충전이 65nC면 대다수의 파워 모스펫에 비해 낮은 편이지만, 고속 파워 스위칭을 위해서는 매우 짧은 시간에 충전돼야 한다. 다시 말해 모스펫의 게이트를 높은 전류로 구동해야 한다. 아두이노 마이크로컨트롤러에서는 이 정도의 전류를 공급할 수 없기 때문에 ESC 실드에서는 다음 절에서 설명할 모스펫 드라이버를 사용한다.

바디 다이오드

모스펫과 관련해 한 가지 더 소개할 주제가 있다. 모터 제어 회로에서 모스펫은 그림 12.7 처럼 주로 쌍으로 연결한다.

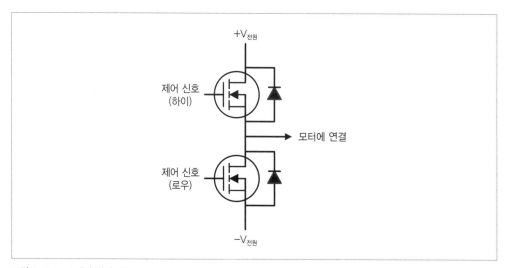

그림 12.7 모스펫과 다이오드

그림을 보면 모스펫마다 다이오드가 하나씩 병렬로 연결돼 있다. 이를 통해 소스에서 드레인으로 전류가 흐르며, 모스펫이 오프 상태일 때 전류가 모터의 권선으로부터 흘러갈 수 있는 경로를 제공한다. 이러한 다이오드는 환류 다이오드free-wheeling diode, 억제 다이오드suppression diode, 플라이백 다이오드flyback diode 등으로 부른다.

상당수의 모스펫 회로에서는 스위칭이 빠르고 정방향 전압 강하가 낮은 쇼트키 다이오드 Schottky diode를 주로 사용한다. 하지만 IRFR7446과 같은 파워 모스펫에는 바디 다이오드body diode라 부르는 다이오드가 내장돼 있다. 파워 모스펫의 데이터시트를 보면 바디 다이오드에 대한 두 가지 핵심 작동 특성이 명시돼 있다. 두 값 모두 작을수록 좋다.

- V_{SD}: 바디 다이오드의 정방향 전압 강하(IRFR7446의 경우 0.9V)
- t_{rr}: 역방향 회복 시간(IRFR7446의 경우 20ns)

두 번째 매개변수에 대해 좀 더 설명하면, 다이오드의 전압이 정방향에서 역방향으로 바뀔 때 저장돼 있던 에너지로 인해 잠시 전류가 역방향으로 흐른다. 이러한 짧은 시간을 역방향 회복 시간reverse recovery time이라 부르며, 모터 회로에서 이 값은 작을수록 좋다.

12.2.2 모스펫 드라이버

모스펫에서 전력을 재빨리 전환하려면 게이트를 빠르게 충전하고 방전해야 한다. 이렇게 하기 위해서는 아두이노의 마이크로컨트롤러에서 제공하는 전류만으로는 부족하다. 그래서 고속 ESC에는 마이크로컨트롤러와 모스펫 사이에 증폭기amplifier가 달려 있다. 이 장치를 모스펫 드라이버MOSFET driver 또는 충전 펌프charge pump라 부른다.

어떤 회로는 모스펫마다 드라이버를 하나씩 사용하기도 하지만, 하나의 하프-H 브릿지에 두 개의 모스펫을 사용하면 IC를 구성하기가 쉽다. 그림 12.8은 이러한 작동 과정을 보여준다.

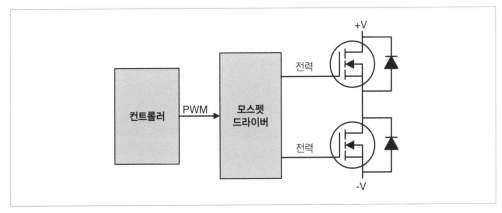

그림 12.8 하프-H 브릿지에 연결된 모스펫 드라이버

모터와 양의 전력으로 연결되는 모스펫을 하이사이드high-side 트랜지스터, 모터와 음의 전력으로 연결되는 모스펫을 로우사이드low-side 트랜지스터라 부른다. 양쪽 모두에 대한 전류를 스위칭할 수 있는 드라이버를 하이사이드/로우사이드 드라이버라 부른다.

적절한 드라이버를 선정할 때 가장 먼저 할 일은 스위치에서 얼마나 많은 양의 전류를 필요로 하는지 결정하는 것이다. 값은 모스펫의 게이트 충전 값과 모스펫이 전원을 얼마나 빠르게 켜거나 끄는지에 달려 있다. 게이트 충전량(Q_G)과 스위치 전환에 걸리는 시간($t_{스위치}$), 그리고 필요한 전류(I)의 관계를 수학적으로 표현하면 다음과 같다.

$$I = \frac{Q_G}{t_{스위치}}$$

IRFR7446의 경우, Q_G는 V_{GS} = 10V일 때 65nC다. ESC에서 안전한 스위칭 시간은 500ns다. 앞에 나온 수식에 이 값을 대입하면 다음과 같은 결과를 구할 수 있다.

$$I = \frac{65nC}{500ns} = 0.13A$$

IR2110 하이사이드/로우사이드 드라이버

ESC 실드에서는 IR2110 하이사이드/로우사이드 드라이버를 이용해 모스펫을 작동한다. 이 드라이버의 출력 전류는 대체로 2A인데, IRFR7446 모스펫을 작동하기에 충분한 양이다. 이 칩에는 16개의 핀이 달려 있는데, 그중 11개만 사용한다. 그림 12.9는 11개의 핀이 컨트롤러, 전원, 하이사이드/로우사이드 모스펫 등과 어떻게 연결되는지 보여준다.

IR2110에 전달하는 신호는 다음과 같다.

- HIN과 LIN은 컨트롤러로부터 PWM 신호를 받는다.
- VDD와 VSS는 컨트롤러 입장에서 본 전압과 그라운드다.
- HO와 LO는 모스펫의 게이트 단자에 스위칭 전력을 제공한다.
- VB와 VS는 하이사이드 및 로우사이드 플로팅을 공급하는 역할을 한다.
- VCC는 로우사이드 고정 공급 전압이다.
- COM은 로우사이드 리턴(그라운드)이다.
- SD는 IR2110에게 출력 전압 HO와 LO를 끄도록 지시한다.

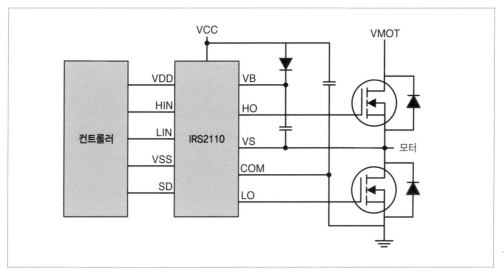

그림 12.9 IR2110 하이사이드/로우사이드 드라이버 회로

이 드라이버의 전반적인 작동 방식은 쉽게 이해할 수 있다. HIN이 하이면, 하이사이드 모스펫이 완전히 온^{on} 상태가 되도록 HO가 켜진다. LIN이 하이면, 로우사이드 모스펫이 완전히 온 상태가 되도록 LO가 켜진다. 여기서 HIN과 LIN은 동시에 하이가 되지 않는다는 점이 중요하다. 둘 다 하이면, 전원과 그라운드가 단락$^{short\ circuit}$된다. 이를 슛스루$^{shoot\ through}$라 부르며, 이로 인해 회로가 과열될 수 있다.

각각의 전압 입력이 헷갈릴 수 있다. 정리하면 ESC 실드에서 VDD는 5V다. VCC는 10V와 20V 사이로 설정되고, ESC 실드에서는 이 값을 12V로 설정한다. VCC가 8.5V 이하면 IR2110의 저전압 감지기$^{undervoltage\ detector}$는 HO와 LO가 전류를 전달하지 못하게 막는다.

12.2.3 부트스트랩 커패시터

하이사이드 모스펫을 완전히 켜둔 상태로 유지하려면, 게이트 전압을 10V에서 15V로 소스 전압보다 높여야 한다. 하지만 소스 전압이 VCC보다 높은 VMOT만큼 높을 수 있다. IR2110에 하이사이드 모스펫을 작동시킬 정도로 충분한 전력을 공급하기 위해 여러 회로에서 VB와 VS에 걸쳐 커패시터를 연결한다. 이를 부트스트랩 커패시터$^{bootstrap\ capacitor}$라 부른다.

이 커패시터가 어떻게 도움을 주는지 이해하려면, 하이사이드 모스펫과 로우사이드 모스펫이 켜지거나 꺼질 때 회로의 동작을 살펴봐야 한다.

- LIN이 하이고 로우사이드 모스펫이 완전히 켜져 있으면, VS는 그라운드에 연결된다. 이때 부트스트랩 커패시터는 VCC에서 다이오드 강하를 뺀 만큼 충전된다.
- HIN이 하이고 하이사이드 모스펫이 완전히 켜져 있으면, VS는 VMOT에 연결된다. 이때 부트스트랩 커패시터 사이의 잠재적인 차이(VB-VS)는 VMOT에 VCC를 더하고 다이오드 강하를 뺀 값과 같다.

부트스트랩 커패시터의 커패시턴스를 결정하는 과정은 간단하지 않다. 커패시턴스가 너무 낮으면 VB의 전압을 올릴 정도로 충분히 충전할 수 없다. 반대로 커패시턴스가 너무 높으면 적절히 충전할 때까지 너무 오랜 시간이 걸린다. 인터내셔널 렉티파이어의 애플리케이션 노트^{Application Note} 978(AN978)에 따르면, 이러한 커패시턴스는 다음과 같은 등식으로 계산할 수 있다.

$$C \geq \frac{2\left[2Q_G + \dfrac{I_{qbs(최대)}}{f} + Q_{ls} + \dfrac{I_{Cbs(누설)}}{f}\right]}{V_{cc} - V_f - V_{LS} - V_{최소}}$$

표 12.2는 이 표현식에 나온 변수를 정리한 것이다. 세 번째 열은 ESC 실드의 부품에 대한 근삿값이다.

표 12.2 부트스트랩 커패시턴스 수식의 변수

변수	설명	값
Q_G	하이사이드 모스펫의 게이트 충전	65nC
$I_{qbs(최대)}$	최대 V_{BS} 대기(quiescent) 전류	230μA
f	작동 주파수	50Hz
Q_{ls}	주기당 필요한 레벨 시프트(level shift) 충전	5nC
$I_{Cbs(누설)}$	커패시터 누설 전류	0.5μA
V_{CC}	공급 전압	12V
V_f	부트스트랩 다이오드에 발생하는 전압 강하	0.7V
V_{LS}	로우사이드 모스펫에 발생하는 전압 강하	0.06V
$V_{최소}$	V_B와 V_S 사이의 최소 차이	9.4V

이 표에서, 로우사이드 모스펫에서 발생하는 전압 강하는 원하는 전류에 모스펫의 $R_{DS(\text{온})}$ 값을 곱하면 구할 수 있다. ESC 실드에서 이 값은 $(20A)(3.0m\Omega) = 0.06V$다. 또한 탄탈륨 tantalum(Ta) 커패시터는 누설 전류가 거의 없기 때문에 이 값을 0으로 설정해도 된다.

표에 나온 값을 앞의 수식에 대입하면 커패시티 값이 대략 5.16μF로 나온다. 그래서 ESC 실드에서는 부트스트랩 커패시터로 4.7μF짜리 탄탈륨 커패시터를 사용한다.

12.3 영점 교차 검출

나는 컨트롤러에서 전력을 전달하기 위해 모터의 상태를 결정해야 하는 것이 BLDC의 가장 큰 단점이라 생각한다. 모터에 센서나 인코더가 달려 있다면 쉽게 처리할 수 있지만, 그렇지 않다면 회로가 복잡해진다.

3장에서 3상 BLDC의 기본 제어 방법에 대해 설명하면서, 컨트롤러는 한 번에 두 위상을 전달하고 나머지 세 번째는 플로트 상태로 내버려둔다고 설명한 바 있다. 컨트롤러는 전달하지 않은 위상의 플로팅 전압을 측정해서 모터로 전압을 보낼 시점을 결정한다. 이 기법을 영점 교차 검출zero-crossing detection이라 부르며, 센서리스 모터로 전력을 보내는 시점을 결정하기 위해 가장 흔히 사용한다.

모터가 회전하면 권선에 역기전력back-EMF이라 부르는 내부 전압이 발생한다. 그림 12.10은 BLDC에서 발생하는 역기전력의 기본적인 형태를 보여준다. 실제 회로에서는 권선이 전압을 받지 않으면 역기전력의 파형이 이 그림과 크게 달라질 수 있다.

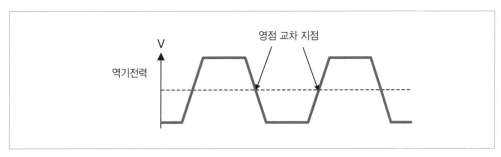

그림 12.10 3상 BLDC의 이상적인 역기전력

모터의 역기전력을 직접 측정할 수 없기 때문에 권선의 역기전력이 영점을 지나는 지점을 알아내기는 쉽지 않다. 그 이유를 이해하기 위해 그림 12.11에 나온 회로를 살펴보자. 이 회로는 BLDC에 대한 등가 회로와 제어 회로의 일부를 표현한 것이다.

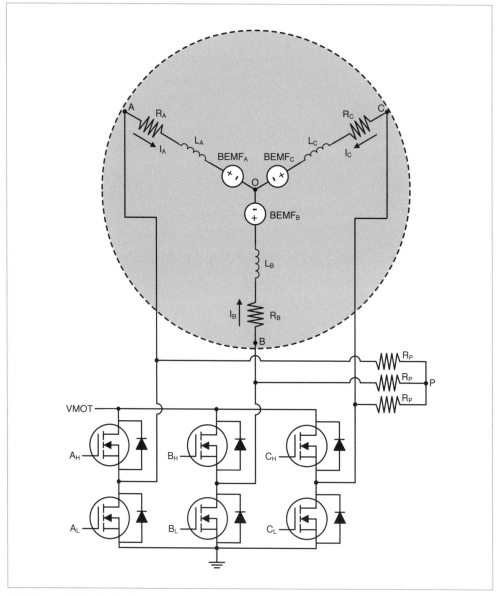

그림 12.11 BLDC 등가 회로 및 제어 회로

그림을 보면 BLDC에 있는 세 개의 권선이 O 지점에서 서로 연결돼 있다. 이 점을 흔히 중립점neutral point(뉴트럴 포인트) 또는 스타 포인트start point라 부른다. O 지점의 전압을 알면 플로팅 권선의 역기전력이 0볼트를 지나는 시점을 쉽게 알아낼 수 있다.

아쉽게도 모터에 구멍을 뚫지 않는 이상 V_O를 구할 수 없다. 따라서 모터의 외부에 P라는 가상 중립점을 지정한다. 그리고 VP와 플로팅 권선의 전압을 측정하는 방식으로 영점 교차 교차 시점을 알아낸다.

영점 교차 교차 지점인 V_P와 플로팅 전압 사이의 관계를 알아내려면 다음과 같은 네 단계를 거쳐야 한다.

1. V_P와 세 권선의 전압(V_A, V_B, V_C) 간 관계
2. V_O와 두 개의 여자된 권선의 전압 간 관계
3. V_O와 플로팅 권선의 전압 및 플로팅 역기전력의 관계
4. 위 결과를 이용해 플로팅 역기전력 구하기

12.3.1 1단계: V_P와 세 권선의 전압 간 관계

첫 번째 단계는 간단하다. 가상 중립점인 P는 값이 R_P인 저항을 통해 각 권선에 연결된다. P 지점의 전압(V_P)은 다음과 같이 키르히호프의 전류 법칙Kirchoff's Current Law에 따라 권선의 전압(V_A, V_B, V_C)을 이용해 계산할 수 있다.

$$\frac{V_A - V_P}{R_P} + \frac{V_B - V_P}{R_P} + \frac{V_C - V_P}{R_P} = 0$$

$$V_A + V_B + V_C - 3V_P = 0$$

$$V_P = \frac{V_A + V_B + V_C}{3}$$

12.3.2 2단계: V_O와 두 개의 여자된 권선의 전압 간 관계

그림처럼 B_H와 C_L은 닫혀 있고 나머지 스위치는 열려 있으면, 권선 B는 하이 전압($V_B = V_{HIGH}$)에, 권선 C는 로우 전압($V_B = 0$)에 연결된다. 다른 스위치가 열려 있기 때문에 전압이 플로팅 상태에 있는 권선 A에는 전류가 흐르지 않는다. 키르히호프 전류 법칙에 따르면 O에서 $I_A = 0$일 때 $I_C = -I_B$다.

여자된 권선은 전달된 전류에 대해 역기전력을 생성한다. 권선 B와 C에 흐르는 전류의 양은 같지만 방향은 서로 반대다. 따라서 역기전력 전압의 크기도 같고 부호는 반대다. 다시 말해 $I_C = -I_B$, $BEMF_C = -BEMF_B$다.

이번에는 권선 B에 걸린 전압($V_B - V_O$)과 권선 C에 걸린 전압($V_C - V_O$)을 비교해보자. 이 값은 다음과 같은 수식을 통해 구할 수 있다.

$$V_B - V_O = I_B R_B + L_B \frac{dI_B}{dt} + BEMF_B$$

$$V_C - V_O = I_C R_C + L_C \frac{dI_C}{dt} + BEMF_C$$

두 권선의 저항과 인덕턴스는 같다고 가정한다. I_B 대신 $-I_C$를 넣고, $BEMF_B$ 대신 $-BEMF_C$를 넣으면 권선 B에 걸린 전압은 다음과 같이 구할 수 있다.

$$V_B - V_O = -I_C R_C - L_C \frac{dI_C}{dt} - BEMF_C$$

$$= -(V_C - V_O)$$

이 식을 정리하면 다음과 같은 결과를 구할 수 있다.

$$V_O = \frac{V_B + V_C}{2}$$

12.3.3 3단계: V_O와 플로팅 권선의 전압 및 플로팅 역기전력의 관계

스위치 A_H와 A_L이 열리면, 권선 A에 전류가 흐르지 않는다. 다시 말해 R_A나 L_A에 전압 강하가 없다. 따라서 권선 A에 걸리는 전압은 다음과 같이 구할 수 있다.

$$V_A - V_O = BEMF_A$$

이 식을 V_O에 대해 정리하면 다음과 같다.

$$V_O = V_A - BEMF_A$$

12.3.4 4단계: 앞에서 구한 결과를 합쳐 플로팅 역기전력 구하기

지금까지 세 개의 등식을 구했다. 두 개는 V_O에 대한 것이고, 나머지 하나는 V_P에 대한 것이다.

$$V_O = \frac{V_B + V_C}{2}$$

$$V_O = V_A - BEMF_A$$

$$V_P = \frac{V_A + V_B + V_C}{3}$$

첫 번째와 두 번째 수식을 조합하면 다음과 같이 플로팅 역기전력에 대한 식을 구할 수 있다.

$$BEMF_A = \frac{2V_A - V_B - V_C}{2}$$

이 결과를 세 번째 수식에 대입하면 다음과 같이 최종 결과를 구할 수 있다.

$$V_P - V_A = -\frac{2}{3}BEMF_A$$

플로팅 역기전력에 대한 값을 정확히 구하는 것은 중요하지 않다. 핵심은 $V_P - V_A$가 0이 되는 시점에 영점을 통과한다는 것이다. 마찬가지로 $V_P - V_B$가 0이 되는 시점에 권선 B의 플로팅 역기전력이 0이 되고, $V_P - V_C$가 0이 되는 시점에 권선 C의 플로팅 역기전력이 0이 된다. 컨트롤러는 $V_P - V_A$, $V_P - V_B$, $V_P - V_C$를 측정함으로써 각 권선의 영점 교차 지점을 쉽게 구할 수 있다.

12.4 회로도 설계

아두이노 메가나 아두이노 모터 실드와 마찬가지로, ESC 실드도 이글^{EAGLE} 회로 설계 툴로 설계했다. 설계 과정은 크게 두 단계로 나뉜다. 부품의 기호로 회로도를 그린 다음, 각 부품의 패키지를 회로에 실제로 배치하는 도면을 그린다.

이 절에서는 회로도 설계 과정에 대해 소개한다. 이 작업은 이글의 회로도 편집기^{schematic editor}로 작업한다. 회로도의 목적은 회로를 구성하는 부품과 이들의 연결 관계를 명확히 표현하는 데 있다. 나는 모든 부품을 하나의 전선 덩어리로 묶지 않고, 전체 설계를 여러 개의 부분 회로로 나누는 방식을 선호한다. ESC 실드에 대한 회로도는 크게 세 개의 부분 회로로 구분할 수 있다.

- 헤더 연결
- 모스펫 및 모스펫 드라이버
- 영점 교차 검출

이 절에서는 각각의 부분 회로에 대한 설계 과정을 소개하고, 회로도에 어떻게 표현되는지 살펴본다. 이글 툴이 설치돼 있다면 http://www.motorsformakers.com에서 회로도 파일을 다운로드한 후 직접 볼 수 있다. 이 파일(esc_shield.sch)은 Ch12 폴더 안에 있다.

12.4.1 헤더 연결

아두이노 프레임워크가 가진 여러 가지 장점 중 하나는 확장 보드와 연결하는 단자가 일정하다는 점이다. 다시 말해 아두이노 보드마다 달린 헤더의 크기와 위치는 모두 똑같다.

직접 확인해보고 싶다면 9장, '아두이노 메가로 모터 제어하기'로 다시 가서 아두이노 메가에 달린 헤더와 아두이노 모터 실드에 달린 헤더를 비교해보길 바란다. 모터 실드에는 10핀짜리 헤더 한 개와 8핀 헤더 두 개, 6핀 헤더 한 개 이렇게 총 네 개의 헤더가 달려 있다. 아두이노 실드에는 대부분 헤더가 이렇게 구성돼 있다. 그래서 아두이노 프로토 실드 ^{Arduino Proto Shield}나 아두이노 LCD 실드를 봐도 이와 똑같이 네 개의 헤더가 달려 있다.

ESC 실드도 아두이노 보드와 연결할 수 있도록 이와 비슷하게 헤더가 구성돼 있다. 여기에 BLDC와 전원을 연결하기 위한 두 개의 헤더가 더 달려 있다. 그림 12.12는 네 개의 아두이노 헤더(J1-J4)와 BLDC 헤더(J5), 전원 헤더(J6)를 보여준다.

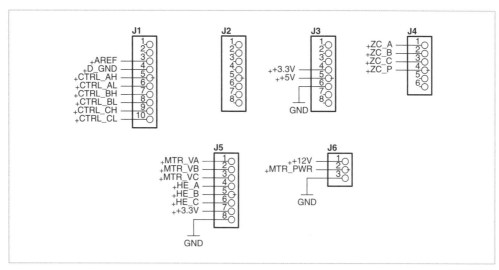

그림 12.12 헤더 연결

이 그림을 보면 ESC 실드에서 사용할 신호 이름이 나와 있다. 표 12.3은 이러한 신호와 각 헤더를 정리한 것이다.

표 12.3 ESC 실드 신호

신호	설명
CTRL_AH	권선 A에 대한 하이 제어 신호
CTRL_AL	권선 A에 대한 로우 제어 신호
CTRL_BH	권선 B에 대한 하이 제어 신호
CTRL_BL	권선 B에 대한 로우 제어 신호
CTRL_CH	권선 C에 대한 하이 제어 신호
CTRL_CL	권선 C에 대한 로우 제어 신호
ZC_A	권선 A에 대한 영점 교차 검사
ZC_B	권선 B에 대한 영점 교차 검사
ZC_C	권선 C에 대한 영점 교차 검사
ZC_P	가상 중립점의 전압
HE_A	권선 A에 대한 홀 효과 신호
HE_B	권선 B에 대한 홀 효과 신호
HE_C	권선 C에 대한 홀 효과 신호

다음에 나오는 부분 회로는 이러한 신호가 ESC 실드 내부의 부품에 연결되는 방식을 보여준다.

12.4.2 모스펫과 모스펫 드라이버

ESC 실드는 BLDC에 대한 전원 스위치로 모스펫을 사용하며, 모스펫 드라이버를 통해 BLDC에 전력을 공급한다. BLDC에 있는 각 권선마다 한 쌍의 모스펫이 필요한데, 각 쌍은 하나의 모스펫 드라이버로 제어한다. 따라서 ESC 실드에는 세 개의 모스펫 드라이버와 여섯 개의 모스펫이 달려 있다. 그림 12.13은 이를 회로에서 연결하는 방식을 보여준다.

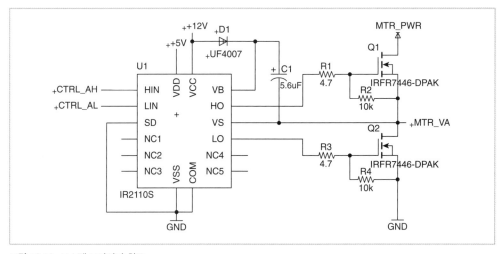

그림 12.13 모스펫 드라이버 회로

그림에서 C1은 부트스트랩 커패시터bootstrap capacitor로서 VB의 전압을 올린다. 앞에서 설명한 바와 같이 이때 커패시턴스는 $4.7\mu F$이다.

여기에 나온 부분 회로에서는 각 모스펫의 게이트와 소스 사이에 $10k\Omega$ 저항 두 개(R2와 R4)를 달았다. 이 저항을 통해 트랜지스터의 게이트를 풀다운시켜서 모스펫이 정전기와 같은 외부 전압 소스에 의해 켜지는 것을 막아준다.

또한 이 회로에서는 각 모스펫의 게이트에 4.7Ω 저항 두 개를 직렬로 연결하고 있다. 이로 인해 스위칭 효율이 조금(-0.8% 정도) 낮아지지만, 회로의 링잉ringing 현상[1]을 크게 줄

---

1   회로에서 전류나 전압이 갑자기 변할 때 파형이 종이 울리듯 진동하는 현상 – 옮긴이

여주기 때문에 안정성이 높아진다. 좀 더 자세한 사항은 페어차일드 세미컨덕터^{Fairchild} ^{Semiconductor} 사의 AB-9 application bulletin을 참고하길 바란다.

12.4.3 영점 교차 검출

앞에서는 권선의 전압에서 가상 중립점의 전압을 빼는 방식으로 권선의 영점 교차를 검출할 수 있다고 설명한 바 있다. 그림 12.14는 이를 위한 회로를 보여준다.

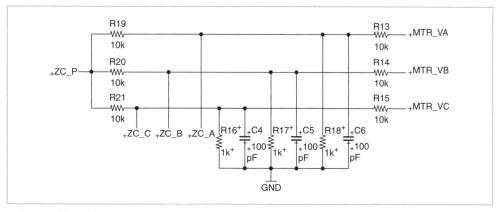

그림 12.14　영점 교차 검출 회로

아두이노의 아날로그 입력은 0에서 5볼트 사이의 전압만 읽을 수 있다. 모터 전압은 이보다 훨씬 커서 권선의 전압을 낮추기 위해 전압 분배기를 사용해야 한다. 이때 모터 전압에서 나오는 링잉 현상을 걸러내기 위해 커패시터를 병렬로 추가한다.

12.5 보드 레이아웃

회로도 설계가 끝났다면 이제 회로 기판을 설계할 차례다. 아두이노 실드의 관례를 따르기 위해 크기를 2.1×2.7인치로 하고, 긴 면에 네 개의 아두이노 헤더(J1-J4)를 배치한다. 모터에 연결할 J5 헤더는 짧은 면에 놓는다. 외부 전원에 연결할 J6 헤더는 반대쪽 짧은 면에 둔다.

실드는 여섯 개의 모스펫과 세 개의 드라이버를 한 면에 모두 담을 정도로 크지는 않다. 따라서 모스펫은 앞면에, 드라이버는 뒷면에 배치한다. 그림 12.15는 앞면의 형태를 보여준다.

우측 하단에는 저항 네트워크가 있는데, 이를 통해 가상 중립점의 전압을 계산할 수 있다. 이 전압과 세 권선의 전압을 네 개의 아날로그 입력 핀을 통해 마이크로컨트롤러로 보낸다.

그림 12.16은 ESC 실드의 뒷면을 보여준다. 여기에 전류를 모스펫의 게이트로 보낼 세 개의 모스펫 드라이버가 달려 있다.

배선trace의 폭에 따라 전달하는 전력량도 다르다. 다시 말해 많은 전력을 전달하는 배선은 적은 전력을 전달하는 배선보다 넓다. 그래서 모터에 전력을 전달하는 배선의 폭이 아날로그 신호를 전달하는 배선의 폭보다 넓다.

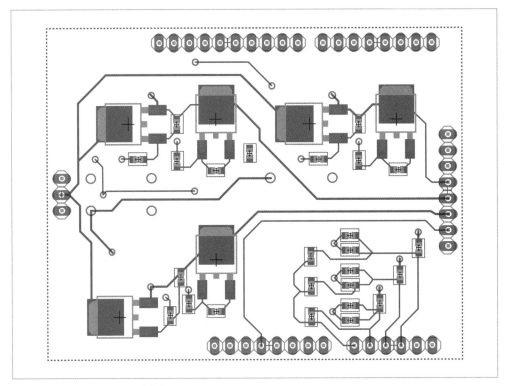

그림 12.15 ESC 실드 보드 설계(앞면)

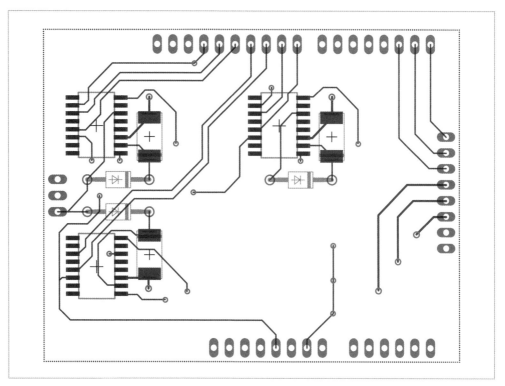

그림 12.16 ESC 실드 보드 설계(뒷면)

12.6 BLDC 제어

이제 ESC 실드 회로와 작동 과정에 대해 충분히 이해했을 것이다. 이 절에서는 앞에서 소개한 ESC 실드 회로를 이용해 BLDC에 전력을 전달하는 방법을 설명한다. 먼저 BLDC 구동의 전반적인 과정을 소개한 후, 아두이노 스케치를 통해 이 과정을 표현하는 방법을 살펴본다.

12.6.1 일반적인 BLDC 제어 과정

브러시 DC 모터와 달리 BLDC는 정상적으로 작동하기 전에 구동 과정이 필요하다. 센서리스 BLDC에서는 일반적으로 다음과 같이 네 단계의 구동 과정을 거친다.

1. 회전자를 지정된 시작 방향에 놓는다.

2. 회전자를 시계 방향 또는 반시계 방향으로 천천히 회전시킨다.

3. 모터의 가상 중립점의 전압을 측정할 수 있을 정도로 충분히 커질 때까지 회전 속도를 높인다.

4. 영점 교차 간격을 측정해서 모터의 권선에 펄스를 전달할 시점을 알아낸다.

첫 번째 단계에서 컨트롤러는 세 권선 전체에 전류를 전달해 회전자의 초기 방향을 설정한다. 좀 더 구체적으로 설명하면, 권선 A의 하이 스위치와 권선 B의 로우 스위치, 권선 C의 로우 스위치에 전류를 전달한다. 그림 12.17은 이 과정을 보여준다.

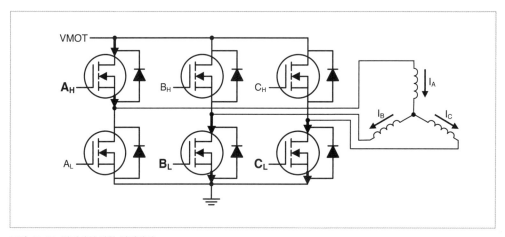

그림 12.17 회전자의 방향 설정하기

컨트롤러에서 공급되는 전류가 너무 크면 회전자가 급격하게 움직이면서 초기 위치 주위를 왔다갔다하며 진동이 발생한다. 따라서 컨트롤러는 낮은 듀티 사이클로 시작해서 회전자의 방향이 자리 잡을 때까지 듀티 사이클을 서서히 높여야 한다.

다음 단계는 앞에서 설명한 것처럼, 회전자에서 발생하는 역기전력이 컨트롤러에서 영점 교차점을 측정할 만큼 충분히 커질 때까지 회전자의 속도를 충분히 높이는 것이다. 이렇게 하기 위해 컨트롤러는 세 권선에 전류를 전달할 때, 서로 어긋나도록 지그재그 형태 staggered sequence로 보낸다. 이 시퀀스에 대해서는 3장에서 설명한 바 있으며, 그림 12.18은 이 파형의 형태를 보여준다.

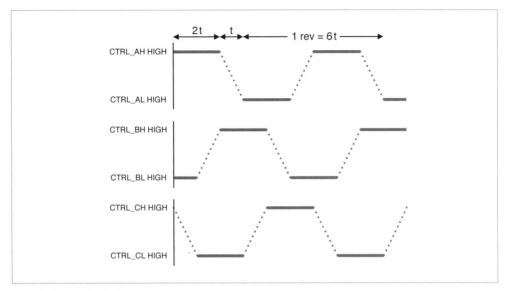

그림 12.18 BLDC 구동 파형

그림을 보면 각 스위치는 2t 시간 동안 닫히며, 권선은 t 시간만큼 플로팅 상태에 있게 된다. 완전히 한 바퀴 도는 주기는 6t이므로, 목표 속도가 ω목표(단위는 RPM)일 때, ω목표와 t 사이의 관계는 다음과 같은 식으로 나타낼 수 있다.

$$\frac{1\,\mathrm{rev}}{6t\,\mathrm{sec}} = \left(\frac{\omega_{\text{목표}}\ \mathrm{rev}}{1\,\mathrm{min}}\right)\left(\frac{1\,\mathrm{min}}{60\,\mathrm{sec}}\right)$$

$$t = \frac{10}{\omega_{\text{목표}}}$$

예를 들어, 모터의 목표 회전 속도가 400RPM일 때, 최종 t 값은 0.025초가 된다. 하지만 컨트롤러가 t의 최종 값을 설정하기 전에 모터의 회전 속도를 관찰하면서 필요에 따라 t 값을 서서히 줄이거나 늘려야 한다.

앞에서 설명한 바와 같이 컨트롤러는 모터의 가상 중립점의 전압을 측정하는 방식으로 모터의 속도를 결정한다. 이 전압을 각 권선의 전압과 비교함으로써 컨트롤러는 영점 교차 구간을 측정해 BLDC의 속도를 결정한다.

12.6.2 BLDC에 대한 아두이노 인터페이스

아두이노 메가에 장착된 8비트 마이크로컨트롤러는 성능이 그리 뛰어나진 않지만 이 장에서 소개한 BLDC 제어 기법을 구현하기에는 충분하다. 아두이노 메가에서 프로그래밍하기 위한 기본적인 방법은 9장에서 설명한 바 있다. 2번 핀부터 13번 핀까지는 PWM 핀으로 사용할 수 있는데, 그중 여섯 개를 ESC 실드에 제어 펄스를 보내는 데 활용한다.

또한 A0 핀부터 A3 핀은 아두이노 메가에서 모터의 역기전력에 대한 영점 교차를 검사하는 데 활용할 수 있다. 표 12.4는 이러한 핀에 대한 아두이노 핀 번호와 이에 대응되는 ESC 실드의 신호 이름을 보여준다.

표 12.4 ESC 실드의 신호 핀

아두이노 ID	ESC 실드 신호	설명
13	CTRL_AH	권선 A에 대한 하이 제어 신호
12	CTRL_AL	권선 A에 대한 로우 제어 신호
11	CTRL_BH	권선 B에 대한 하이 제어 신호
10	CTRL_BL	권선 B에 대한 로우 제어 신호
9	CTRL_CH	권선 C에 대한 하이 제어 신호
8	CTRL_CL	권선 C에 대한 로우 제어 신호
A0	ZC_A	권선 A에 대한 영점 교차 검사
A1	ZC_B	권선 B에 대한 영점 교차 검사
A2	ZC_C	권선 C에 대한 영점 교차 검사
A3	ZC_P	가상 중립점의 전압

BLDC를 제어하기 위한 첫 번째 단계의 목적은 회전자를 지정된 방향에 놓는 것이다. 이를 위해 컨트롤러는 권선 A의 하이 스위치(CTRL_AH)와 권선 B의 로우 스위치(CTRL_BL), 권선 C의 로우 스위치(CTRL_CL)에 전력을 서서히 공급한다. 코드에서는 analogWrite를 호출해서 시간이 지남에 따라 듀티 사이클을 서서히 높이는 방식으로 이 작업을 처리했다.

회전자가 자리를 잡으면 마이크로컨트롤러는 권선에 순차적으로 전력을 공급하면서 모터를 구동하기 시작한다. 권선 A의 입장에서 보면 하이 스위치(CTRL_AH)에 전력을 공급하고 로우 스위치를 끈 후, 로우 스위치(CTRL_AL)에 전력을 공급하고 하이 스위치를 끈 다음, 두 스위치 모두에게 전력을 공급하지 않는 방식으로 작동한다. 컨트롤러는 세 권선에 이러한 스태거드 방식으로 전력을 공급한다.

모터가 회전하면 컨트롤러는 가상 중립점을 모니터링한다. 이 값을 각 권선의 전압과 비교함으로써 권선의 역기전력이 영점을 교차하는 시점을 알아낸다. 그리고 컨트롤러는 이렇게 영점 교차 간격을 측정한 결과를 토대로 모터에 펄스를 전달할 시점을 결정한다.

코드 12.1에 나온 스케치는 아두이노 보드에서 BLDC 제어 과정을 수행하는 예를 보여준다. 코드를 실행하기 전에 반드시 ESC 실드에 전원과 BLDC, 아두이노 호환 보드의 헤더를 연결해야 한다.

코드 12.1 Ch12/bldc.ino: BLDC 제어

```
/* 이 스케치는 12장에서 소개하는 ESC 실드에 달린 여섯 개의 스위치에
   전압을 공급하는 방식으로 BLDC를 제어한다 */


// 핀 이름 설정
int i, t, va, vp;
int old_time, zc_interval;
int ctrl_ah = 13;
int ctrl_al = 12;
int ctrl_bh = 11;
int ctrl_bl = 10;
int ctrl_ch = 9;
int ctrl_cl = 8;
int zc_a = 0;
int zc_b = 1;
int zc_c = 2;
int zc_p = 3;

int time_goal = 50;

void setup( ) {

  // 모터를 지정된 위치에 놓기
  for (i=0; i<255; i+=5){
    analogWrite(ctrl_ah, i);
    analogWrite(ctrl_bl, i);
    analogWrite(ctrl_cl, i);
    delay(60);
```

```
  }

  // 초기 타이밍 값 설정
  old_time = millis();

  // 회전자를 서서히 회전시키기
  for (t=500; t>200; t-=50) {
    rotate(t);
  }
  t = 200;
}

void loop() {
  // 영점 교차점 검사
  vp = analogRead(zc_p);
  va = analogRead(zc_a);
  if((vp - va < 10) || (va - vp < 10)) {
    zc_interval = millis() - old_time;
    old_time = millis();

    if(zc_interval - time_goal > 50) {
      t -= 25;
    }
    else if(time_goal - zc_interval > 50) {
      t += 25;
    }
  }

  // BLDC 회전시키기
  rotate(t);
}

// 주어진 t 시간에 모터 회전시키기
void rotate(int t) {
  digitalWrite(ctrl_ah, HIGH);
  digitalWrite(ctrl_al, LOW);
  digitalWrite(ctrl_bh, LOW);
  digitalWrite(ctrl_bl, HIGH);
  digitalWrite(ctrl_ch, LOW);
```

```
digitalWrite(ctrl_cl, LOW);
delay(t);

digitalWrite(ctrl_ah, HIGH);
digitalWrite(ctrl_al, LOW);
digitalWrite(ctrl_bh, LOW);
digitalWrite(ctrl_bl, LOW);
digitalWrite(ctrl_ch, LOW);
digitalWrite(ctrl_cl, HIGH);
delay(t);

digitalWrite(ctrl_ah, LOW);
digitalWrite(ctrl_al, LOW);
digitalWrite(ctrl_bh, HIGH);
digitalWrite(ctrl_bl, LOW);
digitalWrite(ctrl_ch, LOW);
digitalWrite(ctrl_cl, HIGH);
delay(t);

digitalWrite(ctrl_ah, LOW);
digitalWrite(ctrl_al, HIGH);
digitalWrite(ctrl_bh, HIGH);
digitalWrite(ctrl_bl, LOW);
digitalWrite(ctrl_ch, LOW);
digitalWrite(ctrl_cl, LOW);
delay(t);

digitalWrite(ctrl_ah, LOW);
digitalWrite(ctrl_al, HIGH);
digitalWrite(ctrl_bh, LOW);
digitalWrite(ctrl_bl, LOW);
digitalWrite(ctrl_ch, HIGH);
digitalWrite(ctrl_cl, LOW);
delay(t);

digitalWrite(ctrl_ah, LOW);
digitalWrite(ctrl_al, LOW);
digitalWrite(ctrl_bh, LOW);
digitalWrite(ctrl_bl, HIGH);
digitalWrite(ctrl_ch, HIGH);
```

```
    digitalWrite(ctrl_cl, LOW);
    delay(t);
}
```

setup 함수는 BLDC 제어 절차의 첫 번째와 두 번째 단계를 수행한다. 다시 말해 CTRL_AH와 CTRL_BL, CTRL_CL에 전달하는 PWM 신호의 듀티 사이클을 서서히 증가시키면서 회전자의 방향을 설정한다. 그러고 나서 rotate 함수를 호출해 회전자를 회전시키기 시작한다. 이 함수는 그림 12.18에서 설명한 방식으로 권선에 전력을 공급한다.

loop 함수는 가상 중립점의 전압(vp)과 권선 A의 전압(va)을 측정한다. 이 값이 서로 충분히 가까우면 영점이 교차된다고 판단한다. 모터가 목표 속도보다 천천히 돌고 있다면 지연 시간(t) 값을 줄인다. 반대로 목표 속도보다 빠르게 돌고 있다면 이 값을 높인다.

여기에 나온 스케치에는 한 가지 치명적인 결함이 있다. 영점 교차를 검출하는 부분이 권선에 전력을 공급하는 코드와 분리된 별도의 스레드로 실행돼야 한다. 아쉽게도 아두이노 프로그래밍에서는 스레드를 지원하지 않는다. 이러한 결함으로 인해 ESC 실드에서 BLDC를 제어하는 기능은 제한적이다. 그렇지만 여기서 소개한 설계 과정은 범용 ESC 회로를 설계할 때도 똑같이 적용할 수 있다.

12.7 요약

처음 브러시 모터와 BLDC의 차이점에 대해 배울 때, 나는 수많은 시스템들이 왜 브러시 모터를 사용하는지 궁금했다. 이 장을 읽고 나면 아직까지 브러시 모터가 인기 있는 이유를 어느 정도 이해할 수 있을 것이다. BLDC는 제어하기도 매우 까다롭고 여러 위상에 전력을 공급하기 위해 필요한 리소스도 많다.

이 장의 상당 부분은 모터의 전원을 켜고 끄는 스위칭 회로에 대해 설명했다. ESC 실드에서는 모스펫을 이용해 이러한 스위치 기능을 구현했다. 하지만 모스펫을 완전히 켜기 위해서는 게이트 전압을 드레인 전압보다 높여야 하고, 게이트 충전 속도도 빨라야 한다. ESC에서는 모스펫 드라이버를 이용해 높은 전압과 전류를 제공한다.

BLDC를 효과적으로 제어하려면 제어 회로에서 전력 공급과 회전자 방향을 동기화해야 한다. 대다수의 모터에는 센서가 달려 있지 않기 때문에 BLDC 권선의 역기전력을 측정하는 방식으로 회전자의 방향을 회로에서 측정해야 한다. 이 장에서는 역기전력의 영점 교차 지점을 측정하는 방식으로 모터를 효과적으로 제어하는 방법을 소개했다.

이 장의 마지막 절에서는 ESC 실드에 대한 회로 설계 과정을 살펴봤다. 회로도를 보면 어떤 부품으로 구성돼 있고 각 부품이 어떻게 연결돼 있는지 볼 수 있다. 보드 설계 단계에서는 이러한 부품을 실제 보드 기판에 배치했다.

13

쿼드콥터 만들기

쿼드콥터quadcopter의 프로펠러를 제어하는 것은 전기 모터를 이용한 응용 중에서도 가장 인기 있는 주제로 손꼽힌다. 최근 몇 년 동안 쿼드콥터를 비롯한 원격 조종 비행체에 대한 인기가 매우 높았으므로, 여러 회사를 통해 상용 제품이 출시됐으며 어떤 모델은 지상 촬영 기능도 제공한다. 이와 동시에 쿼드콥터류의 기기로 인해 개인의 프라이버시를 침해할 수 있다는 우려의 목소리도 나왔다.

나는 쿼드콥터 전문가가 아니지만 직접 제작해서 날려본 경험은 있다. 이 장에서는 내가 쿼드콥터를 제작할 때 경험한 의사 결정 및 조립 절차에 대해 소개한다. 설계의 주안점은 단순성과 안정성에 뒀다. 이 장에서 소개하는 쿼드콥터로는 비행 성능에 관련된 기록을 세울 수는 없겠지만, 상용 완제품보다 저렴한 비용으로 안정적으로 날릴 수는 있다.

이 장에서는 쿼드콥터를 구성하는 다양한 부품을 하나씩 선정한다. 프레임부터 시작해서 프로펠러와 모터를 선정한다. 부품을 좀 더 쉽게 고를 수 있도록 프로펠러의 양력upward force을 직경과 피치, 회전 속도의 관점으로 표현한다.

이 장의 대부분은 쿼드콥터에 전력을 공급하고 제어하는 전자 부품에 대해 설명한다. 크게 네 가지 서브 시스템(수신기receiver, 비행 컨트롤러flight controller, ESCelectronic speed control, 배터리)으로 구성된다. 이 장의 마지막에서는 각 서브시스템에 대해 살펴보고 이들을 서로 연결하는 방법을 소개한다. 이 장에서 소개하는 쿼드콥터에 들어갈 부품을 선정한 근거에 대해서는 충분히 설명할 것이다.

13.1 프레임

쿼드콥터의 프레임frame은 비행체의 전자 부품들을 고정시키고, 모터와 프로펠러를 지지하며, 시스템의 전반적인 형태를 구성한다. 시스템을 손상시키지 않고 안전하게 착륙할 수 있도록 랜딩 기어를 비롯한 부가 장치도 필요하다. 따라서 프레임은 전체 부품 중에서도 가장 중요하다.

첫 번째로 고려할 이슈는 재질이다. 내가 알아본 바에 의하면, 쿼드콥터의 프레임은 다음과 같은 네 가지 재질 중 하나로 제작한다.

- **알루미늄**: 진동이 발생하고, 충격에 휠 수 있고, 가격이 비싸다.
- **탄소 섬유**: 가볍고, 튼튼하고, 진동을 흡수하고, 가격이 비싸다.
- **플라스틱**: (종류에 따라) 무겁고, 진동을 흡수하고, 가격이 저렴하다.
- **나무**: 진동을 흡수하고, 부러지거나 휠 수 있으며, 가격이 저렴하다.

전문가 및 고성능 쿼드콥터용으로는 주로 탄소 섬유carbon fiber 재질의 프레임을 사용한다. 이는 가벼우면서도 매우 튼튼하지만, 간혹 라디오 신호를 차단하는 경우가 있다.

탄소 섬유의 가장 큰 단점은 가격이다. 탄소 섬유 프레임의 가격은 100만 원대에서 1,000만 원대에 이른다. 따라서 처음 입문하거나 예산이 빠듯한 메이커는 플라스틱 프레임으로 시작하는 것이 좋다. 탄소 섬유만큼 튼튼하거나 가볍지는 않지만, 내구성이 좋고 깨져도 부담 없이 교체할 수 있다.

이러한 이유로 나는 이 장에서 소개하는 쿼드콥터 프레임으로 hoverthings.com에서 판매하는 플립 스포트Flip Sport 프레임을 선정했다. 이 제품은 특히 내구성에 신경 써서 설계한 것으로 암arm을 유리섬유(파이버글라스fiberglass)라 부르는 강화 플라스틱으로 제작했다. 내가 경험한 바에 의하면, 이 덕분에 수차례 부딪혀도 큰 손상을 입지 않았다. 플립 스포트 프레임은 그림 13.1처럼 생겼다.

그림 13.1 플립 스포트 쿼드콥터 프레임

이 프레임은 조립하기 쉽고 충격에 강하다. 구체적인 특성은 다음과 같다.

■ 프레임의 질량은 200g(0.44파운드)이다.

■ 한쪽 모터 샤프트에서 반대쪽 모터 샤프트까지의 길이는 385mm(15.158인치)다.

■ 가격은 http://www.getfpv.com을 기준으로 89.99 달러다.

프레임의 모양은 쿼드콥터 프로펠러의 최대 직경에 따라 다르다. 프레임 설계자가 추천하는 프로펠러의 직경은 8, 9, 10인치다. 다음 절에서는 프로펠러에 대해 좀 더 자세히 살펴보자.

13.2 프로펠러

프레임을 골랐다면, 다음으로 프로펠러propeller를 선정한다. 프로펠러에 대해 고려할 사항은 다음과 같이 크게 세 가지다.

■ 직경

■ 피치

■ 재질

프로펠러의 재질로 흔히 사용하는 것으로 플라스틱과 나일론, 탄소 섬유가 있다. 프레임과 마찬가지로 탄소 섬유 재질의 제품이 가장 비싸지만, 나름 합리적인 가격으로 판매하고 있으므로 이 장에서는 탄소 섬유 프로펠러를 중심으로 소개한다.

직경diameter과 피치pitch에 대해서는 좀 더 신경 쓸 필요가 있다. 프로펠러는 크기와 모양이 다양하기 때문에 프로펠러의 직경과 피치가 움직임에 미치는 영향에 대해 잘 이해하는 것이 중요하다. 따라서 이 장의 앞부분에서는 프로펠러의 직경과 피치가 양력에 미치는 영향에 대한 수식을 소개한다.

13.2.1 프로펠러의 역학적 원리

프로펠러의 역할은 힘을 발생시키는 것이다. 헬리콥터나 쿼드콥터에서는 양력upward force을 흔히 리프트lift 또는 추진력thrust이라 부른다. 쿼드콥터를 설계할 때는 최소한의 전력으로 쿼드콥터를 충분히 들어올릴 정도의 추진력을 발생시키는 프로펠러를 선정해야 한다.

메이커 입장에서는 쿼드콥터 제어와 관련해 직경, 피치, 회전 속도만 고려하면 된다. 따라서 프로펠러의 직경, 피치, 속도가 추진력과 어떤 관계에 있는지 이해하는 것이 중요하다.

인터넷을 검색해보면 이에 대한 다양한 자료가 나와 있는데, 다음과 같이 프로펠러의 파워와 피치, 직경, 속도의 관계를 표현한 수식을 흔히 볼 수 있다.

$$P = 1.31 \, pd^4 \omega^3$$

이 식에서 p는 피트feet 단위의 피치, d는 피트 단위의 직경, ω는 1,000RPM 단위의 회전 속도를 의미한다. P는 프로펠러 전력으로 단위는 와트watt다.

이 식을 어떻게 유도한 것인지 직접 찾아본 결과, 로버트 J. 부처Robert J. Boucher가 쓴 『전기 모터 핸드북Electronic Motor Handbook』에서 처음 소개된 것을 알아냈다. 이 책을 한 권 구해서 자세히 살펴보니 4장에서 소개한 수식도 나와 있었다. 하지만 앞에 나온 수식을 어떻게 유도한 것인지에 대한 설명은 찾을 수 없었다.

프로펠러 역학에 관련된 기본 원리를 (비전문가가 이해하기 쉽도록) 가장 잘 설명하고 있는 곳은 길버트 스테이플스Gilbert Staples라는 항공공학자가 운영하는 블로그인 http://www.electricrcaircraftguy.com이다. 이 절에서는 이 블로그에 나온 설명을 토대로 몇 가지 표현과 수식의 유도 과정만 재구성해서 소개한다.

공기 누르기

볼프강 랑게비쉐^{Wolfgang Langewiesche}가 쓴 유명한 책인 『스틱과 러더^{Stick and Rudder}』를 보면 공기 역학을 '날개는 공기를 눌러 내림으로써 비행기가 떠 있게 한다.'라는 한마디로 매우 쉽게 정리하고 있다. 이 표현은 프로펠러와 쿼드콥터에 대해서도 똑같이 적용된다. 아래쪽으로 공기를 밀어 내리는 프로펠러의 추진력이 비행체의 무게를 넘어서면 쿼드콥터가 상승한다.

프로펠러에 영향을 받지 않는 공기는 자유 기류^{freestream} 상태에 있다. 이러한 상태의 공기는 단순히 이곳저곳을 떠돌아다니며, 그 속도를 v_0으로 표기한다.

프로펠러에 의해 아래로 밀리는 공기를 하강 기류^{downwash}라 부른다. 하강 기류의 속도를 탈출 속도^{exit velocity}라 부르며 v_e로 표기한다. 그림 13.2는 v_0과 v_e의 관계를 표현한 것이다.

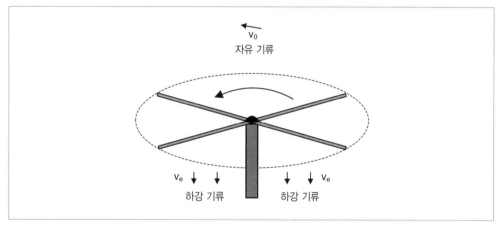

그림 13.2 자유 기류의 속도와 탈출 속도

프로펠러 주변 공기의 속도는 v_0에서 v_e로 곧바로 바뀌지 않는다. 이러한 시간의 흐름에 따른 속도 변화는 가속도로 표현하며, 프로펠러에서 발생하는 아래쪽으로 작용하는 힘은 다음과 같이 공기의 가속도와 하강 기류의 질량의 곱으로 표현한다.

$$F = m\left(\frac{v_e - v_0}{t}\right)$$

이 식은 흔히 다음과 같이 힘을 시간에 따른 질량 변화로 나타내는 식으로 표현한다.

$$F = \frac{dm}{dt}(v_e - v_0) = \dot{m}(v_e - v_0)$$

이 식에 따르면 프로펠러 위쪽과 아래쪽 공기의 속도는 일정한 반면, 하강 기류의 질량만 시간에 따라 변한다. 이러한 시간에 따른 질량 변화를 질량 흐름률^mass flow rate(질량 유량)이라 부르며 $\dot{m}$으로 표기한다.

질량 흐름률

질량 흐름률은 직접 측정할 수 없기 때문에 측정할 수 있는 다른 양의 관점으로 $\dot{m}$을 표현한다. 공기의 질량은 밀도(kg/m^3)와 부피(m^3)의 곱과 같다. 밀도를 ρ로, 부피를 V로 표기할 때 m = ρV다.

프로펠러 위쪽에 있는 원기둥 형태의 공기를 생각해보자. 프로펠러의 반지름이 r일 때 이 원기둥의 부피는 $\pi r^2 h$다(h는 원기둥의 높이). 그림 13.3은 이러한 원기둥의 형태를 보여준다.

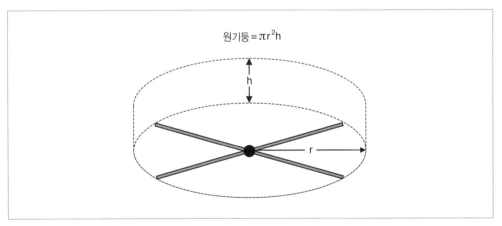

원기둥 = $\pi r^2 h$

그림 13.3 프로펠러 위쪽의 공기 원기둥

공기 원기둥의 질량은 다음과 같이 표현할 수 있다.

$$m = \rho \pi r^2 h$$

이 원통 안에 있는 공기의 질량은 t 시간 동안 프로펠러를 통과한다고 가정할 때, 시간에 따른 질량의 변화를 다음과 같이 표현할 수 있다.

$$변화율 = \rho\pi r^2\left(\frac{h}{t}\right)$$

h와 t가 0에 접근할수록 분수의 값은 시간에 대한 원통 높이의 미분 값이다. 이 값은 공기의 탈출 속도인 v_e와 같다. 질량의 변화는 질량 흐름률과 같으므로, 이 식을 다음과 같이 표현할 수 있다.

$$\dot{m} = \rho\pi r^2 v_e$$

앞에서 본 수식에 이 식을 대입하면 다음과 같은 식을 유도할 수 있다.

$$F = \dot{m}\left(v_e - v_0\right) = \rho\pi r^2 v_e\left(v_e - v_0\right) = \rho\pi r^2\left(v_e^2 - v_e v_0\right)$$

프로펠러의 길이는 직경(d)으로 표현했다. 이 값은 주로 인치 단위로 표현하며, 미터 단위로 변환하려면 d에 0.0254미터/인치를 곱한다. 앞에서 본 힘에 대한 식에 이 식을 대입하면 다음과 같은 결과를 도출할 수 있다.

$$F = \frac{\rho\pi\left(0.0254d\right)^2}{4}\left(v_e^2 - v_e v_0\right) = \left(5.067 \ 10^{-4}\right)\rho d^2\left(v_e^2 - v_e v_0\right)$$

국제 표준 대기(ISA^International Standard Atmosphere) 모델에 따르면, 해수면의 공기가 15℃일 때 밀도는 1.225kg/m³이다. 위 식의 ρ에 이 값을 대입하면 다음과 같다.

$$F = \left(6.207 \ 10^{-4}\right)d^2\left(v_e^2 - v_e v_0\right)$$

여기서 직경은 인치 단위로, 속도는 초당 미터(m/s)로 표현했다.

프로펠러 피치

나사 두 개를 임의로 골라서 나무 블럭에 박으면 둘 중 하나가 더 깊이 박힌다. 나사가 한 번 회전할 때 관통하는 깊이를 나사의 피치^pitch라 부른다. 나사의 피치가 1/4인치라는 말은 나사가 한 번 회전할 때 1/4인치만큼 박힌다는 뜻이다.

프로펠러의 피치도 이와 의미가 같다. 이론적으로 프로펠러의 피치는 프로펠러가 한 번 회전할 때마다 이동하는 거리를 의미한다. 이때 프로펠러의 회전 방향과 프로펠러로 인해 움직이는 방향은 수직이다. 이동 거리를 x로 표기할 때, 피치에 대한 식은 다음과 같이 표현할 수 있다.

$$\text{피치} = \frac{\text{x}}{\text{회전}}$$

피치와 힘의 관계를 표현하기 위해 탈출 속도가 시간에 따른 x의 변화와 같다고 표현한다. 이렇게 하면 피치의 관점에서 v_e를 계산할 수 있다.

$$v_e = \frac{dx}{dt} = \frac{d\left(\text{피치}\cdot\text{회전}\right)}{dt} = \text{pitch}\ \frac{d\left(\text{회전}\right)}{dt} = \text{pitch}\ \omega$$

여기서 ω는 프로펠러의 각속도로서 단위는 RPM이고, 피치는 주로 인치 단위로 표현한다. v_e를 미터 단위(m/s)로 표현하려면, 다음과 같이 변환 인수를 곱하면 된다. 피치가 p일 때 수식을 정리하면 다음과 같다.

$$v_e = p \cdot \left(\frac{0.0254\text{m}}{\text{인치}}\right) \cdot \omega \cdot \left(\frac{1\text{분}}{60\text{초}}\right) = \left(4.233\cdot10^{-4}\right)p\omega$$

이를 앞에서 본 힘에 대한 식에 대입하면 다음과 같은 결과를 얻을 수 있다.

$$F = \left(2.628\cdot10^{-7}\right)d^2\left[\left(4.233\cdot10^{-4}\right)\left(p\omega\right)^2 - p\omega v_0\right]$$

길버트 스테이플스는 이 식이 프로펠러의 아래쪽으로 작용하는 힘을 정확히 표현하지 않는다고 지적했다. 실제로 그는 "이 식은 직경과 피치에 따른 추진력의 변화에 대한 추이를 제대로 보여주지 않는다."라고 표현했다.

여기서 문제는 피치가 프로펠러의 한 회전당 이동 거리를 정확히 표현하지 못하는 데 있다. 다시 말해 dx/dt로 근사치를 계산하는 방식으로는 v_e를 정확히 구할 수 없다. 길버트 스테이플스의 설명에 따르면, 이 식을 실험 데이터와 일치시키기 위해 프로펠러의 피치율 (p/d)의 역이 담긴 항을 앞에 나온 힘에 대한 수식에 곱해야 한다. 이렇게 적용한 결과는 다음과 같다.

$$F = \left(2.628 \cdot 10^{-7}\right)d^2\left[\left(4.233 \cdot 10^{-4}\right)\left(p\omega\right)^2 - p\omega v_0\right]\left(\frac{d}{3.29546p}\right)^{1.5}$$

힘을 정확히 표현하는 것은 크게 중요하지 않지만, 이 식을 통해 다음과 같이 두 가지 중
요한 결과를 도출할 수 있다.

- 직경과 피치와 속도 중에서 힘에 가장 큰 영향을 미치는 것은 직경이다. 직경이 조금
  이라도 늘어나면 힘이 크게 증가한다.
- 프로펠러의 피치에 의한 영향은 직경이나 속도에 비해 상대적으로 미미하다.

이러한 결과는 프로펠러를 선정하는 기준으로 삼을 수 있다. 다음 절에서는 내가 쿼드콥
터에 사용할 프로펠러를 선택한 과정에 대해 소개한다.

13.2.2 프로펠러 선정

앞에서 설명한 바와 같이, 플립 스포트 프레임에서 중심점을 기준으로 서로 마주보는 두
모터의 샤프트 간 거리는 385mm다. 따라서 바로 옆에 있는 모터의 샤프트 간 거리는
272.24mm며, 이를 인치 단위로 표현하면 10.72다. 그림 13.4는 내가 선정한 프레임에서
이 거리를 표현한 것을 보여준다.

프로펠러 날개가 서로 부딪히지 않게 하려면, 각 프로펠러의 직경이 10.72인치보다 작아
야 한다. 따라서 직경이 10인치인 프로펠러를 선정했다.

직경이 10인치인 프로펠러를 검색한 결과에 따르면, 피치가 큰 것은 4.5인치에서 4.7인치
사이라는 것을 알 수 있었다. 그래서 타롯 RC 헬리콥터Tarot RC Helicopters에서 판매하는 10×
4.5(직경이 10인치, 피치가 4.5인치) 크기의 탄소 섬유 프로펠러를 선정했다. 그림 13.5는 이
제품을 보여준다.

헬리콥터 프로펠러에는 회전 방향을 의미하는 CW(시계 방향) 또는 CCW(반시계 방향)라는
글자가 표시돼 있다. 타롯 RC 헬리콥터의 10×4.5 프로펠러는 쌍으로 판매하는데, 한 쌍
을 구성하는 프로펠러 중 하나는 CW고 다른 하나는 CCW다. 프로펠러를 쿼드콥터에 장
착할 때는 반드시 반대쪽에 있는 프로펠러와 방향이 같도록 장착한다.

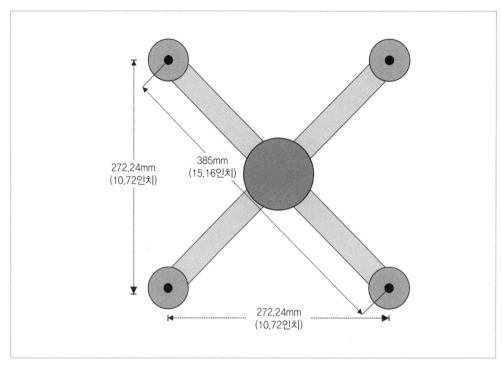

그림 13.4 최대 프로펠러 크기 결정 방법

그림 13.5 타롯 RC 헬리콥터에서 판매하는 10x4.5 탄소 섬유 프로펠러

13.3 모터

중간 정도 크기의 쿼드콥터에서 10×4.5 프로펠러는 다소 큰 편이다. 이는 쿼드콥터를 띄울 정도의 속도로 회전시키기 위해 상당한 토크가 필요하다는 것을 의미한다. 3장, 'DC 모터'에서 설명한 바와 같이, Kv 값이 높은 모터는 빠르게 회전하지만 토크는 많이 발생하지 않는다. 따라서 프로펠러가 큰 쿼드콥터를 띄우기 위해서는 Kv 값이 낮은 모터를 선정해야 한다.

쿼드콥터는 배터리만으로 구동한다. 따라서 브러시 또는 브러시리스 DC 모터를 사용해야 한다. 브러시 모터는 제어하기 쉽지만 효율성과 안정성이 떨어진다. 따라서 이 장에서는 브러시리스 DC(BLDC) 모터를 중심으로 설명한다. 브러시 모터와 브러시리스 모터의 차이점에 대해서는 3장을 참고한다.

모터를 선택할 때 고려해야 할 또 다른 중요한 사항은 샤프트의 직경이다. 모터의 샤프트는 반드시 프로펠러와 프레임에 쉽게 끼울 수 있어야 한다. 타로 프로펠러의 구멍 직경이 5mm이므로, 모터의 샤프트 직경은 5mm보다 (너무 작으면 안 되고 살짝) 작아야 한다.

BLDC, 낮은 Kv, 5mm 이하의 샤프트 직경 등을 비롯한 여러 가지 제약 사항으로 인해 쿼드콥터에 사용할 수 있는 모터의 수는 제한된다. 나는 이러한 기준을 고려해 T-모터(www.rctigermotor.com)에서 판매하는 MN3110 KV470 모터를 선택했다. 이 모터는 그림 13.6처럼 생겼다.

그림 13.6 T-모터의 MN3110 K470 BLDC

이 모터의 Kv는 470으로, 시중에 판매하는 대다수의 BLDC보다 낮은 편이다. 또한 샤프트의 직경은 4mm로서, 타롯 RC 헬리콥터에서 판매하는 프로펠러에 충분히 들어갈 정도로 작다. 표 13.1은 MN3110 KV470 모터의 속성을 정리한 것이다.

표 13.1 T-모터 사의 MN3110 KV470 BLDC 사양

속성	값
Kv	470
샤프트 직경	4mm
무게	80g
10V 기준 아이들 전류	0.3A
최대 전류	15A
설정	12N14P
내부 저항	135mΩ

이 모터의 전기적 특성은 사용할 배터리의 종류에 따라 달라진다. 이에 대한 내용은 쿼드콥터용 전기 부품을 선택한 방법을 설명하는 다음 절에서 자세히 소개한다.

13.4 전기 부품

이제 쿼드콥터의 기계적 부품에 대한 선정 작업은 끝났다. 지금부터는 전기 부품에 대해 자세히 살펴보자. 쿼드콥터 회로에 최소한으로 필요한 부품은 다음과 같이 크게 네 가지로 분류할 수 있다.

- **송신기/수신기**: 사용자의 제어 신호를 쿼드콥터에 보낸다.
- **비행 컨트롤러**: ESC로 펄스를 전달한다.
- **ESC**: 모터에 전력을 공급한다.
- **배터리**: 쿼드콥터의 전자 부품에 전력을 공급한다.

그림 13.7은 첫 번째부터 세 번째 부품 사이에서 제어 신호가 전달되는 과정을 보여준다. 쿼드콥터의 배터리는 이 그림에 나와 있지 않지만, 수신기와 비행 컨트롤러와 ESC에 전력을 공급한다.

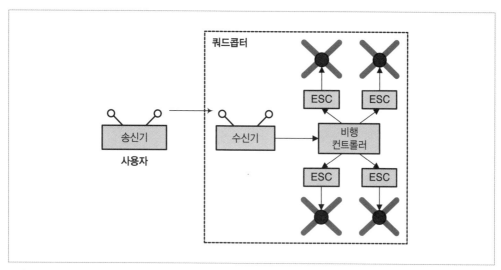

그림 13.7 쿼드콥터 제어 관련 전자 부품

이 절에서는 방금 나열한 네 가지 부품을 살펴본다. 각각의 부품에 대해 구체적인 선정 기준을 제시하고 각 제품을 선정한 이유와 과정에 대해 자세히 설명한다.

13.4.1 송신기/수신기

쿼드콥터는 사용자가 송신기^{transmitter}를 통해 보낸 RF$^{radio-frequency}$(무선 주파수, 라디오 주파수) 신호로 제어한다. 쿼드콥터는 이 신호를 수신기^{receiver}라는 부품을 통해 읽는다. 일반적으로 송신기는 복잡하고 비싼 반면, 수신기는 간단하고 저렴하다.

송신기와 수신기로 작업할 때는 채널^{channel}이란 개념을 잘 이해해야 한다. RF 통신에서 채널이란 독립된 데이터 스트림을 의미한다. RC 비행기를 조종할 때 각 채널마다 별도의 액추에이터를 작동한다. 예를 들어 한 채널은 보조 날개를 제어하고, 다른 채널은 플랩을 제어할 수 있다.

쿼드콥터는 최소한 네 개의 채널이 필요하다. 각 채널은 비행체의 고도(승강)^{elevation}, 롤^{roll}, 피치^{pitch}, 요^{yaw}를 제어한다. 또한 상당수의 쿼드콥터는 작동과 관련해 다른 종류의 제어 입력도 추가로 받는다. 이러한 이유로 최신 송신기와 수신기에는 최소한 여섯 개 이상의 통신 채널을 제공한다.

송신기

송신기를 선정할 때 가장 중요하게 고려할 부분은 모드^{mode}다. 송신기의 모드는 왼쪽과 오른쪽 스틱을 통해 영향을 받을 채널을 결정한다. 가장 흔히 사용하는 모드는 모드 2$^{Mode\ 2}$며, 이 모드에서는 왼쪽 스틱으로 기존 RC 비행기의 러더^{rudder}와 스로틀^{throttle}을 제어한다. 오른쪽 스틱은 보조 날개^{aileron}와 승강타^{elevator}를 제어한다. 이해를 돕기 위해 그림 13.8은 스펙트럼^{Spektrum} 사의 DX6i 송신기의 모드 2에서 각 스틱과 스위치가 어느 채널에 대응되는지를 보여준다.

이외에 RC 송신기와 관련된 특성으로는 다음과 같은 것들이 있다.

- **모델 메모리**: 다양한 비행기에 대한 설정 사항을 저장한다.
- **트림**^{trim}: 비행기의 작동을 정밀 조정한다.
- **프로그래머빌리티**^{programmability}: PC 연결을 통해 송신기를 설정할 수 있다.
- **믹싱**^{mixing}: 여러 채널을 합쳐서 한 쌍의 제어 표면을 동시에 제어할 수 있게 한다.
- **LCD 디스플레이**: 송신기와 수신기 페어링에 관련된 정보를 제공한다.

쿼드콥터에 이런 기능이 지원되면 좋지만 꼭 필요한 것은 아니다. 따라서 대다수의 RC 비행기용 송신기로 쿼드콥터를 충분히 제어할 수 있다.

나는 스펙트럼의 DX6i 송신기를 선택했다. 다른 제품보다 가격이 다소 높지만 유용한 기능을 풍부하게 제공한다. 사실 이 제품을 선정한 진짜 이유는 다른 제품의 재고가 없었기 때문이다.

수신기

송신기를 골랐다면, 이제 여기에 맞는 수신기를 선택해야 한다. 이때 호환성은 주로 송신기의 변조^{modulation}에 따라 결정된다. 여기서 변조란 제어 데이터를 RF 신호로 변환하는 방식을 의미한다. 표 13.2는 흔히 사용하는 세 가지 변조 방식을 보여준다.

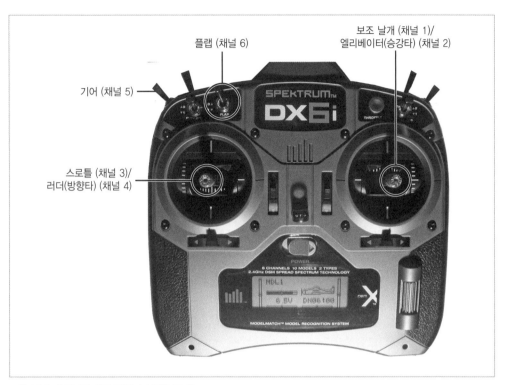

그림 13.8 스펙트럼 사의 DX6i 송신기(모드 2)

표 13.2 쿼드콥터 송신기에서 흔히 사용하는 변조 기법

변조 기법	설명
DSM2(Direct Spectrum Modulation, 2세대)	전역 고유 식별자(GUID(globally unique identifier))를 사용해 수신기를 송신기에 연결(bind)한다.
DSMX(Direct Spectrum Modulation X)	DSM2와 비슷하지만 2.4GHz 대역에서 23개 주파수를 호핑한다.
FAAST(Futaba Advanced Spread Spectrum Technology)	GUID를 사용해 36개 주파수의 호핑 시퀀스를 식별한다.

여기에 나온 기법들은 스프레드 스펙트럼 통신 기법을 적용함으로써 간섭을 방지한다. 또한 각각이 2.4GHz 대역에서 작동하기 때문에 유효 범위는 가시 거리로 제한된다.

DX6i 송신기는 제어 신호를 DSMX 방식으로 변조한다. 따라서 이에 대응되는 수신기는 반드시 DSMX를 지원해야 한다. 이러한 이유로 나는 스펙트럼의 AR610 수신기를 선택했다. 그림 13.9는 이 수신기를 보여준다.

그림에서 볼 수 있듯이 수신기의 핀은 3행으로 구성된 격자 형태로 배치돼 있다. BND/
DAT 열을 제외하면 첫 번째 행의 핀들은 비행 컨트롤러로 제어 신호를 보내는 데 사용된
다. 두 번째와 세 번째 열에 있는 핀들은 각각 양의 전압과 음의 전압을 받는다.

신호 핀

양의 전압

음의 전압

그림 13.9 AR610 6채널 수신기

수신기가 제대로 작동하려면 먼저 송신기를 연결해야 한다. 다시 말해, 수신기와 송신기가
서로의 ID를 공유해서 서로를 인식하고 통신할 수 있게 해야 한다. 이러한 바인딩 절차는
사용하는 송신기와 수신기의 종류마다 다르다.

예를 들어 AR610 수신기를 DX6i 송신기와 바인딩하려면 다음과 같이 여섯 단계를 거쳐
야 한다.

1. AR610의 BND/DAT 열에 있는 핀에 플러그를 꽂는다.
2. DX6i가 꺼진 상태에서 스로틀(왼쪽 스틱)을 가장 낮은 위치로 이동한다.
3. 인접한 +/- 핀 중에서 아무 곳에 전압(3.5-9.6V)으로 AR610에 전력을 공급한다.

4. DX6i의 Transfer/Bind 스위치를 누른 상태에서 송신기를 켠다. 그러면 AR610의 LED 가 빨갛게 깜박인다.

5. AR610의 LED가 깜박이지 않고 빨간색이 일정하게 켜질 때까지 Transfer/Bind 스위 치를 계속 누르고 있다.

6. AR610 핀에서 플러그를 뽑는다.

송신기와 수신기가 제대로 바인딩됐는지 확인하는 것은 간단하다. 송신기를 켜고 수신기 에 전압이 발생하면 수신기의 LED가 빨갛게 켜진 상태를 유지한다.

13.4.2 비행 컨트롤러

비행 컨트롤러$^{flight\ controller}$가 최소한으로 해야 할 일은 수신기로부터 입력을 받아서 제어 신호를 생성해 모터에 보내는 것이다. 상당수의 컨트롤러는 여기에 GPS로 위치를 알아내 는 기능과 자이로스코프^{gyroscope}나 가속도계^{accelerometer}를 이용해 비행체의 고도를 일정하 게 유지하는 기능, 그리고 카메라나 대기 센서로 주변 환경을 감지하는 기능 등을 추가로 제공한다.

비행 컨트롤러는 대부분 상용 제품이어서 내부 설계나 작동 방식에 대한 정보를 별도로 제공하지 않는다. 그런데 오픈파일럿^{OpenPilot} 커뮤니티(www.openpilot.org)에서는 쿼드콥 터 제어에 적합한 여러 가지 오픈소스 비행 제어 회로의 설계도를 제공하고 있다.

현재 오픈파일럿 비행 컨트롤러 보드로 레보^{Revo}(Revolution)와 CC3D$^{CopterControl\ 3D}$라는 두 가지 제품이 나와 있다. 둘 중 레보가 좀 더 많은 기능을 제공하지만, 오픈파일럿 스토어 (store.openpilot.org)에 가보면 항상 재고가 없다고 나와 있다. 따라서 이 장에서는 CC3D 를 중심으로 설명한다(그림 13.10).

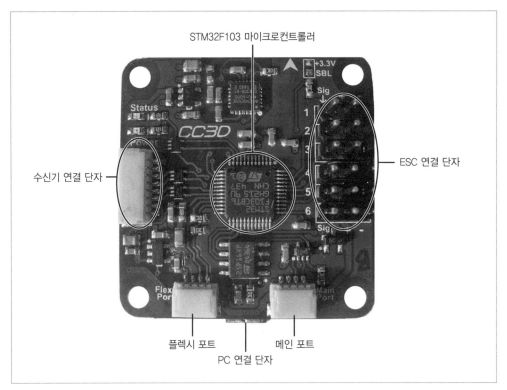

STM32F103 마이크로컨트롤러

수신기 연결 단자

ESC 연결 단자

플렉시 포트

PC 연결 단자

메인 포트

그림 13.10 CC3D 비행 컨트롤러 보드

CC3D의 네 가지 핵심 기능은 다음과 같다.

- 수신기로부터 최대 여섯 개 채널로 신호를 받을 수 있다.
- STM32F103 마이크로컨트롤러를 통해 데이터를 처리하고 펄스를 생성할 수 있다.
- MPU-6000 6축 자이로스코프/가속도계를 이용해 비행체의 움직임과 방향을 측정할 수 있다.
- 16MB 플래시 저장 장치에 설정 데이터를 저장할 수 있다.

쿼드콥터의 실제 작동 과정에 대해 자세히 알고 싶다면, 비행 컨트롤러의 작동 과정을 잘 이해하는 것이 중요하다. 그림 13.11은 CC3D 비행 컨트롤러의 회로도를 간략하게 보여 준다.

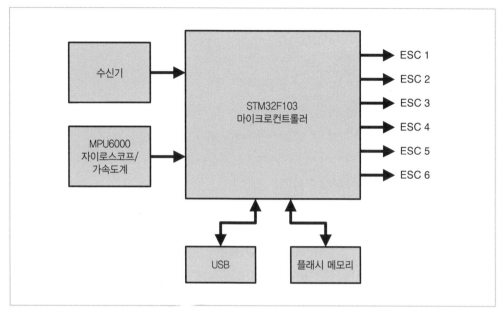

그림 13.11 CC3D 컨트롤러의 간소화된 회로도

CC3D는 두 개의 핵심 장치를 통해 쿼드콥터를 제어한다. STM32F103은 컨트롤러의 두뇌에 해당하는 장치며, 입력된 데이터를 처리해서 ESC로 제어 신호를 전달한다. MPU6000 자이로스코프/가속도계는 쿼드콥터의 방향각과 가속도를 측정해 마이크로컨트롤러에게 전달한다.

마이크로컨트롤러에서 실행되는 프로그램을 흔히 펌웨어firmware라 부른다. CC3D 펌웨어를 업데이트한 후 작동 방식을 설정하려면, https://www.openpilot.org/product/openpilot-gcs에서 오픈파일럿 GCSGround Control Station 소프트웨어를 다운로드한다.

STM32F103 마이크로컨트롤러

마이크로컨트롤러는 임베디드 응용에서 흔히 사용하는 장치다. 9장, '아두이노 메가로 모터 제어하기'에서 아두이노 메가는 아트멜 마이크로컨트롤러를 이용해 모터를 제어한다고 설명한 바 있다. CC3D는 STM32F103 마이크로컨트롤러를 이용해 데이터를 처리하는데, 아두이노 메가의 컨트롤러에서 처리하는 기능뿐만 아니라 다른 여러 가지 기능도 함께 제공한다.

STM32F103은 32비트 장치로서 최대 72MHz의 속도로 작동한다. 10장, '라즈베리 파이로 모터 제어하기'에서 살펴본 라즈베리 파이와 마찬가지로 이 컨트롤러도 ARM 코어를 사용한다. STM32F103에서 사용하는 코어는 코어텍스Cortex-M3며, 라즈베리 파이와 달리 마이크로컨트롤러 전용으로 설계된 제품이다.

코어텍스-M3의 주된 장점은 8비트 아트멜 MCU로는 처리할 수 없는 많은 연산을 수행할 수 있다는 것이다. 반면 가장 큰 단점은 아두이노 프로그래밍 언어가 STM32F103을 지원하지 않는다는 것이다. 따라서 애플리케이션을 작성하려면 C 프로그래밍과 마이크로컨트롤러 아키텍처에 대해 잘 알아야 한다.

MPU6000 자이로스코프/가속도계

대다수의 쿼드콥터 파일럿은 네 개의 모터를 개별적으로 제어하지 않고, 비행 컨트롤러를 통해 일정한 고도를 유지하고, 원하는 방향으로 날아갈 때는 방향각만 바꾸는 방식으로 조종한다. CC3D의 경우, 비행 컨트롤러는 인벤센스InvenSense의 MPU6000 자이로스코프/가속도계를 통해 데이터를 읽어서 방향을 결정한다.

MPU6000에는 세 개의 MEMSmicroelectromechanical systems 자이로스코프가 장착돼 있는데, 이를 통해 장치의 x, y, z축에 대한 회전 속도를 알아낸다. 이 값은 dpsdegrees per second 단위로 표현되고, 최댓값을 250, 500, 1000, 2000dps 등으로 지정할 수 있다. 또한 MPU6000에는 세 개의 가속도계가 달려 있어서 장치의 x, y, z축에 대한 가속도를 알아낼 수 있다. 가속도는 중력 상수(g)를 기준으로 표현하며, 전체 값의 범위는 2g, 4g, 8g, 16g 등으로 설정할 수 있다.

CC3D에 있는 STM32F103은 MPU6000에서 측정한 데이터를 SPIserial peripheral interface(직렬 주변기기 인터페이스)를 통해 읽는다. MCU는 마스터 장치로서 MOSIMaster Output, Slave Input 라인으로 명령을 보낸다. MPU6000은 이에 대한 응답으로 각속도와 가속도 데이터를 MISOMaster Input, Slave Output 라인으로 보낸다.

13.4.3 ESC

ESC에서 3상 BLDC를 PWM으로 제어하는 방법에 대해서는 3장에서 설명한 바 있다. 쿼드콥터는 네 개의 ESC를 사용하는데, 네 개의 컨트롤러를 따로 구매하는 것보다 포인원

^four-in-one^ ESC 장치 하나를 구매하는 것이 좀 더 편하다. 이를 사용하면 배선과 조립 과정이 간결해서 좋지만 비용은 좀 더 증가한다.

포인원 ESC에는 한 쌍의 전력선과 쿼드콥터에 달린 네 개의 BLDC에 대한 네 개의 연결선이 있다. 또한 비행 컨트롤러로부터 제어 신호를 받기 위한 12핀 단자가 있다. 세 핀(신호, 5V, 그라운드)으로 구성된 각 행마다 하나의 모터를 제어한다.

ESC를 선택할 때는 가격 외에도 다음과 같은 다섯 가지 사항을 고려해야 한다.

- BEC^Battery Eliminator Circuit^: 수신기에 전력을 공급하므로 수신기에 배터리를 따로 장착하지 않아도 된다. 일부 ESC는 UBEC^Universal BEC^라고도 부르는 SBEC^Switching BEC^가 장착돼 있어서 전원을 _끄_거나 켤 수 있다.
- **전류**: ESC마다 각기 다른 양의 전류를 주기적으로 받는데, 모터당 20A인 것부터 40A까지 다양하다. ESC에서 모터로 전류를 충분히 공급해야 쿼드콥터가 떠 있을 수 있다.
- **무게**: 가벼울수록 좋다.
- **프로그래머빌리티**: 대다수의 ESC에는 마이크로컨트롤러가 장착돼 있어서 새로운 펌웨어를 설치할 수 있다. ESC에 장착된 마이크로컨트롤러가 아트멜 제품이면, 사이몬 커비^Simon Kirby^(SimonK)가 작성한 펌웨어를 설치할 수 있다. 이 펌웨어는 https://github.com/sim-/tgy에서 자유롭게 다운로드할 수 있다. 나는 직접 사용해본 적이 없지만, 많은 이들의 평을 들어보면 모터로 보내는 펄스 속도를 높여서 안정성과 조작성이 뛰어나다고 한다.
- **전선 길이**: 전선이 쿼드콥터의 각 모터에 도달할 수 있을 정도로 충분히 길어야 한다.

발열도 반드시 고려해야 한다. 품질이 낮은 ESC는 높은 전류가 흐를 때 과열돼서 모터로 가는 전력을 차단한다. 제품의 사양서에는 이러한 사항이 명시돼 있지 않으므로, ESC를 구매하기 전에 제품 사용 후기를 꼼꼼히 읽어보길 바란다. 발열 문제를 해결하기 위해 흔히 사용하는 방법은 ESC에 알루미늄 판을 붙이는 것이다.

이 장에서 소개하는 쿼드콥터의 경우 25A의 전류만으로도 프로펠러를 충분히 회전시키고도 남는다. 그래서 나는 하비윙^Hobbywing^의 스카이워커^Skywalker^ 콰트로^Quattro^ 25Ax4 제품을 선택했다. 이 제품은 25A부터 최대 30A의 전류를 허용하며, UBEC를 통해 수신기로 전력을 공급한다. 그림 13.12는 이 제품을 보여준다.

그림 13.12 하비윙의 스카이워커 콰트로 25Ax4 ESC

내 경험에 따르면, 스카이워크 콰트로 제품으로 몇 시간 동안 연속적으로 비행해도 작동에 문제가 없었다. 사용 후기를 보면 대부분 나와 같은 경험을 했는데, 일부 사용자는 비행 도중 ESC가 과열돼 쿼드콥터가 추락한 사례를 경험하기도 했다.

13.4.4 배터리

BEC를 지원하는 포인원 ESC를 사용할 때의 장점 중 하나는 전원을 한 시스템에만 연결해도 된다는 것이다. 스카이워커 콰트로 25A×4의 제품 사양서에 따르면, '2S-4S(7.4V-14.8V)' 배터리를 사용해야 한다고 나와 있다. 3장에서 설명한 바에 따르면 '2S-4S'는 두 개 내지 네 개의 리튬 폴리머Li-Po 셀을 직렬로 연결해야 전력을 충분히 끌어낼 수 있다는 의미다. Li-Po 셀은 보통 3.7V이므로 총 예상 전압은 7.4V에서 14.8V가 된다.

Li-Po 배터리를 선택할 때는 용량(커페시티capacity)과 방전율(버스트 레이트burst rate, C 값C-value)을 고려해야 한다. 용량은 배터리가 지정된 전압으로 공급할 수 있는 총전류량을 의미하며, 보통 수천 밀리암페어mAh 값으로 표현돼 있다.

버스트 레이트는 배터리의 최대 방전율을 가리킨다. 배터리로부터 끌어낼 수 있는 최대 전류량은 C 값에 용량(커페시티)을 곱한 값과 같다. 예를 들어 2,100mAh 배터리의 C 값이 20일 때, 안전하게 방전할 수 있는 전류량은 2,100 × 20 = 42,000mA = 42A다.

배터리 용량에 따라 모터의 샤프트를 얼마나 오랫동안 회전시킬 수 있는지가 결정된다. 하지만 용량이 클수록 무게도 늘어난다. 따라서 쿼드콥터에 고용량 배터리를 장착하면 증가한 무게로 인해 총전류량에 비해 실제 비행 시간이 줄어들 수 있다.

이 장에서 소개하는 쿼드콥터는 11.1V 전압을 제공하는 3S 리튬 폴리머^{Li-Po} 배터리를 사용한다. 전류가 중요하기 때문에 방전율이 높은 제품을 선택해야 한다. 베놈^{Venom} RC에서는 방전율이 35인 5,000mAh 용량의 3S 리튬 폴리머 배터리를 판매하고 있다. 따라서 최대 전류는 175A며, 쿼드콥터에서 필요한 양을 크게 상회한다. 그림 13.13은 베놈 RC 배터리를 보여준다.

그림 13.13 베놈 RC 35C 5000mAh Li-Po 배터리

이 배터리는 전원선을 위해 다양한 형태의 연결 단자를 제공하기 때문에 이 배터리를 포인원 ESC에 쉽게 연결할 수 있다.

13.5 조립하기

이제 부품 선정 작업은 거의 끝났다. 마지막으로 한 가지 더 고려할 것이 있다. 여러 전기 부품을 안정적으로 지지하기에는 프레임이 너무 작다. 특히 베놈 RC 배터리를 장착하기에 좁다. 따라서 나는 www.hoverthings.com에서 판매하는 탭 센터 플레이트 킷^{Tab Center Plate Kit}을 구매했다. 이 제품은 두 개의 큰 판과 나사 및 스탠드오프^{standoff}로 구성돼 있다.

부품을 모두 확보한 후에 쿼드콥터를 다음과 같은 순서로 조립했다.

1. 플립 스포트 프레임을 조립한다. 이때 네 개의 암을 센터 플레이트의 바닥면에 연결해야 한다.

2. 탄소 섬유 프로펠러를 BLDC에 각각 연결한다. 이때 각 프로펠러를 모터의 샤프트에 연결하기 전에 프로펠러 연결 구멍 안에 센터링 링을 삽입해야 한다.

3. BLDC/프로펠러를 프레임의 암에 장착한 후 모터 뒷면의 구멍을 통해 나사로 고정시킨다. 이때 시계 방향 프로펠러끼리, 그리고 반시계 방향 프로펠러끼리 서로 반대 위치에 장착해야 한다.

4. 포인원 ESC를 암 사이에 있는 프레임의 아랫면에 장착한다. ESC를 아랫면에 붙이고 네 개의 BLDC에 전선을 연결한다. 필요하다면 케이블 타이로 전선을 프레임에 고정시킨다.

5. 탭 센터 플레이트 킷을 보면 두 개의 열십자 모양 플레이트가 있는데, 그중 하나를 프레임의 밑면에 연결한다.

6. 배터리를 장착한다. 이때 전원선이 포인원 ESC의 전원선에 닿을 수 있도록 배치한다. 배터리를 탭 센터 플레이트 킷에서 제공하는 두 판 사이에 샌드위치처럼 끼운다. 나는 벨크로Velcro 스트랩으로 두 판과 배터리가 잘 붙도록 고정시켰다.

7. 비행 컨트롤러와 수신기를 프레임의 상단에 장착한다. ESC의 제어선이 컨트롤러에 도달하는지 확인한다.

8. ESC의 제어선을 비행 컨트롤러에 연결하고, 비행 컨트롤러를 수신기에 연결한다. 각각의 전선을 연결한 후에 배터리의 전원선을 ESC에 연결한다.

각 부품과 선을 제대로 조립하고 연결했다면, 비행 컨트롤러의 LED가 켜질 것이다. 그림 13.14는 내가 조립한 쿼드콥터에 ESC 선을 연결하지 않은 상태를 보여준다.

나는 쿼드콥터를 처음 날렸을 때 조종법에 적응하는 데 많은 시간을 썼다. 일단 요령을 터득한 후에는 매우 즐겁게 비행했으며 다른 부품을 추가하고 싶은 마음도 생겼다.

그림 13.14 쿼드콥터의 조립이 완성된 모습

이 장의 앞부분에서 언급한 바와 같이, 나는 쿼드콥터 설계 및 조립의 전문가가 아니다. 그래서 이 장에서 설명하는 내용과 함께 전문가의 조언이 담긴 다음의 참고 문헌을 함께 보길 바란다.

- http://ardupilot.org/copter/docs/hoverthings-flip-sport-quadcopter.html에는 플립 스포트 프레임으로 쿼드콥터를 조립하는 방법에 대한 자세한 설명 자료가 있다.
- http://quadcoptersarefun.com/BuildAQuadcopter.html에는 쿼드콥터용으로 추천하는 부품과 관련 정보에 대한 많은 링크가 있다.
- http://www.instructables.com/id/Scratch-build-your-own-quad-copter에서는 쿼드콥터를 밑바닥부터 조립하는 방법에 대한 매우 뛰어난 가이드를 제공한다.

마지막으로 쿼드콥터 제작 과정에서 문제가 발생하거나 의문점이 생긴다면 www. rcgroups.com이나 www.hobbyking.com에 있는 포럼을 참고하길 바란다. 이 포럼에서는 쿼드콥터에 대해 많이 알고 있는 사람들이 자신의 전문 기술을 공유하고 있다.

13.6 요약

모터 회로를 작동하는 것도 재미있지만, 날아가는 쿼드콥터를 지켜보는 것에 비할 수는 없을 것이다. 이 장에서는 쿼드콥터 제작에 필요한 부품을 선정하는 방법을 소개하고, 쿼드콥터가 제대로 작동하도록 조립하는 방법을 설명했다.

쿼드콥터에서는 프로펠러가 상당히 중요한 데 반해 프로펠러의 모양과 움직임이 추진력에 미치는 영향에 대한 정보는 놀랍게도 매우 빈약했다. 이 장에서는 추진력과 프로펠러의 직경, 피치, 회전 속도의 관계에 대한 수식을 소개했는데, 이는 근사치로서 정확한 수식은 아니고 기본 원리를 참고하는 용도로 적합하다. 이 수식을 유도하는 과정을 살펴보면 흥미롭게도 프로펠러의 추진력에 피치보다 직경이 훨씬 큰 영향을 미친다는 것을 알 수 있다.

이 장에서는 쿼드콥터를 구성하는 프레임, 송신기, 수신기를 비롯한 여러 가지 부품을 소개했는데, 각자의 취향에 맞는 제품을 고르면 된다. 하지만 모터와 프로펠러를 선택할 때, 직경이 큰 프로펠러는 높은 토크를 필요로 한다는 점을 명심해야 한다. 적절한 토크를 제공하려면 낮은 Kv의 모터를 골라야 한다. 또한 모터의 샤프트 굵기가 프로펠러를 끼우는 데 적절한지 확인하는 것도 중요하다.

대다수의 비행 컨트롤러는 상용 제품이지만, 이 장에서 소개한 CC3D에 대한 설계도는 오픈소스로 공개돼 있다. 이 회로 보드는 STM32F103 마이크로컨트롤러를 이용해 데이터를 처리하고, 수신기로부터 데이터를 전달받으며, 쿼드콥터의 가속도와 방향은 MPU6000 자이로스코프/가속도계로부터 알아낸다. 보드의 설계도와 GCS는 www.openpilot.org에서 구할 수 있다.

전기 자동차

14

전기 모터의 다양한 응용 중에서도 가장 흥미로운 분야는 자동차다. 이 장에서는 EV^Electric Vehicle라 부르는 순수 전기 자동차에 대해 소개한다. 전기 자동차는 내연 기관^combustion engine으로 작동하는 자동차에 비해 안정성이 높고, 소음과 공해도 적으며, 화석 연료에 대한 의존도도 낮다는 장점이 있다.

현재 전기 자동차에 대해 설명하는 책은 엄청나게 많은데, 이 장에서는 개념만 소개한다. 먼저 기존 자동차의 내연 기관 엔진을 전기 모터로 대체하는 EV 변환^conversion에 관련된 주제부터 살펴본다. 이 과정에서 관련 개념을 소개하고 EV 변환에 흔히 사용되는 모터와 배터리의 종류에 대해서도 설명한다.

이 장에서 두 번째로 다룰 내용은 최신 EV 기술이다. 그중에서도 특히 2015년 4월을 기준으로 시장에 출시된 가장 인기 있는 EV 중 세 가지 모델인 테슬라 모델 S, 닛산 리프, BMW i3를 소개하면서 각각의 성능과 모터의 구조 및 작동 방식, 배터리 기술 등을 자세히 살펴본다.

마지막으로 테슬라 모터스에서 낸 네 가지 특허를 소개한다. 2014년 일론 머스크는 자사의 특허를 보호하는 데 필요 이상의 노력이 들기 때문에 이를 누구나 사용할 수 있도록 공개했다. 이 장에서는 그중에서도 유도 모터 설계에 관련된 두 가지 특허와 전기 모터 제어 방법에 관련된 다른 두 가지 특허를 살펴본다.

14.1 전기 자동차 변환

자동차를 가지고 있는 이들 중 상당수는 현재 타고 있는 내연 기관 엔진을 전기 모터로 교체하려고 한다. 이러한 작업을 EV 변환EV conversion이라 부르며, 비싼 새 차를 구매하지 않고도 전기 자동차를 가질 수 있다는 이점이 따른다. EV 변환에 드는 비용은 일반적으로 1,000만 원(10,000달러) 정도인 데 반해, 전기 자동차를 새로 구매하는 비용은 3,000만 원에서 8,000만 원(30,000-80,000달러) 정도가 든다.

내연 기관을 전기 자동차로 변환하는 방법과 관련 지식에 대해 잘 알고 있는 정비사는 그리 많지 않다. EV 변환 전문 샵이 있긴 하나 그 수가 많지 않고 있더라도 멀리 있을 가능성이 높다. 그래서 흔히 숙련된 아마추어가 이 작업을 수행한다.

이 절에서는 EV 변환에 대해 자세히 다루지 않지만, 이와 관련된 핵심 기술 몇 가지를 소개한다. 좀 더 구체적으로 표현하면 전기 모터와 컨트롤러, 배터리, 변속기에 대해 살펴볼 것이다.

14.1.1 모터

전기차로 변환할 때 가장 비싼 부품은 모터며 대부분 수백만 원에 육박한다. 내가 알고 있는 모터 제조사는 그리 많지 않은데, 각각의 기능과 성능은 천차만별이다.

변환 과정에서 가장 중요한 부분은 EV 모터를 고르는 것이다. 따라서 이와 관련된 기술을 잘 이해하고 있어야 한다. 이 절에서는 먼저 전기 모터와 내연 기관 엔진의 차이점을 살펴본 후, 전기 자동차에서 사용하는 AC 모터와 DC 모터의 차이점에 대해 소개한다. 마지막으로 다양한 EV 모터 제조사에 대해 소개한 후 각 회사에서 제공하는 제품을 간략히 살펴본다.

모터, 엔진, 전력

자동차 제조사들이 자사의 레이싱 엔진을 뽐낼 때 가장 내세우는 수치는 최대 출력(마력, HP)이다. 2장, '기초 이론'에서 설명한 바와 같이, 1마력(hp)은 1초에 550파운드를 끄는 데 드는 일률이다. 평균 크기의 세단인 경우, 엔진의 최대 출력은 대략 200-250hp 정도다.

전기 모터의 경우 출력(일률)을 주로 킬로와트^{kilowatt}(KW) 단위로 표현한다. 1KW는 1.341hp다. 전기 방식으로 전환한 자동차의 대다수는 60-70KW 정도의 전기 모터를 사용한다. 이를 마력으로 환산하면 대략 80-93hp에 해당한다. 뒤에서 보겠지만, 완성차 형태의 전기 자동차의 마력은 이보다 훨씬 높다.

이 수치가 좀 의아할 수 있다. 내연 기관 자동차가 80마력 정도라면 상당히 굼뜨기 때문이다. 하지만 전기 모터의 출력과 내연 기관 엔진의 출력에는 중요한 차이가 있다. 내연 기관 엔진은 고속으로 회전해야 최대 마력이 발생한다. 속도가 낮을 때는 출력과 토크가 현저하게 낮다. 따라서 정격 출력에 도달하려면 속도를 높여야 한다.

2장에서 설명한 바와 같이, 전기 모터에 입력된 전력은 전압과 전류의 곱과 같다. 배터리의 전압은 일정하게 유지되며, 전류는 부하에 따라 달라진다. 따라서 전기 모터의 출력은 출발과 동시에 최대로 발휘할 수 있다. 바로 이러한 이유 때문에 전기 모터로 출발부터 100km/h에 도달하는 시간이 높은 마력의 내연 기관 엔진과 거의 비슷할 수 있는 것이다.

DC 모터와 AC 모터

최근까지 EV 변환에 AC 모터를 사용하는 것은 상당히 비싸고 복잡하다고 여겨졌다. 그래서 『The Electric Vehicle Conversion Handbook』이나 『Building an Electric Vehicle』을 비롯한 여러 문헌에서는 브러시 DC 모터를 사용하는 것을 추천했다. DC 모터는 특히 지게차에서 흔히 사용하며, 가격도 저렴하고 제어하기도 쉽다.

3장, 'DC 모터'에서 설명했듯이, 브러시 DC 모터의 정류자는 모터의 안정성과 효율성에 좋지 않은 영향을 미친다. 또한 부하가 변할 때 속도를 일정하게 유지하기도 힘들다. 이러한 이유로 브러시 DC 모터를 사용하는 자동차가 언덕이 많은 지형에서 일정한 속도를 유지하기가 쉽지 않다.

AC 모터의 장점은 회생 제동에 있다. 회생 제동$^{regenerative\ braking}$이란 타이어의 회전으로 배터리를 충전하면서 자동차의 속도를 줄이는 것을 말한다. 이 상태에서 모터는 발전기처럼 작동한다. 이와 관련된 이론에 대해서는 부록 A, '전기 발전기'에서 소개하고 있다. 회생 제동을 이용하면 상당량의 전력을 절약할 수 있다. 그 효과는 장거리 주행 시 두드러진다. 이는 DC 모터로는 쉽게 할 수 없는 기능이기도 하다.

AC 모터의 또 다른 장점은 다양한 속도에서 토크를 유지할 수 있다는 점이다. 다시 말해 AC 모터는 출력 손실 없이 다양한 지형에서 가속할 수 있다.

AC 모터의 단점은 제어가 복잡하다는 것이다. 배터리로부터 DC 전력을 사용하는 브러시 DC 모터는 제어 과정이 직관적인 데 반해, AC 모터는 3상 사인파 형태의 전력을 이용해야 한다. 이는 전력 변환기를 통해 생성할 수 있는데, 브러시 DC 모터 컨트롤러용 제어 장치에 비해 상당히 비싸다.

제조사

인터넷에서 '전기 자동차 모터electric vehicle motor'라는 키워드로 검색해보면, EV 변환용 브러시 DC 모터를 제조하는 회사들이 여러 개 뜨는 것을 볼 수 있다. 그중에는 D&D 모터 시스템D&D Motor Systems과 넷게인Netgain이란 회사가 있는데, 넷게인에서 판매하는 WarP 시리즈 모터가 특히 EV 변환용으로 인기가 많다. 넷게인에서 최근에 내놓은 WarP 11은 144V에서 34.4hp를 발휘한다.

AC 모터 분야에서는 지멘스Siemens와 브루사BRUSA가 가장 유명하다. 지멘스에서는 다양한 종류의 AC 모터를 제조하는데, 내가 보기에는 아마추어보다 EV 제조사에 판매하는 데 주력하고 있다. 브루사는 온라인으로 모터를 판매하는데, 내가 본 가장 저렴한 모터도 1,000만 원(11,000달러)을 넘었다.

또한 HPEVSHi Performance Electric Vehicle Systems라는 회사도 AC 모터를 판매하는데, 가격은 300만 원에서 600만 원 사이다. 표 14.1은 그중 네 가지 제품의 출력과 무게, 전압을 정리한 것이다.

표 14.1 HPEVS의 AC 전기 모터 사양

모터	출력	무게	전압
AC-34	65hp@2900RPM	85lb/38.5kg	48/72/96/108V
AC-35	63hp@2900RPM	85lb/38.5kg	48/72/96/108/144V
AC-50	71hp@2900RPM	115lb/52.2kg	48/72/96/108/144V
AC-51	88hp@2900RPM	115lb/52.2kg	96/108/144V

HPEVS의 홈페이지는 http://www.hpevs.com이다. 여기서 제공하는 제품을 잘 살펴보면 모터의 모델명에 'X2'가 붙은 것이 있다. 이는 전기차에 두 개의 모터를 넣을 수 있다는 의미다. 이러한 듀얼 모터 방식으로 설정하면 마력이 높아지지만, 배터리로부터 더 많은 전류를 소모한다.

14.1.2 컨트롤러

브러시 DC 모터의 제어 회로는 설계도 간단하고 이해하기도 쉽다. 여기서 가장 중요한 것은 전력 전달 부분이다. 컨트롤러는 반드시 모터가 제대로 구동할 수 있도록 전력을 충분히 공급하는 동시에 전자 부품을 손상시킬 정도로 너무 많은 전력이 발생하는 것을 방지해야 한다.

그다음으로 신경 쓸 부분은 모터의 토크와 속도를 제어하는 것이다. 컨트롤러를 비교하기 위해 3장에서 설명한 여러 가지 브러시 DC 모터의 종류에 대해 다시 한 번 소개하면 다음과 같다.

- **영구 자석**: 자기장이 일정하다.
- **직권형**: 토크가 높지만 속도 조절이 힘들다.
- **분권형**: 속도 조절이 쉽다.
- **혼합형**: 직권형과 분권형을 혼합한 것이다.

각 컨트롤러마다 적합한 모터가 있다. 넷게인에서는 자사의 WarP 모터용 컨트롤러를 별도로 제공한다. D&D 모터 시스템과 커티스 인스트루먼트^{Curtis Instruments}에서도 브러시 DC 모터용 컨트롤러를 판매하고 있다.

AC 모터를 구동할 때는 컨트롤러에서 배터리 전력을 3상 사인파 전력으로 변환해야 한다. 그래서 AC 컨트롤러와 파워 인버터^{power inverter}, 전력 변환기를 동의어처럼 사용한다. 그러나 대다수의 EV에서 사용하는 AC 컨트롤러는 단순히 AC 전력을 공급하는 데 그치지 않는다. 상당수의 인버터는 전력 주파수를 최적화하는 기능을 갖추고 있으며, 일부는 다양한 작동 모드를 지원하도록 프로그래밍돼 있다.

현재 출시된 AC 컨트롤러는 종류가 매우 다양한데, 그중에서 두 회사가 전기 자동차에 특화된 컨트롤러를 판매하고 있다. 커티스 인스트루먼트에서는 여러 가지 AC 컨트롤러를 판매하고 있으며, 상당수의 전기차 변환 마니아들의 경험에 따르면 이 회사 제품이 HPEVS 모터와 궁합이 잘 맞는다고 한다. 또한 브루사에서도 높은 성능과 효율로 작동하는 컨트롤러를 판매하고 있다.

14.1.3 배터리

배터리의 종류와 수는 EV 변환 과정에서 고려해야 할 또 다른 중요한 사항이다. 내가 알아본 바에 의하면, EV 배터리는 다음과 같은 세 가지 종류가 있다.

- **납 축전지**Lead-acid: 저렴하고 무겁다.
- **리튬 이온**Lithum-ion: 가볍고 비싸다.
- **리튬 인산철**Lithum-iron-phosphate(LFP): 가볍고 안전하고 비싸다.

납 축전지 배터리로 낼 수 있는 고유 전력specific energy(33-42Wh/kg)은 리튬 이온 배터리(100-265Wh/kg)에 비해 크게 낮다. 이 말은 같은 에너지의 배터리를 장착할 때 납 축전지를 사용하는 EV가 리튬 이온 배터리를 사용하는 EV에 비해 훨씬 무겁다는 의미다.

그럼에도 불구하고 상당수의 EV 변환한 자동차들은 가격 때문에 납 축전지 배터리를 사용하고 있다. 12V 80Ah 납 축전지 배터리의 가격은 대략 30만 원(300달러) 정도인 데 반해, 같은 규격의 리튬이온 배터리는 100만 원(1,000달러) 수준이다.

하지만 납 축전지 배터리는 600번 이상 사용하면 더 이상 쓸 수 없다. 이에 반해 리튬 이온 배터리는 1,000번가량 쓸 수 있다. 따라서 EV 배터리를 선택할 때는 이러한 상충 관계를 잘 고려해야 한다.

또한 안전성도 고려해야 한다. 2013년 테슬라 모델 S 자동차에 화재가 발생한 사건이 있었는데, 리튬 이온 배터리가 손상된 것이 원인이었다. 제조사에서는 이 배터리가 손상되지 않도록 매우 신경 썼지만, 리튬 이온의 화학적 속성 자체가 불안정하다. 그래서 EV 변환 전문가들은 리튬 인산철 배터리를 사용할 것을 강력히 추천한다. 이 배터리는 리튬 이온 배터리보다 훨씬 안정적이지만 고유 전력이 리튬 이온 배터리보다 좀 떨어진다.

배터리의 종류를 결정한 후에는 배터리의 개수를 결정한다. 이는 컨트롤러와 모터의 요구 사양에 따라 다르다. 예를 들어 컨트롤러에 필요한 전압이 96V라면, 여덟 개의 12V 배터리를 직렬로 연결해야 이만한 전압을 공급할 수 있다. 여덟 개의 배터리를 추가로 병렬로 연결하면 컨트롤러로 전달하는 전류를 두 배로 높일 수 있다.

14.1.4 변속기

자동차의 변속기^{transmission}는 모터나 엔진의 힘을 바퀴로 전달하는 기계 장치다. 전기 자동차에서는 변속기에 관련된 두 가지 이슈가 있다. 하나는 전기 모터를 변속기에 연결하는데 관련된 것이고, 다른 하나는 자동 변속기와 수동 변속기에 대한 것이다.

자동차 변속기의 구조는 차마다 다르다. 따라서 전기 모터를 변속기에 연결하려면 사용할 모터와 자동차에 맞게 제작된 어댑터가 필요하다. EV 변환 키트에서 이러한 어댑터를 제공하기도 하지만, 대부분 어댑터를 직접 제작해야 한다. 어댑터를 직접 제작하는 과정은 상당히 복잡한데, 여기에 대해 자세히 알고 싶은 독자는 켄 왓킨스^{Ken Watkins}가 쓴 『Building an Electric Vehicle』을 읽어보길 바란다.

자동 변속기를 장착한 자동차는 기어를 알아서 바꾼다. 자동 변속기는 대다수의 내연 기관 자동차에서 사용하지만 전기 자동차에는 그다지 적합하지 않다. 자동 변속기로 인해 모터에서 발생하는 마력이 크게 감소하기 때문이다. 게다가 자동 변속기로 인해 아마추어가 감당할 수 없을 정도로 EV 변환 작업이 어려워진다. 이러한 이유로 시중에 나온 EV 변환 키트는 대부분 수동 변속기용이다.

14.2 최신 전기 자동차

최신 전기 자동차 기술을 파악하기 위한 가장 좋은 방법은 현재 출시된 자동차를 보는 것이다. 이 책을 저술하고 있는 2015년 4월 기준으로 가장 인기 있는 전기 자동차는 테슬라 모델 S와 닛산 리프, BMW i3다. 이 절에서는 세 가지 전기차에 대한 기술적인 특성을 모터와 배터리의 관점에서 개략적으로 소개한다.

14.2.1 테슬라 모터스의 모델 S

2008년 테슬라 모터스에서는 자동차 전문가들이 인정하는 최초의 전기차인 테슬라 로드스터^{Tesla Roadster}를 출시했다. 2012년에는 로드스터를 여러 측면에서 향상시킨 테슬라 모델 S를 출시했다. 그림 14.1은 모델 S를 보여준다.

그림 14.1 테슬라 모델 S

모델 S는 테슬라의 다른 전기차와 마찬가지로 유도 모터로 구동한다. 6장, 'AC 모터'에서 설명한 바와 같이, 유도 모터induction motor는 일종의 AC 모터며 원기둥형 회전자 끝에 전도판이 달려 있다. AC 전류가 고정자에 들어오면 자기장을 통해 회전자에 전압이 유도된다. 이러한 회전자의 유도 전압과 고정자 자기장의 상호 작용을 통해 움직이게 된다. 6장의 내용을 간단히 복습하기 위해 그림 14.2는 농형 유도 모터의 회전자 구조를 보여준다.

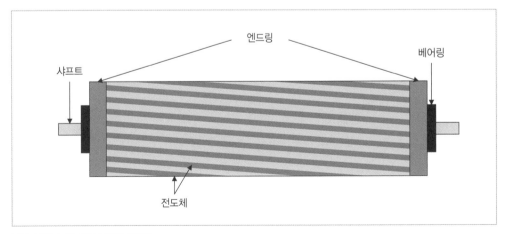

그림 14.2 농형 유도 모터의 회전자

2007년 테슬라 모터스의 책임 파워 일렉트로닉스 엔지니어인 왈리 리펠Wally Rippel은 테슬라 모터스의 블로그에 '유도 모터 대 DC 모터Induction Versus DC Motors'란 글을 게시했다. 그는 유도 모터와 브러시리스 DC 모터(BLDC)의 기반 기술에 대해 설명한 후 테슬라 모터스가 왜 유도 모터를 선호하는지에 대해서도 밝혔다. 그의 설명에 따르면, 다음과 같이 크게 두 가지 이유 때문이라고 한다.

- BLDC에서 사용하는 디스프로슘dysprosium이나 네오디뮴neodymium과 같은 희토류 영구 자석은 자동차에 사용할 엄두를 못 낼 정도로 비싸다.
- BLDC의 자석은 자기장을 일정하게 생성한다. 유도 모터에서 발생하는 자기장은 V/f 다. 다시 말해 유도 모터의 전기 손실은 필요에 따라 V/f를 줄이는 방식으로 조절할 수 있다.

모델 S에서 채용한 모터는 상당히 인상적인 성능을 보여줬다. 모델 S의 기본 모델의 최대 출력은 362마력이고, 고성능 모델Performance Model S은 416마력에 이른다. 표 14.2는 모델 S의 세부 모델에 대한 여러 가지 성능 수치를 보여준다.

표 14.2 테슬라 모델 S의 세부 모델 성능 수치

모델	배터리 용량	도심 연비, 갤런당 마일	고속도로 연비, 갤런당 마일
모델 S	60KWh	94	97
모델 S	85KWh	88	90
모델 S AWD	85KWh	86	94
모델 S AWD-85D	85KWh	95	106
모델 S AWD-P85D	85KWh	89	98

모델 S에서 사용하는 배터리는 모두 리튬 이온 배터리다. 현재 최대 배터리 용량은 85KWh며, 한 번 충전으로 426km가량 주행할 수 있다. 테슬라 모터스에서는 기존 60KWh 배터리 대신 70KWh 배터리를 장착하는 옵션도 제공한다.

14.2.2 닛산 리프

2010년 닛산 모터 컴퍼니Nissan Motor Company는 배터리 파워로 달리는 닛산 리프Nissan Leaf라는 소형 해치백을 출시했다. 이 차는 2011년 올해의 자동차에 선정됐으며 생김새는 그림 14.3과 같다.

그림 14.3 닛산 리프

리프도 모델 S와 마찬가지로 AC 모터로 구동한다. 따라서 배터리의 DC 전력을 3상 사인파 전력으로 변환하는 인버터를 사용한다.

리프에서는 모델 S와 달리 유도 모터가 아닌 동기식 AC 모터를 사용한다. 따라서 회전자는 영구 자석을 통해 자기장을 생성한다. 그림 14.4는 동기식 AC 모터의 회전자와 고정자를 보여준다.

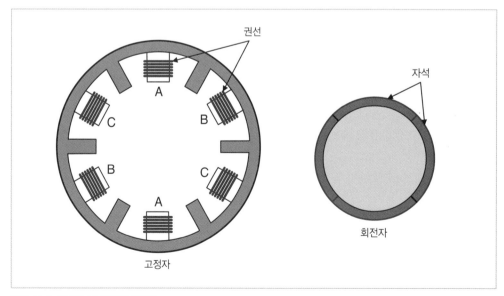

그림 14.4 동기식 AC 모터의 회전자

「Popular Mechanics」의 2012년 11월호에는 스티브 루소Steve Rousseau가 닛산 리프의 모터에 대해 쓴 짧은 글이 실렸다. 이 글은 회전자의 영구 자석에 사용되는 희토류 금속에 대한 주제를 다뤘는데, 닛산에 근무하는 과학자들이 희토류 금속의 디스프로슘과 네오디뮴을 결합하는 새로운 프로세스를 고안했으며 이로써 디스프로슘의 사용량을 40%가량 감소할 수 있다고 밝혔다. 이를 통해 닛산 리프와 같은 전기 모터로 구동하는 자동차에서 희토류 금속이 얼마나 중요한지 알 수 있다.

닛산 리프에서 사용하는 동기식 모터는 최대 110마력의 출력을 낼 수 있으므로, 정지 상태에서 시속 60마일까지 도달하는 데 9.9초가 걸린다. 2010/2011 모델은 최대 속력이 150km/h(93mph)에 이른다.

닛산 리프는 전력 저장 장치로 24KWh 리튬 이온 배터리를 사용한다. US 환경 보호국에 따르면, 닛산 리프는 한 번 충전으로 117km(73마일)가량 달릴 수 있다고 한다.

닛산 리프는 테슬라 모델 S에 비해 배터리 용량도 작고 모터 성능도 낮지만, 모델 S보다 전 세계 판매량이 높다. 그 이유는 가격에 있다. 2015년형 닛산 리프 기본형의 제조사 권장 소비자 가격(MSRP)은 29,680달러(한화로 약 3,000만 원)인 데 반해, 2015년형 테슬라 모델 S의 기본형 가격은 69,900달러(한화로 7,000만 원 이상)에 육박한다.

14.2.3 BMW i3

2013년 BMW에서는 '프로젝트 아이i' 라인의 최초 모델인 i3를 출시했다. 이 차는 2014년 올해의 자동차 디자인 상을 수상했으며 그림 14.5처럼 생겼다.

그림 14.5 BMW i3

BMW i3는 닛산 리프와 여러모로 비슷하다. 둘 다 동기식 AC 모터로 구동하고, 배터리도 작다. 배터리가 작기 때문에 차 가격과 무게도 낮으며, 한 번 충전으로 이동할 수 있는 거리도 짧다.

i3 기본형 모델은 170마력의 동기식 AC 모터를 장착하고 있다. 정지 상태에서 시속 60마일까지 도달하는 시간은 8초 이내이며, 최고 속력은 시속 93마일이다.

i3에는 전기 모터뿐만 아니라 REx(레인지 익스텐더range extender)라 부르는 가솔린 엔진도 옵션으로 추가할 수 있다. 이 엔진은 모터사이클용 엔진이며, 자동차의 속도와 주행 거리를 늘릴 수 있지만 전기 충전을 해야 할 뿐만 아니라 주유소에도 들러야 한다.

i3는 22KWh 리튬 이온 배터리를 사용한다. 이동 거리는 작동 모드에 따라 다른데, 다음과 같은 세 가지 모드 중 하나를 설정할 수 있다.

- 컴포트COMFORT: 주행 거리는 80-100마일 정도다.
- 에코 프로ECO PRO: 에어컨 사용을 줄이고 최고 속도를 시속 80마일로 제한해 주행 거리를 12%가량 향상시킬 수 있다.
- 에코 프로 플러스ECO PRO+: 에어컨을 완전히 끄고 최고 속도를 시속 55마일로 제한해 주행 거리를 24%가량 향상시킨다.

BMW i3의 가장 큰 장점은 차체의 재질에 있다. i3의 프레임은 탄소 섬유 강화 플라스틱(CFRP)으로 제작한 것이다. 따라서 내구성의 손실 없이 차체의 무게를 크게 줄였다. 22KWh 배터리로 생각보다 멀리 갈 수 있는 이유가 여기에 있다.

14.3 테슬라 모터스의 특허

2014년 일론 머스크는 테슬라 모터스 블로그에 '우리 회사의 특허는 모두 여러분의 것입니다All Our Patent Are Belong To You.'라는 글을 발표했다. 그의 표현에 따르면 특허는 '혁신을 억누르며', '특허를 획득했다는 것은 소송을 위한 복권을 산 것에 불과하다.'며 특허에 대한 실망감을 드러냈다.

그는 전기 자동차의 발전을 장려하기 위해 테슬라 모터스 명의로 취득한 특허를 모두 자유롭게 사용할 수 있도록 공개했다. 그의 표현에 따르면, '테슬라는 선의로 자사의 기술을 활용하는 이들에게 특허 소송을 제기하지 않겠다.'고 선언한 것이다.

이로써 테슬라 특허는 실질적으로 누구나 사용할 수 있게 됐으므로, 여러 특허 중에서도 특히 흥미로운 특허를 네 개만 골라서 살펴보자.

- **특허 7,960,928**: 사용자 입력 및 자동차 정보 기반의 모터 제어 방법
- **특허 8,154,167**: 유도 모터 라미네이션을 위한 새로운 설계
- **특허 8,453,770**: 듀얼 모터 자동차를 위한 제어 시스템
- **특허 8,572,837**: 전기 모터의 회전자 효율 향상을 위한 방법

이 책에서 소개한 AC 모터의 작동 방식을 비롯한 기술적인 내용은 대부분 거의 한 세기전에 나온 것이다. 이에 반해 테슬라 특허는 최신 기술을 보여준다. 테슬라 모터스에서 이를 특허로 보호해야 할 만한 것으로 여긴 만큼 자세히 들여다볼 가치가 있다.

14.3.1 플럭스 제어 방식 모터 관리

특허 7,960,928은 다양한 입력으로부터 받은 데이터로 모터를 제어하는 방법을 소개하고 있다. 이 특허에서는 모터의 동작을 결정하는 다섯 가지 작동 모드를 제시하고 있다.

- **성능**performance **모드**: 컨트롤러는 자동차의 토크와 속도를 최적화한다.
- **효율**efficiency **모드**: 컨트롤러는 자동차의 연료 효율을 최적화한다.
- **회생**regenerative **모드**: 컨트롤러는 회생 제공을 통해 에너지 재생에 최적화한다.
- **발열**thermal **모드**: 컨트롤러는 차량 내부 온도를 최소로 유지한다.
- **접지**traction **모드**: 컨트롤러는 타이어의 도로 접지력을 극대화한다.

이 특허는 언제든지 이러한 모드 중 한 개 이상을 선택할 수 있다고 밝히고 있다. 특허에 대한 설명의 대부분은 각 모드에서 모터의 속도와 토크를 제어하는 방법에 대한 것이다. 예를 들어, 발열 관리에 대한 절에서는 회전자와 고정자의 전류를 통해 모터에서 발생하는 열을 측정하는 방법을 설명하고 있다. 따라서 발열 모드를 선택하면 컨트롤러는 전류를 최소로 유지한다.

현재 어떤 모드가 활성화돼 있는지는 자동차의 온보드 전자 장치를 통해 설정한다. 특허에서 인용한 다음 문장을 보면 어떻게 작동하는지 알 수 있다.

> "... 스로틀(토크 명령 입력)을 강하게 누르면, 자동차의 설정(예: 자동 또는 수동)을 최대 성능 모드로 변경한다. 그러다가 고속도로 정속 주행 상태를 감지하거나 이 상태를 명시적으로 지정하면, 자동차 설정은 다시 최대 효율 모드로 전환된다. 고속도로 주행 상태를 감지하거나 이 모드를 원하면 자동차 설정을 다시 최대 효율 모드로 되돌릴 수 있다..."

그림 14.6은 컨트롤러에서 모터의 작동 모드를 관리하는 전반적인 과정을 그림으로 표현한 것이다.

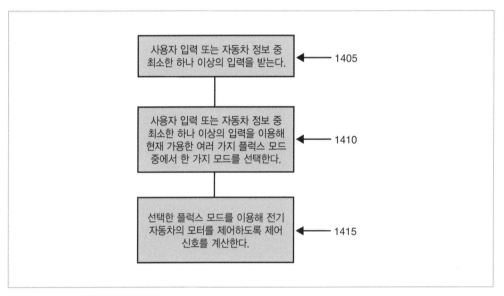

그림 14.6 모터 제어의 의사 결정 과정

상용 시스템에서 사용하는 AC 모터를 제어하는 과정은 매우 복잡한데, 이 특허를 읽어보면 EV 모터의 작동 모드를 관리하는 것이 얼마나 어려운지 가늠할 수 있다.

14.3.2 유도 모터 라미네이션 설계

특허 8,154,167은 AC 유도 모터에 대한 혁신적인 설계를 제시하고 있다. 핵심은 6장에서 설명한 농형 회전자squirrel-cage rotor의 변형에 있다. 다시 말해, 원기둥 형태의 회전자에 고정자로부터 유도된 전압을 받는 도체가 장착된다.

이 특허는 유도 모터의 회전자와 고정자에 대한 새로운 방식을 제시한 것이다. 그림 14.7은 이렇게 설계한 유도 모터의 단면을 보여준다.

이 특허는 그림에 나온 특성의 기하 구조에 초점을 맞추고 있다. 예를 들어 특허에서 주장하는 권리항은 다음과 같다.

- 모터의 고정자에 달린 톱니는 60개고, 회전자에 달린 톱니는 74개다.
- 각 회전자/고정자의 톱니 길이는 너비의 4-6배여야 한다.
- 각 회전자의 톱니는 고정자의 톱니보다 1-1.2배 길어야 한다.
- 회전자와 고정자 사이의 공극(에어 갭)은 반드시 0.5mm에서 0.8mm 사이여야 한다.

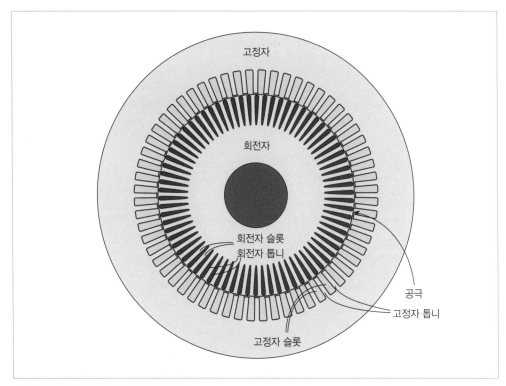

그림 14.7 특허에 나온 유도 모터의 단면도

각 고정자 슬롯에 있는 권선들은 두 계층으로 나눠져 있다. 이러한 권선들은 전류를 세 개의 위상으로 전달하며 각각을 A, B, C로 표기했다. 그림 14.8은 이러한 위상이 60 슬롯 고정자에서 어떻게 구성되는지 보여준다.

특허에서는 자동으로 제조할 수 있도록 권선의 코일을 고정자 슬롯에 집어넣은 방법을 다음과 같이 설명하고 있다.

> "…이 발명에서 제시하는 권선을 통해 권선과 코일의 삽입이 진행되는 동안 극 사이가 연결되는데, 기존 권선 패턴에 흔히 볼 수 있는 형태로 코일을 집어넣은 후에 진행하지 않는다… 삽입 이후 극 사이 연결 단계를 생략함으로써 모터의 제조 과정이 간결해지며, 비용과 모터의 복잡도를 감소하는 동시에 모터의 안정성과 품질을 향상시킬 수 있다."

이 특허는 마지막으로 회전자와 고정자 주변에 가상으로 형성된 전자기장에 대한 설명으로 마무리한다. 각각의 이는 회전자에 달린 도체의 유도 전류를 최적화하도록 특별히 설계해서 배치한 것이다.

첫 번째 계층 — 슬롯

	1	2	3	4	5	6	7	8	9	10	11	12	13	14	15	16	17	18	19	20	21	22	23	24	25	26	27	28	29	30
상단	A1	A1							B4	B4					A1	A1	A2	A2				C1	C1						A2	A2
하단	A1	A1	A1					B4	B4	B4					A1	A1	A1	A2	A2	A2		C1	C1	C1				A2	A2	A2

슬롯

	31	32	33	34	35	36	37	38	39	40	41	42	43	44	45	46	47	48	49	50	51	52	53	54	55	56	57	58	59	60
상단				C1	C1	C2	C2					B3	B3						C2	C2					B3	B3	B4	B4		
하단			C1	C1	C1	C2	C2	C2			B3	B3	B3					C2	C2	C2				B3	B3	B3	B4	B4	B4	

- -

두 번째 계층(볼드체와 이탤릭체로 표기한 부분) — 슬롯

	1	2	3	4	5	6	7	8	9	10	11	12	13	14	15	16	17	18	19	20	21	22	23	24	25	26	27	28	29	30
상단	A1	A1	*C3*	*C3*	*C3*	*C4*	*C4*	*C4*	B4	B4	*B1*	*B1*	*B1*	A1	A1	A2	A2	*C4*	*C4*	*C4*	C1	C1	*B1*	*B1*	*B1*	*B2*	*B2*	*B2*	A2	A2
하단	A1	A1	A1	*C3*	*C3*	*C4*	*C4*	B4	B4	B4	*B1*	*B1*	A1	A1	A1	A2	A2	A2	*C4*	*C4*	C1	C1	C1	*B1*	*B1*	*B2*	*B2*	A2	A2	A2

슬롯

	31	32	33	34	35	36	37	38	39	40	41	42	43	44	45	46	47	48	49	50	51	52	53	54	55	56	57	58	59	60
상단	*A3*	*A3*	*A3*	C1	C1	C2	C2	*B2*	*B2*	*B2*	B3	B3	*A3*	*A3*	*A3*	*A4*	*A4*	*A4*	C2	C2	*C3*	*C3*	*C3*	B3	B3	B4	B4	*A4*	*A4*	*A4*
하단	*A3*	*A3*	C1	C1	C1	C2	C2	C2	*B2*	*B2*	B3	B3	B3	*A3*	*A3*	*A3*	*A4*	*A4*	*A4*	C2	C2	C2	*C3*	*C3*	B3	B3	B4	B4	*A4*	*A4*

그림 14.8 유도 모터 설계에 나온 권선의 두 계층 구조

14.3.3 듀얼 모터 구동 및 제어 시스템

대다수의 EV에는 모터가 한 개만 달려 있지만, 특허 8,453,770에서는 두 개의 모터가 달린 자동차를 제어하는 방법에 대해 설명하고 있다. 듀얼 모터 자동차는 단일 모터 EV에 비해 다음과 같은 장점이 있다.

- 전력 최적화와 시스템 효율이 월등히 뛰어나다.
- 로드 밸런싱을 통해 모터가 최적의 온도에서 작동하게 할 수 있다.
- 자동차 설계 시 무게 배분을 쉽게 처리할 수 있다.
- 다양한 환경과 작동 모드에 대해 제어 시스템을 최적화할 수 있다.

듀얼 모터 시스템이 가진 또 다른 장점은 한 모터를 정상 및 저속 주행에 활용하고 나머지 하나를 고속 및 고부하 조건에 사용하게 할 수 있다는 것이다. 이렇게 하면 자동차의 효율성과 주행 시간을 향상시킬 수 있다.

두 개의 모터를 사용함으로써 발생하는 단점은 컨트롤러가 제어 신호를 생성하기 위해 연산을 추가로 더 수행해야 한다는 것이다. 특허 8,453,770에서는 이 컨트롤러가 따르는 의사 결정 과정에 초점을 맞추고 있다. 이를 토크 컨트롤(제어) 유닛^{torque control unit}이라 부르며, 다음과 같이 세 부분으로 구성된다.

- 트랙션 컨트롤 명령 생성 유닛^{traction control command generation unit}: 속도와 휠 슬립 비율, 슬립 에러를 계산한다.
- 토크 분할 유닛^{torque split unit}: 각 모터에 요청할 최적의 토크를 계산한다.
- 트랙션 컨트롤 유닛: 슬립 에러를 최소화한다.

이 기능을 수행하기 위해 토크 컨트롤 유닛은 자동차에 달린 여러 가지 센서로부터 입력을 받는다. 이러한 센서로는 속도 센서, 스티어링 센서, 브레이크 센서, 기어 선택 센서 등이 있다. 그림 14.9는 이러한 센서로부터 컨트롤러로 데이터가 전달되는 과정과 컨트롤러가 자동차의 각 부분과 상호 작용하는 과정을 보여준다.

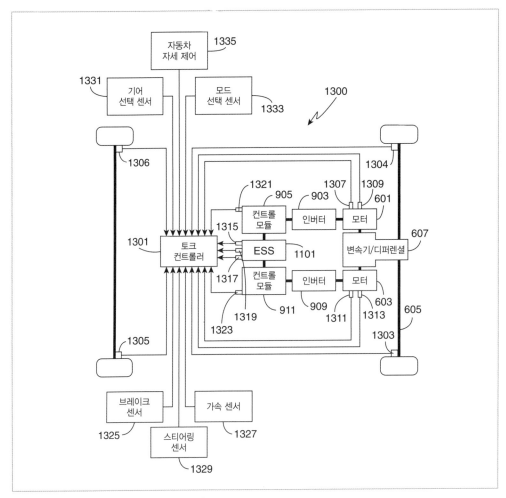

그림 14.9 듀얼 모터 시스템의 토크 컨트롤 유닛

이 특허는 컨트롤러의 회로에서 사용하는 제어 기법의 종류에 대해 깊이 있게 설명한다. 예를 들어 트랙션 컨트롤 유닛은 2차 피드백 루프를 통해 양쪽 모터에서 발생하는 속도 장애를 줄인다. 또한 피드포워드 컨트롤 회로feedforward control circuit를 이용해 토크 생성 과정을 관리한다.

그림을 보면 에너지 저장 시스템energy storage system의 약자인 ESS가 있는데, 이 자리에 배터리나 수퍼커패시터를 장착할 수 있다. ESS에는 온도, 전압, 전류를 측정하는 센서가 달려 있으며, 여기서 수집한 데이터를 토크 리미팅 유닛torque-limiting unit으로 전달한다. 그러면 토크 리미팅 유닛은 두 모터에서 발생할 수 있는 최대 토크를 계산한다. 토크 컨트롤 유닛은 이 정보를 이용해 양쪽 모터에 보낼 토크를 결정한다.

14.3.4 효율적인 회전자 제작 방법

앞에서 본 특허들은 모터의 설계나 제어 방법에 대한 것인 데 반해, 특허 8,572,837은 제조 방법에 대한 것이다. 그중에서도 특히 AC 유도 모터에 들어갈 원기둥 형태의 회전자를 효율적으로 제조하는 방법을 설명한다.

6장에서 설명한 바와 같이, 유도 모터의 회전자는 고정자의 자기장으로부터 도체에 유도된 전류에 의해 회전한다. 이러한 모터의 제조에 관련된 핵심 이슈는 도체들이 회전자의 끝에서 서로 닿지 않고 일정한 간격을 유지하도록 도체를 회전자에 집어넣는 것이다. 또 다른 이슈는 회전자를 자동화 방식으로 제조할 수 있도록 설계하는 것이다. 그림 14.10은 특허에서 제안하는 절차를 보여준다.

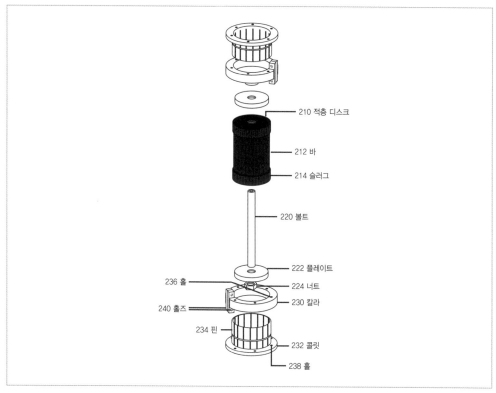

그림 14.10 유도 모터의 회전자 제조 방법

회전자의 중심부는 바깥쪽으로 방사형으로 확장되는 홈이 파여진 철 디스크가 적층된 형태로 구성된다. 전도성 막대(도체 바conductive bar)는 주로 구리나 알루미늄으로 제작하며, 디스크의 홈에 삽입한다. 각 도체 바의 길이는 원기둥 길이와 같다. 원기둥의 양쪽 끝에는 전도성 슬러그가 달려 있으며 도체 바와 맞닿는다. 양쪽 끝에 있는 플레이트와 칼라는 디스크를 누르고 조립 상태를 고정시키는 역할을 한다. 이 슬러그는 베릴륨 밴드로 고정시킬 수도 있다.

이 특허의 핵심은 회전자의 도체 바에 있다. 바의 저항을 낮추면 모터의 효율이 높아지는데, 알루미늄보다는 구리가 전도성이 높기 때문에 특허에서는 구리 바를 중심으로 설명한다. 낮은 저항으로 각 도체 바를 전기적으로 연결하기 위해 특허에서는 슬러그를 은 도금한 구리로 만들도록 설명하고 있다.

은은 녹는점이 낮기 때문에 회전자를 가열하면 은이 녹으면서 바와 슬러그 사이가 더 잘 접촉된다. 회전자를 제조한 후 냉각시키면 회전자의 바와 슬러그가 완전히 연결된다. 그런 다음 플레이트와 칼라를 제거하고 회전자를 유도 모터에 삽입한다.

14.4 요약

전기 자동차는 매우 중요하다. 환경 오염을 줄일 수 있을 뿐만 아니라 화석 연료에 대한 의존성을 줄이는 데 기여하기도 한다. 이 책을 저술하는 시점에 전기 자동차는 너무 비싸고 성능도 다소 떨어져서 현재 시장에 나와 있는 기존 방식의 자동차를 위협할 정도는 아니지만, 시간이 지날수록 전기 자동차의 인기는 더욱 높아질 것이다.

많은 이들은 EV 기술에 동참하기 위한 현실적인 방법은 기존 자동차를 전기 자동차로 전환하는 것이라 생각한다. EV 변환을 위해서는 어느 정도 비용이 들지만, 전기차를 새로 구입하는 것보다는 싸다. 이때 주요 결정 사항으로 모터와 배터리 종류를 선택해야 한다. 브러시 DC 모터는 가격이 저렴하고 제어하기 쉽지만, 효율성과 안정성이 떨어지고 속도 조절에 관련된 한계가 있다. AC 모터는 가격이 비싸고 제어 과정이 복잡하지만, 회생 제동을 할 수 있기 때문에 주행 중에 배터리를 재충전할 수 있다.

배터리를 고를 때 고려할 사항은 다음과 같다. 납 축전지는 저렴하지만 무게에 비해 전류 용량이 낮다. 리튬 이온 배터리는 전류 용량이 높지만 가격이 비싸고 잘못 다루면 터질 수 있다. 리튬 인산철 배터리는 전류 용량이 리튬 이온 배터리의 수준에 미치지 못하지만 좀 더 안전하고 관리하기 쉽다.

이 장에서는 현재 시중에 출시된 세 가지 전기 자동차(테슬라 모델 S, 닛산 리프, BMW i3)를 살펴봤다. 모델 S는 다른 두 차보다 마력이 높고 전류 용량도 높지만, 가격은 2-3배가량 높다.

마지막으로 테슬라 모터스에서 최근 무료로 공개한 네 가지 특허에 대해 살펴봤다. 이 특허를 통해 최신 전기 모터 기술을 맛볼 수 있다. 그중 두 개의 특허는 전기 자동차용 모터를 제어하는 방법에 대한 것이다. 이를 통해 컨트롤러에서 의사 결정을 하기 위해 얼마나 많은 요인을 고려해야 하는지를 엿볼 수 있다.

테슬라 모터스에서 판매하는 전기 자동차는 모두 유도 모터를 사용한다. 당연히 테슬라의 특허 중 상당수는 유도 모터에 대한 것이다. 그중에서도 유도 모터의 회전자와 고정자 이에 대한 설계 특허를 살펴봤다. 또한 유도 모터의 회전자 제조 방법에 대한 특허도 간략히 살펴봤다.

전기 발전기

이 책에서는 전기 에너지를 기계 에너지로 변환하는 모터의 동작을 주로 다뤘다. 부록 A에서는 이의 역과정인 기계 에너지를 전기 에너지로 변환하는 방법을 소개한다. 이러한 동작을 수행하는 기계를 전기 발전기electric generator라 부른다. 뒤에서 소개하겠지만, 모터와 발전기는 서로 비슷한 점이 상당히 많다.

전기 발전기는 현대 사회에서 매우 중요한 역할을 수행한다. 재난이 발생할 때 가장 먼저 하는 일은 발전기를 다시 정상적으로 작동시키는 것이다. 발전기는 가정과 회사에 전력을 공급할 뿐만 아니라 헤드라이트나 파워 스티어링과 같은 자동차의 전기 부품에 전력을 공급하기도 한다.

이 장에서는 AC 발전기와 DC 발전기, 이렇게 두 가지 종류로 나눠서 설명한다. 둘 다 내부 구조는 비슷하지만 DC 발전기는 DC 회로에 적합한 전력을 만들기 위해 몇 가지 작업을 더 수행한다. DC 전력을 만드는 발전기를 다이나모dynamo라 부르며, 이 장에서는 먼저 다이나모의 작동 원리와 다이나모에서 출력 전력을 정류하고 평활화하는 방법에 대해 소개한다.

AC 발전기는 DC 발전기보다 더 많이 사용하며, 이 장에서는 주로 AC 발전기에 대해 설명한다. 또한 AC 발전기를 영구 자석을 사용하는 발전기와 그렇지 않은 발전기로 좀 더 세분화해서 설명한다. 영구 자석을 사용하는 발전기는 마그네토magneto라 부르며, 간단하면서도 안정성이 높아야 하는 분야에 주로 사용된다. 영구 자석을 사용하지 않는 발전기는 자기 여자 발전기self-excited generator라 부르며, 요즘 나오는 자동차와 발전소에서 주로 사용된다.

A.1 개요

1장, '전기 모터의 개요'에서는 전기 모터의 기본 원리를 소개하고, 전류가 흐르는 도체가 전자기장 안에 있을 때 어떻게 힘을 받는지 설명했다. 이때 발생하는 힘을 로렌츠 힘^{Lorentz}^{force}이라 부르며, 이를 통해 전기 모터를 움직인다.

반대의 현상도 발생할 수 있다. 다시 말해, 전류가 흐르지 않는 도체를 자기장 안에서 움직이면 유도 전압을 받아 전류를 생성한다. 6장, 'AC 모터'에서 설명한 바와 같이 이 원리를 통해 유도 모터가 작동한다. 발전기에서는 움직임이 입력이고 유도 전압이 출력이다.

발전기에서 움직이는 물체는 도체나 자기장을 생성하는 요소다. 모터와 마찬가지로 움직이는 부품을 회전자(로터^{rotor})라 부른다. 유도 전압을 받는 부품은 전기자^{armatrue}라 부르고, 자기장을 생성하는 부품은 계자(장자석, 필드 마그넷^{field magnet}) 또는 계자 권선(필드 와인딩 ^{field winding})이다.

그림 A.1은 발전기의 기본 작동 구조를 보여준다. 여기서 도체성 전기자는 자석의 극 안에서 회전한다. 전기자가 회전하면서 발생하는 유도 전압을 통해 전선에 전류가 흐른다.

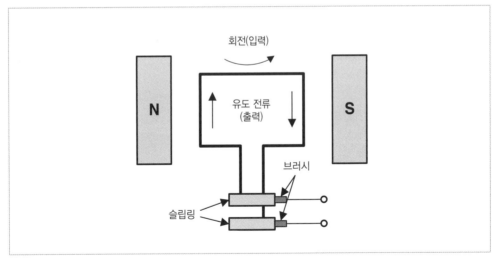

그림 A.1 간단한 전기 발전기의 구조

입력된 기계 에너지는 자석 안에 있는 도체를 회전시킨다. 그러면 도체 안에 전압이 유도되면서 전류가 흐른다. 이 전류가 브러시라 부르는 접촉면에 연결된 슬립링을 통해 외부 회로에 전달된다.

입력 전력은 회전자의 토크 τ와 회전 속도 ω를 곱한 값과 같다. 출력 전력은 유도 전압 V와 생성된 전류 I를 곱한 값과 같다. 따라서 발전기의 효율은 다음과 같은 등식으로 표현할 수 있다.

$$\eta = \frac{P_{출력}}{P_{입력}} = \frac{P_{전기}}{P_{기계}} = \frac{\tau\omega}{VI}$$

이 그림에 나온 발전기는 조그만 전구를 밝힐 정도의 전기만 생성할 수 있다. 실생활에서 활용할 만한 양의 전기를 생산하려면 발전기가 더 커야 한다. 예를 들어 자전거 운동 기구를 전기 발전기로 사용하면 80W에서 100W 정도의 전력만 생성된다. 이 정도로는 조그만 TV만 간신히 켤 수 있다.

모터가 DC나 AC 전기로 작동하듯이 전기 발전기도 DC나 AC 전력을 생성할 수 있다. 이 장의 나머지 부분은 두 가지 발전기에 대해 설명한다.

A.2 DC 발전기

19세기에는 전기를 현재 주로 사용하는 AC가 아닌 DC로 전송했다. 그래서 DC 전기를 생성하는 발전기가 필요했는데, 이러한 기계를 다이나모 일렉트릭 머신dynamo-electric machine 또는 간단히 다이나모dynamo라 불렀다.

DC 전기 발전기에 단지 다이나모 방식만 있는 것은 아니다. 호모폴라 발전기와 MHD(Magnetohydrodynamic) 발전기도 DC 전력을 생성하지만, 이 책의 주제를 벗어나므로 여기서는 설명하지 않았다.

다이나모는 기본적으로 그림 A.1에 나온 방식으로 작동한다. 실제로 다이나모의 구조는 3장, 'DC 모터'에서 소개한 브러시 DC 모터와 상당히 비슷하다. 둘 다 회전하는 도체에 전선을 연결하는 브러시와 정류자, 영구 자석이 달려 있다. 다이나모와 브러시 DC 모터의 가장 큰 차이는 입력/출력 전력의 방향이다. 다이나모는 기계 에너지를 입력으로 받아서 전기 에너지를 출력으로 생성한다.

회전자가 한 바퀴 돌 때마다 다이나모에서 생성되는 전류가 커졌다가 작아진다. 이때 전류가 항상 한 방향으로 흐르도록 반 바퀴 회전할 때마다 정류자가 전류의 방향을 바꾼다. 그림 A.2는 이렇게 생성된 전류를 보여준다.

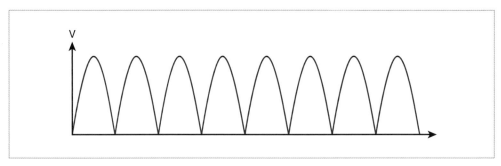

그림 A.2 다이나모에서 생성된 정류된 전력

이렇게 출력된 전기를 DC 기기에서 사용하기 전에 전기를 좀 더 일정한 수준으로 유지시켜주는 평활화smoothing(안정화) 과정을 거쳐야 한다. 이 작업은 커패시터를 부하와 병렬로 연결하는 방식으로 처리한다. 이를 평활 커패시터smoothing capacitor 또는 저장 커패시터reservoir capacitor라 부른다. 정전 용량(커패시턴스capacitance)이 높을수록 출력이 안정적이다. 그림 A.3은 이러한 회로의 구조를 보여준다.

그림 A.4는 이렇게 생성된 전기를 보여준다. 출력 전압이 출렁이는 것을 리플ripple(맥동)이라 부른다.

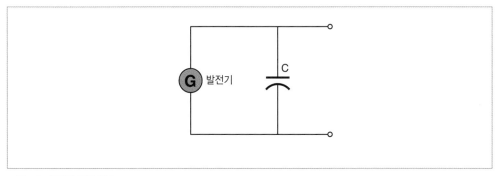

그림 A.3 간단한 평활 회로

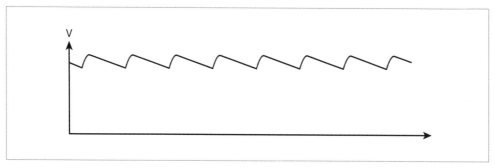

그림 A.4 평활화된 전압에 리플이 나타난 모습

평활 커패시터만으로 부족하다면 두 개의 커패시터와 한 개의 인덕터로 구성된 필터를 달아서 리플을 줄일 수 있다. 이러한 필터를 파이 필터$^{pi\ filter}$라 부르며, 그림 A.5는 이 필터의 구조를 보여준다.

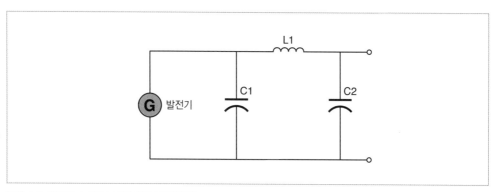

그림 A.5 평활화 수준을 높이기 위한 파이 필터

이 회로에서 첫 번째 커패시터(C1)는 입력된 AC 전류의 상당 부분이 출력에 도달하지 않게 막아준다. 인덕터(L1)의 임피던스로 인해 이를 통과하는 AC 성분을 좀 더 줄여준다. 두 번째 커패시터(C2)는 출력에서 AC 성분을 제거하는데, 이를 통해 DC 전력을 사용하는 대다수의 응용에 적합한 수준으로 안정화된다.

A.3 AC 발전기

19세기의 주된 관심사는 DC 전력을 생산하는 것이었지만, 세월이 흘러 현재 대규모 전기 기기는 모두 AC 전기를 사용하게 됐다. 가장 큰 이유는 변압기 때문이다. 변압기는 AC 전력을 승압step up(전압을 높이고 전류를 감소)하거나 강압step down(전압을 낮추고 전류를 증가)할 수 있다. 전류가 낮다는 말은 전송 손실이 낮다는 의미다. 따라서 최신 전력 시스템은 전기를 보내기 전에 승압기를 거친다. 목적지에 다다르면 강압기를 통해 전류를 사용할 수 있는 수준으로 다시 높인다.

AC 전기는 최소한의 손실로 전송할 수 있기 때문에 요즘 발전기는 모두 AC 발전기를 사용한다. 따라서 AC 전력을 효율적으로 생성하는 것이 주된 관심사다. 이 절에서는 AC 발전기의 작동 과정을 살펴보고 현재 산업용으로 사용하는 발전기의 종류를 소개한다.

A.3.1 AC 발전기의 작동 과정

AC 발전기는 거의 한 세기 동안 전 세계의 전기공학자들에 의해 발전했지만, 기본 원칙은 매우 간단하다. AC 발전기는 앞에서 소개한 DC 발전기와 비슷하지만, 가장 큰 차이점은 AC 발전기의 출력을 정류하거나 안정화(평활화)하지 않아도 된다는 것이다. 따라서 전류의 방향을 바꾸는 정류자가 필요 없다. 그림 A.6은 단상 AC 발전기의 출력 예를 보여준다.

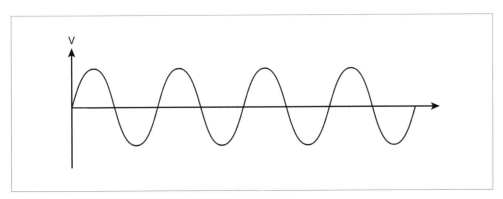

그림 A.6 AC 발전기를 통해 생성된 정류되지 않은 전기

AC 발전기에서 생성된 전기의 특성은 다음과 같이 세 가지로 요약할 수 있다.

- 생성된 전기의 진폭은 계자의 세기에 비례한다.
- 출력 전기의 위상의 수는 자석 사이에서 회전하는 도체의 수와 같다.
- 생성된 전기의 주파수는 회전자의 회전 속도와 극의 수에 따라 결정된다.

그중에서도 마지막 특성을 잘 이해할 필요가 있다. 회전자의 속도가 n_s고 극의 수가 p일 때, AC 발전기에서 생성한 전력의 주파수는 다음 공식을 통해 알아낼 수 있다.

$$f = \frac{n_s p}{120}$$

이 식은 6장에서 본 동기 AC 모터의 속도를 구하는 식과 같다. 예를 들어 4극 발전기의 회전자가 분당 90회 회전할 때, 생성된 전력의 주파수는 (90)(4)/120 = 360/120 = 3Hz다.

A.3.2 마그네토와 자기 여자 발전기

AC 발전기는 AC 모터와 마찬가지로 크기, 무게, 토크, 속도 등에 따라 다양한 방식으로 분류할 수 있다. 어떤 발전기는 위상이 하나(단상 single-phase)인 반면, 어떤 것은 위상이 여러 개(다상 polyphase)다.

이 절에서는 자기장을 생성하는 요소에 따라 발전기를 분류한다. 영구 자석으로 자기장을 생성하는 발전기를 마그네토magnetor라 부른다. 반면 회전자의 여자 코일energized coil로 자기장을 생성하는 발전기를 자기 여자 발전기self-excited generator라 부른다.

 노트

문헌에 따라 알터네이터(alternator)란 용어를 사용하기도 하는데, 어떤 경우에는 자기 여자 AC 발전기만을 의미하고, 또 어떤 문헌에서는 모든 AC 발전기를 통칭하는 용어로 사용하기도 한다. 이러한 혼란을 피하기 위해 여기서는 서로 명확히 구분한다.

마그네토

그림 A.1에서 'N'과 'S'가 표시된 막대는 영구 자석이다. 영구 자석을 사용하는 AC 발전기를 마그네토라 부르는데, 간결하고 안정적이기 때문에 항공기나 등대와 같이 높은 안정성을 요구하는 응용 분야에서 흔히 사용된다.

대다수의 마그네토에서 사용하는 영구 자석은 유도 전류를 받는 전선의 바깥에 위치한다. 자석이 전선 주위를 돌고, 전선은 제자리에 고정돼 있다. 다시 말해 자석은 회전자에 있고, 전기자는 고정자에 있다. 이 구조는 3장에서 소개한 아웃러너 브러시리스 DC 모터와 유사하다. 그림 A.7은 마그네토의 구조를 보여준다.

마그네토는 주로 잔디 깎는 기계나 옛날 방식 자동차와 같은 소형 점화 기관에 필요한 전류를 공급하기 위한 용도로 사용된다. 이러한 용도로 사용할 때는 연속적인 형태가 아닌, 높은 전압의 펄스열 형태로 전력을 전달한다.

자기 여자 발전기

자기 여자 발전기는 마그네토와 달리 계자 코일(필드 코일field coil)이라 부르는 회전자의 권선에 DC 전류를 보내는 방식으로 자기장을 생성한다. 다르게 표현하면, 자기 여자 발전기는 전기 에너지와 기계 에너지를 입력받아서 전기 에너지를 출력한다. 이렇게 전기로 전기를 생성하는 과정을 자기 여자self-excitation라 부른다.

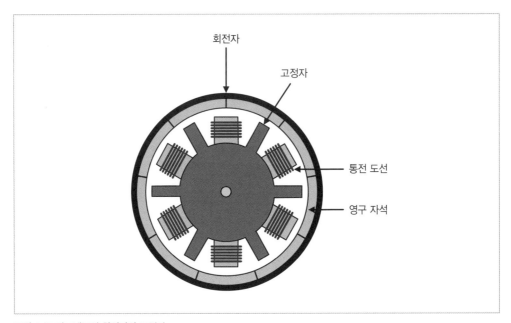

그림 A.7 마그네토의 회전자와 고정자

얼핏 생각하면 비효율적일 것 같지만, 마그네토보다 훨씬 많은 양의 전기 에너지를 생성할 수 있다. 예를 들어 자기 여자 발전기는 자동차와 트럭의 헤드라이트처럼 전자 부품에 전력을 공급하는 데 주로 활용되고 있다. 이러한 부품들은 모두 100A 수준의 전기를 공급받아야 하는데, 마그네토로는 이 정도의 전류를 생성할 수 없다. 반면 자기 여자 발전기는 배터리의 전류와 회전자의 권선만 충분하다면 이보다 많은 전류를 생성할 수 있다.

그림 A.8은 자기 여자 발전기의 기본 구조를 보여준다.

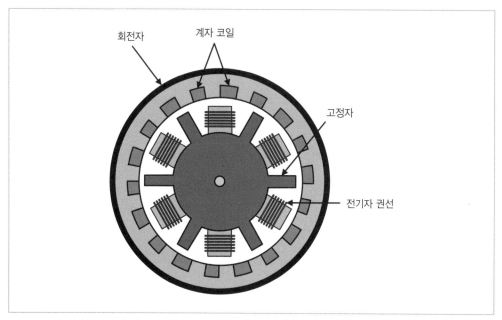

그림 A.8 자기 여자 발전기의 회전자와 고정자

자기 여자 발전기는 자동차에서 매우 중요한 역할을 하고 있다. 이때 배터리에서 공급하는 전류가 계자 권선에 전달된다. 발전기를 통해 생성된 전류는 정류와 안정화(평활화)를 거쳐 자동차의 전자 장치에 전달된다. 이렇게 생성된 전류는 헤드라이트나 파워 스티어링과 같은 시스템에 전력을 공급할 뿐만 아니라 배터리를 충전하는 데도 사용된다.

자기 여자 발전기는 자동차뿐만 아니라 주택이나 빌딩에 전기를 공급하기 위한 용도로도 흔히 사용한다. 이 책을 저술하는 시점에 대규모 발전 시설 중 상위 다섯 개는 자기 여자 발전기의 터빈을 물로 돌리는 수력 발전을 이용하고 있었다.

세계에서 가장 큰 수력 발전소인 싼샤 댐^Three Gorges Dam은 32개의 자기 여자 발전기로 구성돼 있고, 각각 700MW의 전력을 생성할 수 있으며, 발전기에 달린 고정자의 바깥 지름이 70피트(21.3미터)에 달한다.

A.4 요약

전기 모터는 여러 가지 유용하고 흥미로운 장치를 만들 수 있게 해주는 반면, 전기 발전기는 현재 우리가 사는 사회를 정상적으로 유지하는 데 꼭 필요한 역할을 담당하고 있다. 다행히 모터의 기본 원리를 이해하고 있다면 발전기의 원리도 쉽게 이해할 수 있다. 모터에서는 전류 전달 도체를 자기장에 두면 움직임이 발생하는 데 반해, 발전기는 반대로 자기장에서 전류가 흐르는 도체(통전 도체)를 움직이면 전류가 발생한다.

발전기에서 생성되는 전류의 수준은 계속 변하는데, DC 발전기는 특수한 회로를 이용해 출력 전력이 DC 장치에 적합한 형태로 만든다. DC 발전기의 정류기를 통해 모든 전류가 한 방향으로 흐르게 하고, 또한 평활 회로를 추가해 출력 전력을 일정하게 만든다.

우리가 일상생활에서 마주치는 전기 발전기는 대부분 AC 발전기다. 마그네토와 같은 일부 AC 발전기는 영구 자석을 사용한다. 자기 여자 발전기는 회전자와 고정자에 권선이 달려 있다. 자기 여자 발전기는 마그네토보다 훨씬 많은 전력을 생성할 수 있는데, 이러한 이유로 자동차나 대규모 발전 시설에서 자기 여자 발전기를 사용한다.

용어 설명

전기 모터를 배울 때 가장 힘든 점 중 하나는 모터에 관련된 용어를 이해하고 기억하는 것이다. 부록 B에서는 이 책의 전반에서 사용하는 주요 용어를 간략히 정리했다.

- **가변 릴럭턴스(VR) 스테퍼**variable reluctance (VR) stepper: 이가 달린 철 디스크 형태의 회전자를 사용하는 스테퍼 모터. 각 해상도는 높지만 토크가 낮다.

- **계자**field magnet, **장자석**: 모터에 자기장을 생성하는 데 사용하는 영구 자석

- **계자 코일**field coil/**계자 권선**field winding: 모터의 자기장을 생성하기 위해 만든 코일 형태로 감은 전선(권선)

- **고정자(스테이터**stator**)**: 모터가 작동할 때 고정된 상태에 있는 부품

- **공극**air gap: 전기 모터에서 고정자와 회전자 사이의 공간. 에어코어aircore 모터의 전자석은 철심을 사용하지 않는다.

- **극성**polarity: 자석의 N극과 S극의 상대적인 위치

- **다상 모터**polyphase motor: 여러 개(주로 세 개)의 사인파 형태의 위상을 입력받는 AC 모터

- **다이나모미터**dynamometer: 토크와 출력을 측정하는 장치며 주로 전기 모터의 작동 특성을 측정하는 데 사용된다.

- **동기 모터**^{synchronous motor}: 입력 전력의 주파수와 동일한 속도로 작동하는 모터

- **동손**^{copper loss}: 전기자의 전기적 저항으로 인해 발생하는 전력 손실. 전류가 I고 전기자의 저항이 R_a일 때의 동손은 I^2R_a다.

- **듀티 사이클**^{duty cycle}: PWM 펄스열에서 한 주기당 펄스 길이의 비율. 주로 퍼센트 단위로 표현한다.

- **라플라스 변환**^{Laplace transform}: (풀기 어려운) 미분 방정식을 (풀기 쉬운) 대수식으로 변환했다가 다시 되돌리는 기법

- **리니어(선형) 모터**^{linear motor}: 선형 움직임을 출력하는 전기 모터며 회전 운동을 출력하는 회전 모터와 대조적이다.

- **리튬 인산철**^{lithium-iron-phosphate}**(LiFePO4 또는 LFP) 배터리**: 모터 제어 응용에서 사용하는 새로운 배터리 기술. LiFePO4 배터리는 Li–Po 배터리만큼 큰 에너지를 내지는 않지만 훨씬 안정적이다.

- **리튬 폴리머**^{lithium-polymer}**(Li–Po) 배터리**: 모터 제어에 흔히 사용하는 방식의 배터리다. 무게당 에너지 비율이 우수하지만, 잘못 다루면 터질 수 있다.

- **마력**^{horsepower}**(hp)**: 모터나 엔진에서 발생하는 출력의 단위며, 1마력은 745.699872와트다.

- **마이크로스텝**^{microstep}: 스테퍼 모터의 제어 방식 중 하나다. 제어 펄스를 여러 개의 짧은 펄스들로 나누며 흔히 사인파 패턴으로 표현한다.

- **모스펫(MOSFET**^{metal-oxide-semiconductor field-effect transistor}, **금속 산화막 반도체 전계효과 트랜지스터)**: 게이트 터미널에 공급되는 전압에 따라 소스와 드레인 사이의 저항이 변하는 트랜지스터. 흔히 모터를 켜거나 끌 때 사용된다. 아이지비티(IGBT)보다 스위칭 속도가 빠르지만, 스위치가 켜진 상태에서 전압 강하가 크다.

- **무부하 속도**^{no-load speed}: 부하가 없을 때의 DC 모터 속도. 흔히 최대 속도라 부르며 ω_n으로 표기한다.

- **바이폴라 스테퍼**^{bipolar stepper}: 네 선이 달린 스테퍼로서, 각 선은 내부 전자석의 각 극에 연결된다. 제어를 위해 H 브릿지와 같은 회로가 필요하다.

- **분권 DC 모터**^{shunt-wound DC motor}(SHWDC): 계자 권선과 전기자를 병렬로 연결해 자기장을 생성하는 방식의 DC 모터

- **분수형 슬롯 모터**^{fractional slot motor}: 권선(슬롯)의 수가 극의 수에 정수 배가 아닌 모터

- **불감대역(데드 밴드**^{dead bandwidth}): 서보모터에서 무시할 (초 단위의) 최대 펄스 길이. 펄스 길이가 이 값보다 커야 서보가 회전한다.

- **브러시**^{brush}: 금속 접촉면으로 회전자 같은 움직이는 부품과 고정자 같은 고정된 부품 사이를 연결한다.

- **브러시 모터**^{brushed motor}: 정류자로 전기자의 전류 방향을 바꾸는 방식의 DC 모터. 가격이 저렴하고 제어하기 쉽지만, 브러시를 사용하기 때문에 유지 보수가 필요하다.

- **브러시리스 DC 모터**^{brushless DC motor}(BLDC): 시간 펄스 형태의 전류로 제어하는 DC 모터. 정류자가 없기 때문에 안정성과 성능이 높지만, 제어 과정이 복잡하다.

- **비동기 모터**^{asynchronous motor}: 입력 전력의 주파수와 다른 속도로 작동하는 모터(흔히 유도 모터의 동의어로 쓰인다.)

- **서보모터**^{servomotor}: 높은 정밀도로 작동하기 위해 컨트롤러로 피드백을 보내는 모터. 하비스트용 서보는 피드백을 제공하지 않는다.

- **센서 기반 모터 제어**^{sensored motor control}: 모터(주로 BLDC)를 제어할 때 사용하는 방식으로 위치 정보를 센서(주로 홀 효과 센서)를 통해 입력받는다.

- **센서리스 모터 제어**^{sensorless motor control}: 모터(주로 BLDC)를 제어할 때 사용하는 방식으로 위치 정보를 센서로부터 받지 않고, 영점 교차가 발생할 때의 역기전력을 측정하는 방식을 사용한다.

- **스테퍼 모터**^{stepper motor}: 일정한 각도(스텝 각도)만큼 회전하고 멈추는 전기 모터(주로 BLDC 모터)

- **스텝 각도**^{step angle}: 스테퍼 모터가 한 번 여자될 때 회전하는 각도. 주로 30°, 15°, 7.5°, 5°, 2.5°, 1.8° 단위로 작동한다.

- **스톨 토크**stall torque: DC 모터에서 부하가 너무 커서 회전할 수 없는 상태의 토크. 모터가 최대로 발휘할 수 있는 토크이기도 하다. 값은 τ_s 단위로 표기한다.

- **아두이노**Arduino: 마이크로컨트롤러 기반의 회로 제품군이며, 간결하고 저렴할 뿐 아니라 설계도가 오픈소스이므로 메이커들 사이에서 널리 사용되는 인기 있는 회로 보드다.

- **아웃러너**outrunner: 고정자가 안에 있고, 회전자가 바깥에 있는 브러시리스 DC 모터(BLDC). 일반적으로 인러너보다 토크가 크지만 속도는 낮다.

- **앱솔루트 인코더**absolute encoder: 컨트롤러에게 모터의 속도와 위치 정보를 제공하는 인코더

- **역기전력**back-EMF: 전기 모터가 회전하는 과정에서 발생하는 전압. 이때 발생하는 전압의 크기는 모터의 속도에 비례하고, 모터에 공급되는 전류의 방향과는 반대다.

- **역률**power factor: 입력 전력이 실제 일로 전환된 비율이며 0과 1 사이 값으로 표현한다. AC 모터를 이용한 시스템 설계에 중요한 값이다.

- **영구 자석 DC 모터**permanent magnet DC motor(PMDC): 영구 자석으로 자기장을 생성하는 DC 모터

- **오픈 루프(개루프) 제어 시스템**open-loop control system: 컨트롤러로 피드백을 보내지 않는 제어 시스템

- **와트**watt(W): 출력의 단위. 1 와트(W)는 0.00134102209마력(hp)과 같다.

- **외르스테드, 한스 크리스티안**Oersted, Hans Christian: 전류가 흐르는 도체(통전 도체)에 놓인 나침반의 바늘이 움직이는 현상을 연구한 덴마크 물리학자

- **위상각**phase angle: AC 전압과 전류 사이의 각도 전압이 전류에 앞서면 양수고, 전류가 전압에 앞서면 음수다.

- **유니폴라 스테퍼**unipolar stepper: 여섯 개의 연결선이 달린 스테퍼며, 전선이 극 또는 센터 탭에 연결된다. 바이폴라 스테퍼보다 제어가 간단하지만, 항상 전자석의 절반만 사용하므로 토크가 낮다.

- **인러너**inrunner: 회전자가 내부에 있고, 고정자가 바깥에 있는 브러시리스 DC 모터(BLDC). 일반적으로 인러너는 아웃러너에 비해 속도는 높지만 토크는 낮다.

- **인버터(파워 인버터)**inverter(power inverter): 모터에 전력을 공급하는 데 필요한 파형을 정확히 생성하는 회로. BLDC에서는 다양한 전압 수준에 대해 시간 펄스 형태로 생성한다. AC 모터에서는 한 개 이상의 위상으로 구성된 사인파 형태로 생성한다.

- **인코더**encoder: 컨트롤러에게 피드백을 제공하기 위해 모터에 장착하는 부품. 주로 광학 인코더와 자기 인코더를 사용한다.

- **인크리멘탈(증분형) 인코더**incremental encoder: 컨트롤러에게 모터의 위치 대신 속도를 알려주는 방식의 인코더

- **자동 컷오프**auto-cutoff: ESC에서 모터에 전달되는 전력을 자동으로 줄이는 기준이 되는 전압 수준

- **전기자**armature: 모터에서 전류를 전달하는 유도체

- **전자석**electromagnet: 코일 형태의 전선을 따라 흐르는 전류로 생성된 자석. 자기가 센 전자석은 주로 전선을 철심에 감는 방식으로 만든다.

- **정류**commutation: 회전자가 반 바퀴 돌 때마다 전류의 방향을 반대로 바꾸는 과정. 브러시 DC 모터와 DC 발전기에 필요하다.

- **정수형 슬롯 모터**integral slot motor: 권선(슬롯)의 수가 극의 수의 정수 배인 모터

- **제드릭, 앤요스**Jedlik, Anyos: 최초의 실용 모터를 제작한 헝가리 공학자

- **직권 DC 모터**series-wound DC motor(SWDC): 계자 권선을 전기자와 직렬로 연결해 자기장을 생성하는 방식의 DC 모터

- **최대 효율점**peak efficiency point: 모터가 최대의 효율을 내기 위한 작동 조건

- **출력**power: 일을 수행하는 속도. 전기적 출력(전력)의 크기는 전류와 전압을 곱한 값과 같다. 회전 출력은 토크와 회전 속도를 곱한 값과 같다. 직선으로 움직일 때의 출력은 힘과 속도를 곱한 값과 같다.

- **코깅**cogging: 회전자가 잠깐씩 잠기면서 삐걱거리듯 회전하는 현상

- **코어리스 모터**coreless motor: 철심이 없는 전자석을 사용하는 모터

- **클로즈드 루프(폐루프) 시스템**closed-loop control system: 컨트롤러에 피드백을 제공하는 제어 시스템

- **토크**torque: 회전하는 힘에 대한 물리량. 힘이 원의 반지름에 수직인 방향으로 원호 형태로 작용할 때, 토크의 크기는 힘과 반지름을 곱한 값과 같다.

- **토크-속도 곡선**torque-speed curve: 속도에 따른 모터의 토크를 표현한 곡선

- **파워 인버터**power inverter: 인버터 항목 참고

- **펄스 폭 변조**pulse width modulation(PWM): 모터에 전력을 일정한 간격의 펄스열 형태로 공급하는 기법

- **플라이백 다이오드**flyback diode: 모터의 역기전력으로 발생하는 전류가 흐를 경로를 제공하기 위해 모터와 병렬로 장착하는 다이오드

- **하비스트용 서보**hobbyist servo: 전원, 그라운드, 제어의 세 개 연결선이 달린 DC 모터. PWM 펄스는 회전자의 각도를 제어하고, 모터는 컨트롤러로 피드백을 보내지 않는다.

- **하이브리드 스테퍼**hybrid (HY) stepper: 각 해상도와 토크를 높이기 위해 영구 자석 스테퍼와 가변 릴럭턴스 스테퍼의 특성을 결합한 스테퍼 모터

- **하프스텝**half-step: 스테퍼 모터를 제어하기 위한 기법으로 컨트롤러는 하나의 권선을 여자시키는 것과 두 개의 권선을 여자시키는 것을 번갈아 수행한다. 그러면 일반 각도의 절반씩 회전하는데, 여자된 권선의 수에 따라 토크가 달라진다.

- **홀딩 토크**holding torque: 스테퍼 모터에서 스텝 각도를 유지하기 위해 발생시키는 토크

- **홀 효과 센서**^{Hall effect sensor}: 자기장이 존재할 때 출력 전압의 변화를 감지하는 센서

- **회전자 로터**^{rotor}: 모터가 작동할 때 움직이는 부분

- **회전형(로터리) 모터**^{rotary motor}: 회전하는 방식으로 출력을 내는 전기 모터. 이와 반대로 선형 모터(리니어 모터^{linear motor})는 직선 움직임으로 출력을 발생시킨다.

- **AC(교류**^{alternating current}**) 모터**: 교류(AC) 전기로 작동하는 모터. 동기^{synchronous}와 비동기^{asynchronous}, 단상^{single-phase}과 다상^{polyphase}으로 구분한다.

- **BEC**^{battery eliminator circuit}**(배터리 제거 회로)**: RC 수신기에 전력을 공급하기 위해 많은 ESC에서 제공하는 기능으로, 이를 통해 수신기를 위한 배터리를 별도로 장착하지 않아도 됨

- **ESC(전기 속도 제어기**^{electric speed control}**)**: 컨트롤러로부터 신호를 받아서 DC 모터에 전력을 전달하는 회로며, 주로 브러시리스 DC 모터에서 사용한다.

- **H 브릿지**^{H bridge}: 전류를 두 방향으로 전달할 수 있도록 네 개의 스위치로 구성된 회로. 이를 통해 모터의 구동 방향을 정방향과 역방향으로 전환할 수 있다.

- **IGBT**^{insulated-gate bipolar transistor}**(절연 게이트 양극성 트랜지스터)**: 소스와 드레인 사이의 저항이 게이트 터미널에 공급된 전압에 따라 변하는 트랜지스터. 모터의 전원을 켜거나 끌 때 주로 사용된다. 스위치 속도는 모스펫만큼 빠르지 않지만, 높은 전류를 다룰 수 있고 스위치가 켜졌을 때 전압 강하도 적다.

- **PID(비례-적분-미분**^{proportional-integral-differential}**) 제어**: 제어 신호를 오차의 비례, 적분, 미분 값에 대한 가중치 합으로 계산하는 제어 기법

- **RPM**^{revolutions per minute}: 분당 회전수. 회전 속도를 측정하는 데 주로 사용되는 단위며 1RPM은 6°/초다.

찾아보기

에이콘출판의 기틀을 마련하신 故 정완재 선생님 (1935-2004)

메이커를 위한 실전 모터 가이드

다양한 모터 개념과 설정 방법

발 행 | 2018년 4월 16일

지은이 | 매튜 스카피노
옮긴이 | 남 기 혁
감수자 | 하 승 훈

펴낸이 | 권 성 준
편집장 | 황 영 주
편 집 | 조 유 나
디자인 | 박 주 란

에이콘출판주식회사
서울특별시 양천구 국회대로 287 (목동)
전화 02-2653-7600, 팩스 02-2653-0433
www.acornpub.co.kr / editor@acornpub.co.kr

한국어판 ⓒ 에이콘출판주식회사, 2018, Printed in Korea.
ISBN 979-11-6175-138-2
ISBN 978-89-6077-091-1 (세트)
http://www.acornpub.co.kr/book/motors-makers

이 도서의 국립중앙도서관 출판시도서목록(CIP)은 서지정보유통지원시스템 홈페이지(http://seoji.nl.go.kr)와
국가자료공동목록시스템(http://www.nl.go.kr/kolisnet)에서 이용하실 수 있습니다.(CIP제어번호: CIP2018010954)

책값은 뒤표지에 있습니다.